Pollock
Marxistische Schriften

Friedrich Pollock

Marxistische Schriften

Gesammelte Schriften I

Herausgegeben von Philipp Lenhard

ça ira

Gesamtverzeichnis, Leseproben, Texte:
www.ca-ira.net

Editionsplan der Gesammelten Schriften Friedrich Pollocks:
Band I: Marxistische Schriften
Band II: Schriften zu Planwirtschaft und Krise
Band III: Schriften zu Nationalsozialismus und Antisemitismus
Band IV: Schriften zur Automation
Band V: Vermischte Schriften, Gespräche und Interviews
Band VI: Briefe

Gedruckt mit der Untersützung der Studierendenvertretungen *Soziologie* und *Publizistik*, den Institutsgruppen *Politikwissenschaft* und *Philosophie* und den Fakultätsvertretungen *Human- und Sozialwissenschaften* und *Geisteswissenschaften* an der Universität Wien.

1. Auflage – 2018

© ça ira-Verlag, Freiburg Wien 2018
Postfach 273   www.ca-ira.net
79002 Freiburg   info@ca-ira.net

Umschlaggestaltung und Satz: David Hellbrück, Wien
Druck: CPI buch bücher.de GmbH, Birkach

ISBN 978-3-86259-132-9

Die Deutsche Bibliothek verzeichnet diese Publikation in der Deutschen Nationalbibliografie; detaillierte bibliografische Daten sind im Internet über http://dnb.d-nb.de abrufbar.

Inhalt

Philipp Lenhard

Friedrich Pollock und der »westliche Marxismus«
Einleitung zum ersten Band der Gesammelten Schriften

Im Jahr 1923 reichte Friedrich Pollock seine Dissertation zum Marx-schen Geldbegriff an der Sozialwissenschaftlichen Fakultät der Universität Frankfurt am Main ein. Ausgehend von der Prämisse, dass die politische Ökonomie die einzige »universale Grundwissenschaft« sei, weil die »Produktion und Reproduktion des wirklichen Lebens« aller Kulturtätigkeit, aller Ideologie vorausgehe und diese bedinge, widmete sich der 29-jährige Nachwuchswissenschaftler in seiner Doktorarbeit einer zentralen Kategorie der Kritik der politischen Ökonomie: dem Geld. Eine sozialistische Gesellschaft, in der es »Markt, Geld, Kredit usw.« gäbe, so war Pollock auch später noch überzeugt, sei »ein Widerspruch in sich selbst«. Mit anderen Worten: Wer den Sozialismus wolle, der müsse die spezifisch kapitalistischen Reichtumsformen in den Blick nehmen, die konsequent als Verdinglichungen gesellschaftlicher Herrschafts- und Ausbeutungsverhältnisse zu entlarven seien. Hinter dem Markt stecke in Wahrheit der unbarmherzige »Kampf ums Dasein«, hinter dem Kredit lauere das Verhältnis von Gläubiger und Schuldner, und das Geld sei Ausdruck eines »Produktionsverhält-nisses«, letztlich der Spaltung der menschlichen Gattung in Herr-schende und Beherrschte. Es sei nicht damit getan, so Pollock, auf die juristischen Formen der bürgerlichen Gesellschaft zu pochen und Gerechtigkeit einzufordern. Vielmehr müsse es darum gehen, diese Formen selbst der Unwahrheit und Scheinhaftigkeit zu überführen. Das bürgerliche Gleichheits- und Freiheitsversprechen sei Ideologie, in der »die Abhängigkeitsverhältnisse des Produktionsprozesses verwischt sind«. Pollocks ökonomietheoretisches Programm ist daher materialistische Ideologiekritik, die mit Marx die Differenz von Wesen und Erscheinung zum Ausgangspunkt aller kritischen Wissenschaft macht.

Der persönliche Weg bis zu dieser Erkenntnis war weit und ver-
zweigt.[1] Am 22. Mai 1894 als Sohn eines jüdischen Lederfabrikanten
in Freiburg im Breisgau geboren, hatten seine Eltern ihn frühzeitig
auf die Karriere eines Geschäftsmannes und Unternehmers abonniert.
Pollocks Familiengeschichte repräsentiert den sozialen Aufstieg der
deutschen Juden im 19. Jahrhundert geradezu paradigmatisch: Fried-
richs Großvater Salomon Pollock (1834–1899), der noch als einfacher
Landjude aufgewachsen war, hatte seine Karriere als fliegender
Kleiderhändler begonnen und war im Alter von 29 Jahren als einer
der ersten seit dem Mittelalter in Freiburg wieder zugelassenen Juden in die Schwarzwaldmetropole gezogen, wo er bald ein kleines
Ladengeschäft in der Innenstadt eröffnete. Das Textilgeschäft, in
dessen Obergeschoss er mitsamt seiner Familie lebte, baute er in den
kommenden Jahren zum »Damenkonfektionshaus S. Pollock« aus und
sicherte sich dadurch den steten sozialen Aufstieg ins mittlere Frei-
burger Bürgertum. Aber erst sein Sohn, Julius Pollock (1866–1937),
Friedrich Pollocks Vater, machte den nächsten Schritt, indem er das
zunächst vom Vater übernommene Bekleidungsgeschäft an die einzige Angestellte verkaufte und sich 1895 mit einem Stuttgarter Ge-
schäftsfreund zur Nördlinger & Pollock OHG (später: AG) zusammen-
schloss, um in einer Fabrik industriell Koffer und andere Reiseartikel
herzustellen. 1910 zog die Familie schließlich nach Stuttgart um und
für den gerade sechszehnjährigen »Fritz« begann ein Neuanfang.
Nachdem er wegen zu schlechter Leistungen nicht wieder auf dem
Gymnasium als Schüler angenommen wurde, ging er zur Volksschule
und entwickelte sich zunehmend zum Eigenbrötler.

Knapp ein Jahr nachdem die Familie Pollock nach Stuttgart gezogen war, lernte Pollock im Tanzkurs der jüdischen Gemeinde den ihm
anfangs unsympathisch und versnobt anmutenden Max Horkheimer
kennen, der aus einer deutlich wohlhabenderen und bildungsbürger-

---

1   Zu den biographischen Details sowie den entsprechenden Quellen-
    nachweisen siehe die vom Autor 2019 im Jüdischen Verlag bei Suhrkamp
    erscheinende Biographie Pollocks.

lich geprägten, alteingesessenen jüdischen Familie stammte. Nachdem die anfängliche Distanz überwunden war, wurden die beiden rasch zum verschworenen Freundespaar, das sich von Mitschülern und den anderen Teilnehmern des Tanzkurses abgrenzte und immer entschlossener wurde, gegen die Ideale der Eltern – Geld, Fleiß und wirtschaftlicher Erfolg seien das einzige, was zähle – aufzubegehren. Entgegen den hohen Erwartungen ihrer Eltern entschieden sich Friedrich Pollock und Max Horkheimer, die Welt kennenzulernen und dem Sinn des Lebens nachzuspüren. Zu diesem Zwecke gaben sie vor, im Ausland Fremdsprachen lernen und Berufserfahrungen sammeln zu müssen, um später in der Geschäftswelt erfolgreich sein zu können. Die Eltern überzeugte dieses Argument und sie schickten die Freunde gemeinsam zunächst nach Brüssel, dann nach Manchester und schließlich nach London, um ihre praktischen Fähigkeiten fortzubilden. In Wahrheit standen im gemeinsamen Leben der Freunde freilich weniger Volontariat und Spracherwerb im Vordergrund als vielmehr der Genuss der neuerworbenen Freiheit. Erotische Abenteuer, sozialutopische Experimente, aber auch die Auseinandersetzung mit moderner Kunst und sozialkritischer Literatur hielten die Freunde in Atem und ließen sie das vermeintlich »freie«, tatsächlich privilegiert-bürgerliche Leben in vollen Zügen auskosten.

Als 1914 der Erste Weltkrieg ausbrach, verstanden sich Horkheimer und Pollock bereits als Oppositionelle, allerdings in einem sehr unspezifischen und unpolitischen Sinn. Während Horkheimer von Anfang an den Krieg ablehnte und ihn in Briefen und selbstgeschriebenen Novellen mit sarkastischen Kommentaren bedachte, fiel Pollock zunächst auf die Kriegspropaganda herein und sah die allgemeine Mobilmachung als Ausdruck legitimer Notwehr. Zudem imponierte ihm, dass es gegen die barbarischste Diktatur seiner Zeit ging, das russische Zarenreich. Zunächst als Angestellter in der väterlichen Fabrik zurückgestellt, die als kriegswichtiger Betrieb galt (weil die Produktion auf Pistolenhalter, Munitionstaschen und Patronengürtel umgestellt wurde), wurde er 1916 doch noch eingezogen und verbrachte langweilige und nervtötende Monate in einer Kaserne in Ludwigsburg. Die Front kannte er nur vom Hörensagen, doch das, was er an Nachrichten mitbekam, ernüchterte ihn schnell und ließ seine bereits abgekühlte anfängliche Kriegsbegeisterung vollkommen schwinden. Stattdessen begann in ihm immer mehr das Interesse für die Politik zu keimen.

Als der Krieg Anfang November 1918 für die Deutschen praktisch verloren war, nahm Pollock seinen Resturlaub und zog zu seinem Freund Horkheimer, der sich inzwischen in München aufhielt. In der bayerischen Landeshauptstadt krachten die fortschrittlichen und reaktionären Tendenzen des neuen Deutschlands aufeinander, als am 8. November der sozialistische »Freistaat Bayern« ausgerufen wurde, in dem im April 1919 Kommunisten die Macht übernahmen, die den Freistaat in eine »Räterepublik« nach sowjetischem Vorbild umbauen wollten. Auf Geheiß der sozialdemokratischen Reichsregierung rückte die Konterrevolution, bestehend aus rechtsradikalen Freikorps-Verbänden und regulären Armee-Einheiten, auf München vor. Die Angriffe der paramilitärischen Verbände auf das sozialistische Experiment häuften sich und im Mai 1919 kapitulierte das kommunistische Regiment. Die Freikorps zogen in München ein und richteten ein Blutbad an. Willkürliche Verhaftungen in Arbeiterstadtteilen waren ebenso an der Tagesordnung wie Folter und Mord in den Gefängnissen. Was sich hier abspielte, war in der Tat ein Vorspiel des Nationalsozialismus, und Horkheimer und Pollock bekamen dieses hautnah mit. Sie waren zwar in die revolutionären Ereignisse selbst nur als Zuschauer involviert. Als es aber darum ging, »zu retten, was zu retten war«, halfen sie linken Oppositionellen bei der Flucht.

Insbesondere für Pollock bedeutete die Münchner Erfahrung aber auch die neue Bekanntschaft mit dem Marxismus. Er las begeistert *Die Rote Fahne*, die Parteizeitung der neu gegründeten KPD, studierte Rosa Luxemburg, Lenin, Friedrich Engels und vor allem – Karl Marx. Als die Freunde München im Sommer 1919 Richtung Frankfurt verließen, wo die politische Lage ruhiger war, hatte sich Pollock bereits in die Grundlagen der Marxschen Theorie vertieft und hoffte, seine Studien an der Frankfurter Universität fortsetzen zu können. Doch er wurde zunächst enttäuscht: Die Frankfurter Professoren kannten sich nicht oder nur oberflächlich mit Marx aus. So konzentrierte er sich zunächst auf Einführungsvorlesungen in die Volkswirtschaftslehre, etwa von dem Nationalökonomen Paul Arndt, und belegte Seminare bei den Soziologen Alfred Weber und Franz Oppenheimer. Privat arbeitete er an einer Marx-Biographie, die allerdings nie über eine Zusammenstellung der Lebensdaten und eine minutiöse Rekonstruktion der Familiengenealogie hinauskam, und studierte Klassiker der volkswirtschaftlichen und sozialistischen Literatur. Im Wintersemester 1921/22 tauchte plötzlich ein Dozent im Vorlesungsverzeichnis auf, der sich mit Fragen beschäftigte, die Pollock auf den Nägeln brannten: Siegfried Budge, der sich frisch bei Franz Oppenheimer habilitiert hatte und ein Neffe des jüdischen Mäzens der Frankfurter Universität, Henry Budge, war, bot zwei Übungen zu Karl Marx und eine zu dem klassischen Nationalökonomen David Ricardo an. Budges Fachgebiet war die Geldtheorie, von Turgot über Ricardo bis Marx. Schnell reifte der Plan heran, unter Budge eine Promotion zum Marxschen Geldbegriff auszuarbeiten und noch innerhalb des Jahres 1923 stellte Pollock sie fertig.

Die Erste Marxistische Arbeitswoche

Die dann eingereichte Dissertation *Zur Geldtheorie von Karl Marx* steht allerdings noch in einem anderen Kontext als dem bloß akademischen: In gemeinsam besuchten Seminaren hatte Pollock Felix José Weil kennengelernt, den späteren Stifter und Mäzen des Instituts für Sozialforschung, der bereits in marxistischen Kreisen verkehrte. Insbesondere zu Karl Korsch, zu jener Zeit Privatdozent in Jena und aktives Mitglied der KPD, unterhielt Weil eine freundschaftliche Beziehung. 1921 veröffentlichte er in einer von Korsch herausgegebenen Buchreihe seine Dissertation *Sozialisierung. Versuch einer begrifflichen Grundlegung nebst einer Kritik der Sozialisierungspläne.* Er machte Pollock mit Korsch und anderen marxistischen Theoretikern bekannt und legte damit den Grundstein für dessen Engagement in der marxistischen Linken der Weimarer Republik.

Die Beziehung zu Weil war freilich nicht einseitig: auch Pollock hatte etwas zu geben. Weil war in den Seminaren auf Pollock aufmerksam geworden, weil dieser mit seinen Wortmeldungen tiefe

Einsichten in die Marxsche Kritik der politischen Ökonomie offenbarte. Weil war elektrisiert und wollte diesen aus der Masse der Studenten herausstechenden, vier Jahre älteren Mann unbedingt kennenlernen. Ihre Freundschaft – nicht immer unkompliziert – hielt bis zum Lebensende an. Horkheimer und Pollock hatten derweil ein Haus in Kronberg im Taunus erworben, das zu ihrem privaten Rückzugsort wurde, gleichzeitig aber auch Freunden für kurze Besuche oder längere Aufenthalte offenstand. Auch Felix Weil war regelmäßig bei Pollock und Horkheimer zu Gast, mit denen er auf ausgedehnten Spaziergängen im Kronberger Stadtpark die Gegenwart und Zukunft des Marxismus diskutierte. Schon länger hatte Weil, der Sohn eines schwerreichen argentinischen Weizenhändlers war, mit dem Gedanken gespielt, ein Institut für marxistische Forschung einzurichten. Aber erst in den Gesprächen mit Horkheimer und Pollock nahmen die Pläne Gestalt an.

Den wissenschaftlichen Auftakt machte noch vor der Gründung des berühmten Instituts für Sozialforschung die von Weil in Zusammenarbeit mit Karl Korsch und dem späteren sowjetischen Meisterspion Richard Sorge – zu diesem Zeitpunkt Assistent des anarchosyndikalistischen Soziologen Kurt Albert Gerlach, der als erster Institutsdirektor vorgesehen, aber 1922 überraschend verstorben war – die sogenannte »Erste Marxistische Arbeitswoche« (EMA) am Pfingstwochenende 1923 im thüringischen Geraberg. Die Teilnehmer dieser Arbeitswoche standen politisch der KPD nahe, auch wenn nicht alle Parteimitglieder waren. Neben Korsch, Sorge und Weil nahmen auch die Budapester Philosophen Bela Fogarasi und Georg Lukács teil. Von den späteren Institutsmitarbeitern waren Karl August Wittfogel und Julian Gumperz dabei, beide zu diesem Zeitpunkt noch Mitglieder der KPD. Und auch Friedrich Pollock, der gerade seine Dissertation fertiggestellt hatte, diskutierte eifrig mit. Zwei für die Entstehung des westlichen Marxismus wegweisende Bücher waren gerade zum Abschluss gebracht worden und wurden auf der EMA zur Debatte gestellt: Lukács' *Geschichte und Klassenbewusstsein* (das im Malik-Verlag erschien, in dem Pollock Vorstandsmitglied war) und Korschs *Marxismus und Philosophie*. Die Parallelen dieser beiden Werke zu Pollocks Dissertation sind unübersehbar: Die vertiefte

Auseinandersetzung mit der Marxschen Wertkritik, der ideologie- und fetischismuskritische Zugang sowie die gegen die marxistische Orthodoxie gerichtete Rekonstruktion des Materialismusbegriffs sind Grundpfeiler des westlichen Marxismus, die sich bei allen drei Theoretikern finden. Indem Pollock erstmals die Geldform besonders in den Fokus rückte, leistete er zweifelsohne Pionierarbeit. Die Dissertationsschrift wurde nie veröffentlicht, sondern verstaubte als Typoskript in der Frankfurter Universitätsbibliothek. Einige Jahre später veröffentlichte Pollock einen Auszug der Dissertation in dem vom ersten Institutsdirektor Carl Grünberg herausgegebenen *Archiv für die Geschichte des Sozialismus und der Arbeiterbewegung*, allerdings als Hauptteil einer kritischen Rezension des Buches *Die Marxsche Geldtheorie* von Herbert Block.

Die ersten Veröffentlichungen

Etwa ein Jahr nach der EMA, am 22. Juni 1924, wurde das Institut für Sozialforschung in der Frankfurter Viktoria-Allee offiziell eingeweiht. Der Austro-Marxist Grünberg war der erste Institutsdirektor, Richard Sorge und Friedrich Pollock seine Assistenten. Nachdem Sorge kurze Zeit später verschwand (niemand wusste zu dieser Zeit, dass nun seine Karriere als sowjetischer Geheimagent begann), trat 1925 der polnisch-jüdische Wirtschaftswissenschaftler Henryk Grossmann dessen Nachfolge an. Pollock beschäftigte sich, wie Grossmann, weiterhin mit marxistischer Theorie und veröffentlichte 1926 seine erste Monographie: *Sombarts »Widerlegung« des Marxismus*. Das Buch war eine Polemik gegen den großen Soziologen Werner Sombart, der – ursprünglich Marx gegenüber durchaus positiv gestimmt – zunehmend reaktionär geworden war, einem faschistischen Ständestaat das Wort redete und kurz zuvor eine zweibändige antisemitische Suada gegen Marx als den »wurzellosesten« aller Sozialisten veröffentlicht hatte.[2] Wohl in keinem anderen Werk ist Pollocks Ton so von bei-

---

2 Laut Pollock handelte es sich bei Sombarts zweibändigem Werk mit dem Titel *Der Proletarische Sozialismus (»Marxismus«)*, das 1924 im

ßendem Spott und sprachkritischer Ironie gekennzeichnet wie in der Auseinandersetzung mit Sombart. Sowohl die geldtheoretischen Arbeiten als auch alle späteren Veröffentlichungen sollten in nüchtern-sachlichem Stil vorgetragen werden, immer streng die wissenschaftliche Form einhaltend. Der Leser der Sombart-Schrift versteht sofort: Hier geht es um mehr als um einen theoretischen Disput. Pollock sah sich als Person getroffen, sowohl durch die antisemitische Stoßrichtung von Sombarts Elaborat als auch durch den hasserfüllten Angriff auf die Grundlagen des Marxismus. Zudem ist in Pollocks Verteidigungsschrift gut zu erkennen, dass ihm die historische Person Karl Marx durchaus auch als Vorbild galt. Dementsprechend polemisch viel der Gegenangriff aus.

Im Rückblick erscheint es als legitim, die Sombart-Kritik als eine der ersten – wenn nicht die erste – faschismustheoretischen Studien des Instituts für Sozialforschung zu lesen, insbesondere die Analyse prototypischer Aussagen der Figur des »echten Führers« bzw. des »Massenführers« im zweiten Teil erinnert sehr an die bekannten Analysen aus den vierziger Jahren. Obgleich ein Kapitel des Buches auch in Karl Kautskys renommierter Theoriezeitschrift *Die Gesellschaft* wiederveröffentlicht wurde, sind keine Reaktionen darauf bekannt.

Institutsintern kümmerte sich Pollock schon in der Weimarer Zeit um alle administrativen Belange. Hinzu kam seit 1924 die Arbeit in der Marx-Engels-Archiv-Verlagsgesellschaft mbH, deren Geschäftsführer er war. Die Gesellschaft war im Kontext einer Kooperation des jungen Instituts für Sozialforschung mit dem Moskauer Marx-Engels-Institut zu dem Zweck gegründet worden, den gesamten Nachlass von Marx

Fischer-Verlag in Jena erschienen war, um die vollkommen überarbeitete zehnte Auflage des bereits 1896 im selben Verlag erschienenen Buches *Sozialismus und soziale Bewegung im 19. Jahrhundert*. Tatsächlich sind Teile dieses Buches – vor allem die »Chronik der sozialen Bewegung« – in *Der Proletarische Sozialismus* wiederzufinden, das gleichwohl als eine weitgehend eigenständige Veröffentlichung gelten kann. Der Ton im Band von 1896 ist zwar bereits gemäßigt nationalistisch, aber im Vergleich zu dem von Pollock kritisierten Machwerk – etwa in der Darstellung Ferdinand Lassalles und Marx' – noch nicht offen antisemitisch.

und Engels, der in ganz Europa verstreut war, zu kopieren und in Moskau zu sammeln. Das Ziel war eine historisch-kritische Gesamtausgabe, die sogenannte MEGA (nicht zu verwechseln mit der MEGA², die seit den 1970er Jahren erscheint), von der zwischen 1927 und 1941 immerhin zwölf (Teil-)Bände unter Mithilfe Pollocks erscheinen konnten, darunter die ›Neuentdeckungen‹ der Schriften des jungen Marx, allen voran die *Ökonomisch-philosophischen Manuskripte* und *Die deutsche Ideologie*. Nach politischen Verwerfungen und einer zunehmenden Distanzierung Pollocks von der Sowjetunion nach Lenins Tod wurde die Verbindung 1928 – nach dem Erscheinen des ersten Halbbandes – aufgelöst.

Die Kooperation hatte für Pollock im Wesentlichen drei Konsequenzen: Zum einen hatte er tiefe Einblicke in die Manuskripte Marx' erhalten, zum zweiten hatte er sich das Misstrauen des Frankfurter Polizeipräsidenten zugezogen, der ihn in einem internen Bericht »einwandfrei« als Kommunisten identifizierte – eine Klassifizierung, die ihm noch existentielle Probleme bescheren sollte. Drittens aber hatte Pollock durch die Arbeit mit dem Marx-Engels-Institut wichtige Kontakte geknüpft, auch in die Sowjetunion, in die er 1927 anlässlich der Feierlichkeiten zum zehnten Jahrestag der Oktoberrevolution eingeladen wurde. Seine Reise nach Moskau dauerte mehrere Wochen und er verbrachte sie dort nicht, wie so viele westliche Intellektuelle, als Revolutionstourist, sondern mit ausgedehnten Studien der sowjetischen Planwirtschaft. Die Forschungsarbeiten, die er in Moskau unternahm, bildeten die Grundlage für seine schließlich 1929 veröffentlichte Habilitationsschrift *Die planwirtschaftlichen Versuche in der Sowjetunion, 1917–1927*. Dieses Buch – die erste systematische Untersuchung der frühen sowjetischen Wirtschaftsform – wird im Zentrum des zweiten Bandes der Gesammelten Schriften stehen und dort genauer vorgestellt werden.

Im Kontext der Entstehung des Buches sollte aber ein weiterer Aufsatz Pollocks veröffentlicht werden, der – neben den versammelten Rezensionen aus dieser Zeit – den Abschluss des ersten Bandes bildet: Die Studie *Sozialismus und Landwirtschaft*, 1932 in einer Festschrift für Carl Grünberg erschienen. Grünberg war inzwischen schwer erkrankt und konnte sein Amt nicht weiter ausführen. Pollock hatte

1930 interimsmäßig die Leitung des Instituts übernommen, bis 1931 Max Horkheimer offiziell die Nachfolge antrat und eine vollkommen neue wissenschaftspolitische und inhaltliche Ausrichtung durchsetzen sollte. Der Aufsatz von 1932 ist aber noch ganz auf der Linie des alten, Grünbergschen Instituts. Pollock untersuchte die Folgen der industriellen Revolution in der Landwirtschaft und was diese für eine mögliche Errichtung einer sozialistischen Planwirtschaft bedeuteten. Er kam zu dem Schluss, dass die industrielle Agrarwirtschaft in einer Planwirtschaft die Nahrungsmitteldeckung weitgehend sicherstellen könne und mit Hunger nicht zu rechnen sei, wenn die Kleinbetriebe verstaatlicht und zentralisiert würden. Pollocks Buch war hauptsächlich gegen Bedenken gerichtet, dass die Wirtschaft zwangsläufig zusammenbreche, wenn der Markt abgeschafft würde. Daneben aber machte Pollock – durchaus eines Sinnes mit den Bolschewiki – die unabhängigen Bauern auch als unsichere politische Kantonisten aus, die im Interesse der Gesellschaft enteignet werden müssten. Dieses Argument von Pollocks Schrift liest sich heute als Apologie von Stalins grausamer Entkulakisierungspolitik, der Hunderttausende zum Opfer fielen. Gleichwohl übte er schon damals massive Kritik am bolschewistischen Regime und auch in Deutschland ging er zur KPD immer mehr auf Abstand. Anders als Karl Korsch, der neben seiner wissenschaftlichen Arbeit stets politisch aktiv blieb (oder beides als Einheit verstand), und anders auch als Felix Weil, der bereits seit 1920 Grigori Sinowjews geheimer Verbindungsmann in Argentinien war, verstand sich Pollock vor allem als Wissenschaftler, der die technologischen, gesellschaftlichen und strukturellen Möglichkeiten für den Aufbau einer klassenlosen Gesellschaft auslotet. Im Privaten freilich lebte er eine ungewöhnliche, in gewisser Hinsicht utopische Freundschaftsbeziehung mit Horkheimer, innerhalb derer kritische Werte allbestimmend für das Denken und Handeln sein sollten. Doch dieser konspirative Aspekt seiner Persönlichkeit blieb den meisten Zeitgenossen verborgen. Innerhalb des Instituts wurde er vornehmlich als Ökonom und administrativer Direktor wahrgenommen.

Wie sich seine Karriere weiterentwickelt hätte, wenn die Nationalsozialisten nicht an die Macht gekommen wären, ist unmöglich zu sagen. Aber schon in der Schlussphase des im vorliegenden Band

repräsentierten Zeitraums begann Pollock der Machtübernahme vor-
zubeugen und investierte große Energien in den Aufbau von mehreren
Zweigstellen des Instituts in London, Paris und vor allem Genf. Als
Hitler am 30. Januar 1933 zum Reichskanzler ernannt wurde, befand
sich Pollock faktisch schon im Schweizer Exil, das Institutsvermögen
war größtenteils in die Niederlande transferiert. Diese hellsichtige
Strategie sollte nicht nur ihm, sondern auch den engsten Mitarbeitern
des Instituts das Leben retten. Sie bildete zugleich die Voraussetzung
dafür, dass auch Pollock seinen Beitrag zur entstehenden ›Kritischen
Theorie‹ leisten konnte. Welche Impulse er der erst später so genannten ›Frankfurter Schule‹ in den Jahren der Emigration und der
Rückkehr nach Deutschland 1950 geben sollte, wird in den nächsten
Bänden der *Gesammelten Schriften* nachzuvollziehen sein.

Zur vorliegenden Ausgabe

Der erste von insgesamt sechs geplanten Bänden der *Gesammelten
Schriften* Friedrich Pollocks enthält die vom Herausgeber so genannten
»Marxistischen Schriften«, die zwischen 1923 und 1932 entstanden
sind. Der zweite Band wird die Schriften zu Planwirtschaft und
Krise enthalten, der dritte die Analysen von Nationalsozialismus,
Staatskapitalismus und Antisemitismus. Der vierte Band orientiert
sich an den nach 1945 veröffentlichten Schriften zur Automation,
während der fünfte vermischte soziologische und ökonomische Texte
sowie Gespräche und Interviews versammelt. Im abschließenden
sechsten Band wird dann schließlich eine Auswahl der gewaltigen
Briefkorrespondenz ediert.

Der Terminus *Gesammelte Schriften* beansprucht, alle *veröffentlichten* Texte Pollocks zu versammeln. Darüber hinaus wird auch aus-
gewähltes zusätzliches *unveröffentlichtes* Material aus dem Nachlass
wie Briefe, Notizen und Aufzeichnungen sowie Redemanuskripte in
die Ausgabe integriert, ohne dabei den Anspruch einer *Gesamtausgabe*
zu erfüllen. Die Auswahl des Materials aus dem Nachlass erfolgt nicht
willkürlich, sondern soll die publizierten Texte besser verständlich
machen. Daher werden auch nur solche Texte einbezogen, die in sich

zumindest einigermaßen abgeschlossen und sprachlich ausgereift sind. Bloße Exzerpte, die Pollock in großer Fülle angefertigt hat, bleiben genauso unberücksichtigt wie rein informatorische Notizen und Quellensammlungen. Die Kriterien zur Auswahl der Briefe werden im entsprechenden sechsten Band erläutert werden, genauso wie jedem Teilband eine kritische Einordnung der enthaltenen Texte vorausgeht.

Der Titel »Marxistische Schriften« ist nicht unproblematisch, weil Pollock, wie oben dargelegt, einer Interpretationstradition der Marxschen Theorie angehört, die in Distanz zum klassischen Marxismus der Arbeiterbewegung steht. Bekanntlich wehrte sich schon Marx dagegen, »Marxist« zu sein, und auch für Pollock gilt, dass er einer seinerzeit ganz neuen Denktradition angehört, die das Marxsche Werk rekonstruieren wollte – die im strengen Sinne also zwar undogmatisch, aber nicht »unorthodox« war, sondern das gerade Gegenteil. Der »westliche Marxismus« eines Lukács, Korsch oder eben Pollock besann sich auf die ursprüngliche Marxsche Theorie, um sich von deren marxistischer Usurpation freizumachen, wenngleich die Grenze zwischen beiden Phänomenen – Marxsche Theorie und Marxismus – nicht immer eindeutig zu ziehen ist. Dass zu dieser intellektuellen Trennungsbewegung die produktive Auseinandersetzung gerade mit den Vertretern des Marxismus gehört, also zum Beispiel mit Karl Kautsky, Rudolf Hilferding, Otto Bauer, Rosa Luxemburg und Lenin, erkennt sofort, wer die Texte in diesem Band aufmerksam liest. Trotz aller Distanz zur Arbeiterbewegung gehört Pollocks Denken in dieser Zeit somit eindeutig zum erweiterten Feld des »Marxismus«. Diese marxistischen Ursprünge der Kritischen Theorie in ihrem embryonalen Stadium sind bisher noch viel zu wenig in der Forschung beachtet worden und der Herausgeber hegt die Hoffnung, mit der vorliegenden Edition neue Arbeiten in diese Richtung anzustoßen. Dazu dienen auch die im Anhang zu findenden Kurzbiographien, die nicht nur die bekannten Denker des Marxismus und der Politischen Ökonomie enthalten, sondern auch eine zu großen Teilen verschwundene Welt der sozialistischen Bewegung abbilden. Viele der Autoren, die Pollock rezipiert, diskutiert und zitiert hat, haben Nationalsozialismus, Weltkrieg und Holocaust nicht überlebt; etliche von ihnen sind wie Pollock emigriert und bisweilen haben sich ihre Wege im amerikanischen Exil wieder gekreuzt. In diesem Sinne repräsentieren die intertextuellen Bezüge in Pollocks frühem Werk auch eine untergegangene, in Vergessenheit geratene Welt.

Dass Pollock nicht nur außerordentlich belesen war, sondern vor allem über eine ausgezeichnete Fachbibliothek verfügte, die er seit den zwanziger Jahren hegte und pflegte, ist den Texten deutlich zu entnehmen. Dabei hatte er Zugang zu Texten und Dokumenten (etwa die Erstausgabe von Gustav Adolph Techows Brief über Marx), über den viele andere nicht verfügten. Er nutzte dieses Privileg ausgiebig und exzerpierte alles, was ihm in die Finger kam (wovon die Exzerpthefte im Nachlass Zeugnis ablegen). Schon zeitgenössisch brachte dies Pollock innerhalb und außerhalb des Instituts den Ruf ein, ein Marx-Experte zu sein, der von Studenten, Kollegen und Genossen um Rat gefragt wurde.

Zur Textauswahl

Die bislang unveröffentlichte Dissertation *Zur Geldtheorie von Karl Marx* existiert als Typoskript in der Universitätsbibliothek Frankfurt am Main und wurde als Grundlage für die vorliegende Edition verwendet. Eine Kopie des Maschinenskripts befindet sich in der Zentralbibliothek der Friedrich-Ebert-Stiftung, eine Mikrokopie auf Mikrofiche in der Berliner Staatsbibliothek. Das Gerücht, die Arbeit sei 1971 in Frankfurt am Main als privater Nachdruck erschienen, konnte vom Herausgeber nicht verifiziert werden. Antiquarisch oder bibliothekarisch konnte ein solcher Nachdruck nicht ausfindig gemacht werden.

Der Aufsatz *Zur Marxschen Geldtheorie* ist erstmals 1928 im dreizehnten Band der von Carl Grünberg herausgegebenen Zeitschrift *Archiv für die Geschichte des Sozialismus und der Arbeiterbewegung* erschienen, die vom Leipziger Verlag C. L. Hirschfeld verlegt wurde. Die Zeitschrift wurde 1966 von der Akademischen Druck- und Verlagsanstalt Graz als Lizenzausgabe des Stuttgarter Verlages W. Kohlhammer als photomechanischer Nachdruck unverändert wieder aufgelegt. Zur Verbindung mit Kohlhammer ist zu sagen, dass C. L. Hirschfeld gewissermaßen der Hausverlag des Instituts für Sozialforschung war. Auch der erste Jahrgang der *Zeitschrift für Sozialforschung* sowie die Schriftenreihe des Instituts mit den Monographien von Henryk Grossmann (Bd. I: *Das Akkumulations- und Zusammenbruchsgesetz des kapitalistischen Systems*; 1929), Friedrich Pollock (Bd. II: *Die planwirtschaftlichen Versuche in der Sowjetunion 1917–1927*; 1929) und Karl August Wittfogel (Bd. III: *Wirtschaft und Gesellschaft Chinas*; 1931) sollten noch in dem von dem jüdischen Verleger Carl Louis Hirschfeld gegründeten Unternehmen erscheinen, bevor es im August 1933 vom Stuttgarter Verlagshaus Kohlhammer übernommen wurde, mit dem schon in den zwanziger Jahren eine enge Verbindung bestand.[3] Am 2. Januar 1934 verkaufte Walter Kohlhammer den Verlag an seinen Schwiegersohn, den nationalsozialistischen Verlagskaufmann Karl Gutbrod, der den Verlag im Juni 1934 zunächst in Gutbrod Verlag umbenannte. Seit 1937 dann firmierte er als NS-Propaganda-Verlag unter dem Namen Hohenstaufen-Verlag.[4] Der Verlag wurde 1945 zunächst aufgelöst, Walter Kohlhammer scheint aber nach dem Krieg die Lizenzrechte von C. L. Hirschfeld für sich beansprucht zu haben – auf welcher rechtlichen Grundlage ist unklar. 1962 wurde der Hohenstaufen-Verlag von dem ehemaligen NS-Kulturfunktionär Gerhard Schumann als explizit rechtsextremer Verlag wieder gegründet.

Auch Pollocks Monographie *Sombarts »Widerlegung« des Marxismus* ist im Verlag von C. L. Hirschfeld erschienen, und zwar 1926 als drittes Beiheft zum *Archiv für die Geschichte des Sozialismus und der Arbeiterbewegung*. Das Buch ist gelegentlich auf dem antiquarischen Markt erhältlich und ist in einigen größeren Bibliotheken zugänglich, wie etwa der Bayerischen Staatsbibliothek. Ein Kapitel des Buches ist unter dem Titel *Sombart als Marx-Biograph* ebenfalls 1926 als Aufsatz

3 Der bereits bei Hirschfeld angekündigte vierte Band der Schriftenreihe, Franz Borkenaus *Der Übergang vom feudalen zum bürgerlichen Weltbild*, erschien allerdings 1934, wie auch die *Zeitschrift*, bei der Librairie Félix Alcan in Paris.

4 Vgl. Tomas Garke-Rothbart: »...für unseren Betrieb lebensnotwendig...«. Georg von Holtzbrinck als Verlagsunternehmer im Dritten Reich. München 2008, S. 77 f.

20

in der sozialdemokratischen Theorie-Zeitschrift *Die Gesellschaft* (Jahrgang 1, Heft 3) erschienen.

Der Aufsatz *Sozialismus und Landwirtschaft* ist Teil der 1932 von Max Adler im Verlag C. L. Hirschfeld herausgegebenen *Festschrift für Carl Grünberg zum 70. Geburtstag*, die 1971 als unveränderter Neudruck im Verlag Detlev Auvermann KG in Glashütten im Taunus erschien. Eine englische Übersetzung von Ben Fowkes wurde interessanterweise unter dem Titel *Socialism and Agriculture* in den Quellenband *Pathos of Development in Capitalist Agriculture. Readings from German Social Democracy, 1891–99*, herausgegeben 1984 bei Macmillan Press in London von Athar Hussain und Keith Tribe, aufgenommen.

Die in diesem Band enthaltenen Rezensionen erschienen mit einer Ausnahme im institutseigenen *Archiv für die Geschichte des Sozialismus und der Arbeiterbewegung* bzw. in der *Zeitschrift für Sozialforschung* und werden hier erstmals wieder abgedruckt. Die Kuczynski-Rezension wurde im ersten Heft des 13. Jahrganges (1928) des *Archivs* veröffentlicht, die Sammelbesprechung von Cassel, Halm, Weber und Sokolnikov im dritten Heft des 15. Jahrganges (1930). Die Rezension der Bücher von Wilbrandt, Sering und Beckmann erschien dagegen bereits in der *Zeitschrift*, und zwar im ersten Heft des zweiten Jahrganges (1933). Bereits im ersten Jahrgang der Zeitschrift waren Rezensionen von Pollock erschienen, die aber thematisch eher zum weiter gefassten sozioökonomischen Problem der Krise gehören und daher im zweiten Band der *Gesammelten Schriften* abgedruckt werden. Eine vierte in diesen Band aufgenommene Rezension widmet sich einer Monographie von Hans Bayer und wurde ursprünglich 1930 im dritten Heft des 89. Bandes der *Zeitschrift für die gesamte Staatswissenschaft* veröffentlicht, einer der seinerzeit führenden Fachzeitschriften auf dem Gebiet der Nationalökonomie.

Editorisches

Editorische Notiz: Die Texte werden allesamt wie im Original wiedergegeben, allerdings mit drei Ausnahmen: Erstens werden offenkundige Fehler stillschweigend korrigiert, zweitens wird die Verwendung von »ß« und »ss« um der besseren Lesbarkeit willen der neuen Rechtschreibung angepasst. Zudem wurden sämtliche Literaturverweise, abgesehen von den vielen Verweisen auf Stellen in den Marxschen Schriften, aus Gründen der Übersichtlichkeit in den Fußnotenapparat verschoben, womit sich die Fußnotenzählung verschiebt.

Alle *editorischen Anmerkungen* sind im Text mit eckigen Klammern gekennzeichnet. Insbesondere war es bisweilen notwendig, von Pollock zitierte, aber nicht angegebene Literatur zu ergänzen. Auch kürzte Pollock Nachnamen im Text oft ab. Sie werden hier durchgehend ausgeschrieben. Die bibliographische Form der Fußnoten wurde vereinheitlicht. Die Quellenangaben zu den Zitaten von Marx und Engels, die sich auf die damals zugänglichen Ausgaben beziehen, wurden alle durch die jeweiligen Angaben in der heute allgemein zugänglichen 43-bändigen Ausgabe der *Marx-Engels-Werke* (Dietz Verlag, Berlin-Ost 1956 ff) ersetzt. Wo die *MEW* von der von Pollock zitierten Ausgabe abweicht, wurde dies vermerkt. Die historisch-kritische *Marx-Engels-Gesamtausgabe* (*MEGA*²) aus dem Akademie-Verlag wurde nur in Ausnahmefällen zurate gezogen, weil die *MEW*-Ausgabe den von Pollock verwendeten Ausgaben zum einen näher steht und die *MEGA*² schon aufgrund ihres Umfangs und ihrer Kosten noch immer nicht so gebräuchlich ist wie ihr unvollständiges Vorgängermodell.

Editorische Kommentare finden sich im Anhang und sind mit der Textstelle, auf die sie sich beziehen, sowie der Seitenzahl markiert. Auch Zitate, die in einer anderen als der deutschen Sprache sind, finden sich im Kommentarbereich übersetzt.

ZUR GELDTHEORIE VON KARL MARX.

Inauguraldissertation

zur Erlangung der Doktorwürde

eingereicht der

Wirtschafts- und Sozialwissenschaftlichen Fakultät

der Universität Frankfurt a/M.

von

Fritz Pollock.

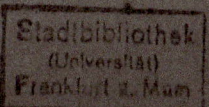

Zur Geldtheorie von Karl Marx [1923]

Inhalt

Vorbemerkung

Im Text sind die Titelangaben usw. der zitierten Schriften in der Regel abgekürzt. Wegen des genauen Titels, Auflage usw. wird auf das Literaturverzeichnis am Schlusse verwiesen. Abkürzungen, die ohne weiteres verständlich sind, werden unten nicht besonders aufgeführt.

Die Hamburger Ausgabe des Marx'schen *Kapital*, die den Zitaten im Allgemeinen zugrunde gelegt ist, wird zitiert als I [MEW 23], II [MEW 24] usw. je nach dem Band, auf den sich die betreffende Stelle bezieht.

Abkürzungen

[MEW 27–39] = Briefwechsel zwischen Engels und Marx
[MEW 21] = Engels, *Ludwig Feuerbach*
[MEW 13] = *Zur Kritik der politischen Ökonomie*
Volksausg. = Volksausgabe von Band I des *Kapital*
[MEW 26.1–3] = *Theorien über den Mehrwert*

Einleitung

Im Zusammenhang mit der Behandlung systematischer Probleme der Geldtheorie wurde dem Verfasser dieser Arbeit offenbar, dass eine eingehende Vertiefung in die grundlegenden Untersuchungen, die in der Geschichte der Sozialökonomik von ihren Meistern diesen Problemen gewidmet worden sind, als Bedingung für ihre Klärung angesehen werden müsse. Es ergab sich, dass diese Beantwortung der meisten geldtheoretischen Fragen auch in der scheinbar so sehr veränderten Form, in welcher sie uns heute entgegentreten, abhängt von gewissen grundsätzlichen Entscheidungen, deren Bedeutsamkeit schon in den Schriften der klassischen Zeit klar hervortritt. Da nun überdies gesagt werden darf, dass schon jene Zeit nicht nur die Erkenntnis der Grundthemen, sondern auch hinreichendes empirisches Material zu ihrer Behandlung besaß, so wurde die Beschäftigung mit den wichtigsten Untersuchungen der Geldliteratur des letzten Jahrhunderts zu einer keineswegs bloß historischen, sondern sachlich geforderten Aufgabe.

Des näheren hat dem vorliegenden Versuch folgender Umstand den Anlass gegeben. Während die ausdrücklich der Geldtheorie gewidmeten Schriften, zumindest in ihren grundlegenden Teilen, deutliche Auskunft über die Ansichten ihrer Verfasser erteilen und außerdem die Meinung der bedeutenden Forscher zu diesen Grundfragen in teilweise vorzüglichen Kommentaren vorliegt, fand sich der Zugang zur Geldtheorie von Karl Marx mit ungleich größeren Schwierigkeiten behaftet. Weder besitzen wir eine erschöpfende systematische Darstellung aus der Hand des Autors selbst, noch die gründliche Einführung eines maßgebenden Kommentators.[1]

---

1   Es seien erwähnt: Karl Kautsky: Karl Marx' Ökonomische Lehren. Gemeinverständlich dargestellt und erläutert. Stuttgart [21]1922; Rudolf Hilferding: Das Finanzkapital. Eine Studie zur jüngsten Entwicklung des Kapitalismus. Wien [2]1920; Louis B. Boudin: Das theoretische System von Karl Marx. Stuttgart 1909; Friedrich Hoffmann: Kritische Dogmengeschichte der Geldwerttheorien. Leipzig 1907.

Die Abschnitte über das Geld in der *Kritik der politischen Ökonomie* und im ersten Band des *Kapitals* sind, ganz abgesehen von ihrer wenig systematischen Art, Bruchstücke der Marx'schen Theorie des Geldes und nicht sie selbst. Was in den nachgelassenen Aufzeichnungen zum zweiten und dritten Band des *Kapitals* und zu den *Theorien über den Mehrwert* zusammengefügt worden ist, lässt – in Gemeinschaft mit den erwähnten Werken – den Grundriss eines umfassenden Lehrgebäudes ahnen, in dem schlechthin jedes Geldproblem von einiger Wichtigkeit seine Stelle hätte.

Aber die Aufgabe, diesen Grundriss in vollem Ausmaß freizulegen, d. h. auf Grund der in allen Teilen der Marx'schen Schriften zerstreuten Abhandlungen und Randglossen die Idee des Ganzen, aus dem sie offenbar fließen, zu gewinnen, ist erst noch zu erfüllen.

Ein Versuch in dieser Richtung hätte einzig im Zusammenhang mit einer entsprechenden Leistung für die übrigen Teile des Systems einige Aussicht, Brauchbares zu Stande zu bringen. Die vorliegenden Seiten erheben nicht den geringsten Anspruch darauf, ihn zu unternehmen. Vielmehr entstammen sie einzig der Absicht, Einblick in die Meinung Marxens über einige Grundfragen der Geldtheorie zu bekommen.

Dazu bedurfte es zuvörderst der Besinnung auf die Eigenart des Marx'schen Systems überhaupt und der Rolle der Geldtheorie in diesem Ganzen, das mehr als die meisten anderen Systeme einen Organismus bildet, dessen Teile nur in ihrer Beziehung auf das Ganze zu verstehen sind. Als auf die ursprüngliche Frage der Geldtheorie

Die genannten Schriften von Kautsky und Hilferding sind nicht als systematische Darstellungen der Marxschen Geldtheorie gedacht. Kautsky will lediglich eine Popularisierung von Bd. I des *Kapitals* geben; Hilferding spitzt die geldtheoretischen ersten Kapitel seines Buches auf die Probleme seines Hauptthemas zu und weicht überdies in entscheidenden Punkten (Geldzeichentheorie, Verhältnis von Wert und Preis usw.) erheblich von Marx ab. Boudins Schrift ist zwar eine höchst beachtenswerte Einführung in das Marx'sche System, hat sich aber mit seiner Geldtheorie nicht ausdrücklich befasst. Hoffmanns »kritische« Abhandlung schließlich ist unseres Erachtens ganz an der Oberfläche haften geblieben (Boudin: Das theoretische System, S. 156 ff).

war hierauf zunächst diejenige nach den Geldfunktionen in Angriff zu nehmen und erst dann durften die Probleme höherer Ordnung in Betracht gezogen werden.

Aus den ursprünglich einzig für die Selbstverständigung bestimmten und keineswegs abgeschlossenen Arbeiten stellt diese Schrift einen ersten orientierenden Auszug dar. Dass ihrem Sinne nach jede kritische Betrachtung fehlt, versteht sich von selbst: die Forderung, erst Stellung zu nehmen, wenn das Objekt gründlich bekannt ist, war bei Marx umso weniger zu umgehen, als sie seinem Werke gegenüber häufig genug in den Wind geschlagen wird. Auch die großen Mängel an Stil und Übersichtlichkeit und vor allem ihre außergewöhnliche Unvollständigkeit ergeben sich aus dem Charakter der Arbeit. Von den sachlichen Lücken sollen einige der fühlbarsten ausdrücklich bezeichnet sein.

Die berühmte Genesis des Geldes aus den Widersprüchen der Warenzirkulation, die man in einer Abhandlung über die Marx'sche Geldtheorie als eines ihrer Hauptstücke zu finden erwartet, ist gänzlich ausgelassen. Zu den genannten Gründen trat in Beziehung auf diese Lehre der weitere, dass ihre Behandlung sehr breite grundsätzliche und allgemeine Erwägungen über den Sinn der Marxistischen Dialektik mit sich gebracht haben würde, sodass der Gedankengang durch eine lange philosophische Betrachtung unterbrochen worden wäre.

Es wurde auf seine Wiedergabe umso leichter verzichtet, als der Verfasser, darin im Einklange mit Siegfried Marck, der Meinung ist, dass wir uns »bei dem Gegensatz von Gebrauchswert und Tauschwert (von welchem dialektischen »Widerspruch« ja die betreffende Marx'sche Entwicklung ausgeht) noch in einer ganz widerspruchslosen Sphäre« befinden.[2] Es wurde eben darum überhaupt vermieden, auf das dialektische Moment in der Lehre von der Ware einzugehen.

Die Rolle des Geldes in der kapitalistischen Wirtschaft und die dazu gehörigen Lehren vom Kreditsystem und seinen Hilfsmitteln sind nur höchst unzureichend behandelt. Es hätte zur systematischen Gestaltung der Darlegung des »Gesamtprozesses der kapitalistischen

---

2   Siegfried Marck: Hegelianismus und Marxismus. Berlin 1922, S. 16.

Produktion« bedurft, einer Arbeit, die erst im Zusammenhang mit der oben (S. 28) bezeichneten Aufgabe befriedigend zu lösen ist.

Die wichtigsten kritischen Auseinandersetzungen Marxens mit anderen Geldtheorien, insbesondere mit der Ricardoschen, sind nur gestreift und die Kapitel des dritten Abschnittes dürfen höchstens beanspruchen, einige Beispiele zu geben, wie Marx geldtheoretische Probleme anfasst. Der fragmentarische Grundzug der Arbeit tritt in diesem Abschnitt vielleicht am deutlichsten in die Erscheinung. –

Ihr Zweck wäre trotz allen Mängeln erreicht, wenn sie einige neue Unterlagen dazu hat beibringen können, um die zweifellos bedeutende geldtheoretische Leistung von Karl Marx in der Zukunft völlig zu klären und fruchtbar zu machen.

Sollte das Folgende wirklich einen solchen Beitrag bilden können, so hat dies der Verfasser insbesondere zwei Anregungen zu verdanken: Der hervorragenden Schrift von Franz Petry[3] – die Anschauungen des ersten Abschnittes gründen zum Teil auf seiner Grundidee –, und den Eindrücken, die der Verfasser in den Seminarübungen und privaten Besprechungen mit Herrn Privatdozenten Dr. Siegfried Budge (Frankfurt am Main) empfangen hat.

3   Franz Petry: Der soziale Gehalt der Marx'schen Werttheorie. Jena 1916.

I. Abschnitt: Über die Stellung der Geldtheorie im Marx'schen System

Zur Aufgabe der Marx'schen Ökonomik

»...alle Wissenschaft wäre überflüssig, wenn die Erscheinungsform und das Wesen der Dinge unmittelbar zusammenfielen.« [MEW 25, S. 825.] Wo immer eine Lehre von Karl Marx zur Debatte steht, und die Bemühung um das Verständnis einer solchen Veranlassung gibt, über die Voraussetzungen von Marx nachzudenken, ist es notwendig, sich diese Unterscheidung von Wesen und Erscheinung in ihrer ganzen Tragweite deutlich zu machen. Denn sie gibt der »Kritik der politischen Ökonomie« den »vulgärökonomischen« Systemen gegenüber ihr Gepräge. Wenn die Vulgärökonomie dadurch charakterisiert sein soll, dass sie bloß »Erscheinungsformen« systematisiert [MEW 23, S. 95, Anm. 32], dann haben wir uns klar zu machen, und, wo von Marx die Rede ist, überall festzuhalten, was unter dem Begriff des »Wesens« ihm als Thema der politischen Ökonomie in Frage steht. Dazu müssen wir uns an die Grundlagen des Marx'schen Systems erinnern.

Marx sucht ganz im Geiste Hegels die Aufgabe, über die menschlichen Kultursphären und ihre Entwicklung Klarheit zu gewinnen, dadurch zu lösen, dass er die geschichtlich bestimmenden Faktoren untersucht. Den Unterschied seiner Lösung derjenigen Hegels gegenüber hat Engels folgendermaßen gekennzeichnet: »Bei Hegel ist also die in der Natur und Geschichte zu Tage tretende dialektische Entwicklung, d. h. der ursächliche Zusammenhang des, durch alle Zickzackbewegungen und momentanen Rückschritte hindurch, sich durchsetzenden Fortschreitens vom Niedern zum Höhern, nur der Abklatsch der von Ewigkeit her, man weiß nicht wo, aber jedenfalls unabhängig von jedem denkenden Menschenhirn, vor sich gehenden Selbstbewegung des Begriffs. Diese ideologische Verkehrung galt es zu beseitigen.« [MEW 21, S. 292.] Aber mit dem Beseitigen allein war es nicht getan. Wenn sich Marx und Engels nicht mit einer negativen Kritik an Hegel begnügen wollten, dann mussten sie selbst die Lösung der gestellten Aufgabe versuchen: die eigentlich letzten Faktoren aufzuweisen, deren »dialektische« Bewegung für die

Menschheitsgeschichte bestimmend sein soll. Im Folgenden soll eine kurze Darstellung ihrer Lösung gegeben werden.

Der gesellschaftliche Zusammenhang der Menschen hat eine Funktion, deren Ausübung die Voraussetzung für alle anderen gesellschaftlichen Akte ist; die »Produktion und Reproduktion des wirklichen Lebens«[4].

Diese unerlässliche Bedingung jeden gesellschaftlichen Seins macht von einer gewissen Stufe an die Teilung der Arbeit in immer größerem Umfange notwendig. Die Entwicklung der intellektuellen und physischen Kräfte der Menschen, die sich im Fortschreiten der Wissenschaft, der Technik usw. ausdrückt, d. h. aber der Stand der »Produktivkräfte« bedingt die Art der Arbeitsteilung und damit die Stellung, welche die Menschen im Produktionsprozess zueinander einnehmen. Diese gesellschaftlichen Beziehungen, welche aus der »Produktion und Reproduktion des wirklichen Lebens« sich notwendig ergeben, nennt Marx die Produktionsverhältnisse.[5] Ihre Beschaffenheit und ihre Veränderung sind für alle Lebensänderungen der Gesellschaft in letzter Instanz bestimmend. Sie sind die »reale Basis« aller Kulturtätigkeit und diktieren deren Art und Umfang.

Die Lösung der vorher bezeichneten Aufgabe kann also nicht in einer Untersuchung irgendwelcher »Ideen« liegen, denn diese sind selbst Kulturgebiete und daher durch die gesellschaftliche Situation bedingt, aus der sie erwachsen sind. Die geschichtlich bestimmenden Faktoren müssen in den durch den Produktionsprozess geschaffenen sozialen Verhältnissen gesucht werden, also im Studium der Gesellschaft selbst. Da aber »die Anatomie der bürgerlichen Gesellschaft in der politischen Ökonomie zu suchen«[6] ist, so gewinnt diese den Rang einer universalen Grundwissenschaft.

4 [Friedrich Engels an Josef Bloch, 21. September 1890. In: MEW 37, S. 463.]
5 Vgl. [MEW 13, S. 8.]
6 Ebd.

Die »Anatomie der bürgerlichen Gesellschaft« sieht sich vor einer eigenartigen Schwierigkeit. Während unter der Herrschaft anderer Produktionsweisen die Stellung der Personen im gesellschaftlichen Reproduktionsprozess sich eindeutig offenbart in ihrem Verhältnis zu den produzierten Gegenständen wie überhaupt in ihren eigenen persönlichen Beziehungen, besteht in der bürgerlichen Produktionsweise jene Übereinstimmung zwischen den sichtbaren persönlichen Beziehungen und den wirklichen sozialen Verhältnissen keineswegs. In der warenproduzierenden Gesellschaft verschwinden die im Produktionsprozess bestehenden Verhältnisse unter gesellschaftlichen Formen (insbesondere unter heterogenen Rechtsnormen, Verkehrsformen usw.), hinter denen sie erst eine eingehende Analyse wieder zu entdecken vermag. Einem römischen Sklaven erscheint seine Sklavenstellung, die er im Produktionsprozess einnimmt, als das, was sie ist, in allen persönlichen Angelegenheiten seines Sklavenlebens: in seiner Rechtsstellung wie in jeder Gepflogenheit des Alltags und es bedarf keines Marxisten, um ihn darüber aufzuklären. Ein moderner Unternehmer, mag er im Produktionsprozess die ausschlaggebendste Rolle spielen, mag er über ganze Industrien gebieten, ist »vor dem Gesetz« mit seinem Bürodiener gleich und kann über die gesellschaftliche Grundstruktur, wie über den Sinn seiner eigenen Funktion, die absurdesten Vorstellungen haben. »...wenn es ein Werk der Wissenschaft ist, die sichtbare, bloß erscheinende Bewegung auf die innere wirkliche Bewegung zu reduzieren, so versteht es sich ganz von selbst, dass in den Köpfen der kapitalistischen Produktions- und Zirkulationsagenten sich Vorstellungen über die Produktionsgesetze bilden müssen, die von diesen Gesetzen ganz abweichen, und nur der bewusste Ausdruck der scheinbaren Bewegung sind. Die Vorstellung eines Kaufmanns, Börsenspekulanten, Bankiers sind notwendig ganz verkehrt. Die der Fabrikanten sind ebenfalls verfälscht.« [MEW 25, S. 324 f.]

Es kann keinem Zweifel unterliegen, dass die Leistungen des Einzelnen im arbeitsteiligen bürgerlichen Produktionsprozess ihre faktische gesellschaftliche Bedeutung haben – sonst würde die Gesellschaft sehr bald zu existieren aufhören. Diese Abhängigkeit wird verschleiert durch die bürgerlichen Rechtsnormen, auf Grund deren sich die Menschen als freie und selbstständige Subjekte gegenübertreten und in denen daher die Abhängigkeitsverhältnisse des Produktionsprozesses verwischt sind. Was dem Einzelnen sichtbar wird, sind die Phänomene der Konkurrenz, der »Kampf ums Dasein«, also wesentlich die Angelegenheiten der eigenen und anderer privater Wirtschaften. Einsicht in die Struktur des gesellschaftlichen Reproduktionsprozesses kann durch eine Beschreibung der juristischen Formen, unter denen er sich vollzieht, nicht gewonnen werden. Aber ebenso wenig kann eine Systematisierung von Tatsachen des zwischen den einzelnen Personen sich vollziehenden Güteraustausches und seiner Einrichtung zum Ziele führen. Vielmehr ist davon auszugehen, dass unter den Kategorien der bürgerlichen Ökonomie die wirklichen Produktionsverhältnisse sich verstecken und erst durch eine gründliche Analyse darunter zu erkennen sind. [Vgl. MEW 23, S. 88 ff.]

Wesen und Erscheinung

Was nach der politischen Ökonomie Wesen und Erscheinung ist, lässt sich nach dem obigen so ausdrücken: Als Wesen gelten Marx immer die tatsächlichen historisch bedingten gesellschaftlichen Verhältnisse des Produktionsprozesses. Bloße Erscheinungsformen sind die juristischen und sonstigen Kulturformen, unter denen der Produktionsprozess sich abspielt, insbesondere aber die scheinbar auf dingliche Tatbestände weisenden Kategorien – als da sind Ware, Wert, Geld, Kapital usw. – die erst durch Rückgang auf jene Verhältnisse wirklich zu klären sind.

Zur Analyse der Ware

Als erste und gleichsam elementarste dieser Kategorien behandelt Marx den Begriff der Ware. »In jeder, nicht auf unmittelbaren Selbstbedarf gerichteten Produktion muss das Produkt als Ware zirkulieren, das heißt verkauft werden...« [MEW 24, S. 207] In dem hier gemeinten Sinne sind alle Produktionsweisen, in denen das komplizierte Gewebe der Marktbeziehungen nicht als »gesellschaftlicher Stoffwechsel« [MEW 23, S. 119] zwischen Produzenten und Verbraucher steht, auf Selbstbedarf gerichtet. Die Eigentümlichkeit der Warenwirtschaft im Gegensatz dazu – also nicht etwa die besondere Form der »kapitalistischen« Wirtschaft – ist zunächst das Thema.

Güter, Sachen sind die Elemente jeder Art von Wirtschaft; in der Warenwirtschaft haftet am Gut der Charakter der Ware: ihn gilt es zu fassen. Da wir hier eine summarische Hinleitung zu anderen Problemen, nicht aber eine systematische Darstellung der Lehre von der Ware zu geben haben, begnügen wir uns mit einigen Hinweisen auf die Marx'sche Analyse.

Was unterscheidet ein Sachgut schlechthin, etwa das selbstgefertigte Schuhwerk in einer geschlossenen Hauswirtschaft vom Schuhwerk als Ware? – Keine natürliche Eigenschaft. Beide können als Dinge vollständig gleich sein, nichts Wahrnehmbares braucht sie voneinander zu unterscheiden; man kann sie vielleicht vertauschen, ohne äußerlich etwas zu verändern. Im Wesen des Dinges liegt der Warencharakter also nicht, und ebenso wenig in seiner Eignung zu irgendwelchen dinglichen Funktionen. Das Schuhwerk in der geschlossenen Hauswirtschaft ist zum selben Zwecke tüchtig wie jenes, das eine moderne Fabrik verlässt, insofern nur beide von der gleichen Qualität sind. Der »Gebrauchswert«[7] zeichnet die Ware nicht vor dem wirtschaftlichen Gut als solchem aus.

Näher auf die in Frage stehende Eigentümlichkeit führt die Betrachtung des Verhältnisses zwischen dem Eigentümer eines Gutes in einer beliebigen auf Selbstbedarf gerichteten Produktionsweise und dem produzierten Ding einerseits, Warenbesitzer und Ware andererseits. Bei einer solchen Betrachtung fällt sofort die total andere Beziehung der Gegenstände zu den Bedürfnissen ihrer Eigentümer in die Augen. Die

---

7 »[Die] Nützlichkeit eines Dinges, seine Eigenschaft, menschliche Bedürfnisse irgendeiner Art zu befriedigen, macht es zum Gebrauchswert.« Volksausg., S. 4. [Vgl. MEW 23, S. 50.]

für den Selbstbedarf produzierten Güter genügen in der Wirtschaft des Produzenten ihrer dinglichen Bestimmung, sodass hier – und *mutatis mutandis* auch in der Feudalwirtschaft – die wirtschaftliche Laufbahn des Gutes und daher auch der gesellschaftliche Sinn seiner eigenen Leistung sich vor den Augen des Herstellers erfüllt. Dem Warenbesitzer dagegen liegt allein daran, möglichst viel für seine Ware einzulösen; ist sie verkauft, dann verliert er sie aus dem Gesicht und braucht sich nicht mehr um ihr Schicksal zu kümmern. Der Gebrauchswert des Dinges ist für ihn nur insofern von Bedeutung, als er für den Verkauf Bedingung ist: nutzlose Dinge kauft niemand. Welche Dinge als nützlich gelten, lehrt ihn die Erfahrung, aber keineswegs nur diejenige über seine eigenen Bedürfnisse, sondern die Beobachtung des Marktes. Nicht in der eigenen Wirtschaft des Produzenten, nicht im Gebrauche seiner Familie oder seines Herrn stellt sich für ihn heraus, ob die Ware den Zweck erfüllt, für den er sie gemacht hat, sondern auf dem Markt: nämlich durch die Tatsache, ob und wie teuer er sie verkauft. Dies hängt ab von dem gesamten gesellschaftlichen Austauschprozess, auf den er so gut wie keinen Einfluss besitzt und den er im Einzelnen gar nicht überblicken kann. Er erfährt nur, was er für die Ware eintauscht, ihr »Tauschwert« kommt ihm deutlich zu Gesicht; das Schicksal der Ware nach dem Tausch, die Erfüllung ihrer Bestimmung als Gebrauchswert vollzieht sich in einer anderen Sphäre. Dieser Sachverhalt lässt sich in dem Satz zusammenfassen, dass sich für den Warenproduzenten der Gebrauchswert seiner Produkte in dem Faktum erschöpft, Tauschwert zu besitzen.

Das Wertproblem

Erst im komplizierten Marktprozess, so wurde gesagt, stellt es sich für den Warenbesitzer heraus, ob und wieweit seine Absichten sich erfüllen. Es ergibt sich die Frage, ob die Bestimmung des Tauschwertes etwa als blinde Resultante zahlloser freier Willensentscheidungen Einzelner erfolge und damit der Markt als Inbegriff subjektiver Wertungen, also letzten Endes als Gegenstand der Individual- oder der Massenpsychologie zu begreifen sei. Oder setzt sich trotz der Schwankungen der Entscheide, vielleicht den Wertenden unbewusst, ein Gesetz durch, das durch die scheinbar souveränen Bewegungen von Angebot und Nachfrage eher verdunkelt als offenbar wird?

Die Analyse des rein gefassten Tausches, durch die Marx Antwort auf diese Frage zu gewinnen sucht, und diese Antwort selbst sind so bekannt, dass auf eine Darstellung der Ableitung hier verzichtet werden darf. Nach Marx ist der Tauschwert der Ware prinzipiell nur der Ausdruck des in ihr enthaltenen Wertes; das Maß des Wertes ist die gesellschaftlich notwendige Arbeitszeit. Dieser Sachverhalt liegt nach Marx den Tauschhandlungen insgesamt letzten Endes zu Grunde. Individuelle Schätzungen, Angebot und Nachfrage, alle Tatsachen der Konkurrenz sind abgeleitete Phänomene, deren ausschließliche Beschreibung unseren Blick nie unter die Oberfläche würde dringen lassen.

Gegen diese Lehre von Marx sind viele Einwände erhoben worden, man hat so viele mehr oder weniger fruchtbare Kontroversen darüber geführt, dass eine Erörterung dieser Fragen das Thema einer eigenen Untersuchung bilden müsste. Weil es jedoch scheinen will, als ob viele Kritiken und Apologien mit schweren Missverständnissen über die Motive und die Richtung jener Marx'schen Analyse behaftet waren, so soll wenigstens in kurzen Worten darauf hingewiesen werden, welcher Sinn ihr unseres Erachtens zukommt (vgl. hierzu besonders die obengenannte Schrift von Petry).

Das Geheimnis der Warenwirtschaft liegt darin, dass der Beitrag des einzelnen Warenproduzenten zur Reproduktion des Lebens der Gesellschaft sich nicht bemisst an dem Nutzen, den das Produkt als solches ihm selbst gewährt, sondern nach der Höhe des Warenwertes, der im Tauschwert sich ausdrückt. Durch die Gleichung des Tauschwertes erfährt der Warenproduzent, was seine individuelle Arbeit der Gesellschaft wert ist. Aber wie geht das zu? Auch die Ware, die er im Tausch empfängt, ist doch ein Produkt individueller Arbeit. Wie ist es möglich, dass die individuelle Arbeit des Warenproduzenten entsprechend seinem Beitrag zum gesellschaftlichen Reproduktionsprozess gewertet und er auf diese Weise – trotz seiner scheinbaren Freiheit zu produzieren, was und wieviel er will – notwendig bestimmt wird, seine Arbeit nach den Erfordernissen jenes Prozesses zu gestalten? – Dies ist die Grundfrage der Marx'schen Wertlehre. Dass in ihr das Hauptproblem jeder warenproduzierenden Wirtschaftsweise enthalten ist, zeigt schon ein Blick auf die oben umrissenen unterscheidenden Merkmale dieser Produktionsformen.

In anderen Produktionsweisen erhält sich die Gesellschaft dadurch, dass die Arbeit jedes ihrer Glieder unmittelbar bestimmt wird durch dasjenige gesellschaftliche Bedürfnis, das sie zu befriedigen berufen ist. Wie diese Selbsterhaltung in der warenproduzierenden Gesellschaft sich regeln soll, wo – wie es den Anschein hat – jeder nach freiem Ermessen produziert, geleitet weder durch das Gebot seiner eigenen Bedürfnisse noch durch den Befehl einer die gesellschaftlichen Bedürfnisse überschauenden, planmäßig disponierenden Gewalt, ist zunächst ein Rätsel. Das Problem dieser Regelung ist es, das Marx durch seine Wertlehre zu lösen sucht.

Ohne die grundsätzliche Beantwortung dieses Problems für die Warenproduktion überhaupt würde es im Sinne des Marx'schen Systems unmöglich sein, die komplizierten speziellen Formen der kapitalistischen Marktwirtschaft völlig zu begreifen. Daher gelten die speziellen Untersuchungen zum Wertproblem unter Voraussetzung der sogenannten einfachen Warenproduktion (siehe unten, S. 44) im ersten Band des *Kapitals* durchaus als Voraussetzung der beiden anderen Bände. Eine kritische Betrachtung, inwiefern die in diesen behandelten Phänomene und Theorien tatsächlich jener Voraussetzung bedürfen und ob etwa der dritte Band auf den Analysen des ersten ruht, anstatt ihnen zu widersprechen, wäre Aufgabe einer systematischen Betrachtung der Marx'schen Wertlehre.

Das Wertgesetz

Im Sinner unserer Darlegungen ruht die Marx'sche Wertlehre auf dem Gedanken, dass in jeder Art von Warenproduktion die Erhaltung des wirklichen Lebens der Gesellschaft dadurch ermöglicht wird, dass die Menge der Güter, die der Produzent für sein Produkt eintauschen kann, sich bemisst nach dem Anteil, den die auf das zu verkaufende Gut aufgewandte Arbeit am gesellschaftlichen Reproduktionsprozess hat. Nur insofern dieses Gesetz – das Wertgesetz – sich durchsetzt, kann in einer Gesellschaft freier Warenproduzenten die Produktion trotz des Fehlens eines umfassenden Planes in der für die Existenz der Gesellschaft notwendigen Weise aufrechterhalten werden. Nur dadurch kann sie im ungefähr richtigen Verhältnis auf die einzelnen Produktionszweige verteilt werden.[8]

Nicht also der Umfang der vom Einzelnen geleisteten individuellen Arbeit ist ausschlaggebend dafür, was er als Resultat des Tauschprozesses zu erwarten hat, sondern das Maß ist der soeben bezeichnete Anteil. Dieser aber lässt sich allein messen durch denjenigen Teil der Gesamtarbeitszeit, den die Gesellschaft im Augenblick des Verkaufs innerhalb der durch die Notwendigkeit der Reproduktion ihres Lebens gegebenen Grenzen auf das betreffende Gut verwenden kann, das heißt: durch die gesellschaftlich notwendige Arbeitszeit, die auf das Gut entfällt. [MEW 23, S. 121 f; MEW 25, S. 191 f, 203 f.]

Der Doppelcharakter der Arbeit

Die individuelle Arbeit des Einzelnen wird also gewertet nach der in ihrem Produkt steckenden gesellschaftlich notwendigen Arbeitszeit. Dieser Umstand lässt sich auch folgendermaßen ausdrücken: Als Produkt individueller Arbeit ist die Ware ein nützliches Ding und hat Gebrauchswert; insofern sie aber »Wert« verkörpert, der sich im Tauschverhältnis zu anderen Waren offenbart, hat sie Tauschwert, und stellt den Anteil des Produzenten an der gesellschaftlichen Gesamtarbeit also ein gesellschaftliches Verhältnis dar. Sie ist »unmittelbare Einheit von Gebrauchswert und Tauschwert« [MEW 13, S. 28], »ein sinnlich übersinnliches Ding« [MEW 13, S. 29].

Das Wesentliche an der den vorstehenden Ausführungen zu Grunde liegenden Marx'schen Analyse ist die Erkenntnis, dass und warum nicht etwa die individuelle, sondern die gesellschaftlich notwendige Arbeitszeit das Maß im Austauschprozess bildet. Die Unter-

---

8 Die Gesetze der Konkurrenz sind sekundär: mit ihrer Hilfe setzt sich das Wertgesetz in der Wirklichkeit durch.

scheidung dieser beiden Arten von Arbeit, die Feststellung des Doppelcharakters der Arbeit hat Marx selbst – neben seinen grundsätzlichen Untersuchen über den Mehrwert – als »das Beste« an seinem Buch bezeichnet, auf dem »alles Verständnis der Tatsachen«[9] beruhe.

Und in der Tat liegt in der Marx'schen Fassung des Warenbegriffs, so wie sie angedeutet wurde, eine Aussage von großer Tragweite für die Beurteilung der Warenproduktion als herrschender Produktionsweise. Sie lässt sich ungefähr folgendermaßen formulieren: Unabhängig betriebene Privatarbeit kann nur dann das Leben der Gesellschaft garantieren, wenn die Erfordernisse des sozialen Reproduktionsprozesses sich durchsetzen. Das kann nur in der Form geschehen, dass die zur Produktion der Güter gesellschaftlich notwendige Arbeitszeit »als regelndes Naturgesetz« [MEW 23, S. 89] ihren Austausch bestimmt.

Der Charakter der Marx'schen Ökonomik

Die Lehre von der Ware zeigt deutlich die Eigenart der Marx'schen Ökonomik. In den nicht auf Warenproduktion ruhenden Gesellschaftsformen wird die soziale Bedeutung der persönlichen Leistung des einzelnen Produzenten ohne weiteres offenbar. In einer Gesellschaft von Warenproduzenten dagegen erscheint diese Bedeutung, also die gesellschaftliche Stellung des Produzenten zu den übrigen Waren erst, wenn das Produkt zu anderen Produkten in Beziehung tritt – in der Tauschrelation. Das Verhältnis der Personen ist durch Sachen – nämlich die Güter – vermittelt. [MEW 23, S. 87]

Eine Betrachtung, welche die Waren nur insofern sie nützliche Dinge sind, sowie deren Produktion und Austausch zum Gegenstand ihrer Untersuchung macht, welche also nur die »sinnliche«, nicht die »übersinnliche« Seite der Ware im Auge hat, wird mit dem Marx'schen Ergebnis nichts anzufangen wissen. Dagegen würde Marx von ihr sagen, dass sie den eigentlichen Zweck der Wissenschaft, nämlich durch die Erscheinungsform hindurch auf das Wesen der Dinge zu blicken, nicht erfülle. Für Marx ist in der Lehre von der Ware die ganze

9   Karl Marx an Friedrich Engels, 24. August 1867. [In: MEW 31, S. 326.]

Welt der Güter und was in ihr vorgeht Erscheinungsform. Isoliert betrachtet ist dieser Bereich ein Komplex mechanischer Prozesse. Darin werden sichtbar Verausgabung von Arbeitsenergie und ihre physiologische Erneuerung, Form und Ortswechsel von greifbaren Dingen und die sachlichen Einrichtungen aller Art, die bei diesen Prozessen mitwirken. Konsequent durchgeführt müsste eine lediglich auf diesen Bereich abzielende Betrachtung grundsätzlich absehen von den Menschen als vernunftbegabten Wesen. Von Zielen, Motiven, kurz von Zweckbestimmungen dürfte überhaupt nicht die Rede sein.[10]

Was die sichtbaren Vorgänge aus Bewegungen, die scheinbar bloß mechanischer Erklärung bedürfen, zu wirtschaftlich bedeutungsvollen Phänomenen macht, sind die Motive, welche sie veranlassen, und die menschlichen Verhältnisse, deren Ausdruck sie bilden. Die Kohle von ihrem Weg aus dem Bergwerk bis zur Verwandlung der in ihr enthaltenen Energie in andere Formen kann unter rein naturwissenschaftlichen Gesichtspunkten betrachtet werden. Gegenstand der politischen Ökonomie wird sie dadurch, dass sie vom Produzenten, der sie nicht für den eigenen Gebrauch gefördert hat, über den Händler zum Verbraucher geht und dass ihre Bewegung Ausfluss der Verhältnisse eben dieser Personen ist. Von der Bewegung der Kohle auf die menschlichen Beziehungen zu blicken, die sie in Bewegung setzen, ist die wissenschaftliche Aufgabe der Ökonomik.

Es ist neuerdings stark betont worden, dass das Wirtschaften nicht als mechanischer Prozess aufgefasst werden dürfe, sondern die menschlichen Erwägungen erst seinen wahren Inhalt ausmachen. Die Grenznutzenschule geht von diesem Gedanken aus und bei Liefmann hat er wohl seine radikalste Formulierung erhalten. Wie aus dem Gesagten hervorgeht, könnte Marx diesen Forschern in der Ablehnung einer mechanischen Interpretation der Wirtschaft völlig

10 Am nächsten kommt dem »Ideal« einer rein mechanischen Betrachtung der wirtschaftlichen Vorgänge die Theorie Schumpeters. Er will Veränderungen von Gütermengen »oder richtiger eine gewisse Art ihrer Veränderung beschreiben, wie wenn sie sich automatisch vollzögen, ohne die Menschen, die dieselben tatsächlich bewirken, weiter zu beachten.« Joseph Schumpeter: Das Wesen und der Hauptinhalt der theoretischen Nationalökonomie. Leipzig 1908, S. 86.

beistimmen. Jedoch erschöpft sich seine Auffassung der Wirtschaft nicht in einer rein psychologischen, insbesondere aber nicht in einer individualpsychologischen Auslegung, die als letzte Faktoren der Erklärung Schätzungen oder andere psychische Tatbestände verwendet, um daher etwa dem subjektiven Ermessen des Einzelnen die Hauptrolle ihrer Theorie zuweist. Nach Marx ist eine ausreichende Rechenschaft über die Wirtschaft auf Grund solcher Voraussetzungen deshalb unmöglich, weil es objektiv erfassbare gesellschaftliche Verhältnisse sind, die überall den Bewegungen in der Warenwelt zugrunde liegen.

Wenn Marx mit der Grenznutzenschule und verwandten Richtungen wesentlich nur im Negativen einig wäre, so ist er (wie auch aus den Ausführungen Petrys hervorgeht) in der Ablehnung der Mechanisten – so wollen wir die vorher charakterisierte Richtung, die sich teilweise mit der von Marx als nur »vulgärökonomisch« bezeichneten deckt, der Kürze halber nennen – offenbar zu weit gegangen. Denn eine Erforschung der unter den Erscheinungen verborgenen gesellschaftlichen Verhältnisse setzt eine Beschreibung und Systematisierung der sichtbaren Phänomene voraus.[11]

Der Fetischismus

Dort aber, wo diese Voraussetzung schon für die Lösung der Aufgabe der politischen Ökonomie genommen wird, verfällt dieser nach Marx dem gleichen Scheine, in den der wirtschaftende Mensch als solcher notwendig eingesponnen bleibt, nämlich dem, was Marx den »Fetischcharakter der Ware« nennt [MEW 23, S. 85 ff]. Gleichsam als Zusammenfassung des bisher Gesagten soll dieser sonderbare Ausdruck kurz erläutert werden.

Der Fetischismus verwandelt »den gesellschaftlichen ökonomischen Charakter, welchen Dinge im gesellschaftlichen Produktionsprozess aufgeprägt erhalten, in einen natürlichen, aus der stofflichen Natur dieser Dinge entspringenden Charakter« [MEW 24, S. 228].

11   Vgl. Petry: Der soziale Gehalt, S. 31.

Dass der gesellschaftliche Charakter der Leistung in der Warenproduktion nicht an der individuellen Arbeit sichtbar und allgemein bewusst wird, ist schon ausgeführt worden. Die Eigenart dieser Produktionsweise bringt es daher mit sich, dass der aus der Leistung erwachsende Anspruch auf einen entsprechenden Teil des Gesamtarbeitsproduktes der Gesellschaft unter einer anderen Form in Erscheinung tritt. Marx lehrt, dass es eben dieser Inhalt ist, durch den ein Gut den Charakter der Ware als eines Trägers von »Wert« erhält.

Der Fetischismus liegt darin, den Ursprung des Wertes in den konkreten Eigenschaften des Dinges (Heizwert der Kohle usw.) zu suchen anstatt in der gesellschaftlichen Relevanz der vom Produzenten geleisteten Arbeit, die sich in dem Ding gleichsam verkörpert. So scheinen die Proportionen, in denen sich gewisse Waren austauschen, aus ihrer Natur zu entspringen, während hinter diesen »Gleichungen« die fortwährende Reduktion der »allseitig voneinander abhängigen Privatarbeiten« »auf ihr gesellschaftlich proportionelles Maß« versteckt ist [MEW 23, S. 89].

Die Zuschreibung von Eigenschaften an einen Gegenstand, anstatt diese in ihrer Abhängigkeit von den gesellschaftlichen Verhältnissen zu begreifen, erläutert Marx am Beispiel der Mythologie. Wie hier »die Produkte des menschlichen Kopfes mit eignem Leben begabte, untereinander und mit den Menschen in Verhältnis stehende selbständige Gestalten« werden [MEW 23, S. 86], so »in der Warenwelt die Produkte der menschlichen Hand.« (Ebd.)

Was hier in Beziehung auf die Ware gesagt wurde, gilt für alle Kategorien der Warenwirtschaft, insbesondere für Kapital und Geld. Überall handelt es sich darum, dass Naturdinge »mit sonderbar gesellschaftlichen Eigenschaften« [MEW 23, S. 97] nicht erkannt werden als das, was sie sind, nämlich als Darstellungen gesellschaftlicher Produktionsverhältnisse. Auf den Fetischcharakter des Geldes im Besonderen wird unten noch kurz hinzuweisen sein.

Zwischenbemerkung über »einfache Warenproduktion«
und Äquivalententausch

Dass die speziellen Untersuchungen zum Wertproblem, also auch die Analyse der Ware und des Geldes, soweit sie sich im ersten Bande des *Kapitals* und der *Kritik der politischen Ökonomie* finden, unter Voraussetzungen der sogenannten »einfachen Warenproduktion« gemacht werden, wurde oben schon gelegentlich erwähnt. Eine Verständigung über den Inhalt jener Voraussetzungen wird jetzt unerlässlich. Unter einfacher Warenproduktion versteht Marx eine Produktionsweise, in der die Arbeit rechtlich voneinander unabhängiger Einzelner das materielle Leben der Gesellschaft reproduzieren muss. Es handelt sich um eine Produktionsweise, in der Waren produziert werden, in der die Warenproduzenten das Produkt ihrer *eigenen* Arbeit selbst zu Markte bringen, und in der ein Kapitalverhältnis nicht besteht.

Ob eine derartige einfache Warenproduktion als herrschende Produktionsweise jemals existiert hat, ist hier gänzlich gleichgültig. So weit von einer »Stufe der einfachen Warenproduktion« gesprochen wird, besagt dies nur, dass von den Kategorien der kapitalistischen Produktionsweise (dem Mehrwert und seinen verschiedenen Formen, der Durchschnittsprofitrate usw.) abgesehen werden soll.

»Einfache Warenproduktion« schließt »einfache Warenzirkulation« ein [vgl. MEW 23, S. 172 f]. Das wichtigste Kennmal der letzteren, der Austausch von Äquivalenten besagt, dass das »Wertgesetz« sich hier nicht »als nie festzusetzender Durchschnitt ewiger Schwankungen« [MEW 25, S. 171] wie in der kapitalistischen Wirtschaft sich durchsetzt, sondern für jeden einzelnen Austausch, auch wenn man ihn isoliert betrachtet, gilt.

Aber wie verhält es sich mit dem Austausch von Äquivalenten; ist die Auffassung von der Tauschrelation als einer Gleichung nicht längst widerlegt für jeden möglichen Tauschverkehr, also auch für die »einfache Warenproduktion«? Lehren nicht etwa einige modernen Richtungen in der Nationalökonomie: »Es ist falsch, dass man im Warenaustausch gleichen Wert gegen gleichen Wert austauscht. Umgekehrt. Jeder der beiden Kontrahenten gibt immer einen kleineren für einen größeren Wert [...]. Der Wert der Dinge besteht bloß in ihrer Beziehung auf unsere Bedürfnisse. Was für den einen mehr, ist für den anderen weniger, und umgekehrt [...]. Wir wollen eine uns nutzlose Sache weggeben, um eine uns notwendige zu erhalten; wir wollen weniger für mehr geben [...].« Die so aktuell anmutenden, 1776 veröffentlichten und von Marx [MEW 23, S. 173] abgedruckten Worte Condillacs beweisen nichts gegen die Möglichkeit eines Äqui-valententausches in dem hier vorgetragenen Sinn, sie stoßen vielmehr offene Türen ein. – Dass der Gebrauchswert verschieden groß ist in verschiedener Hand, hat Marx nie bestritten, sondern vielmehr betont [MEW 13, S. 33; MEW 23, S. 171], und etwas anderes besagt der Condillac'sche Einwand nicht. Warum in der einfachen Waren-zirkulation, wo von allen störenden Einflüssen (Monopolen usw.) abstrahiert wird, und wo sich nur rechtlich und ökonomisch gleiche Warenbesitzer gegenüberstehen, warum hier nicht jede Ware nach ihrem Anteil an der gesellschaftlichen Gesamtarbeit ausgetauscht werden soll und warum es unzulässig ist, diesen Austausch gleicher Werte durch eine Gleichung bildhaft zu machen, ist nicht einzusehen. Die Schwierigkeiten beginnen erst, wenn die Waren nicht mehr als Waren schlechthin, sondern als Produkt von Kapitalien ausgetauscht werden [MEW 25, S. 184f], eine Möglichkeit, die für die einfache Warenzirkulation per definitionem ausgeschlossen ist.

Für die weiteren Darlegungen gilt die einfache Warenproduktion als Voraussetzung, sofern sie nicht für einige spezielle Untersuchun-gen ausdrücklich fallen gelassen wird.

Die Wertform

Wenn ein Ding aus dem Produktionsprozess als Ware hervorgeht, verkörpert es, wie aus dem obigen ersichtlich ist, einen bestimmten Anteil seines Herstellens an der gesellschaftlichen Gesamtarbeit. Wie hoch dieser Anteil ist, erfährt er erst aus dem Austauschprozess. Dieser kann in seiner einfachsten Gestalt so gedacht werden, dass der zum Austausch bestimmten Ware eine einzige andere gegenübersteht, mit der sie gleichgesetzt und ausgetauscht wird. Erst durch den Tauschakt wird dem Warenproduzenten bekannt, was eine Ware

»wert« ist, d. h. wie hoch jener Anteil sich beläuft. Dies kann ihm nicht etwa mitgeteilt werden durch eine Bestätigung der auf die Ware entfallenden gesellschaftlich notwendigen Arbeitsstunden, weil in der Warenproduktion die Kenntnis des Umfangs der vom Produzenten geleisteten gesellschaftlich notwendigen Arbeit infolge der eingangs dargelegten Eigentümlichkeiten dieser Produktionsform fehlen muss. Der Wert, d. h. der in der Ware verkörperte Anteil an der gesellschaftlichen Gesamtarbeit, erscheint also in einer ganz bestimmten Form, nämlich in einer Relation zweier Waren. Eine solche Relation überhaupt heißt daher bei Marx »Wertform« und ist identisch mit dem Tauschwert der vom Produzenten ausgetauschten Ware, sodass der Tauschwert nicht etwa ein Synonym für Wert, sondern dessen Ausdruck ist [vgl. MEW 23, S. 62].[12]

In der gedachten vereinfachten Gestalt eines Tauschaktes wurde angenommen, dass der einen auszutauschenden Ware nur eine einzige andere Ware gegenüberstehe, was natürlich in einer wirklichen warenproduzierenden Gesellschaft, wo eine Ware immer zu einer ganzen Welt von Waren in Beziehung steht, nicht vorkommt. Diesen einfachsten Spezialfall nennt Marx die »einfache, einzelne oder zufällige Wertform« [MEW 23, S. 63].

In Hinblick auf die große methodologische Bedeutung dieser einfachen Gleichung im Marx'schen System sollen im Anschluss an sie sogleich einige Ausdrücke bestimmt werden, die im Folgenden eine entscheidende Rolle spielen werden. Die Gleichung laute wie bei Marx: »20 Ellen Leinwand = 1 Rock« [MEW 23, S. 63]. Dann sind die 20 Ellen Leinwand diejenige Ware, deren »Wert« in der Formel erscheint. Die ganze Formel ist die *einfache Wertform* der 20 Ellen Leinwand *Relative Wertform* heißen die 20 Ellen Leinwand selbst, welcher Name also stets nicht etwa eine ganze Gleichung, sondern diejenige Ware in der Gleichung bezeichnet, deren Wert durch sie seinen Ausdruck findet. Dagegen hat der Rock in der Gleichung eine ganz andere Funktion, da er nämlich, als Inkarnation der gleichen Menge »Wert« wie die 20 Ellen Leinwand, deren Wertgröße indirekt fassbar macht.

---

12 Diese Unterscheidung wird in der *Kritik der politischen Ökonomie* noch nicht gemacht.

Also nicht auf direktem Wege wird diese Wertgröße hier gemessen: es werden nicht gesellschaftliche Arbeitsstunden gezählt. Eine Aussage über die Wertgröße enthält der Ausdruck nur insofern, als der Rock quantitativ und qualitativ Wertgleiches darstellt wie die 20 Ellen Leinwand. Nicht von einem absoluten, sondern nur von einem relativen und indirekten Maße kann dabei die Rede sein. Die in den früheren Ausführungen erwähnte Unmöglichkeit eines solchen Maßes, die in dem Wesen jeder Warenwirtschaft ihre Wurzeln hat, ist als eine Grundlehre der Marx'schen Ökonomik im Folgenden überall vorausgesetzt. In unserer Gleichung fungiert der Rock als Wertgleiches für die Leinwand, d. h. als *Äquivalent* und wird daher – wie überhaupt jede Ware, welche in einer derartigen Formel als »Wertausdruckmittel« dient – von Marx als »in Äquivalentform befindlich« gekennzeichnet.

In dem gewählten Beispiel sind alle Beziehungen so vereinfacht, dass z. B. durch die bloße Umkehrung der Gleichung Leinwand und Rock ihre Rollen vertauschen. Blicken wir von der Abstraktion auf die Wirklichkeit, so werden wir inne, dass faktisch die zum Tausch bestimmte Ware nicht einer einzelnen, vielmehr eine ganzen Welt von Waren gegenübersteht, von deren vielartigen Gattungen je ein bestimmtes Quantum als ihr mögliches Äquivalent in Frage kommt. Es muss also nicht heißen: 20 Ellen Leinwand = ein Rock, sondern wir können fortfahren: »oder = 10 Pfd. Tee oder = 40 Pfd. Kaffee oder = ... etc.« [MEW 23, S. 77]. Diese Summe von Gleichungen – »*totale* oder *entfaltete Wertform*« benannt – will besagen, dass es nicht eine einzige, sondern eine ganze Reihe möglicher Tauschwertrelationen gibt, in denen die 20 Ellen Leinwand relative Wertform haben und andere Waren als »Spiegel des Leinwandwertes« in Äquivalenzform stehen.

Der nächste logische Schritt bringt eine theoretisch hochbedeutsame Veränderung. Denn kehren wir nunmehr die Formel um, so erscheint unser Quantum Leinwand als der Spiegel der übrigen Warenwerte, die vorher als Äquivalente fungierten. Die Leinwand erhält eine Sonderstellung im Warenreiche, nämlich die eines Wertausdruckmittels der ihr gegenüberstehenden bunten Warenreihe – sie wird damit von den übrigen Waren »ausgeschlossen« und bekommt den »Charakter des allgemeinen Äquivalents« [MEW 23, S. 81].

Denken wir eine bestimmte Ware ein für alle Mal in dieser Rolle festgehalten, also als gesellschaftlich gültiger Gegenwert für jede andere Ware anerkannt, werden also regelmäßig bestimmte Mengen dieser Ware bestimmten Mengen aller anderen Waren im Austausch gleichgesetzt, so ist das allgemeine Äquivalent als *Geld* charakterisiert, die Ware selbst, die diesen Platz einnimmt, heißt die Geldware. »Es wird ihre spezifisch gesellschaftliche Funktion, und daher ihr gesellschaftliches Monopol, innerhalb der Warenwelt die Rolle des allgemeinen Äquivalents zu spielen.« [MEW 23, S. 83.]

Geld und Warenwirtschaft

Um zu begreifen, welche Stellung im Zusammenhang des Systems die hier nur angedeuteten Untersuchungen über die Wertform haben,[13] und um darzutun, dass sie nicht etwa einer Neigung Marxens zu logischen »Spitzfindigkeiten« [vgl. MEW 23, S. 12] entspringen, bedarf es einer Rückerinnerung.

Marx glaubt, die Regelung des Austausches durch die gesellschaftlich notwendige Arbeitszeit als Voraussetzung für die Aufrechterhaltung der Warenwirtschaft erkannt zu haben. Nicht durch unmittelbare Angabe der Arbeitsstunden vollzieht sich diese Regelung, sondern durch die Relationen des Austauschprozesses. Die logische Entwicklung der Bestimmungen, die schon in der einfachsten einer solchen Relation sich vorfinden, führt zum Geld. Die Darlegung, »dass die Form: 20 Ellen Leinwand = 1 Rock nur die unentwickelte Basis von 20 Ellen Leinwand = 2 Pfund Sterling, dass also die einfachste Warenform, worin ihr Wert noch nicht als Verhältnis zu allen an-

---

13 Da sie wesentlich deduktiver Natur sind, wurde von einer Beibringung historischer Belege abgesehen. (Vgl. Karl Helfferich: Geld und Banken. Bd. 1: Das Geld. Leipzig [5]1921, S. 14.) Eine kritische Darlegung der in dieser Ableitung des Geldes liegenden Probleme, die sehr notwendig wäre, liegt, wie in der Einleitung bemerkt, nicht in der Absicht dieser Arbeit.

deren Waren, sondern nur als Unterschiedenes von ihrer eigenen Naturalform ausgedrückt ist, das ganze Geheimnis der Geldform und damit, in nuce, aller bürgerlichen Formen des Arbeitsprodukts enthält«[14], diese Darlegung hat die entscheidende systematische Aufgabe, das Geld als notwendig im Wesen der Warenwirtschaft begründet zu erweisen.

Denn: wenn der Anteil der zur Produktion einer Ware aufgewandten individuellen Arbeit an der gesellschaftlichen Gesamtarbeit nur dadurch in Erscheinung treten kann, dass diese Ware die relative Wertform annimmt und aus dieser Notwendigkeit sich die Aussonderung einer bestimmten Ware als allgemeines Äquivalent zwingend ergibt, dann ist nach dem vorigen das Geld als eine conditio sine qua non der Warenwirtschaft deduziert.

»Weil das Produkt nicht als unmittelbarer Gegenstand der Konsumtion für die Produzenten produziert wird, sondern nur als Träger des Wertes, sozusagen als Anweisung auf bestimmtes Quantum aller Darstellungen der gesellschaftlichen Arbeit, sind alle Produkte gezwungen, als *Werte* sich eine von ihrem Dasein als Gebrauchswerte unterschiedene Daseinsform zu geben. Und es ist diese Entwicklung der in ihnen enthaltenen Arbeit als gesellschaftlicher, es ist die Entwicklung ihres Wertes, die die Geldbildung bedingt, die Notwendigkeit der Waren, sich als Geld für einander darzustellen – was bloß heißt: als selbstständige Daseinsformen des Tauschwerts –, und sie können dies nur, indem sie eine Ware aus der Gesamtheit ausschließen, alle ihre Werte in dem Gebrauchswert dieser ausgeschlossenen Ware messen, die in dieser ausschließlichen Ware enthaltene Arbeit daher unmittelbar in *allgemeine, gesellschaftliche* Arbeit verwandeln.« [MEW 26.3, S. 142 f.]

Worauf alle bisherigen Darlegungen hinleiten sollten und wofür in den nächsten beiden Abschnitten weitere Belege beizubringen versucht werden wird, ist hier offenbar: Nach der Marx'schen Theorie kann eine entwickelte Warenwirtschaft ohne Geld weder faktisch existieren, noch überhaupt gedacht werden. Weit entfernt, »ein pfiffig ausgedachtes Auskunftsmittel« [MEW 13, S. 36] zu sein zur Besei-

---

14 [Karl Marx an Friedrich Engels, 22. Juni 1867. In: MEW 31, S. 306.]

tigung gewisser Unbequemlichkeiten des Tauschverkehrs gilt bei Marx das Geld als konstitutives Element jeder Produktionsweise, in welcher die Privatarbeit juristisch unabhängiger Produzenten die Reproduktion des »gesellschaftlichen Lebens« zugeschoben wird. Die Analyse der Ware, als des charakteristischen Elementes der warenproduzierenden Gesellschaft anders produzierenden Gesellschaftsformen gegenüber, führt zum Geld als der notwendigen Ergänzung der Ware.

Geld und Ware

Geld ist eine von den übrigen als allgemeines Äquivalent ausgeschlossene Ware. Vor einem Überblick über ihre Besonderheiten allen anderen Waren gegenüber, soweit sie sich aus den bisherigen Darlegungen ergeben, seien nochmals diejenigen Gattungsmerkmale genannt, die sie als Ware überhaupt an sich trägt. Als »sinnlich übersinnliches Ding« wurde die Ware gekennzeichnet, und es fragt sich jetzt, was das sinnliche und was das übersinnliche Moment der Geldware ist. Sinnlich ist ihre Naturalform, ihr Dasein als natürliches Ding und demzufolge auch ihre Eignung, irgendwelche Bedürfnisse zu befriedigen – ihr Gebrauchswert, der ihr abgesehen von allen Geldfunktionen zukommt. Übersinnlich ist sie als Mittlerin eines gesellschaftlichen Verhältnisses dadurch, dass sich in ihr ein bestimmter Anteil an der gesellschaftlich notwendigen Gesamtarbeit verkörpert. Aber es ist nicht der Anteil selbst, auf den an dieser Stelle der Nachdruck zu legen ist, sondern die auf ihm beruhende und notwendig zum Sinn der Kategorie Ware gehörende Möglichkeit, das betreffende Produkt gegen ein solches anderer Art zu tauschen, das gleichviel gesellschaftlich notwendige Arbeit enthält. Man kann daher jede Ware als Anspruch auf ein entsprechendes Quantum des in der Gesellschaft vorhandenen Warenvorrates betrachten,–[15] nur im Hinblick auf diese Eigenschaft wird sie produziert. Es ist die

15 Die Ähnlichkeit mit den Ausführungen Helfferichs, dass, wenn Geld eine nicht näher bestimmte Anweisung sei, jede Ware denselben Charakter habe, ist nur eine scheinbare. Vgl. Helfferich: Das Geld, S. 534.

Bestimmung aller Waren, anderen Waren gegenüber als »Äquivalente« zu fungieren. Aber hier zeigt sich sogleich der wesentliche Unterschied zwischen Ware und Geld: das Geld ist allgemeines Äquivalent. Es ist notwendig, die grundlegenden Bestimmungen, welche dieser Begriff einschließt, ein für alle Mal festzuhalten.

Der Unterschied des allgemein Äquivalents vom Äquivalent in einer isolierten, zufälligen Tauschrelation liegt, wie wir gesehen haben, darin, dass durch das erstere sich nicht nur der Wert einer einzelnen Ware, sondern derjenige jeder beliebigen Ware ausdrücken lässt, und auch tatsächlich regelmäßig ausgedrückt wird. Geld als das allgemeine Äquivalent spiegelt also den Anteil jeder Ware an der gesellschaftlichen Gesamtarbeit wider, es ist gleichsam »individuelle Inkarnation der gesellschaftlichen Arbeit« [MEW 23, S. 152], oder anders ausgedrückt »die Ware, deren Naturalform zugleich unmittelbar gesellschaftliche Verwirklichungsform der menschlichen Arbeit in abstracto ist« [MEW 23, S. 156]. Ob und in welchem Verhältnis alle anderen Arbeitsprodukte faktisch gesellschaftliche Arbeit verkörpern, stellt sich nach dem früher Gesagten erst im Austausch heraus, in dem Augenblick, wo sie die »Wertform« annehmen. Erst nach Vollzug des Austausches weiß der Warenbesitzer, ob seine Ware in einer faktischen Tauschrelation überhaupt vorkommt. Dagegen folgt aus der Funktion der Geldware als allgemeines Äquivalent, dass ihresgleichen in irgendeiner Form innerhalb der Warenwirtschaft Bestandteil jeder Tauschrelation sein muss. Die als Geld fungierende Ware ist deshalb die einzige, die regelmäßig der Bestimmung gerecht wird, um derentwillen Waren produziert werden, ihr Besitz allein verbürgt einen jederzeit realisierbaren »Anspruch auf ein entsprechendes Quantum des in der Gesellschaft vorhandenen Warenvorrates« (siehe oben).

Zusammenfassend lässt sich etwa sagen, »dass das Geld in der Tat nichts anderes ist als ein besonderer Ausdruck des gesellschaftlichen Charakters der Arbeit und ihrer Produkte, der aber als im Gegensatz zu der Basis der Privatproduktion stets in letzter Instanz als ein Ding, als besondere Ware neben anderen Waren sich darstellen muss« [MEW 25, S. 621].

Ebenso wie die Ware ist das Geld als Ding nicht fassbar, sein Wesen erschließt sich nach Marx nur dem, der es als »Produktionsverhältnis« erkannt hat. Schon seine Eigenschaft als Ware verleiht dem Geld diesen Charakter eines gesellschaftlichen Verhältnisses und auch seine Sonderstellung gründet sich auf spezielle gesellschaftliche Beziehungen. Der Ausschluss einer Ware als allgemeines Äquivalent beruht auf gesellschaftlichem Übereinkommen und wirkt sich aus in der eigentümlichen Stellung des Geldbesitzers allen Warenbesitzern gegenüber: in seinen Händen ist die »allgemeine Ware«, um deren Besitz der Eigentümer einer »besonderen« Ware sich abmüht; ihr Besitz bedeutet direkte Verfügungsmöglichkeit über jede ihrer Wertgröße entsprechende Menge beliebiger Produkte gesellschaftlicher Arbeit. Die Besonderheit des durch das Geld vermittelnden gesellschaftlichen Verhältnisses gegenüber demjenigen, dessen Träger die Ware ist, lässt sich leicht sinnfällig machen. Man vergleiche die Stellung eines Schusters zu allen Warenbesitzern, insofern sein Anteil an der gesellschaftlichen Gesamtarbeit und damit sein Anspruch auf eine entsprechende Warenmenge nur durch seine besondere Ware, etwa ein paar Schuhe, repräsentiert ist, oder insofern dieser Anspruch durch die allgemeine Ware, »die unmittelbare Inkarnation aller menschlichen Arbeit« [MEW 23, S. 107] dargestellt ist. Soll er weiterproduzieren, so ist es notwendig, dass er in den Besitz des allgemeinen Äquivalents gelangt. Infolge der Eigentümlichkeit der Warenwirtschaft muss der Warenproduzent an einer bestimmten Stelle des Produktionsprozesses jenen Punkt erreichen, an dem er entsprechend seiner, nach gesellschaftlichen Arbeitsstunden sich bemessenden individuellen Arbeit Verfügung über beliebige Produkte fremder Privatarbeit erhält, wenn der Reproduktionsprozess ungestört weiter verlaufen soll.

Der Fetischcharakter des Geldes

Von diesen Verhältnissen weiß der Warenproduzent in der Regel nichts. Er sieht ein Ding, das Geld, mit der besonderen Eigenschaft, dass alle Waren ihre Werte in ihm ausdrücken, und gegen das jeder Warenbesitzer sein Produkt herzugeben bereit ist. Weit entfernt davon, unter diesem Tatbestand gesellschaftliche Verhältnisse zu vermuten, ist er überzeugt, es hier mit Natureigenschaften der Geldware zu tun zu haben. Entsprechend charakterisiert sich der »Fetischismus« in der Theorie dadurch, dass in der Lehre vom Geld nicht etwa die Untersuchung derjenigen Eigentümlichkeiten des Produktionsprozesses in der Warenwirtschaft das Fundament bildet, als deren äußeres Zeichen die technischen Hindernisse eines regelmäßigen Warenaustausches ohne Geld erscheinen. An Stelle einer solchen Analyse schiebt sich vielmehr eine Beschreibung derjenigen natürlichen Eigenschaften der Geldware unter, die sie zur Überwindung jener Schwierigkeiten geeignet machen.

Rückblick

Der für die Beurteilung der Rolle des Geldes im System von Karl Marx entscheidende Gedankengang sei hier nochmals kurz zusammengefasst.

Nur wenn die gesellschaftlich notwendige Arbeitszeit den Warenaustausch regelt, ist eine Gesellschaft von Warenproduzenten lebensfähig. Diese Regelung findet nicht auf rationalem Wege statt, vielmehr wissen die austauschenden Menschen nichts und können nichts wissen von der Anzahl der auf ihr Produkt entfallenden gesellschaftlich notwendigen Arbeitsstunden. Es genügt, wenn der Anteil jedes Einzelnen an der gesellschaftlichen Gesamtarbeit und sein darauf sich gründender Anspruch auf gesellschaftliche Arbeitsprodukte sich dadurch geltend macht, dass er für das eigene ein äquivalentes Produkt eintauscht. Was jeweils seinem Produkt tatsächlich äquivalent ist, d. h. wieviel gesellschaftlich notwendige Arbeitszeit dieses enthält, ergibt sich aus der jeweiligen gesellschaftlichen Gesamtsituation, an der nicht nur seine eigene und die einzutauschende Ware, sondern der gesamte Warenvorrat der Gesellschaft mitspricht. Damit dieser Einfluss aller Waren zur Geltung kommt, d. h. also damit der Produzent wirklich entsprechend seinem Anteil an der gesellschaftlichen Gesamtarbeit fremde Produkte erhalte, müssen nicht nur zwei, sondern alle Waren kommensurabel sein, eine Notwendigkeit, die sich der Gesellschaft als äußerer technischer Zwang aufdrängen mag. Es bedarf einer Ware, die als allgemeines Äquivalent von den übrigen Waren ausgeschlossen wird: des Geldes.

Die Notwendigkeit des Geldes wurzelt also in den tiefsten Struktureigentümlichkeiten der warenproduzierenden Gesellschaft. Je weiter sich die Warenproduktion entfaltet, umso weitläufiger werden die Konsequenzen dieser Notwendigkeit, umso vielfältiger die Funktionen, die das Geld zu erfüllen berufen ist. Das Verständnis aller Eigenschaften des Geldes, insbesondere seiner Formbestimmtheiten in der hochentwickelten kapitalistischen Wirtschaft, hängt ab von der Einsicht in die erwähnten grundlegenden Zusammenhänge.

II. Abschnitt: Die Funktion des Geldes

1. Allgemeines Äquivalent

Die Entstehung des Geldes[16]

Historisch beginnt der Austausch als »unmittelbarer Produktenaustausch« an den Grenzen der für den Selbstbedarf produzierenden Gemeinwesen durch Veräußerung des gelegentlichen Überschusses. Zum Warenaustausch wird er in dem Augenblick, wo Güter regelmäßig für den Austausch hergestellt werden. In dem Maße, wie die Warenproduktion zur herrschenden Produktionsweise sich entwickelt, wird der Warenaustausch zur Grundlage für die Reproduktion des gesellschaftlichen Lebens.

In den Schwierigkeiten, die der auf fortschreitender Arbeitsteilung beruhende entfaltete Warenaustausch mit sich bringt,[17] verbirgt sich die Notwendigkeit, den Anteil jeden Warenbesitzers an der gesellschaftlich notwendigen Arbeit zum Maß seines Anspruches auf gesellschaftliche Arbeitsprodukte zu machen. Ein gesellschaftlich gültiges Äquivalent ist dazu unentbehrlich; es wird geschaffen durch »die gesellschaftliche Tat« [MEW 23, S. 101].

Mit der Entfaltung des Austauschprozesses, der bald das eine, bald das andere Arbeitsprodukt zur begehrtesten Ware und damit innerhalb gewisser Grenzen zum allgemeinen Äquivalent werden lässt, fallen zwei Gruppen von Waren Geldfunktionen zu: dem »wichtigsten Eintauschartikel aus der Fremde« und dem »Hauptelement des ein-

---

16 Auf eine Wiedergabe der Art und Weise, wie Marx die Entstehung des Geldes aus den »Widersprüchen des Austauschprozesses« unter Zuhilfenahme der dialektischen Methode ableitet [MEW 23, S. 99 f; MEW 13, S. 28 ff], wird hier aus den in der Einleitung erwähnten Gründen verzichtet.

17 »Die Waren sind als Gebrauchswerte nicht beliebig teilbar, was sie als Tauschwerte sein sollen. Oder die Ware von A mag Gebrauchswert für B sein, während die Ware von B nicht Gebrauchswert für A ist. Oder die Warenbesitzer mögen ihre wechselseitig auszutauschenden unteilbaren Waren in ungleichen Wertproportionen bedürfen.« [MEW 13, S. 36]

heimischen veräußerlichen Besitztums« [MEW 23, S. 103]. Schließlich geht die Geldfunktion an die Edelmetalle über, deren natürliche Eigenschaften sie dazu geeigneter machen als jede andere Ware. Inwiefern Gold und Silber die in der Warenproduktion vorkommenden Geldfunktionen unvergleichlich besser erfüllen als der »Warenpöbel« vor ihnen, kann erst nach einer Darlegung der verschiedenen Geldfunktionen gezeigt werden. In der folgenden Darstellung wird nach dem Vorgange von Marx »der Vereinfachung halber« [MEW 23, S. 109] stets Gold als Geldware vorausgesetzt.

Allgemeines Äquivalent

Die erste Funktion, in der das Geld auftritt, eine Funktion, durch welche eine Ware erst Geld wird, ist also die des allgemeinen Äquivalents. Die Rolle, die es äußerlich dabei spielt, lässt sich folgendermaßen darstellen.

In der Funktion des allgemeinen Äquivalents »ist Geld ein Objekt und zwar ein bewegliches Tauschgut, dessen man sich in einer wirtschaftlichen Verkehrsgemeinschaft unter den im wirtschaftlichen Verkehr, daher insbesondere im Tauschverkehr stehenden Personen nach eingebürgerter Sitte, aber ohne Rechtszwang, freiwillig in Annahme gegen Hingabe von Gütern für konkrete Zwecke der Bedürfnisbefriedigung und in Hingabe gegen Empfang solcher Güter als Tauschgegenwert (Tauschäquivalent) bedient, und zwar im Vertrauen darauf, das als solcher Gegenwart angenommene Geldgut von anderen Gliedern der Verkehrsgemeinschaft allgemein und in derselben Weise benutzt zu sehen, daher überzeugt sein zu können, dass es wiederum als Gegenwert, statt anderer, konkreten Zwecken der Bedürfnisbefriedigung dienender Güter gegen begehrte solche Güter von deren Besitzern angenommen wird, wobei letztere wiederum in bezug auf das Geldgut von dem gleichen Vertrauen bei seiner Annahme bestimmt werden.«[18]

18 [Adolph Wagner: Sozialökonomische Theorie des Geldes und Geldwesens. Leipzig 1909, S. 116 f.]

Zweierlei lässt sich aus diesen Worten Adolf Wagners erstehen. Einmal, dass die von Wagner gegebene weitverbreitete Definition des »Tauschmittels« (vor dem Zitat wurde anstatt »Tauschmittel« allgemeines Äquivalent gesetzt) die Phänomene beschreibt, welche das allgemeine Äquivalent nach außen hin charakterisieren, dass also innerhalb gewisser Grenzen beide Begriffe dasselbe meinen. Und zweitens, dass in der so überaus gewissenhaft formulierten Wagner'schen Definition nur das gegeben wird, was Marx die »Erscheinungsform« nennt; denn Wagner sieht im Geld ein Ding (»ein Objekt und zwar ein bewegliches Tauschgut«) mit einer »sonderbaren gesellschaftlichen Eigenschaft«: »die im Tauschverkehr stehenden Personen« haben das Vertrauen zu ihm, dass es von den Besitzern anderer Güter »als Gegenwert« angenommen wird. Wo für eine »Sozialökonomische Theorie« des Geldes das »Wesen« des allgemeinen Äquivalentes zu suchen sei, wurde im I. Abschnitt zu zeigen versucht.

2. Maß der Werte und Maßstab der Preise

Maß der Werte

Allein mittels der als allgemeines Äquivalent ausgeschlossenen Ware kann der Wert jeder anderen Ware in einer gesellschaftlich gültigen Form ausgedrückt werden. Die Darstellung ihres Wertes in Gold bringt die Waren auf einen gemeinsamen Nenner und macht sie für die Warenbesitzer untereinander vergleichbar. Indem die Geldware als allgemeines Äquivalent fungiert, wird sie nun zum Maß der Werte.

Wenn eben gesagt wurde, dass das Geld die Warenwerte für die Warenbesitzer erst vergleichbar mache, so darf daraus nicht der Schluss gezogen werden, dass das Geld die Ursache ihrer Vergleichbarkeit sei. Nur weil die Waren als Produkte menschlicher Arbeit an und für sich schon einen, wenn auch zahlenmäßig nicht bekannten, gleichen Nenner haben, können sie ihre Wertgröße alle in einer und derselben Ware darstellen und diese Ware dadurch zum Gelde machen. Insofern die Arbeitszeit das »immanente Wertmaß« der Waren ist, lässt sich sagen, dass Geld als Wertmaß »Erscheinungsform der Arbeitszeit« [MEW 23, S. 109] sei.

Engels hat eine recht einleuchtende Veranschaulichung dafür gegeben, wie man sich die Wertmaßfunktion vorzustellen habe. Er stellt fest, dass der Wert nicht direkt in Arbeitsstunden gemessen werden könne, also immer nur relativ bekannt sei. Aber »die Ökonomie der Warenproduktion ist keineswegs die einzige Wissenschaft, die nur mit relativ bekannten Faktoren zu rechnen hat. [...] In der Chemie sind uns die absoluten Atomgewichte der einzelnen Elemente ebenfalls unbekannt. Aber wir kennen sie relativ, indem wir ihre gegenseitigen Verhältnisse kennen. Wie also die Warenproduktion und ihre Ökonomie für die in den einzelnen Waren steckenden, ihr unbekannten Arbeitsquanta einen relativen Ausdruck erhält, in dem sie diese Waren auf ihren relativen Arbeitsgehalt vergleicht, so verschafft sich die Chemie einen relativen Ausdruck für die Größe der ihr unbekannten Atomgewichte, indem sie die einzelnen Elemente auf ihr Atomgewicht vergleicht, das Atomgewicht des einen in Vielfachen oder Bruchteilen des andern (Schwefel, Sauerstoff, Wasserstoff) ausdrückt. Und wie die Warenproduktion das Gold zur absoluten Ware, zum allgemeinen Äquivalent der übrigen Waren zum Maß aller Werte erhebt, so erhebt die Chemie den Wasserstoff zur chemischen Geldware, indem sie sein Atomgewicht = 1 setzt und die Atomgewichte aller übrigen Elemente auf Wasserstoff reduziert, in Vielfachen seines Atomgewichts ausdrückt.«[19]

Das Geld muss, um im Sinne der Marx'schen Theorie Wertmaßfunktion vollziehen zu können, selbst Arbeitsprodukt sein, denn dass eine Ware, die in gewissen Proportionen allen anderen gegenüber als äquivalent (wertgleich) gilt und *deswegen* zu ihrem Maß wird, selbst Träger von Wert ist, versteht sich von selbst. Die Ausführungen Simmels, dass des Geldes »Funktion, Werte zu messen, ihm den

19 Friedrich Engels: Herrn Eugen Dührings Umwälzung der Wissenschaft. Stuttgart [10]1919, S. 333 f [MEW 20, S. 287].

Charakter eines Eigenwertes nicht aufzwingt...«[20], können aus diesem Grunde hier unberücksichtigt bleiben.[21]

Sobald der Wert einer Ware in der Geldware ausgedrückt ist, hat die Ware ihre Geldform oder ihren Preis, der »seinem Begriff nach« nichts anderes ist als »der Geldname der in der Ware vergegenständlichten Arbeit« [MEW 23, S. 116].[22]

Maßstab der Preise

Dass der Wert einer Ware sich erst im Austauschprozess endgültig herausstellt, hindert ihren Besitzer nicht daran, schon bei ihrem ersten Auftreten auf dem Markt eine bestimmte Geldmenge für ihre Hingabe zu verlangen und es ist sogar in einem vorgeschriebenen Stadium der Warenproduktion Bedingung für einen glatten Ablauf des Austauschprozesses, dass die Warenbesitzer vorher den Preis ihrer Waren mitteilen. Ihre Forderungen lauten auf vorgestellte Goldmengen, die mit anderen Goldmengen, d. h. anderen Preisen vergleichbar sein müssen. Aus technischen Gründen bedarf es dazu eines Maßstabes, als dessen Einheit regelmäßig eine bestimmte Gewichtsmenge konventionell festgelegt wird. Ein Metallgewicht und dessen aliquote Teile entwickeln sich so zum Maßstab der Preise: der Wert der Waren wird jetzt ausgedrückt in benannten Gewichtsmengen der Geldware (Pfund Sterling, das französische Livre usw.).

20 Georg Simmel: Philosophie des Geldes. Leipzig 1900, S. [101].
21 Vgl. ebd., S. 101 ff.; Helfferich: Das Geld, S. 526 ff.
22 Nur »seinem Begriffe nach«, denn als Preis wird in der entwickelten Warenwirtschaft nach rein äußerlichen Merkmalen schließlich jede Geldmenge aufgefasst, gegen die eine Ware oder überhaupt irgend ein Gebrauchswert ausgetauscht wird. Es kann daher das, was man gemeinhin den Preis nennt, quantitativ und qualitativ von seinem strengen Begriff abweichen. Quantitativ: insofern aus irgendwelchen Gründen Nichtäquivalente getauscht werden; qualitativ: wenn Geld gegeben wird für Dinge, die gar keine gesellschaftliche Arbeit verkörpern (Preis von unkultiviertem Boden [MEW 23, S. 117], Zins als »Preis« des Leihkapitals [MEW 25, S. 366] usw.).

Aus verschiedenen Gründen trennen sich mit der Zeit die »Geld-namen« der Edelmetallgewichte von ihren ursprünglichen Gewichts-namen. Die Ursachen sind allbekannt: Marx nennt die Einführung fremden Geldes, die Verdrängung von weniger wertvollen Metallen (insbesondere Kupfer) durch die Edelmetalle, den Verschleiß durch den Umlauf und endlich »die Jahrhunderte fortgesetzte Geldfälschung der Fürsten, welche vom ursprünglichen Gewicht der Geldmünzen in der Tat nur den Namen zurückließ« [MEW 23, S. 114f; vgl. MEW 13, S. 55f].

Welche Gewichtsmenge der Geldware als Einheit für den Maßstab der Preise festgelegt wird, bleibt innerhalb gewisser technisch be-dingter Grenzen der Willkür überlassen: es muss lediglich dafür Sorge getragen werden, dass der Geldname dieser Gewichtsmenge allgemein anerkannt ist. Dass diese Gewichte, ihre Unterteilung und deren Geldnamen, schließlich gesetzlich geregelt werden, ändert an der Wertmaßfunktion der Geldware ebenso wenig, wie an der Funktion eines bestimmten Gewichtsteiles derselben als Maßstab der Preise. Allerdings verschiebt sich gelegentlich das durch die Rechtsordnung festgelegte Verhältnis zwischen der Gewichtsmenge der Geldware und ihrem Rechennamen: z. B. wenn die Ausgabe von Geldzeichen (Papiergeld) das ökonomisch unschädliche Maximum überschritten hat. Davon wird weiter unten die Rede sein.[23]

Rechengeld

Um den Wert einer Ware in Gold – also ihren »Preis« – auszudrücken, braucht kein Gramm Gold in den Händen des Warenbesitzers zu sein; als Maß der Werte fungiert das Geld »als nur vorgestelltes oder ideelles Geld« [MEW 23, S. 111]: sobald ein bestimmtes Goldgewicht einen gesetzlichen Namen bekommen hat, werden alle Preise nur noch

23 Die Assignaten der großen französischen Revolution geben nach Marx das Beispiel für eine Geldschöpfung, bei welcher die Quantität der Geld-ware (konfiszierter Boden), die als Maßeinheit dienen sollte, nicht festge-legt, und es also vollständig unbestimmt war, wieviel »Nationaleigentum« der Name »Franc« bedeuten sollte. [Vgl. MEW 13, S. 64.]

in den entsprechenden Geldnamen ausgedrückt und insofern fungiert das Geld als »Rechengeld« [MEW 23, S. 115]. Auf Grund dieses Sachverhaltes entstehen nach Marx die nominalistischen Theorien, welche die Wertmaßfunktion übersehen oder sie bestreiten und die Rechengeldfunktion als selbstständige und wichtigste Geldfunktion behandeln.

Die Veränderlichkeit des Wertmaßes

Als Voraussetzung für die Wertmaßfunktion der Geldware muss deren Wert selbst gegeben sein; er wird fortwährend im Austauschprozess festgestellt. Obwohl der Wert des Goldes geringeren Schwankungen unterworfen ist als der jeder anderen Ware, ist er dennoch nicht unveränderlich und kann es als Arbeitsprodukt auch gar nicht sein. Doch beeinträchtigt [seine] Eigentümlichkeit seine Eignung als Wertmaß deswegen nicht wesentlich, weil alle Waren nach einer Wertveränderung der Geldware gleicherweise mit dem veränderten Maße gemessen werden.[24] Für die weiteren Untersuchungen wird der Wert der Geldware als konstant vorausgesetzt, »wie er in der Tat im Moment der Preisschätzung gegeben ist« [MEW 23, S. 132].

Die Funktion des Goldes als Maßstab der Preise wird durch seinen Wertwechsel überhaupt nicht berührt. Wie immer sich auch der Wert des Goldes ändern mag, es würden »nach wie vor 12 Unzen Gold zwölfmal mehr Wert besitzen als eine Unze Gold, und in den Preisen handelt es sich nur um das Verhältnis verschiedener Goldquanta zueinander« [MEW 23, S. 113].

Zusammenfassung

Angesichts der Wichtigkeit einer strengen Trennung der sich ergänzenden, dennoch aber ganz verschiedenen Funktionen des Geldes als

---

24 Zu der Frage eines unveränderlichen Wertmaßes vergleiche [MEW 26.3, S. 130 ff].

Maß der Werte und Maßstab der Preise, sei hier eine zusammenfassende Gegenüberstellung der Unterschiede gegeben. [Vgl. MEW 23, S. 113 ff.]

Geld

als Maß der Werte	als Maßstab der Preise
1. ist »gesellschaftliche Inkarnation der menschlichen Arbeit«;	1. ist ein bestimmtes konventionell festgelegtes Metallgewicht.
2. verwandelt die Werte der Waren in Preise = vorgestellte Goldmengen;	2. misst diese Goldmengen.
3. misst die Waren als Werte an dem in ihm verkörperten Wert;	3. misst Goldmengen an einer als Einheit dienenden Gewichtsmenge Goldes und nicht den Wert dieser Goldmenge an der betreffenden Gewichtsmenge.
4. ist als Arbeitsprodukt notwendigerweise selbst veränderlich, Preisänderungen infolge Veränderlichkeit des Wertmaßes sind unvermeidlich;	4. soll und kann nach einmaliger Festsetzung des Goldgewichtes, dessen Namen es bildet, unverändert bleiben.

Das Geld im Austauschprozess

Es wurde schon mehrfach davon gesprochen, dass der Wert der Waren erst im Austauschprozess endgültig festgestellt werden kann; erst da zeigt sich, was die auf eine Ware verwendete individuelle Arbeit gesellschaftlich zählt. Die Herausbildung eines allgemeinen Äquivalentes und die Funktion des Geldes als Maß der Werte und Maßstab der Preise sind sowohl Produkte des Austauschprozesses als auch Bedingungen seines regelmäßigen Ablaufes. Die Analyse dieses Prozesses wird auf neue Formbestimmtheiten des Geldes stoßen. An dieser Stelle sei nochmals daran erinnert, dass für diese und die folgenden Untersuchungen einfache Warenzirkulation vorausgesetzt ist, in welcher der Wert der Waren sich mit dem Preis, der für sie erzielt wird, deckt. Ferner wird unterstellt, dass ein Austausch überhaupt zustande kommt, sodass der Prozess der Preisbildung hier kein Problem ist.

3. Das Geld als Zirkulationsmittel

Die Metamorphose der Ware

Unter den genannten Voraussetzungen stellt sich der ganze Austauschprozess als doppelter Formwechsel der Ware dar. Der in der Ware verkörperte Anteil an der gesellschaftlichen Gesamtarbeit – ihr Wert – verlässt seine Warenform in dem Augenblicke des Verkaufes (das heißt im Augenblicke des Austausches gegen das allgemeine Äquivalent) und nimmt Geldform an. Wird mit dem Gelderlös neue Ware gekauft, dann wechselt derselbe Wert, diesmal in seiner Geldform, von neuem das Gewand, um wieder Warenform zu erhalten. Damit ist in der einfachen Warenzirkulation (in der ja von jedem Zwischenhandel abgesehen wird) der Anteil des Warenproduzenten am Gesamtprojekt realisiert, der Zweck seiner Arbeit erfüllt, denn die gekaufte Ware hat im Gegensatz zu seinem eigenen Produkt für ihn selbst Gebrauchswert; sie verlässt die Sphäre des Austauschprozesses, die »Zirkulationssphäre«, und verfällt der Konsumtion.[25]

Der Gesamtprozess, den jede Ware bei ihrem Weg durch die Sphäre des Warenaustausches durchmacht, lässt sich demnach symbolisch darstellen als: W–G–W (Ware–Geld–Ware). Er ist charakterisiert als eine zweimalige Formänderung eines und desselben Anteils an der gesellschaftlichen Gesamtarbeit.

---

25 Der Vereinfachung wegen wird hier abgesehen von demjenigen Teil der Waren, die nicht konsumiert werden dürfen, sondern zur Fortführung der Produktion dienen müssen. Im zweiten Band des Kapitals finden darüber eingehende Untersuchungen statt. Vgl. dort auch die Kritik der Theorien, welche das ganze Sozialprodukt in Einkommen auflösen, wobei der für die Produktion notwendige Teil unter den Tisch fällt [MEW 24, S. 387 ff].

Um die Tatsache, dass hier nur ein Formwechsel vor sich geht, möglichst sinnfällig zu machen, spricht Marx von einer »Metamorphose der Ware«, die den Schritt W–G macht, »um sich in die gleichförmige Materiatur unterschiedsloser menschlicher Arbeit zu verpuppen« [MEW 23, S. 124]; er spricht ferner von einer »Geldlarve« und davon, dass die Ware die zweite Zirkulationshälfte »nicht mehr in ihrer Naturalhaut, sondern in ihrer Goldhaut« durchlaufe [MEW 23, S. 129], von einem »Überspringen des Warenwerts aus dem Warenleib in den Goldleib« [MEW 23, S. 120].

Bedeutung dieser Auffassung des Austauschprozesses

Diese Auffassung des Austauschprozesses entscheidet über die Beurteilung der an ihm sichtbaren Phänomene. Sie fordert beispielsweise zwingend die Ablehnung jeder Theorie, welche den Wert oder einen Teil des Wertes in der Zirkulationssphäre entstehen lässt [MEW 23, S. 177 f][26], sie zeigt, dass wer im Geld bloß einen Schleier sieht, seine Rolle im Austauschprozess völlig verkennt, und sie fordert eine ganz bestimmte Theorie vom Umlauf des Geldes und den ihn beherrschenden Gesetzen. Von dem letzteren wird weiter unten zu handeln sein, zunächst soll versucht werden, die Eigentümlichkeiten der Warenzirkulation an ihrem Unterschied gegenüber dem »unmittelbaren Tauschhandel« so weit zu kennzeichnen, als für eine Darstellung der Marx'schen Geldtheorie notwendig erscheint.

Eigentümlichkeiten der Warenzirkulation

Beide – Warenzirkulation und »unmittelbarer Tauschhandel« – zeigen auf den ersten Blick eine große Ähnlichkeit: eine Ware wird hergegeben und eine andere Ware dafür erstanden. Der Unterschied liegt scheinbar nur darin, dass in der Warenzirkulation eine dritte

26 »... die Zirkulation kann nie geben, was ihr nicht vorher gegeben ist ...« [MEW 25, S. 873].

Ware Vermittlerdienste tut, während der Gesamtprozess in beiden Fällen eine geschlossene Einheit, Ersatz einer Ware durch eine andere: W–W zu bilden scheint. Das stimmt aber in der Regel allein für den unmittelbaren Tauschhandel. Dieser, also etwa der gelegentliche Austausch von Leinwand–Rock, erlischt damit, dass beide Waren ihre Besitzer gewechselt haben. Er bildet eine Einheit, deren Zerreißung die Tatsache des Austausches aufheben würde; wenn A den Rock des B eintauscht, so gibt er dem B dagegen seine Leinwand. Ganz anders in der Warenzirkulation, wo die Einheit des Prozesses in doppelter Hinsicht nicht notwendig ist. Dass A seine Leinwand verkauft und mit dem Erlös den Rock des B kauft, bedeutet durchaus nicht, dass B auch der Käufer von A's Leinwand ist, wenn das auch gelegentlich vorkommen mag. Und ferner muss A auch keineswegs wieder kaufen, weil er verkauft hat; vielmehr steht es ihm frei, das eingenommene Geld ganz oder teilweise zurückzubehalten. Die scheinbare Einheit W–G–W kann also zerrissen werden in zwei zeitlich und räumlich getrennte Prozesse: Verkauf (W–G) und Kauf (G–W).[27]

Der unmittelbare Tauschhandel kann als isolierter Akt gedacht werden, als gelegentlicher Austausch des Überschusses zweier Produzenten. Nicht so die Warenzirkulation, welche als Bestandteil des gesellschaftlichen Reproduktionsprozesses zahllose Warenmetamorphosen einschließt. Diese Metamorphosen verschlingen sich zu einem unentwirrbaren Gewebe. Denn jeder Verkauf (ebenso wie jeder Kauf) bildet gleichzeitig einen Bestandteil zweier verschiedener Warenmetamorphosen, in deren einer er die Verwandlung der Warenform des Wertes in seine Geldform darstellt,– also den ersten Schritt in dem Prozess W–G–W, während er für eine andere Ware schon der zweite, abschließende Schritt ist. Außerdem wird der Erlös eines Verkaufes häufig für zahlreiche Käufe Verwendung finden (W–G $<^{W_1}_{W_2}_{W_3}$). »Der wirkliche Zirkulationsprozess *erscheint* also nicht als Gesamtmetamorphose der Ware, nicht als ihre Bewegung durch entgegengesetzte Phasen, sondern als bloßes Aggregat vieler zufällig

---

27 Hieraus ergeben sich wichtige Konsequenzen für die Krisentheorie [vgl. MEW 23, S. 126 f; MEW 13, S. 77 ff].

nebeneinander laufender oder einander folgender Käufe und Verkäufe.« [MEW 13, S. 75.]

Zirkulationsmittel

In der Sphäre der Warenzirkulation – oder, was dasselbe bedeutet, auf dem Markte [vgl. MEW 23, S. 189] – erscheinen fortwährend Waren, um dort kürzer oder länger zu verweilen und dann, wenn der Austausch geglückt ist, wieder zu verschwinden. Eine Ware allein bleibt bei regelmäßigem Ablauf des Prozesses beständig in der Zirkulationssphäre: das Geld. In dem Gewirr der Warenmetamorphosen dient es immer neuen Waren als »Goldhaut«, als Verkörperung ihres Wertes und erhält so die Funktion des Zirkulationsmittels [MEW 23, S. 128 f].

Weil Geld allgemeines Äquivalent, »der verselbstständigte Wert der Waren« ist [MEW 23, S. 130], wurde es zum Maß der Werte; die gleiche Eigenschaft macht es tauglich zum Zirkulationsmittel. Als Maß der Werte und Maßstab der Preise war nur vorgestelltes Geld vonnöten, als Zirkulationsmittel tritt zunächst wirkliches Geld: Gold auf. Es wird sich später herausstellen, dass die eigentümliche Rolle, die das Geld als Zirkulationsmittel spielt, und die sich darin erschöpft, die Wertgröße der Waren in gesellschaftlich gültiger Form zu bestätigen, es ermöglicht, dass seine Stelle durch bloße Zeichen vertreten wird.

Die Münze

Geld in seiner Funktion als bloßes Zahlungsmittel heißt Münze [vgl. MEW 24, S. 347]. Aus technischen Gründen werden die als Zirkulationsmittel fungierenden Gold- beziehungsweise Silbermengen gestückelt und mit dem besonderen Gepräge versehen, welches besagen soll, »dass sie die in den Rechennamen des Geldes, £, s. usw. vorgestellten Gewichtsteile Gold enthalten« [MEW 13, S. 87]. Die Münzprägung besorgt der Staat. »Details wie Schlagschatz u. dgl.« werden bei Marx als belanglos für die Geldtheorie nicht behandelt [MEW 23, S. 139, Anm. 81].

Der Unterschied zwischen geprägtem und ungeprägtem Geld liegt, solange die Goldmünze noch nicht abgenutzt ist, lediglich in der verschiedenen Form. Als Münze trägt das Gold sozusagen eine »Nationaluniform«, die es auszieht, sobald es die »Sphäre der inneren Zirkulation« verlässt und den Weltmarkt betritt. Im Zirkulationsprozess wird das Geldstück beständig abgenutzt, sodass die Münze bald weniger Gold enthält, als ihre Aufschrift anzeigt. Trotzdem kann sie weiter als Zirkulationsmittel fungieren. Auf die Erklärung dieses Phänomens und die daraus sich ergebenden Konsequenzen werden wir weiter unten noch eingehen.

Umlauf des Geldes

Der Zirkulationsprozess der Waren, ihre »Metamorphose« bedingt einen fortwährenden Händewechsel der Geldware, der sich äußerlich darstellt als Umlauf des Geldes. Dabei erscheint das Geld als treibendes Moment und die Warenzirkulation als Resultat seiner Bewegung, während der wirkliche Sachverhalt gerade umgekehrt ist.

»Die Waren können nicht selbst zu Markte gehen und sich nicht selbst austauschen.« [MEW 23, S. 99.] Alle Bewegungen des Austauschprozesses sind zurückzuführen auf Handlungen der Warenbesitzer und spiegeln deren wechselnde Stellung im gesellschaftlichen Reproduktionsprozess wider. Auf dem Markt allein treten die unabhängigen Warenproduzenten miteinander in Beziehung, hier wird offenbar, »dass die Unabhängigkeit der Personen voneinander sich in einem System allseitiger sachlicher Abhängigkeit ergänzt« [MEW 23, S. 122].

Jeder Warenbesitzer wirft seine Ware »in die alchimistische Retorte der Zirkulation« [MEW 23, S. 127], aber nur soweit sie dort in Geld verwandelt wird, wird seine Privatarbeit als gesellschaftlich notwendige Arbeit anerkannt. Daraus erwächst dem Geld in der Funktion des Zirkulationsmittels die Aufgabe, die Höhe der Beteiligung des Warenproduzenten an der gesellschaftlichen Gesamtarbeit und seiner daraus hervorgehenden Ansprüche auf den in der Gesellschaft vorhandenen Warenvorrat zu dokumentieren.[28] Der Umlauf des Geldes, scheinbar »die eigentümliche Bewegung eines Dinges« ist die Erscheinungsform, worin den Warenbesitzern »ihre eigene allseitige Bewegung, wodurch sie den Stoffwechsel ihrer Arbeiten vermitteln« [MEW 13, S. 82], entgegentritt. Die Metamorphose der Ware ihrerseits zeigt in ihren beiden Phasen zwei gänzlich verschiedene gesellschaftliche Situationen des Warenproduzenten an: Als Warenbesitzer steht er allen übrigen Personen der Gesellschaft in der Eigenschaft dessen gegenüber, der erst die Feststellung seines gesellschaftlichen Arbeitsanteils durch den Verkauf zu erwarten hat. Als Geldbesitzer ist er in der Lage, einen schon gesellschaftlich gültigen Anspruch zu realisieren, während die übrigen Warenbesitzer ihm gegenüber sich in der gleichen Situation befinden, die er durch den Verkauf überwunden hat.

»Das Resultat der Warenzirkulation, Ersatz von Ware durch andere Ware, erscheint nicht durch ihren eigenen Formwechsel vermittelt, sondern durch die Funktion des Geldes als Zirkulationsmittel, welches die an und für sich bewegungslosen Waren zirkuliert ...« [MEW 23, S. 130]. Von dieser Erscheinung auf die entsprechenden gesellschaftlichen Verhältnisse, die wir anzudeuten uns bemüht haben, zu blicken, ist überall die Aufgabe, wo bei Marx von Zirkulationsmitteln die Rede ist.

Eine Schwierigkeit

Innerhalb des Zirkulationsprozesses stellt das Geld als Zirkulationsmittel »beständig realisierte Warenpreise« [MEW 23, S. 123] vor. Daraus ergibt sich eine Schwierigkeit: Damit der Prozess W–G vollzogen, also verkauft werden kann, muss vorher schon eine andere

28 Eine gewisse Ähnlichkeit mit Bendixens »Legitimation von Gegenleistungen auf Grund von Vorleistungen« (Friedrich Bendixen: Das Wesen des Geldes. München, Leipzig,1918, S. 29) ist unverkennbar; nur hat Bendixen damit das »Wesen des Geldes« zu fassen geglaubt, während es sich bei Marx lediglich um die Funktion des Geldes als Zirkulationsmittel handelt. Die Hervorhebung der Zirkulationsmittel-Funktion ist charakteristisch für den Nominalismus.

Ware die Geldform erhalten haben, wodurch wir »in einen fehlerhaften Zirkel der Voraussetzungen« geraten [MEW 13, S. 72]. Den Ausweg aus diesem Dilemma weist die Besinnung auf die Herkunft des zirkulierenden Geldes. Sie lehrt uns, »dass die Zirkulationssphäre der Waren ein Loch hat« [MEW 23, S. 131], nämlich am Produktionsort der Geldware.

Das Arbeitsprodukt des Goldgräbers kommt in Äquivalentform zur Welt: weil alle anderen Waren es zu ihrem Äquivalent gemacht haben. Sein Austausch gegen andere Waren ist unmittelbarer Tauschhandel, ein Prozess, der sich außerhalb der Warenzirkulation abspielt und durch den der Wert der Geldware festgestellt wird. Gleichzeitig vermittelt dieser Prozess ihren Eintritt in die Zirkulationssphäre und macht sie zur Verkörperung des Warenwertes, dessen Warenform in die Konsumtion des Goldgräbers eingegangen ist. Die Bedingung der Warenzirkulation, dass nämlich, bevor sie beginnen kann, immer schon Warenwerte in Geldform vorhanden sein müssen, ist also durch Akte des unmittelbaren Tauschhandels am Produktionsorte des Goldes erfüllt. Es besteht also kein fehlerhafter Zirkel.

4. [Das Geld als] Zahlungsmittel

Die Meinung anderer Autoren

Über die Funktion des Geldes als Zahlungsmittel herrscht eine Sprachverwirrung, wie sie selbst in der Nationalökonomie in diesem Umfang erstaunlich ist. Von A[dolph] Wagner, der die Namen Tauschmittel, Umlaufs- und Zahlungsmittel einfach gleichsetzt[29] bis zu Knapp, für den alles Geld »nur ein besonderer Fall des Zahlungsmittels«[30] und »Zahlungsmittel eine bewegliche Sache« ist, »welche von der Rechtsordnung aufgefasst wird als Trägerin von Werteinheiten«[31],

---

29 Wagner: Sozialökonomische Theorie, S. 116.
30 Georg Friedrich Knapp: Staatliche Theorie des Geldes. München, Leipzig ³1921, S. 2.
31 Ebd., S. 6.

gibt es unzählige Bedeutungen, in denen dieser Begriff gebraucht wird.

Helfferich, der sehr gründliche Untersuchungen über die Geldfunktionen angestellt hat[32], hat Tausch und Zahlung streng abzugrenzen versucht.[33] Hierbei wendet er den Begriff der Zahlungsmittelfunktion »für die Erfüllung sowohl zwangsweise auferlegter als auch freiwillig kontrahierter Verpflichtungen« in Geld an.[34] – Bei Philippovich ist Zahlungsmittel eine juristische Kategorie, gleichbedeutend mit gesetzlichem Zahlungsmittel.[35] – C[arl] Menger schließlich meint: »Wird die Funktion des Geldes als den Waren- und Kapitalverkehr vermittelndes Verkehrsobjekt, eine Funktion, die doch bereits die Solution der Geldpreise und der Leihsummen in sich schließt, im Auge behalten und auch die bevorzugte Benützung des Geldes für einseitige und subsidiäre Leistungen erkannt: so fehlt es an jedem Bedürfnisse und an jeder Berechtigung, von einer bevorzugten Benützung oder gar von einer Funktion des Geldes als Zahlungsmittel noch besonders zu handeln.«[36]

Die Meinung von Marx

Alle diese Begriffsbestimmungen haben mit der Marx'schen sehr wenig gemeinsam. Er sieht, getreu seiner Grundeinstellung, in der Zahlungsmittelfunktion des Geldes den Ausdruck für ein bestimmtes gesellschaftliches Verhältnis, das sich notwendig aus der Warenproduktion ergibt, das zwar [den] Gegenstand einer rechtlichen Regelung bilden mag, als ökonomische Kategorie aber nicht mit ihr identisch ist.

Es wurde zu zeigen versucht, dass die Metamorphose der Ware letzten Endes nichts anderes als der Ausdruck wechselnder gesellschaft-

32 Helfferich: Das Geld, S. 215, Anmerkung 82.
33 Ebd., S. 241.
34 Ebd.
35 Eugen von Philippovich: Grundriss der politischen Ökonomie. Bd. 1: Allgemeine Wirtschaftslehre. Tübingen 1919, S. 270.
36 Karl Menger: Geld. In: Handwörterbuch der Staatswissenschaften. Herausgegeben von Johannes Conrad. Bd. 4: Galiani – Justi. Jena 1909, S. 579.

licher Beziehungen ist. Jede neue Formbestimmtheit, welche der Warenwert und seine Geldgestalt annehmen, bedeutet eine Veränderung der Stellung des Besitzers im gesellschaftlichen Reproduktionsprozess. Oder umgekehrt: jedes Mal, wenn in diesem Prozess neue Verhältnisse entstehen, muss sich das in neuen Formbestimmtheiten der dinglichen Träger dieser Verhältnisse ausdrücken.

Die Metamorphose der Ware vollzog sich bisher so, dass der Warenbesitzer erst zum Käufer werden konnte, wenn seine Ware vorher gesellschaftlich gültige, also Geldform erhalten hatte. Er konnte nicht kaufen, ohne verkauft zu haben. Das ändert sich im Laufe der Entwicklung. Statt des Geldbesitzers, der den Warenwert schon in seiner Goldverpuppung in Händen hat, tritt dem Verkäufer nunmehr ein »Repräsentant von künftigem Geld« [MEW 13, S. 116], d. h. ein Warenbesitzer, dessen Ware sich erst später in Geld verwandeln wird, gegenüber. Kommt unter solchen Bedingungen ein Austausch zustande, so entsteht ein Verhältnis von Gläubiger und Schuldner, das, abgesehen von seiner rechtlichen Regelung, die auf das naturwüchsig entstandene ökonomische Verhältnis sich erst aufbauen kann, einen ganz bestimmten sozialen Gehalt hat.

Der Schuldner hat sich bereits einen Teil des gesellschaftlichen Warenvorrates verschafft, ohne bestimmt zu wissen, ob das Produkt seiner Privatarbeit, das er dafür hingeben will, die entsprechende Wertgröße hat. Da er gekauft hat, ohne verkauft zu haben, so ist er gezwungen, an einem künftigen Termin den umgekehrten Prozess vorzunehmen. »Als vergangener Käufer einer Ware wird der zwangsweise Verkäufer einer anderen Ware ...« [MEW 13, S. 118], um seiner Verpflichtung nachkommen zu können. Denn der Gläubiger kann in der Regel nicht mit einer beliebigen Ware befriedigt werden, sondern er verlangt die »absolute Ware«, »das einzig adäquate Äquivalent für Ware« [MEW 13, S. 118]: *Geld.*

Die Funktion des Geldes, in der es nicht als Zirkulationsmittel (speziell als Kaufmittel) in den Austauschprozess eintritt, sondern als sein »letztes Wort« einen in der Vergangenheit liegenden Stellenwechsel der Ware abschließt, zu einer Zeit, wo die Ware längst aus der Zirkulation verschwunden ist, nennt Marx seine Funktion als »allgemeines Zahlungsmittel« [MEW 23, S. 150f].

Im Prozess W–G–W treten Waren und Geldbesitzer einander insofern in verhältnismäßiger Freiheit gegenüber, als zwar die Ware einmal Geldform bekommen muss, ihr »Hüter« aber zu dieser Verwandlung sich je nach den Umständen eine gewisse Zeit lassen kann und der Geldbesitzer das Zirkulationsmittel als Schatz sogar beliebig lang festhalten kann.

Ein Vergleich der dargelegten Marx'schen Anschauung über die Zahlungsmittelfunktion mit den eben wiedergegebenen Begriffsbestimmungen anderer Autoren zeigt denselben Unterschied der Betrachtung, den Marx als den der Beschreibung von Erscheinungsformen und der Erfassung des Wesens bezeichnet hat.

Entstehung der Zahlungsmittelfunktion

Die Verhältnisse, die eine Zahlungsmittelfunktion des Geldes notwendig machen, entwickeln sich aus der einfachen Warenzirkulation. Sie bilden »die naturwüchsige Grundlage des Kreditsystems«, dessen Entfaltung außerhalb dieser Sphäre liegt [MEW 13, S. 119]. Es lassen sich viele Fälle aufzeigen, aus denen ein Auseinanderfallen von »Veräußerung der Ware und Realisierung ihres Preises« notwendig hervorgeht. Beispielsweise wirkt in dieser Richtung die verschiedene Dauer des Produktions- und Zirkulationsprozesses, infolge welcher der eine Warenbesitzer früher als Verkäufer auftreten kann, wie der andere als Käufer [vgl. MEW 23, S. 149].

Bedeutung der begrifflichen Trennung zwischen Zirkulationsmittel und Zahlungsmittel

Die begriffliche Scheidung zwischen Zirkulations- und Zahlungsmittel hat große theoretische Bedeutung. Es wird damit auf die veränderte gesellschaftliche Konstellation hingewiesen, welche durch das Auseinanderfallen der Warenmetamorphosen geschaffen ist. Die Einsicht in diese Veränderung dem Prozess W–G–W gegenüber, in welchem Geld nur verschwindendes Dasein hat, verbietet endgültig die Auffassung des Geldes als eines bloßen Schleiers, der die wahren Vorgänge verhüllt und von dem man besser ganz absieht.

Andererseits gibt diese Scheidung einen wichtigen Gesichtspunkt gegen die Quantitätstheorie. Es zeigt sich, dass nie *das* Geld *den* Waren gegenübersteht. »Es läuft Geld um, das der Zirkulation längst entzogene Waren repräsentiert. Es laufen Waren um, deren Geldäquivalent erst in der Zukunft erscheint. Andererseits sind die jedem Tag kontrahierten und die denselben Tag fälligen Zahlungen durchaus inkommensurable Größen.« [MEW 23, S. 153.] Auch bei der Bestimmung der für die Zirkulation notwendigen Geldmenge, ebenso wie für die Krisen- und die Kreditgeldtheorie ist die Herausstellung der Zahlungsmittelfunktion von entscheidender Bedeutung.

Als Zahlungsmittel im juristischen Sinn fungiert das Geld offenbar bei jedem Kauf und Verkauf, also auch dann, wenn es ökonomisch nur Zirkulationsmittel ist. Das entscheidende Merkmal der ökonomischen Zahlungsmittelfunktion ist für Marx, dass der Stellenwechsel der Ware schon geschehen ist, ehe ihre Geldverpuppung wirklich in Umlauf tritt. Das Geld fungiert hier nicht als »Kaufmittel«, denn der Kauf wurde abgeschlossen, ehe das Geld vorhanden war [vgl. MEW 13, S. 118]. Die Form des Zahlungsmittels ist die entwickeltste Form des Geldes; die Häufigkeit ihres Auftretens ist ein Gradmesser für die Entwicklung der Arbeitsteilung, wie überhaupt der Warenproduktion [vgl. MEW 13, S. 120].

Zahlungsmittel außerhalb des Zirkulationsprozesses

Das Verhältnis von Gläubiger und Schuldner kann auch unabhängig von der Warenzirkulation entstehen, etwa als Folge gesellschaftlicher Machtverhältnisse [vgl. MEW 23, S. 149f]. Jedes Mal, wenn das Geld zur Lösung eines Schuldverhältnisses auftritt, fungiert es als Zahlungsmittel. So z. B. wenn sogenannte einseitige Leistungen zu machen sind, und zwar nicht in Naturalien, sondern in Geld (Feudalabgaben, Steuern, Geldstrafen usw.) [vgl. MEW 23, S. 154], eine Gewohnheit, die sich umso mehr ausdehnt, je größere Kreise die Warenproduktion zieht. Wenn auch die Verleihung der Eigenschaft als gesetzliches Zahlungsmittel in derartigen einseitigen Leistungen an den Staat ihre Wurzel haben mag,[37] so darf doch nicht übersehen werden, dass die Zahlungsmittelfunktion des Geldes von einer gewissen Ausdehnung der Warenproduktion abhängig ist (wobei eine Rückwirkung des Grades im Gebrauch von Geld als Zahlungsmittel auf die Entwicklung der Warenproduktion nicht bestritten sein soll). Als Beweis nennt Marx die manchmal bis zur Unmöglichkeit gesteigerte Schwierigkeit, Naturalsteuern in Geldsteuern umzuwandeln, wenn die Warenproduktion in dem betreffenden Land nicht bereits eine gewisse Stufe erreicht hat und die zerstörenden Wirkungen, die derartige Versuche haben, wenn die Voraussetzungen nicht gegeben sind [MEW 23, S. 154 f].

5. [Das Geld als] Mittel der Schatzbildung[38]

Die »Erscheinungsform« der Schatzmittelfunktion

»Die reine Form der Aufspeicherung von Werten für eine zukünftige Verwendung (Thesaurierung) haben wir dort, wo die aufbewahrten Gegenstände für die Dauer der Aufbewahrung allen Gebrauchszwecken entzogen sind, wo ausschließlich die Sicherstellung von Mitteln für künftige Zeiten das treibende Motiv für die Ansammlung und Aufbewahrung ist. Nachdem das Geld entstanden ist und in der Münze eine besondere Form erhalten hat, in der es nur noch Geld, nicht mehr Schmuckgegenstand ist, wird das Geld das wichtigste

37 Vgl. Philippovich: Grundriss, S. 270.
38 Der Funktion des Geldes als Mittel der Schatzbildung wird im Text verhältnismäßig sehr viel Platz eingeräumt. Der Grund liegt nicht allein in der eigentümlichen Rolle, welche die Schätze in der Marxschen Theorie spielen. Vielmehr bot sich hier eine Gelegenheit, die Wirksamkeit einer bestimmten Geldfunktion innerhalb der kapitalistischen Warenwirtschaft wiederzugeben, ohne gezwungen zu sein, vorher zum Verständnis den Zirkulationsprozess des Kapitals darzustellen (wie dies etwa bei einer Erörterung der Zirkulationsmittelfunktion in der kapitalistischen Wirtschaft notwendig wäre).

Objekt einer solchen Aufspeicherung oder Thesaurierung. Der einzige Gebrauch, den das wirtschaftende Individuum von dem Gelde als solchem machen kann, ist der, dass es das Geld ausgibt; jede Aufbewahrung von Geld ist mithin für die Zeit der Aufbewahrung ein totaler Verzicht auf seinen Gebrauch. Die harten Taler im Strumpfe des Bauern alten Schlags, die Geldstücke in der Truhe, womöglich in der Erde vergraben, sind die deutlichsten Beispiele einer solchen Thesaurierung. Aber auch ein Kriegsschatz, wie wir ihn heute noch in den 120 Millionen Mark Reichsgoldmünzen im Juliusturme zu Spandau haben, bildet in seiner reinen und nüchternen Zweckbestimmung für einen künftigen Bedarf ein interessantes Gegenstück zu dem aus Diamanten, Juwelen, kostbaren Geräten und sonstigen Prunkstücken bestehenden Schatze eines indischen Fürsten. Hierher gehören schließlich mit später zu besprechenden Einschränkungen auch die baren Kassenvorräte, die in den einzelnen Wirtschaften im Hinblick auf einen mehr oder weniger unbestimmten künftigen Bedarf gehalten werden, und unter diesen vor allem die gewaltigen Barvorräte der modernen Zentralbanken, auf die nicht nur unmittelbar die betreffende Bank selbst, sondern mittelbar auch die gesamte Volkswirtschaft im Bedarfsfall soll zurückgreifen können.«[39]

Die Frage nach dem Zusammenhang zwischen dieser Funktion des Geldes als »Wertträger durch die Zeit« und dem Wesen des Geldes beantwortet Helfferich dahin, dass es sich als »Vermittler des interpersonalen Verkehrs« dazu besser eigne [als] alle anderen Güter.[40] Zum Vermittler des interpersonalen Verkehrs habe es sich geschichtlich aus den »Schwierigkeiten des direkten Austauschs« entwickelt.[41]

Marx würde diesen Beschreibungen Helfferichs entgegenhalten, dass in ihnen das Geld als »ein pfiffig ausgedachtes Auskunftsmittel« erscheine, das »den Transportmitteln gleichgeordnet zur Seite steht«[42] und darum »nicht die Darstellung eines gesellschaftlichen Produk-

---

39 Helfferich: Das Geld, S. 275.
40 Ebd., S. 276.
41 Ebd., S. 15.
42 Ebd., S. 220.

tionsverhältnisses und folglich keine ökonomische Kategorie« sein könne [MEW 13, S. 36]. Was darin über die Funktion des Geldes als Mittel der Schatzbildung ausgeführt sei, müsse als richtig beobachtet anerkannt werden, höre aber gerade dort auf, wo die politische Ökonomie zu beginnen habe.

A) Schatzbildung in der einfachen Warenproduktion

Entstehung der Schätze

In dem Prozess W–G–W ist das Geld ohne Zweifel »alleinige Wertgestalt« der Ware. Solange der Prozess aber »flüssig« bleibt, d. h. solange die Metamorphose der Ware nicht unterbrochen wird, ist G bloßes Zirkulationsmittel und daher durch Geldzeichen ersetzbar. Dies verändert sich, sobald die Ware in ihrer »Geldverpuppung« festgehalten werden soll. Dann begnügt sich der Warenbesitzer nicht mehr mit einem Geldzeichen;[43] er will die »absolut veräußerliche Gestalt« der Ware festhalten. Die Münze, konventionelle Form des Zirkulationsmittels, wird ihrer Bestimmung entzogen, aus der Zirkulation herausgerissen und »versteinert damit zum Schatz« [MEW 23, S. 144].

Die »Schatzform des Geldes« [MEW 23, S. 148] entwickelt sich notwendig aus dem Zirkulationsprozess. Sie ist *ursprünglich* nichts anderes als »ein technisches Moment des Geldumlaufes« [MEW 13, S. 104]. Der erste Teil der Metamorphose W–G ist zeitlich bedingt durch die Länge des Produktionsprozesses, den W durchmachen muss, und der Zeitspanne, die es dauert, bis der Warenproduzent einen Käufer findet. Dagegen ist der zweite Teil vor allem davon abhängig, welche Bedürfnisse durch den Akt G–W befriedigt werden soll. Es ist offenbar, dass W hier Symbol ist für eine Anzahl verschiedener Waren; G–W zersplittert sich in der Regel in eine Reihe von Käufen, die auch zeitlich auseinanderfallen. Da der Warenproduzent seine Ware erst

---

43 Wenn er es doch tut, wird er in der Regel bald merken, dass er unvorsichtig gewesen ist. Papiergeld-Hamstern aus Steuerscheu usw. fällt außerhalb der Betrachtung.

verkaufen kann, wenn sie fertiggestellt ist, er in der Zwischenzeit aber kaufen muss – seien es Rohstoffe oder Lebensmittel –, so muss er eine Geldreserve haben. »Es ist ein erstes Zeichen planmäßiger Wirtschaft, dass die Handlungen des Menschen sich nicht mehr bloß auf die unmittelbare Bedarfsbefriedigung richten, sondern dass eine gewisse Vorsorge für die Zukunft Platz greift...«[44] »Um kaufen zu können ohne zu verkaufen, muss er verkauft haben, ohne zu kaufen.« [MEW 13, S. 104.]

Reichtum schlechthin, Verfügungsmöglichkeit über jede andere Ware von gleicher Wertgröße werden besondere individuelle Arbeitsprodukte erst durch Verwandlung in die »allgemeine Ware«. Deshalb wird von den Anfängen der Warenproduktion an das Bestreben bestehen, dem Reichtum in seiner unbestimmten und vergänglichen Form diejenige Gestalt zu geben, in der er festgehalten werden kann und stets »schlagfertig« ist.[45] Mit der Ausdehnung der Warenproduktion wird die Macht des Geldes immer größer.[46] Die Macht über beliebige gesellschaftliche Arbeitsprodukte, die Verfügungsgewalt über die Ergebnisse der individuellen Arbeit beliebiger Mitglieder der Gesellschaft kommt in die Hände des privaten Geldbesitzers. »Die gesellschaftliche Macht wird so zur Privatmacht der Privatperson« [MEW 23, S. 146].

Neben dem durch den Mechanismus des Reproduktionsprozesses bedingten Streben des Produzenten, sich beständig einen Vorrat des »gesellschaftlichen Faustpfandes« zu sichern, wirkt, genährt durch die soeben dargelegten Umstände, die »auri sacra fames«, die Geldgier, in der gleichen Richtung, nämlich auf die Bildung von Schätzen. Es wird nicht mehr nur verkauft in der Absicht zu kaufen, sondern »W–G findet statt um der Metamorphose willen« [MEW 13,

44 Helfferich: Geld und Banken, S. 27.
45 Neben der Geldware werden auch Juwelen usw. zur Schatzbildung verwendet. Es liegt auf der Hand, dass derartige Waren eine viel schwerfälligere und weniger sichere Form des Reichtums bilden.
46 Marx illustriert diesen Sachverhalt u. a. durch folgende Stelle eines Briefes von Columbus: »Gold ist ein wunderbares Ding! Wer dasselbe besitzt, ist Herr von allem, was er wünscht. Durch Gold kann man sogar Seelen in das Paradies gelangen lassen.« [MEW 23, S. 145]

S. 106]. Der Schatzbildner versucht sich möglichst viel von der Ware zu verschaffen, deren Besitz eine so ungeheure Macht verleiht. Er verkauft so viel wie möglich und kauft nur das Unentbehrlichste. Je größer sein Schatz, umso größer ist seine Macht; die Schatzbildung »ist ein endloser Prozess, der in seinem jedesmaligen Resultat ein Motiv seines Anfangs findet« [MEW 13, S. 110].

Spezielle ökonomische Bedeutung der Schätze

Die Jagd nach der Geldware kann eine doppelte Wirkung haben. Sie bildet einen gewaltigen Ansporn für die Ausdehnung der Produktion über den herkömmlichen Umfang und damit für die Entwicklung der gesellschaftlichen Produktivkräfte. Andererseits ist die unersättliche Nachfrage nach der Geldware die Garantie dafür, dass sie praktisch in jeder Menge aufgenommen werden kann (es sei denn, dass veränderte Produktionsbedingungen ihr den Charakter der Geldware entzogen haben). Gold, außerhalb des Zirkulationsprozesses, als Schatz, womöglich vergraben, wäre nichts als nutzloses Metall, wenn nicht beständige Nachfrage nach ihm wäre, auch dann, wenn der Bedarf an Zirkulationsmitteln usw. gedeckt ist. »Der Geiz hält den Schatz fest, indem er dem Geld nicht erlaubt, Zirkulationsmittel zu werden, aber die Geldgier erhält seine Geldseele, seine beständige Spannung gegen die Zirkulation.« [MEW 13, S. 110.]

Das Verhalten des Schatzbildners befähigt ihn, eine wichtige ökonomische Funktion zu verrichten, allerdings ohne dass er selbst etwas davon weiß. Es wurde gesagt, »dass der Geldumlauf bloß die Erscheinung der Metamorphosen der Ware ist« [MEW 13, S. 113]. Daraus ergibt sich für die zirkulierende Geldmenge, dass sie, ceteris paribus, abhängig ist von der Preissumme der zirkulierenden Waren. Diese Preissumme ändert sich fortwährend, sodass die zirkulierende Geldmenge, wenn nicht das sie regulierende Gesetz durchbrochen werden soll, anpassungsfähig sein muss. Ihr die notwendige Elastizität zu geben, ist die ökonomische Aufgabe der Schätze. Sie nehmen das in der Zirkulation überflüssige Geld auf und aus ihnen strömt bei einem Steigen des Geldbedarfs die fehlende Geldmenge zu [vgl. MEW 23, S. 147 f]. Dabei ist es gleichgültig, ob die Veränderung des Geldbedarfs aus einer Vermehrung oder Einschrumpfung der zirkulierenden Warenmenge, einem Steigen oder Fallen einzelner oder aller Warenpreise, oder aus einer Veränderung in der Umlaufsgeschwindigkeit herrührt: die Wirkung auf die Schätze ist dieselbe.

Ästhetische Form der Schätze

Schatzbildung ist »die erste Verselbstständigung des Tauschwertes als Geld« [MEW 13, S. 112], die am drastischsten zum Ausdruck kommt im Vergraben des Schatzes. Die Münze, die, solange sie Münzform behält, keinen anderen Gebrauchswert hat, als »Träger von Tauschwert« zu sein, wird der Zirkulation entrissen, wo sie allein wirksam sein kann, und »in ein ganz heimliches Privatverhältnis zum Warenbesitzer gebracht« [MEW 13, S. 108]. Viel weniger deutlich wird das Wesen des Schatzes, wenn er in seiner »ästhetischen Form« [MEW 23, S. 147] auftritt.

In einer Zeit, wo die Edelmetalle schon »Dasein des abstrakten gesellschaftlichen Reichtums und materieller Repräsentant des stofflichen Reichtums« [MEW 13, S. 115] geworden sind, Gold und Silber als »konkrete Gebrauchswerte«, als Schmuck, Tafelgeräte usw. benutzen, heißt seinen Reichtum jedermann aufs Deutlichste zum Bewusstsein bringen. Über dieser Eigenschaft, Beweismittel sozialer Hochgeltung zu sein – wo Gold gleich Geld ist, ist Reichtum gleich Macht –, wird dann vergessen, dass das Geldmaterial auch in verarbeiteter Form Mittel der Schatzbildung sein kann. Denn alle Waren aus Edelmetall lassen sich, wenn es nottut, leicht wieder in Münze verwandeln. – Die ästhetische Form der Schätze unterscheidet sich von ihrer Münz- und Barrenform vor allem dadurch, dass sie das Machtbedürfnis ihrer Besitzer auf umfassendere Weise befriedigt [als] ein Haufen Münzen oder Edelmetallbarren; im Wesentlichen aber ist auch sie Schatz, »der allgemeine Reichtum als solcher in einem besonderen Ding individualisiert« [MEW 13, S. 110].

Die Schatzbildung als Selbstzweck erscheint als ein Verfahren voller Widersprüche und wird von Marx folgendermaßen charakterisiert: »Unser Schatzbildner erscheint als Märtyrer des Tauschwerts, heiliger Asket auf dem Gipfel der Metallsäule. Es ist ihm nur um den Reichtum in seiner gesellschaftlichen Form zu tun und darum vergräbt er ihn vor der Gesellschaft. Er verlangt die Ware in ihrer stets zirkulationsfähigen Form und darum entzieht er sie der Zirkulation. Er schwärmt für den Tauschwert und darum tauscht er nicht aus. Die flüssige Form des Reichtums und sein Petrefakt, Elixier des Lebens und Stein der Weisen, spucken alchimistisch toll durcheinander. In seiner eingebildeten schrankenlosen Genusssucht entsagt er allem Genusse. Weil er alle gesellschaftlichen Bedürfnisse befriedigen will, befriedigt er kaum die natürliche Notdurft. Indem er den Reichtum in seiner metallischen Leiblichkeit festhält, verdunstet er ihn zum bloßen Hirngespinst.« [MEW 13, S. 111.][47]

B) Schatzbildung in der kapitalistischen Zirkulation

Erweiterung der ökonomischen Funktionen der Schätze

Letzter Zweck der wirtschaftlichen Tätigkeit ist die Schatzbildung in der Regel nur auf der Stufe der einfachen Warenproduktion. Mit ihrer Weiterentwicklung, insbesondere aber mit dem Auftreten der kapitalistischen Produktionsweise wird die Schatzbildung als Selbstzweck immer seltener und erscheint geradezu als Widerspruch zu dem Wesen des Systems. »Schatz als solcher wird hier nur der brachliegende Reichtum« [MEW 13, S. 127]. Gleichzeitig erhält das Geld eine Reihe neuer Funktionen, die ihrerseits die ökonomischen Funktionen der Schätze vervielfachen. Ebenso wie als Zirkulationsmittel muss das Geld als Zahlungsmittel und Weltgeld (siehe unten) sich den stets

---

47 Vgl. hierzu Georg Simmel: Philosophie des Geldes. München; Leipzig [3]1920, S. 246.

schwankenden Anforderungen des Verkehrs anpassen. Haben wir die Schätze bisher als Reservefonds für die Zirkulationsmittel kennen gelernt, so werden sie jetzt außerdem das Reservoir für Zahlungsmittel und Weltgeld. Mit diesen erweiterten Funktionen verändern sich die Motive für die Schatzbildung: als Form der Bereicherung nimmt sie ab, dagegen wächst die »durch den Austauschprozess unmittelbar erheischte Schatzbildung.« [MEW 13, S. 123.]

Von Bedeutung sind diese Funktionen erst in der »bürgerlichen Produktionsweise«, hier werden besondere Anstalten getroffen, um Reserven in genügender Menge bereit zu stellen. Dabei findet durch das Eingreifen des Kreditwesens eine immer stärkere Konzentration statt. Vorläufig wird von den durch das Kreditsystem bedingten Modifikationen um der Übersichtlichkeit der Darstellung willen ganz abgesehen; es wird »einfache Geldzirkulation« [MEW 24, S. 182] vorausgesetzt.

Schatzbildung als Begleiterscheinung des kapitalistischen Reproduktionsprozesses[48]

Der Mechanismus des kapitalistischen Zirkulationsprozesses führt allenthalben zur Schatzbildung. Das wichtigste Beispiel dafür sind die durch den Umschlagsprozess des Kapitals bedingten Anhäufungen von Kapital in Geldform.

Der Umschlag des Kapitals beginnt stets »mit dem Vorschuss von Kapitalwert, sei es in Form von Geld oder Ware«, und bedingt »stets die Rückkehr des kreisenden Kapitalwerts [...] in der Form, worin er vorgeschossen war.« [MEW 24, S. 155.] Es wird in der Regel nicht der ganze Kapitalwert auf einmal vorgeschossen: sowohl werden gewöhnlich für einen Umschlag notwendige Rohstoffe und Maschinen (»c«) erst nach und nach gekauft, als auch die Arbeitslöhne (»v«) nur

---

48 Es versteht sich, dass hier überall die Marx'sche Theorie des kapitalistischen Reproduktionsprozesses unterstellt ist. Marx'sche Kategorien, die schon im ersten Band d[es] *Kapital* vorkommen, wie Mehrwert, konstantes Kapital usw., sind als bekannt vorauszusetzen.

in bestimmten Abständen bezahlt. Ein Teil des für den Umschlag vorgesehenen Geldkapitals wird also bei dessen Beginn vorläufig in Geldform verharren und solange »suspendierte Münze«, Schatz sein, bis der Fortgang des Produktionsprozesses sein Eintreten in die Zirkulation fordert. [Vgl. MEW 24, S. 81 f.]

Ebenso wie vor seinem Eintritt in die Sphäre der Produktion nimmt ein Teil des Kapitalwertes bei seiner Rückkehr vom Markte, also nach dem Verkauf der Waren, Schatzform an. Im Preis jeder kapitalistisch produzierten Ware stecken Ersatz für Abnutzung von fixem Kapital und Mehrwert. Beide bilden Bestandteile des Gelderlöses,[49] aber die sie repräsentierende Geldmenge kann nicht ohne weiteres der Produktion wieder zugeführt werden. Soweit sie »den Warenwertteil vergoldet, der gleich ist dem Verschleiß von fixem Kapital« [MEW 24, S. 447], muss sie solange in Geldform verharren, bis die betreffende Maschine (Gebäude usw.) ganz abgenutzt und ihre Geldform damit die Höhe erreicht hat, die notwendig ist, um diesen Teil des »produktiven Kapitals« (d. h. Kapital in Form von Produktionsmitteln) wirklich zu erneuern. »Diese Schatzbildung ist also selbst ein Element des kapitalistischen Reproduktionsprozesses« [MEW 24, S. 448].

Der im Verkaufspreis der Ware steckende Mehrwert kann konsumiert, er kann aber auch für die Erweiterung der Produktion bestimmt werden. Nur der letztere Fall interessiert in diesem Zusammenhang. Soll der Mehrwert als zuschüssiges Kapital fungieren, dann muss er eine durch die technischen Erfordernisse des betreffenden Betriebes bedingte Mindestgröße haben. Häufig wird diese Mindestgröße erst nach mehrmaligem Umschlag des Kapitals erreicht sein. In der Zwischenzeit wird die angesammelte Mehrwertmasse in Geldform aufbewahrt,[50] sie »erstarrt also zum Schatz[. ...] So erscheint hier die Schatzbildung als ein innerhalb des kapitalistischen Akkumulationsprozesses einbegriffenes, ihn begleitendes, aber zugleich wesentlich von ihm unterschiedenes Moment.« [MEW 24, S. 83.]

49 Es ist hier abgesehen worden von den »Abenteuern der Zirkulation, wodurch ein Kapitalist ein Stück vom Mehrwert und selbst vom Kapital des andern an sich reißt« [MEW 24, S. 350].
50 Es ist hier noch vom Kreditwesen abgesehen!

Neben der aus den Bedingungen der kapitalistischen Produktion sich selbst ergebenden Schatzbildung nimmt das Geld in noch anderen Fällen Schatzform an. So z. B. wenn *äußere* Hindernisse eine Stockung im Gesamtprozess bewirken, etwa wenn eine schlechte Konjunktur oder eine kritische Lage es ratsam erscheinen lassen, das Kapital in seiner Geldform festzuhalten, statt Waren dafür zu kaufen. Marx nennt das »unfreiwillige Schatzbildung«, die übrigens – mutatis mutandis – auch in der einfachen Warenzirkulation vorkommt. [MEW 24, S. 82] – Oder die schon eben erwähnte Bildung von Reserven für künftige Zahlungen im In- oder Ausland.

An zahlreichen Punkten der Zirkulation kristallisieren sich Schätze, die länger oder kürzer an ihrem Entstehungsort verharren, um dann wieder in die Zirkulation diesseits oder jenseits der Landesgrenzen einzugehen. Inzwischen aber liegen sie brach, ein Zustand, der im kapitalistischen System unerträglich ist. Denn ein Kapitalbesitzer ist nur so weit Kapitalist, als sein unmittelbarer Zweck, das »allein treibende Motiv seiner Operationen [...] nicht der einzelne Gewinn, sondern nur die rastlose Bewegung des Gewinnens ist.« [MEW 23, S. 167f.] Der Schatzbildner hat allerdings dasselbe Ziel, aber er versucht es mit irrationellen Mitteln zu erreichen[:] dadurch dass er das Geld der Zirkulation entzieht, ist [er] der »verrückte Kapitalist« [MEW 23, S. 168]. Der »rationelle Kapitalist« weiß sehr wohl, dass Geld in Schatzform keinen Anteil am Verwertungsprozess hat, dass es in dieser Form eine Geldsumme bleibt, »die nur anwächst, weil ohne ihr Zutun vorhandenes Geld in denselben Kasten geworfen wird« [MEW 24, S. 88].

Schatzbildung und Kreditsystem

Es wird daher mit der Entwicklung der kapitalistischen Produktionsweise eine immer dringendere Forderung des Systems selbst, das in Schatzform untätig daliegende Geld zum »arbeiten« zu zwingen. Die Forderung wird erfüllt durch das Kreditsystem.[51]

51 Die Analyse des Kreditsystems durch Marx kann hier nicht wiedergegeben werden (vgl. die Einleitung).

Jede Geldsumme erscheint in der bürgerlichen Wirtschaft als »potentielles Geldkapital« [MEW 24, S. 82]. Denn die bloße Verwandlung des Geldes in Produktionsmittel »verwandelt letztere in Rechtstitel und Zwangstitel auf fremde Arbeit und Mehrarbeit« [MEW 23, S. 329].

Die Gründe, warum das zu Schatz erstarrte Geld nicht als Kapital fungiert, sind oben genannt worden. Aber was für den einzelnen Kapitalisten gilt, trifft nicht die Kapitalistenklasse als Ganzes. Mehrwert in Geldform wird als Schatz festgelegt, weil der erstere die notwendige Größe doch nicht erreicht hat, um seinem Besitzer als zuschüssiges Kapital zu dienen. In der Hand eines anderen Kapitalisten ist er für diesen Zweck vielleicht groß genug, sicher ist er es, wenn er mit dem brachliegenden Geld anderer vereinigt wird. Der »Amortisationsfonds« [MEW 24, S. 181] kann in fremder Hand als Geldkapital mehrere Umschläge vollziehen, bis er seiner eigentlichen Bestimmung zugeführt zu werden braucht. Das als Reservefonds zurückgelegte Geldkapital kann »während es seinem Eigner die Funktion des Reservefonds vollzieht, für die Gesellschaft aktiv« zirkulieren. [MEW 24, S. 346.]

Die Einrichtungen, die für Sammlung und Verteilung der Schätze sorgen, sind die Banken. Je entwickelter die kapitalistische Produktionsweise, umso stärker wird die Konzentration der Schätze; Schatzbildung auf längere Zeit bei Einzelnen (der Geldstrumpf des Bauern usw.) erscheint als Anomalie.

Dadurch, dass die Banken die gesammelten Schätze wieder anderen zur Verfügung stellen, sind sie in der Lage, Zins zu fordern und zu zahlen. Je mehr sie ausleihen, umso größer wird ihr Gewinn. Daher die Tendenz, den Reservefonds auf ein Minimum herabzudrücken. Diese Tendenz gerät in Konflikt mit den Aufgaben, die von den einzelnen Schatzbildnern jetzt auf den in den Banken konzentrierten Schatz übertragen werden. Dieser hat als Reservefonds für Umlaufsmittel, Zahlungsmittel und Weltgeld zu dienen. Dazu tritt noch mit der Entwicklung des Kreditgeldes die willkürlich zugeschobene Aufgabe, für die Einlösbarkeit der Banknoten zu garantieren.

Mit der Entwicklung des Kreditsystems bietet sich auch die weitere Möglichkeit, Geld aus seiner Schatzform in Geldkapital zu verwandeln: durch Ankauf von Wertpapieren, die an der Börse bei Bedarf schnell wieder in Geld verwandelt werden können.

Zusammenfassend lässt sich folgendes sagen: »Auf Grundlage der kapitalistischen Produktion ist die Schatzbildung als solche nie Zweck, sondern Resultat entweder einer Stockung der Zirkulation – in dem größere Geldmassen als gewöhnlich die Schatzform annehmen – oder der durch den Umschlag bedingten Anhäufungen, oder endlich: der Schatz ist nur Bildung von Geldkapital, einstweilen in latenter Form, bestimmt als produktives Kapital zu fungieren.« [MEW 24, S. 350.] »Länder entwickelter bürgerlicher Produktion beschränken die in Bankreservoire massenhaft konzentrierten Schätze auf das zu ihren spezifischen Funktionen erheischte Minimum... Diese verschiedenen Funktionen können in gefährlichen Konflikt geraten, sobald die Funktion eines Konversionsfonds für die Banknoten hinzutritt.« [MEW 23, S. 160.]

6. Weltgeld

Das Geld auf dem Weltmarkt[52]

Es kann füglich bezweifelt werden, ob die Funktion des Geldes als »Weltgeld« eine besondere Geldfunktion darstellt. Denn streng genommen handelt es sich dabei im Wesentlichen um die Funktion des Geldes als allgemeines Äquivalent, als welches es nicht mehr allein in der Sphäre der *inneren* Zirkulation, sondern jetzt auch auf dem Weltmarkt wirksam ist.

Hier in der Sphäre der »internationalen Warenzirkulation« kann im Gegensatz zum Inlandsmarkt doppeltes Wertmaß herrschen, da die Waren dort je nach der Währung des Herkunftslandes Gold- oder Silberpreise haben können. Gold und Silber sind deshalb beide Weltgeld; doch hat dieser Satz heute vorwiegend theoretische

---

52 Einfache Warenproduktion und »Weltmarkt« – eine sehr bedenkliche Vorstellung, solange nicht Klarheit darüber besteht, dass damit keine in der geschichtlichen Wirklichkeit bestehenden Beziehungen gemeint sind, es sich vielmehr um bewusste Abstraktionen handelt.

Bedeutung, nachdem das Silber fast überall dem Golde weichen musste.[53]

Weltgeld fungiert in der Hauptsache als Zahlungsmittel zum Ausgleich der Zahlungsbilanzen; daneben muss es als internationales Kaufmittel verwendet werden, wenn etwa eine Nation von einer andern im wesentlich größeren Umfang kaufen muss, als diese von ihr gekauft hat. Schließlich fungiert Weltgeld, was ja mit seinem Begriff zusammenfällt, als »absolut gesellschaftliche Materiatur des Reichtums überhaupt (universal wealth)« [MEW 23, S. 157].

Alle drei Funktionen sind offenbar nahe verwandt und lassen sich dahin zusammenfassen, dass Weltgeld jedes Mal dann auftreten muss, wenn eine passive Zahlungsbilanz, gleichgültig aus welchen Gründen, vorliegt.

Der Bedarf an Weltgeld schwankt hin und her. Damit er regelmäßig befriedigt werden kann, muss eine Reserve vorhanden sein; eine Forderung, die, wie oben erwähnt, durch die Schätze erfüllt wird.

Weltgeldfunktion und Entwicklung des Weltmarktes

In eine eigentümliche Verbindung hat Marx die Funktion von Gold und Silber als Weltgeld mit der Entwicklung des Weltmarktes gebracht. Die Edelmetalle werden Weltgeld nur dadurch, dass die gesellschaftliche Tat der Warenbesitzer aller Länder sie zum allgemeinen Äquivalent macht. Je mehr sich die internationale Arbeitsteilung entwickelt, umso mehr wird das Geld zum »précis de toutes les choses«, zur verwandelten Gestalt *aller* Waren. Die Geldware wird als Verkörperung des allgemeinen Reichtums allgemein begehrt und während der Geldhandel Gold und Silber erst zu Weltgeld macht, wird die Jagd nach dem Weltgeld zum Motiv, den Welthandel immer weiter auszudehnen. Daran, dass diese »Zauberwirkung« auch noch in der hochentwickelten bürgerlichen Gesellschaft besteht (Kalifornien!), sieht Marx den Beweis, dass sie »notwendig hervorwächst aus der

---

53 Über seine *praktische* Bedeutung, noch zu Marxens Zeiten vgl. [MEW 23, S. 157, Anm. 108].

Verkehrung, worin den Trägern der Warenwelt ihre eigene gesellschaftliche Arbeit erscheint« [MEW 13, S. 128].

Weltgeld und Geldware

In der Funktion als Weltgeld muss die Geldware in ihrer »metallischen Leiblichkeit« auftreten; die Nationaluniform, die sie als Münze angezogen hatte, zählt hier nichts, abgenützte Münzen gelten nur in der Höhe des Metallgewichtes, das sie noch enthalten. Bloße Geldzeichen, die, wie wir sehen werden, auf dem Inlandsmarkt ohne weiteres umlaufen können, sind als Weltgeld unbrauchbar. Auch die Macht des Staates, irgendwelchen relativ »wertlosen« Dingen die Eigenschaft des gesetzlichen Zahlungsmittels zuzusprechen, hört an seinen Grenzen auf. Ja selbst im sozialistischen Staat, in dem es nach Marx gar kein Geld gibt, muss Edelmetall zur Funktion als Weltgeld bereitgehalten werden »zur Saldierung des internationalen Handels, sobald dessen Gleichgewicht momentan verschoben ist« [MEW 25, S. 533]. Dass auch in der »anarchischen« bürgerlichen Produktionsweise bei dem heutigen Stand des Kreditwesens Metallgeld für den Inlandverkehr entbehrt werden könne und lediglich für die Weltgeldfunktion unentbehrlich ist (ebd.), ist eine der wenigen Thesen, in denen eine gewisse Übereinstimmung zwischen Knapp und Marx festgestellt werden kann.[54]

54 »Für Ausland bares, fürs Inland notales Geld« (Knapp: Staatliche Theorie, S. 261 ff). Die Begründung allerdings ist himmelweit verschieden: wir brauchen »feste Kurse gegen England« und dieses Land hat »sozusagen zufällig Geldwährung« (ebd.).

7. Die Funktionen des Geldes
in der kapitalistischen Wirtschaft

Kurze Übersicht

Eine systematische Darstellung der Funktionen des Geldes innerhalb der kapitalistischen Produktionsweise kann, wie bereits erwähnt, in der vorliegenden Arbeit nicht gegeben werden. Ein summarischer Hinweis auf die Gegenstände, welche hier zu erörtern wären, muss deshalb genügen.

Infolge der Eigentümlichkeiten der kapitalistischen Produktionsweise verglichen mit der einfachen Warenproduktion erfahren alle bisher besprochenen Geldfunktionen in ihr wesentliche Veränderungen, wofür bei Besprechung der Funktion des Geldes als Mittel der Schatzbildung ein Beispiel gegeben worden ist.

Jede einzelne Geldfunktion wäre nun auf diese Veränderungen zu untersuchen. Dabei würde schon die Wertmaßfunktion nicht unerhebliche Schwierigkeiten bereiten, denn inwieweit die Verwandlung der Werte in Produktionspreise [vgl. MEW 25, S. 173] die Wertmaßfunktion des Geldes berührt, ist eine Frage, die einer genauen Prüfung bedarf und auf welche Marx uns keine Antwort gibt. Eine Analyse der Funktionen des Geldes im kapitalistischen Zirkulationsprozess als Zirkulationsmittel und Zahlungsmittel müsste einen breiten Raum einnehmen; mit den hier zu behandelten Besonderheiten: Geld als Übertragungsmittel von Kapital und Einkommen hat sich Marx im zweiten und dritten Band des Kapitals eingehend beschäftigt.

Alles in allem bieten die Funktionen des Geldes in der kapitalistischen Wirtschaft eine Fülle von Problemen, die von Marx zum großen Teil gesehen und behandelt worden sind. Nachdem ihre systematische Darstellung hier nicht möglich ist, sei wenigstens noch einiges über die Frage des Verhältnisses von Geld und Kapital mitgeteilt.

Die Funktion des Geldes als Kapital

Kapital wird von Marx gelegentlich als »Mehrwert heckender Wert« charakterisiert [MEW 24, S. 33]. Damit Geld als Kapital fungiere, muss es die Eigenschaft erhalten, selbst Mehrwert zu hecken, das bedeutet aber, einen besonderen Verwertungsprozess eingehen, der damit beginnt, dass es in Ware (Produktionsmittel (P) und Arbeitskraft (A)) verwandelt wird; in einer Formel ausgedrückt: $G-W {<} {}^{A}_{Pm}$ [MEW 24, S. 32]. Es darf daran erinnert werden, dass der Kauf von Waren aller Art allein natürlich nicht genügt, um Geld in Kapital zu verwandeln, vielmehr setzt die Funktion von Geld als Kapital das Kapitalverhältnis bereits voraus.

Analog wie sich das Geld in der Metamorphose der Ware als bloße Geldform des Warenwertes gezeigt hat, erscheint es im kapitalistischen Reproduktionsprozess als Geldform des Kapitals. Geld, das als Kapital fungiert, ist nichts anderes als Kapital (sich verwertender Wert) »in Geldzustand oder Geldform« [MEW 24, S. 34], es kann in dieser Form *nur* Geldfunktionen verrichten.

Der Gesamtkreislauf des Geldkapitals – so nennt Marx das Kapital in Geldform – ist dadurch gekennzeichnet, dass als sein Resultat mehr Geld aus ihm herauskommt als ursprünglich in ihn eingegangen ist. [MEW 24, S. 55.] Das Kapital in Geldform unterscheidet sich von dem Kapital in Warenform in zwei wesentlichen Punkten: in Geldform kann Kapital sehr lange verharren, ohne zu veralten, wie das in Warenform erstarrte Kapital; Kapital in Geldform bleibt Geld, auch wenn es nicht als Geldkapital fungiert. Und zweitens ist Kapital in Geldform fähig, in jeden beliebigen Produktionsprozess einzugehen, was ihm verwehrt ist, wenn es sich in eine bestimmte Ware verwandelt hat. [MEW 24, S. 79.][55]

55 Da hier auf Einzelheiten nicht eingegangen werden kann, sei auf die Marx'sche Polemik gegen die Geld- und Kapitaltheorie von Tooke und Fullarton hingewiesen, die besonders interessant ist, weil die Tooke'sche Theorie mit der A[dolph] Wagnerschen Lehre vom Konsumenten- u. Produzentengeld nahe verwandt ist [vgl. MEW 25, S. 458 ff].

Geld und Kapital in den Krisen

Das Verhältnis von Geld und Kapital soll noch kurz erläutert werden an der Frage, was in Krisenzeiten eigentlich fehlt, Geld oder Kapital. Das von Marx im Zusammenhang mit der anderen Frage, inwiefern die Ansammlung von Geldkapital Anzeichen sei für die wirkliche Akkumulation von Kapital, ausführlich behandelte Problem und die Marx'sche Lösung lassen sich in ganz grober Weise ungefähr so ausdrücken: Dass Waren in Hülle und Fülle vorhanden sind, und dass diese Waren keinen Absatz finden, ist das auffallendste Phänomen der Krise. Überall fehlt es an Geld, und an diesem Mangel scheint das ganze Unglück zu liegen. Der Sachverhalt ist in Wirklichkeit folgender: In der Krise ist massenhaft vorhanden Kapital in Warenform; dagegen fehlt Kapital in Geldform und zwar insbesondere für die Funktion als Zahlungsmittel. Die Nachfrage nach Leihkapital in der Krise ist »Nachfrage nach Zahlungsmittel und weiter gar nichts, keineswegs Nachfrage nach Geld als Kaufmittel« [MEW 25, S. 531]. Gelingt es, Zahlungsmittel herbeizuschaffen, dann wird die Krise gemildert, unter Umständen sogar unterbrochen. Handelt es sich nur um eine »finanzielle Klemme«, so kann schon eine Schiffsladung Geld Abhilfe bringen [MEW 25, S. 581, Anm. 14]. Ein Beispiel für den Abbruch einer Krise durch Herbeischaffung von Kapital in Geldform ist nach Marx die Einwirkung des kalifornischen Geldes auf die Krise von 1847.

8. Rückblick

Das Verhältnis der einzelnen Geldfunktionen zu einander

A[dolph] Wagner hat die ökonomischen Geldfunktionen in »primäre oder Hauptfunktionen« und »sekundäre oder Folge-(Konsekutiv) Funktionen« eingeteilt.[56] Wird diese Einteilung auf die verschiedenen Geldfunktionen angewendet, welche Marx aus der einfachen Waren-

56 Wagner: Sozialökonomische Theorie, S. 106.

zirkulation entwickelt, so lässt sich sagen, dass es bei Marx nur eine primäre Geldfunktion gibt: diejenige als allgemeines Äquivalent. Alle anderen sind offenbar »Konsekutivfunktionen«.

Dieses Resultat – die Annahme einer einzigen primären Funktion – teilt Marx mit vielen modernen Geldtheoretikern[57]; im Übrigen hat aber seine Untersuchung der Geldfunktionen mit derjenigen bei anderen Theoretikern wenig zu tun. Darauf wurde bereits im Einzelnen hingewiesen, ebenso wie auf die Ursache der abweichenden Ergebnisse: die verschiedene Grundeinstellung. Dass die »Erscheinungsformen« teilweise zwar sorgfältig beschrieben, nirgends aber das »Wesen« aufgezeigt worden sei, ist der vom Boden der Marx'schen Theorie gegen die von anderen Forschern gegebene Analyse der Geldfunktionen zu erhebende Einwurf.

Die auf Entdeckung des »Wesens« abzielende Art der Untersuchung bei Marx bewirkt, dass die Namen der Geldfunktionen in seinem System vorwiegend nur ganz oberflächlich mit den entsprechenden Begriffen in anderen Systemen übereinstimmen. Aus den Funktionen des Geldes als allgemeines Äquivalent, als Zahlungsmittel und als Mittel der Schatzbildung wurde das schon zu zeigen versucht. Bei der Eigenart des Marx'schen Wertbegriffes wäre dasselbe für die Wertmaßfunktion leicht darzutun. Die Weltgeldfunktion wird vorwiegend nicht besonders behandelt, und die Funktion als Zirkulationsmittel ist unlösbar mit der Marx'schen Theorie der Metamorphose der Ware verknüpft, hat also mit dem, was gewöhnlich darunter verstanden wird, nur den Namen gemeinsam.

Begriffsbestimmung des Geldes

Man kann das Geld auf Grund seiner Funktionen im Marx'schen Sinne definieren als diejenige Ware, welche als allgemeines Äquivalent fungiert, sofern die Begriffe »Ware« und »allgemeines Äquivalent«

---

57 Vgl. z. B. Ludwig von Mises: Theorie des Geldes und der Umlaufsmittel. München, Leipzig 1912, S. [?]; Helfferich: Das Geld, S. 279 und andere mehr.

hinreichend bestimmt worden sind. Als Wertmaß ist das Geld nur vorgestelltes Geld, Rechengeld, und als Münze (gleich Zirkulationsmittel) kann es durch bloße Zeichen ersetzt werden. Dagegen muss die Geldware in ihrer materiellen goldenen beziehungsweise silbernen Gestalt selbst erscheinen in den Funktionen als Schatz, Weltgeld und Zahlungsmittel.[58] Um diesen Gegensatz zu den Funktionen als Wertmaß und Münze zu charakterisieren, spricht Marx gelegentlich von »Geld im eigentlichen Sinn« (Volksausg., S. 88).

Geldware und Geldfunktionen

Nicht »sozusagen zufällig«, wie Knapp meint,[59] fungieren die Edelmetalle auch heute noch als Geld. Vielmehr »zeigt die Kongruenz ihrer Natureigenschaften mit seinen Funktionen«, dass, »obgleich Gold und Silber nicht von Natur Geld, Geld von Natur Gold oder Silber ist« [MEW 23, S. 104].

Aus dem Wesen des Geldes als Ausdruck gesellschaftlicher, abstrakter und daher gleichförmiger Arbeit ergibt sich für die Geldware die Forderung, stets gleichförmige Qualität zu besitzen, und die Fähigkeit zu haben, jede beliebige Größe darstellen zu können. Durch die natürlichen Eigenschaften der meisten Metalle – Gleichförmigkeit, leichte Teilbarkeit und »Wiederzusammensetzbarkeit« ohne erhebliche Verluste – wird diese Forderung erfüllt. Mit wachsendem Reichtum scheiden die unedlen Metalle aus der Reihe der Geldwaren aus, weil sie zu schwer transportierbar sind, um als Zirkulationsmittel für den Umsatz großer Werte zu fungieren, an ihre Stelle treten die bei relativ niederem Gewicht relativ große Mengen gesellschaftlicher Arbeit verkörpernden Edelmetalle, die auch in den anderen Geldfunktionen (z. B. in der Schatzbildung) den unedlen Metallen überlegen sind.

---

58 Von den Eingriffen der Rechtsordnung, die »gesetzliche« Zahlungsmittel schafft, wird hier abgesehen.
59 Knapp: Staatliche Theorie, S. 261.

III. Abschnitt: Über einige Grundprobleme

[1.] Geldmenge und Geldwert

[A)] »Das Gesetz über die die Quantität des zirkulierenden Geldes«[60]

Das Gesetz

Sir James Steuart, so sagt Marx, war »der erste, der die Frage stellt: Ist die Quantität des umlaufenden Geldes durch die Warenpreise, oder sind die Warenpreise durch die Quantität des umlaufenden Geldes bestimmt?« [MEW 13, S. 140.] Die Lehrmeinungen, welche die Geldquantität als bestimmendes Moment der Warenpreise betrachten, werden unter dem Begriff »Quantitätstheorie« zusammengefasst. Marx lehnt die Quantitätstheorie ab und akzeptiert die Gegenthese.

Der Zirkulationsprozess, welcher nach der stofflichen Seite hin die Reproduktion des gesellschaftlichen Lebens vermittelt, zeigte isoliert betrachtet nichts als den eintönigen Prozess W–G–W, nichts als Formveränderungen der Warenwerte. Die Aufgabe des als Zirkulationsmittel fungierenden Geldes, und nur von diesem soll vorläufig die Rede sein, erschöpft sich darin, den Warenwerten die Geldform zu geben. Es stellt »nur *reell* die in der Preissumme der Waren bereits *ideell* ausgedrückte Geldsumme dar« [MEW 23, S. 131].

Daraus folgt, dass in einem gegebenen Zeitabschnitt die Masse des als Zirkulationsmittel fungierenden Geldes bestimmt ist durch die zu realisierende Preissumme der Waren. [MEW 23, S. 132.]

Dieses Gesetz, das sich notwendig aus dem Marx'schen Zirkulationsbegriff ergibt, bedarf verschiedener Ergänzungen.

---

60 Zur Vermeidung von Missverständnissen sei daran erinnert, dass bei Marx unter ›Geld‹ stets die Geldware zu verstehen ist. Kreditgeld und erst recht Papiergeld (Geldzeichen) sind für Marx kein Geld, (wenn sie auch einzelne Geldfunktionen verrichten können) und unterliegen anderen Gesetzen.
Über die früheren Formulierungen des Gesetzes durch Steuart und später durch Tooke vgl. [MEW 13, S. 140–142 und 159 f].

Es wurde gezeigt, dass der Austauschprozess sich nicht erschöpft in einem Nebeneinander vieler Warenmetamorphosen, sondern dass er [sich] vielmehr als ein »unendlich verschlungenes Kettengewirr dieser an unendlich verschiedenen Punkten stets endenden und stets neu beginnenden Bewegung« [MEW 13, S. 75] darstellt. Aus den verschiedensten Ursachen[61] kann diese Bewegung rascher oder langsamer sein. Es ist offenbar, dass die Innigkeit der Verflechtungen der Metamorphosen ebenso wie der Grad ihrer Geschwindigkeit nicht ohne Einfluss bleiben können auf die Menge der in einer bestimmten Zeitspanne nötigen Zirkulationsmittel. Je enger die Metamorphosen miteinander verknüpft sind, je rascher der einzelne Prozess W–G–W sich abspielt, umso weniger Zirkulationsmittel werden für die in einem gegebenen Zeitabschnitt zu realisierende Preissumme gebraucht werden und umgekehrt.

Wie der gesamte Zirkulationsprozess der Waren sich spiegelt im Umlauf des Geldes, so wird »die Geschwindigkeit ihres Formwechsels, das kontinuierliche Ineinandergreifen der Metamorphosenreihen, die Hast des Stoffwechsels, das rasche Verschwinden der Waren aus der Zirkulationssphäre und ihr ebenso rascher Ersatz durch neue Waren« [MEW 23, S. 134] sichtbar in der Geschwindigkeit des Geldumlaufes. Je rascher er sich vollzieht, desto öfter wird bei gegebener Summe der zu realisierenden Warenpreise dasselbe Geldstück im Prozess W–G–W immer neuen Waren als Geldverpuppung dienen können, desto weniger Geldstücke werden als Zirkulationsmittel nötig sein.

Das Maß der Umlaufsgeschwindigkeit ist die Häufigkeit (= Umlaufsanzahl), mit der ein Geldstück innerhalb eines bestimmten Zeitabschnittes in verschiedenen W–G–W Prozessen fungiert. Diese ist zwar für verschiedene Geldstücke verschieden, es lässt sich aber aus der Gesamtzahl der Umläufe aller gleichnamigen im Umlauf befindlichen Geldstücke theoretisch die durchschnittliche Umlaufsgeschwindigkeit eines einzelnen Geldstückes und damit die »Durch-

---

61 Vgl. dazu besonders [MEW 13, S. 86].

schnittsgeschwindigkeit des Geldumlaufs« [MEW 23, S. 134] konstruieren.

Ein Teil der als Zirkulationsmittel notwendigen Geldmenge kann also durch vermehrte Umlaufsgeschwindigkeit ersetzt werden, allerdings findet diese Ersatzmöglichkeit ihre Schranken an der Gleichzeitigkeit und dem Nebeneinander vieler Käufe und Verkäufe. [MEW 23, S. 151 f.]

Das eingangs aufgestellte Gesetz, das als Formel geschrieben lautet: Preissumme der Ware = Summe des als Zirkulationsmittel fungierenden Geldes, ist zunächst dahin zu ergänzen, dass die in der Zirkulationssphäre befindliche Zirkulationsmenge nur so groß sein kann, dass sie, »multipliziert mit der mittleren Umlaufsanzahl ihres einzelnen Elements, gleich der zu realisierenden Preissumme ist« [MEW 23, S. 134].

Also: Preissumme der Waren = Summe des als Zirkulationsmittel fungierenden Geldes x durchschnittliche Umlaufsgeschwindigkeit, oder wie Marx das ausdrückt:

$$\text{»}\frac{\text{Preissumme der Waren}}{\text{Umlaufsanzahl gleichnamiger Geldstücke}} = \begin{array}{l}\text{Masse des als Zirkula-}\\\text{tionsmittel fungierenden}\\\text{Geldes.« [MEW 23, S. 133]}\end{array}$$

Das Schicksal der in der Zirkulationssphäre überflüssigen Geldmenge

Durch das soeben formulierte Gesetz wird aber nicht nur angegeben, wieviel Geld als Zirkulationsmittel – und von allen anderen Funktionen wurde bis jetzt abgesehen – fungieren *muss*; es wird gleichzeitig damit festgestellt, dass nicht mehr Geld als Zirkulationsmittel umlaufen *kann*. Das ergibt sich wiederum notwendig aus dem Marx'schen Zirkulationsbegriff. Bei gegebener Umlaufsgeschwindigkeit und gegebenem Geldwert brauchen die Waren zu ihrer Goldverpuppung eine bestimmte Geldmenge und kein Geldstück darüber hinaus. Ist die Geldmenge größer oder kleiner als der Bedarf an Zirkulationsmitteln, dann ist ein Ausgleich möglich durch Verlangsamung oder Beschleunigung der Umlaufsgeschwindigkeit. Aber wie wir schon gesehen haben, hat diese Ausgleichsmöglichkeit ihre Grenzen. Was geschieht nun mit der Geldmenge, die nach Herabsetzung der Umlaufsgeschwindigkeit auf das durch den Zustand des Zirkulationsprozesses gerade noch erlaubte Minimum für die Metamorphose der Waren überflüssig ist? – Sie »fliegt ganz aus der Zirkulationssphäre heraus« [MEW 23, S. 134], antwortet Marx.

Diese Antwort ist häufig angegriffen worden. So sagt z. B. Wicksell: »Irgendwo muss doch das ›aus der Zirkulationssphäre herausgeflogene Geld‹ eben hingeflogen und untergebracht worden sein; unter sonst unveränderten Verhältnissen aber kann nicht plötzlich ein neuer Bedarf, zu dessen Befriedigung es dienen könnte, entstanden sein. Man sieht deshalb nicht ein, wie das solchergestalt freigewordene Geld umhin könnte, auf die Warenpreise erhöhend einzuwirken.«[62]

Der Einwand Wicksells scheitert daran,[63] dass, wie bereits dargelegt wurde, nach Marx Gold in *einer* Verwendungsmöglichkeit unter normalen Umständen nie im Überfluss vorhanden sein kann, solange es überhaupt als Geld fungiert: in seiner Funktion als Mittel der Schatzbildung. Die Schätze sind der Regulator, der allein die notwendige Elastizität der metallischen Zirkulation garantiert, wenn das Sicherheitsventil der veränderlichen Umlaufsgeschwindigkeit versagt. Denn die Edelmetallproduktion ist viel zu schwerfällig, als dass sie den beständigen Schwankungen der Warenzirkulation folgen könnte.

Das Gesetz über die Menge des als Zirkulationsmittel fungierenden Geldes erfährt so eine Ergänzung, die bei der weiteren Untersuchung als bekannt vorausgesetzt wird: »Damit die wirklich umlaufende Geldmasse dem Sättigungsgrad der Zirkulationssphäre stets entspreche, muss das in einem Lande befindliche Gold- oder Silberquantum größer sein als das in Münzfunktion begriffene. Diese Bedingung wird erfüllt durch die Schatzform des Geldes. Die Schatzreservoirs dienen zugleich der Abfuhr- und Zufuhrkanäle des zirkulierenden Geldes, welches seine Umlaufskanäle daher nie überfüllt.« [MEW 23, S. 148]

62 Knut Wicksell: Geldzins und Güterpreise. Eine Studie über die den Tauschwert des Geldes bestimmenden Ursachen. Jena 1898, S. 33 f.
63 Sofern man sich nicht hinter den Voraussetzungen des Austausches von Äquivalenten verschanzt, in welchem Fall die W[icksell]sche Schlussfolgerung nicht zulässig ist und das ganze Problem nicht existiert.

Die Summe der zu realisierenden Warenpreise

In der bisherigen Formulierung des Gesetzes befindet sich noch eine klärungsbedürftige Größe: die Summe der zu realisierenden Warenpreise. Diese ist offenbar abhängig von der Menge der in dem betreffenden Zeitabschnitt zum Verkauf gelangenden Waren und von dem Wert dieser Waren. Die Preise sind hier nach Voraussetzung die Geldnamen der Werte, ihre Höhe ist also abhängig von der Größe des Wertmaßes, dem Wert des Geldes. Er ist es, der in letzter Linie die Menge des als Zirkulationsmittel fungierenden (Gold-)Geldes bestimmt. Sänke etwa der Wert des Goldes auf den des Silbers oder würde Silber anstatt Gold zum Wertmaß erhoben, dann müsste – unter Voraussetzung der klassischen Silberrelation – ceterus paribus die fünfzehneinhalbfache Geldmenge umlaufen und umgekehrt. [MEW 23, S. 131 f.]

Modifizierung des Gesetzes durch die Funktion des Geldes als Zahlungsmittel

Die drei Faktoren, durch welche unter den bisherigen Voraussetzungen die als Zirkulationsmittel fungierende Geldmenge bestimmt wird, sind die Preisbewegung, die zirkulierende Warenmasse und die Umlaufsgeschwindigkeit des Geldes. Die Erfahrung lehrt, dass ihre Wirkungen sich häufig kompensieren, sodass die zirkulierende Geldmenge relativ konstant bleibt. [Vgl. MEW 23, S. 135 und 141 f.]

Eine erhebliche Modifizierung erfährt das Gesetz, wenn die Untersuchung auf die gesamte umlaufende, also auch für die als Zahlungsmittel notwendige Geldmenge ausgedehnt wird. Nach dem über die Funktion des Geldes als Zahlungsmittel Gesagten ist es augenscheinlich, dass die Summe der zu realisierenden Warenpreise auf die notwendige Zahlungsmittelmenge keinen Einfluss haben kann. Denn wenn das Geld als Zahlungsmittel in Funktion tritt, sind die Waren, deren Preise es zu realisieren hat, längst aus der Zirkulation verschwunden. Der Bedarf an Zahlungsmitteln ist vielmehr zunächst abhängig von der Summe der in der entsprechenden Zeitspanne fälliger Zahlungen. Von diesen gleichen sich eine große Anzahl aus, sobald sie an einem Platz konzentriert werden, sodass nur noch für den Saldo Zahlungsmittel gebraucht werden. Besondere Einrichtungen – Marx nennt z. B. »die Virements im mittelaltrigen Lyon« [MEW 23, S. 151] – mit der Entwicklung der kapitalistischen Zirkulation und des Kreditwesens auf das Vollkommenste ausgebaut (»Clearing«), versuchen, diesen Saldo auf ein Minimum zu verkleinern.

»Betrachten wir nun die Gesamtsumme des in einem gegebenen Zeitabschnitt umlaufenden Geldes, so ist sie, bei gegebener Umlaufsgeschwindigkeit der Zirkulations- und Zahlungsmittel, gleich der Summe der zu realisierenden Warenpreise plus der Summe der fälligen Zahlungen, minus der sich ausgleichenden Zahlungen, minus endlich der Anzahl Umläufe, woran dasselbe Geldstück abwechselnd bald als Zirkulations-, bald als Zahlungsmittel funktioniert.« [MEW 23, S. 153.]

Gültigkeit des Gesetzes in der kapitalistischen Zirkulation

Es fragt sich, welchen Veränderungen das hier auf Grundlage der einfachen Warenzirkulation entwickelte Gesetz über die zirkulierende Geldmenge in der kapitalistischen Zirkulation mit ihren komplizierten Verkehrsvorgängen und ihre Geldsurrogaten verschiedenster Art unterworfen ist. Da auf Einzelheiten hier nicht eingegangen werden soll, muss folgende Feststellung genügen: »Alle in Bezug auf das Quantum des zirkulierenden Geldes bei der Warenzirkulation [...] aufgestellten Gesetze werden in keiner Art durch den kapitalistischen Charakter des Produktionsprozesses geändert« [MEW 24, S. 333], sie enthalten lediglich gewisse durch den komplizierten Gesamtprozess notwendig werdende Zusätze.

[B)] Über den Geldwert

Bestimmungsgründe des Geldwertes

Unter Geldwert ist bei Marx der Wert der Geldware zu verstehen. Über seine Bestimmungsgründe lässt sich zusammenfassend folgendes aussagen:

1) Der Geldwert wird bestimmt, wie der jeder anderen Ware, durch die zur Reproduktion der Geldware erheischte gesellschaftlich notwendige Arbeitszeit. Seinen Ausdruck findet er qualitativ dadurch, dass die Geldware den andern Waren gleichgesetzt wird, quantitativ in der Menge der Waren, die für ein bestimmtes Quantum der Geldware gegeben wird. »Man lese die Quotationen eines Preiskurants rückwärts und man findet die Wertgröße des Geldes in allen möglichen Waren dargestellt.« [MEW 23, S. 110.]

2) Der Wert der Geldware kann ebenso wenig ein unveränderlicher sein wie der irgendeiner anderen Ware: Er steigt und fällt mit der Produktivität der auf sie verwendeten Arbeit und ferner, bei gleichbleibender Produktivität, infolge von Schwankungen des gesellschaftlichen Gesamtbedarfes, die so groß sind, dass die Gegenwirkung der Schätze versagt [vgl. MEW 23, S. ?].

3) Die These der Quantitätstheorie, dass die Höhe des Geldwertes abhängt von der zirkulierenden Geldmenge, ist abzulehnen.

Veränderungen des Geldwertes

In den bisherigen Erörterungen wurde der Wert des Geldes im Zirkulationsprozess als gegeben vorausgesetzt. Es soll jetzt untersucht werden, was geschieht, wenn der Wert des Goldes sich ändert, etwa auf die Hälfte sinkt, weil die Produktivität im Goldbergbau sich erhöht hat (z. B. durch Entdeckung reicher Goldfelder usw.).

Für die Dauer dieser Untersuchung muss die bisherige Voraussetzung, der Austausch von Äquivalenten, fallen gelassen werden, weil sonst das uns hier interessierende Problem verschwindet: der Prozess, in dem sich der Äquivalentenaustausch nach der eingetretenen Wertveränderung wieder durchsetzt.

Die erste Wirkung muss sich da zeigen, wo das Geldmaterial in die Zirkulationssphäre eintritt, also am Orte ihrer Produktion. Dort müssen früher oder später alle Preise steigen, und zwar schließlich auf das Doppelte. Je nachdem wie weit die Volkswirtschaft, innerhalb derer sich der Vorgang abspielt, entwickelt ist, wird die Kenntnis von der Veränderung des Wertmaßes sich rascher oder langsamer verbreiten. Auf die Dauer aber kann nicht in einem Wertmaß geschätzt werden, dessen Grundlagen ins Wanken geraten sind. Denn es »steckt die eine Ware die andere an durch ihr Wertverhältnis zu derselben, die Gold- oder Silberpreise gleichen sich allmählich aus in den durch ihre Werte selbst bestimmten Proportionen, bis schließlich alle Warenwerte dem neuen Wert des Geldmetalls entsprechend geschätzt werden« [MEW 23, S. 132]. Man kann sich den Vorgang so vorstellen, dass mit dem Bekanntwerden der am Ort der Goldproduktion herrschenden Hochkonjunktur große Mengen Waren nach dem vorteilhaften Markt versandt werden. Das wirkt auf die Preise der Waren im Erzeugungsland notwendig zurück. Gleichzeitig mit der sich durchsetzenden Preissteigerung vermehrt sich die Goldmenge; denn die gesteigerte Ergiebigkeit der Arbeit, auf der das Sinken des Goldwertes beruht, kann sich nicht anders äußern als durch ein Anwachsen des Goldvorrates; damit wird automatisch der infolge des Steigens der Preise gewachsene Goldbedarf befriedigt.

Der ganze Prozess ist charakterisiert durch drei Momente: der Goldwert sinkt, die Goldmenge steigt und die Warenpreise steigen ebenfalls. Hält man sich an den sichtbaren Teil des Vorgangs, so sieht man nur die Wirkung, nicht aber die gemeinsame Ursache. Was liegt da näher als die These der Quantitätstheorie, aus dem Wachsen der Goldmenge die Ursache für das Steigen der Warenpreise zu machen [vgl. MEW 23, S. 131 f].

Die Wirkungen des umgekehrten Falls – Steigen im Wert des Goldes – lassen sich in analoger Weise beschreiben. Die Goldausbeute wird bei gleichem Aufwand unergiebiger, am Orte der Goldproduktion fallen die Warenpreise, die Preisveränderung pflanzt sich fort, sofern die Produktivität dauernd gesunken bleibt, und ist begleitet von einer geringeren Goldzufuhr, während die Abnutzung des zirkulierenden Goldes weitergeht, der gesamte Goldvorrat also relativ abnimmt.

Änderung des Geldwertes bei gleichbleibender Produktivität in der Produktion der Geldware

Bei der vorstehenden Untersuchung wurde angenommen, dass das Sinken oder Steigen des Goldwertes bei gegebenem Goldbedarf auf veränderter Produktivität in der Goldproduktion beruhe. Der Goldwert kann sich aber auch bei gleichbleibender Produktivität verändern infolge einer Veränderung des Goldbedarfs, allerdings nur, wenn, was nur in außergewöhnlichen Fällen der Fall sein dürfte, die Gegenwirkung der Schätze versagt.

Das mag an einem Beispiel aus der allerjüngsten Zeit erläutert werden. Die Goldgewinnung der Welt trug:[64]

in den Jahren	im Jahresdurchschnitt
1906 – 10	652 290 kg
1911 – 15	691 409 kg
1916 – 20	569 209 kg

Eine wesentliche Abnahme gegenüber dem letzten Vorkriegsjahr zeigt sich erstmals im Jahre 1917 mit ungefähr 10%, während das Jahr 1916 noch eine kleine Steigerung aufweist und der tiefste Stand im Jahre 1920 erreicht wird (minus 30%). Dem gegenüber steht eine Erhöhung der Warenpreise in Gold, also eine Senkung des Goldwertes in den Jahren 1913/20 bis hinauf zu ungefähr 150%.[65]

Da angenommen werden kann, dass in dieser Zeit *in* der Ergiebigkeit der Goldproduktion eine Änderung nicht eingetreten ist, muss nach einer anderen Erklärung der Geldwertsenkung gesucht werden. Es bedarf keines statistischen Nachweises dafür, dass die

64 Statistisches Jahrbuch für das Deutsche Reich 42 (1921/22), S. 47.
65 Mitte 1920 vgl. die verschiedenen amerikanischen Großhandelsindices. Statistisches Reichsamt (Hg.): Wirtschaft und Statistik. Jahrgang 1. Berlin 1921, S. 81.

auf der Welt verfügbare Warenmenge während des Krieges und nach »Friedensschluss« erheblich zurückgegangen ist, damit aber auch die für die Goldförderung verfügbare gesellschaftliche Gesamtarbeitszeit. Dem hat die Goldproduktion offenbar in viel zu geringem Grad und viel zu spät Rechnung getragen. Wenn z. B. hundert Einheiten Arbeitszeit für Goldförderung hätten aufgewandt werden dürfen, tatsächlich aber zweihundert darauf verwendet worden sind, dann wird im Austauschprozess das Produkt der zweihundert Einheiten nicht höher angerechnet werden als wenn es nur deren hundert gekostet hätte [vgl. MEW 23, S. 121 f]. Für die Gewichtseinheit Gold bedeutet das, dass ihr Wert auf die Hälfte gesunken ist, obwohl sich in der Ergiebigkeit der Goldproduktion nichts verändert hat.

Wicksells Kritik an der Marx'schen Geldwerttheorie

Als charakteristisch für eine Art der Kritik, welcher die Marx'sche Geldtheorie nicht unterzogen werden sollte, seien hier die Einwände Wicksells wiedergegeben, welche er gegen die Marx'sche Geldwerttheorie vorbringt:

> »Hiergegen ist natürlich vorerst dieselbe Anmerkung zu machen wie überhaupt gegen Marx' Werttheorie. Die Gleichheit zwischen den Warenwerten und den Produktionskosten im engsten Sinne, d. h. den Arbeitskosten bewährt sich, auch vom eigentlichen Kapitalzins abgesehen, nur für jenes Grenzgebiet der Produktion, (wenn es ein solches überhaupt gibt), wo dieselbe eben nur die Arbeitskosten zu löhnen vermag und keine Grundrente abwirft. Dieses Grenzgebiet ist jedoch kein festes, sondern, wenn die allgemeinen Bedingungen der Produktion der betreffenden Ware – hier des Goldes – verbessert werden, oder auch der Tauschwert dieser Ware gesteigert wird, dehnt es sich wegen Zuströmung von Kapital und Arbeitskräften aus; im entgegengesetzten Fall zieht es sich zusammen. Es steht deshalb, wie wir oben hervorgehoben haben, logischerweise nichts im Wege, dass zunächst und vielleicht während längerer Zeit veränderte Bedingungen der Goldproduktion [...] mit vorläufig unverändertem Tauschwert des Goldes vereinbar sein könnten, und umgekehrt.

Dass jedoch an dem Produktionsorte selbst erhöhte Edelmetallge-
winnung zunächst eine entsprechende Verminderung des Tauschwerts des Geldes herbeiführen wird, ist an sich sehr wahrscheinlich [...]. Jene Sturmwelle der Preiserhöhung verliert sich aber sehr
bald schon am Orte ihres Ursprungs [...]. Auf die Weltpreise im
allgemeinen hat sie zumeist wenigstens, unmittelbar, nur einen
ganz geringen Einfluss, und dieser wird so oft durch anderweitige
Ursachen überdeckt, dass er unmöglich als die wichtigste, geschweige denn als die alleinige Quelle der tatsächlichen Preis-
veränderungen gelten könnte.«[66]

Hören wir nun, was Marx etwa zu den letzten Worten Wicksells zu
sagen hat:

»Es folgt daher keineswegs, dass steigender Geldwert proportionelles Sinken der Warenpreise und fallender Geldwert proportionelles Steigen der Warenpreise bedingt. Dieses gilt nur[67] für
Waren von unverändertem Wert [...]« [MEW 23, S. 114].

Ähnlich wie mit diesem Argument steht es mit den übrigen Teilen
der Wicksell'schen Kritik. Die Vorstellung, dass erhöhte Edelmetall-
gewinnung eine Verminderung des Geldwertes herbeiführen wird,
ohne dass gleichzeitig der Wert des Edelmetalls gesunken ist, ist Marx
völlig fremd. Andererseits hat Marx selbst ausdrücklich betont, dass
die Warenpreise auf dem Weltmarkt längere Zeit brauchen, bis sie
auf den veränderten Wert des Goldes reagieren, eine Tatsache, die
W[icksell] übrigens wohl bekannt ist.[68] Schließlich scheint W[icksell]
übersehen zu haben, dass die Marx'schen Ausführungen nur für die
einfache Warenproduktion gelten, denn anders sind seine Bemerkungen über die von Marx fälschlicherweise vorausgesetzte Gleichheit
»zwischen den Warenwerten und den Produktionskosten im engsten
Sinne« nicht zu verstehen.

Eine Prüfung der W[icksell]'schen Kritik ergibt, dass seine Einwände die Marx'sche Geldwerttheorie nicht treffen.

66 Wicksell: Geldzins und Güterpreise, S. 32 f.
67 Im Original nicht gesperrt.
68 Wicksell: Geldzins und Güterpreise, S. 32.

[2.] Papiergeld und Banknoten. Valuta

[A)] *Über Geldzeichen*

Entstehung der Geldzeichen

Aus technischen Gründen erhält das Gold in seiner Funktion als Zirkulationsmittel die Form der Münze. Innerhalb des Zirkulationsprozesses ist die Münze in rastloser Bewegung; dabei geht trotz aller Gegenmaßnahmen ein Teil ihres ursprünglichen Goldgehaltes durch Abnützung verloren. Die Erfahrung lehrt, dass solche abgenützte Münzen in der inneren Zirkulation (nicht auf dem Weltmarkt) in gewissem Umfang dieselben Dienste leistet, als ob ihr Realgehalt mit ihrem Nominalgehalt noch im Einklang stünde: sie wird *Zeichen* von mehr Gold als wirklich in ihr enthalten ist. Daraus ergibt sich die Möglichkeit, das Gold in seiner Funktion als Zirkulationsmittel »durch Marken aus anderem Material oder Symbole zu ersetzen« [MEW 23, S. 140]. Wird von dieser Möglichkeit Gebrauch gemacht dadurch, dass an Stelle des Goldes in bestimmtem Umfang silberne oder kupferne Marken ausgegeben werden, so ist der Erfolg ein doppelter: Gold wird in den Sphären der Zirkulation, wo es am raschesten umläuft und sich also um raschesten abnützen würde, nämlich im Kleinverkauf, erspart und außerdem ein Ausweg aus der technischen Schwierigkeit gefunden, Gold in den für den Kleinverkehr nötigen kleinsten Mengen auszuprägen.

Scheidemünzen

Derartige Marken heißen Scheidemünzen.[69] Sie sind Geldzeichen, Zeichen für Goldgeld; *Wert*zeichen sind sie, insofern sie bestimmte Teile der Goldmünzen in der Zirkulation vertreten, nicht weil sie selbst

---

69 Wegen der Ursachen für die gesetzliche Bestimmung eines Höchstbetrages, über den hinaus kein Annahmezwang besteht, vgl. [MEW 13, S. 91 und 93].

aus wertvollem Stoff, Silber oder Kupfer, bestehen. Daher wird ihr Metallgehalt auch willkürlich durch Gesetz festgelegt, ohne Rücksicht auf ihr Wertverhältnis zu Gold.

Papiergeld

Der Charakter des Geldzeichens ändert sich nicht, wenn als Material an Stelle eines immer noch relativ wertvollen Metalls Papier verwendet wird. Im Unterschied zu den Scheidemünzen, die als Zirkulationsmittel für hohe Beträge wegen der Umständlichkeit ihres Transportes und ihrer Aufbewahrung nicht brauchbar sind, erstreckt sich ihre Verwendbarkeit auf die ganze Sphäre der inneren Zirkulation. Auf dem Weltmarkt können sie nicht zirkulieren und zwar aus folgenden Gründen: Nach Marx können Geldzeichen, insbesondere aber Papiergeld, sich nur dann im Verkehr behaupten, wenn ihr »Dasein als Symbol durch den allgemeinen Willen der Warenbesitzer garantiert wird« [MEW 13, S. 95], d. h. wenn sie Zwangskurs erhalten. Der Zwangskurs aber hat nur Geltung innerhalb der Landesgrenzen des Staates, der ihn ausgesprochen hat.

Ob nicht auch Papiergeld ohne Zwangskurs sich in der Zirkulation halten kann (etwa wenn es daneben nur solches mit Zwangskurs gibt, wie z. B. bei den Darlehenskassenscheinen der Fall ist), mag dahingestellt bleiben. Jedenfalls wird im Folgenden unter Papiergeld stets Staatspapiergeld mit Zwangskurs gemeint.

Nicht zu verwechseln ist Papiergeld mit »Kreditgeld«, das zwar auch aus Papier besteht, sich aber in allen andern Punkten wesentlich vom Papiergeld unterscheidet.

Geldzeichenprobleme

Nach der Marx'schen Theorie entspringen Geldzeichen aus der metallischen Zirkulation. Verschlissene Goldmünzen, Scheidemünzen, Papiergeld sind nur drei verschiedene Formen, in denen sich das Goldgeld im Umlauf zu seinem eigenen Symbol »sublimiert« [MEW 13, S. 94].

Wir begegnen jetzt einer Reihe von Fragen, welche durch bloße Beschreibung der Entstehung der Geldzeichen, so wichtig diese auch für die Erfassung ihres Wesens ist, nicht zu beantworten sind. Warum kann Gold durch wertlose Zeichen ersetzt werden? In welchem Umfange ist ein solcher Ersatz möglich? Welchen Gesetzen unterliegt der Umlauf von Geldzeichen? Das sind die Probleme, die uns jetzt zu beschäftigen haben.

Warum Gold durch Zeichen ersetzbar ist

Soweit der Prozess W–G–W nicht unterbrochen wird, fungiert G nur als Zirkulationsmittel. Als solches hat das Gold die Aufgabe, die Metamorphose der Waren zu ermöglichen, dadurch dass es durch Realisierung ihres Preises die Höhe ihres Wertes in gesellschaftlich gültiger Form bestätigt. Ist diese »Bestätigung« erfolgt, dann geht der Prozess sofort weiter, der Wert verlässt seine goldene Hülle, um einen neuen Warenleib aufzusuchen und damit endgültig aus der Zirkulation zu fallen. Die Goldmünze aber eilt zu einer anderen Ware, um ihr denselben Dienst zu leisten wie ihrer Vorgängerin: flüchtige Darstellung ihres Tauschwertes zu sein. »Die Realität, die der Tauschwert der Waren in diesem Prozess erhält, und den das Geld in seinem Umlauf darstellt, ist nur die des elektrischen Funkens. Obgleich es wirkliches Gold ist, funktioniert es nur als Scheingold und kann daher in dieser Funktion durch Zeichen seiner selbst ersetzt werden.« [MEW 13, S. 94.]

Aus dieser Feststellung darf aber nicht geschlossen werden, dass das Gold etwa auch als Wertmaß durch bloße Zeichen vertreten werden kann. Denn nach der Marx'schen Theorie beruht die Funktion von Gold als Wertmaß gerade darauf, dass es selbst Träger von Wert ist, eine Bedingung, die durch Papiergeld in praktisch bedeutsamen Grade nie erfüllt werden kann (vgl. dazu besonders [MEW 23, S. 142, Anm. 84]).

Aber selbst wenn, wie bei der Scheidemünze, diese Bedingung erfüllt ist, könnte das Gold als Wertmaß durch Geldzeichen nicht vertreten, sondern eben nur ein Wertmaß von ganz anderer Größe an seine Stelle gesetzt werden, was mit einer Revolution des gesamten Geldwesens gleichbedeutend wäre.

Wenn es den Anschein hat, als ob das Geldzeichen nicht »Zeichen von Gold, sondern [...] Zeichen des im Preis nur ausgedrückten, aber in der Ware allein vorhandenen Tauschwerts« [MEW 13, S. 95] ist, so erweist sich dieser Schein bei näherem Zusehen als trügerisch. Der wirkliche Sachverhalt ist vielmehr folgender: Der Wert einer Ware wird gemessen in Gold und erhält seinen Namen im Preis. Der Preis kann durch das Geldzeichen nur deshalb realisiert werden, weil schon vorher festgestellt war, ein wie großes Goldquantum den Wert der betreffenden Ware darstellt. Dieses Goldquantum wird durch das Geldzeichen vertreten, nur auf diesem Umweg wird das Geldzeichen Wertzeichen. [MEW 13, S. 94 f.][70]

In welchem Umfange Geldzeichen Gold vertreten können

Aus dem bisher Gesagten geht hervor, dass Geldzeichen Gold *höchstens* in der Menge ersetzen können, in der es innerhalb der Sphäre der inneren Zirkulation, also auf dem Inlandsmarkte als Zirkulationsmittel umlaufen müsste. Diese Menge schwankt zwar fortwährend, doch ist eine Mindestmenge Gold, welche sich stets in der Zirkulation als Zirkulationsmittel befinden muss, erfahrungsmäßig gegeben. Diese Mindestmenge ist durch Geldzeichen ersetzbar, ohne dass sich daraus

---

70 Dagegen wendet sich Hilferding, der die Forderung stellt, der Wert des Papiergeldes müsse abgeleitet werden können, »ohne auf das Metallgeld zu rekurrieren« (Hilferding: Finanzkapital, S. 48, Anm.). Unseres Erachtens hat Kautsky den Nachweis erbracht, dass diese »Verbesserung« mit der Marx'schen Geldtheorie unvereinbar ist. Vgl. Karl Kautsky: Geld, Papier und Ware [in zwei Teilen erschienen]. In: Die Neue Zeit XXX 1, 24 (15. März 1912), S. 837–847; Die Neue Zeit XXX 1, 25 (22. März 1912), S. 886–893; Karl Kautsky: Finanzkapital und Krisen [in vier Teilen erschienen]. In: Die Neue Zeit XXIX 1, 22 (3. März 1911), S. 764–772; Die Neue Zeit XXIX 1, 23 (10. März 1911), S. 797–804; Die Neue Zeit XXX 1, 24 (17. März 1911), S. 838–846; Die Neue Zeit XXIX 1, 25 (24. März 1911), S. 874–883.

irgendwelche unerwünschten Folgen ergeben [MEW 13, S. 94]. Eine Ausgabe von Geldzeichen über dieses Minimum hinaus würde die zirkulierende Geldmenge ihrer unbedingt notwendigen Elastizität berauben. Denn die Schätze, in welche das in der Zirkulation zu viel befindliche Gold abfließen kann, sind nach Marx für Papiergeld verschlossen; Geldzeichen, die einmal in den Umlaufsprozess eingegangen sind, müssen in ihm verharren, bis sie durch die ausgebende Stelle eingezogen werden.[71] Solange neben Papiergeld Gold in genügender Menge umläuft, wird bei sinkendem Geldbedarf die Anpassung der Geldmenge durch Abströmen der Goldmünzen geregelt; der Umlauf von Papiergeld hat unter solchen Umständen keine unerwünschten Wirkungen: da das Papier nur notwendiges Gold ersetzt, ist es, als ob überhaupt nur Gold zirkuliere.

Umlaufsgesetze

Soweit die Geldzeichen »wirklich an der Stelle der gleichnamigen Goldsumme zirkulieren, spiegeln sich in ihrer Bewegung nur die Gesetze des Geldumlaufs selbst wider« [MEW 23, S. 141]. Vor allem hat die Geldmenge keinerlei Einfluss auf die Warenpreise. Das ändert sich in dem Augenblick, wo der Nominalbetrag der Geldzeichen größer wird als die Summe der Goldmünzen, die er repräsentiert. Soweit der überschüssige Betrag die Zirkulation nicht verlassen kann, vertritt die ganze Geldmenge eine kleinere Menge Goldes als die Summe der Nominalbeträge aller Geldzeichen weniger Gold vertreten als seiner Aufschrift entspricht. Ist z. B. zwanzig Mark der Geldname für 7 Gramm Feingold, und ist die Geldzeichenmenge so groß, dass ein Schein von zwanzig Mark nur noch 3,5 Gramm Gold vertritt, dann wird die Wirkung dieselbe sein, als ob der Maßstab der Preise

---

71 Nach den neuesten Erfahrungen wird sich diese Ansicht M[arx]' nicht mehr ganz aufrechterhalten lassen; doch wird gelegentliches Hamstern von Papiergeld aus Steuerscheu und der Ankauf von Papiergeld durch das Ausland aus Spekulationsabsichten als Ausnahme von der Regel betrachtet werden können.

verändert worden wäre. Die Goldmenge, die vor dem zwanzig Mark genannt wurde, wird künftighin vierzig Mark heißen. Die Werte aller Waren werden nach wie vor in Gold gemessen, ihr Geldname aber sich ceteris paribus verdoppeln müssen. [MEW 23, S. 142]

Für den Umlauf der Geldzeichen gilt nach Marx also ein mit der Quantitätstheorie *formal* übereinstimmendes Gesetz; sobald die richtige Proportion von Repräsentant und Repräsentiertem verletzt ist: die Warenpreise werden dann abhängig von der Menge des zirkulierenden Geldes; »während also die Quantität des zirkulierenden Geldes von den Warenpreisen abhängt, hängt umgekehrt der Wert der zirkulierenden Papierzettel ausschließlich von ihrer eigenen Quantität ab« [MEW 13, S. 98].

Aber diese Übereinstimmung mit der Quantitätstheorie ist nur formal. Was sich verändert, sind nicht unmittelbar die Warenpreise, sondern der Maßstab der Preise. Es gehen nicht »Waren ohne Preis und Geld ohne Wert« [MEW 23, S. 137] in den Zirkulationsprozess ein, sondern was sich in der Zirkulation befindet sind Geld*zeichen*, kein Geld. Das Steigen der Preise in dem Fall, dass Geldzeichen über das ökonomisch unschädliche Maß in die Zirkulation gepresst werden, ist »nur die Reaktion des Zirkulationsprozesses, der die Wertzeichen gewaltsam dem Quantum Gold gleichsetzt, an dessen Stelle sie zu zirkulieren vorgeben« [MEW 13, S. 99].

Vom »Lehrwert« der Geldzeichentheorie
a) für Papiergeld überhaupt

»Was aber der Metallist nicht erklären kann, das sind Geldverfassungen ohne Metall; der Chartalist erklärt sie spielend und das hält er für den Prüfstein seiner Theorie.«[72]

Was hier Knapp für seine Schule in Anspruch nimmt, nämlich die Möglichkeit einer Papierwährung erstmals begründet zu haben, könnte in viel höherem Grade für die Marx'sche Theorie geltend gemacht werden. Wenn auch die dogmenhistorische Bedeutung von

---

72 Knapp: Staatliche Theorie, S. 281.

Knapps Buch gar nicht unterschätzt werden kann, so scheint eine widerspruchslose Erklärung des Papiergeldes zu teuer erkauft, wenn ihr nur der Weg offen steht, »das Geld als eine Kategorie der Ökonomie nicht anzuerkennen, sondern es als eine rein juristische Kategorie, als Tilgungsmittel der auf Geld lautenden Schulden zu betrachten.«[73] Dies umso mehr, als die Marx'sche Theorie zeigt, dass eine solche Erklärung auch auf dem Wege einer sozialökonomischen Betrachtung des Geldes gegeben werden kann. Wenn Marx erklärt hat, warum und innerhalb welcher Grenzen Papiergeld mit Metallgeld gleichberechtigt ist, so geht er weit über Knapp hinaus durch seine Erklärung der Geldentwertung bei übermäßigem Papiergeldumlauf, also der Erscheinungen, die man gewöhnlich als Inflation charakterisiert. Hier muss Knapp erklären, dass eine Reichsmark von 1923 im Wesen noch dasselbe ist, wie ihre Namensschwester von 1913, und dass nicht im Geld, sondern in der Umwälzung des bürgerlichen Lebens durch den Krieg und in der Verschiebung der Machtverhältnisse unter den wirtschaftlichen Parteien die Ursachen der Preisrevolution zu suchen sind.[74]

Für Marx bilden, wie gezeigt wurde, die Inflationserscheinungen kein Rätsel. Was ihre Erklärung durch die Geldzeichentheorie den üblichen quantitätstheoretischen Deutungen gegenüber auszeichnet, ist die Beantwortung der Frage, was bei reinem Papiergeldumlauf Wertmaß sei. Die These, dass das Gold seine alte Stellung als Wertmaß beibehält, wenn es auch beim Hereinbrechen der Papierflut zunächst an einem Wertmaß zu fehlen scheint, ist durch viele Erfahrungen der letzten Zeit gestützt worden (Kalkulation in fremder Goldwährung oder »Friedensmark«; Zugrundelegung der Friedensrelation besonders auf dem Lande: 1 Zentner Kirschen = 1 Paar Stiefel usw.).

73 Siegfried Budge: Vom theoretischen Nominalismus. In: Jahrbücher für Nationalökonomie und Statistik 58, 63 (1919), S. 488.
74 Knapp: Staatliche Theorie, S. 446 f.

b) für metallische Währung mit gesperrter Prägung

Es handelt sich hier um Phänomene, die beobachtet werden können, wenn die »Ausprägung von Silber, das die Grundlage der Währung darstellte, eingeschränkt oder gänzlich gesperrt worden ist, ohne dass gleichzeitig Goldmünzen eingeführt, deren Prägung freigegeben und die Silbermünzen in den Goldmünzen tarifiert worden wären.«[75]

In mehreren Fällen hat sich unter dieser Voraussetzung der Wert des Silbergeldes vom Werte seines Metallgehaltes gelöst, sodass mit hundert Gewichtseinheiten *geprägten* Silbers ein wesentlich größeres Quantum *ungeprägten* Silbers gekauft werden konnte (Holland 1373/75, Indien 1693/98, Österreich-Ungarn 1879/92).[76]

Nach der Marx'schen Theorie lassen sich diese Erscheinungen folgendermaßen erklären. Es kann angenommen werden, dass wegen der Verflechtung der in Frage stehenden Länder mit dem Weltmarkt nach der durch die Entwertung des Silbers verursachten Sperrung der Silberprägung in diesen Ländern Gold zum Maß der Werte geworden ist.

Wir haben es dann ökonomisch betrachtet mit demselben Tatbestand zu tun wie bei den Scheidemünzen: Silbermünzen werden zum Zeichen für Gold und ihr Wert hängt nicht mehr von ihrem Metallgehalt und von dem Wertverhältnis dieses Metallgehaltes zum Gold ab, sondern allein von dem Umfang, in dem sie das Gold in der Zirkulation vertreten. Das Steigen des österreichischen Silberguldens über seinen Metallwert mag zwar beweisen, dass »in der uns überkommenen Vorstellung vom Gelde ein Irrtum steckt«[77]; die Marx'sche Geldzeichentheorie wird in diesem und ähnlichen Erscheinungen nur die Bestätigung ihrer Richtigkeit erblicken dürfen.

75 Helfferich: Das Geld, S. 72f.
76 Die Aufhebung der Prägefreiheit für Gold in Schweden während des Weltkrieges hatte ähnliche Wirkungen für die schwedischen Goldmünzen; die Gründe liegen aber hier anscheinend auf anderem Gebiet. (Stürmische Nachfrage nach neutraler Währung durch alle kriegführenden Staaten.) Vgl. Karl Diehl: Über Fragen des Geldwesens und der Valuta während des Krieges und nach dem Kriege. Jena [2]1921, S. 120 und S. 148f.
77 Bendixen: Wesen des Geldes, S. 9.

c) für die Währungspolitik

Ricardo sagt einmal: »Ein Geldumlauf ist in seinem vollkommensten Zustande, wenn er gänzlich in Papiergeld besteht, aber in Papiergeld von einem gleichen Werte wie das Gold, das es zu vertreten erklärt.«[78] Nur die Befürchtung, dass dieser vollkommenste Zustand wegen des Missbrauchs, der regelmäßig von den Papiergeld ausgebenden Stellen mit ihrer Macht getrieben wird, nie aufrecht erhalten werden kann, hindert ihn daran, aus dieser Anschauung die währungspolitischen Konsequenzen zu ziehen.[79] Nach Marx beruht Ricardos Meinung, dass das Gold durch bloße Geldzeichen vollständig ersetzt werden könne, darauf, dass er »das Geld in seiner flüssigen Form als Zirkulationsmittel isoliert« [MEW 13, S. 158] und von allen anderen Geldfunktionen absieht. Ein Geldumlauf, der nur aus Geldzeichen besteht, die dauernd gleichen Wert mit dem Gold haben, ist für Marx aus den oben dargelegten Gründen nicht denkbar.

Nach seiner Theorie ist das Geldwesen »in seinem vollkommensten Zustand«, wenn an Stelle der Goldmenge, die ständig als Zirkulationsmittel gebraucht würde, staatliches Papiergeld mit Zwangskurs umläuft. Der darüber hinausgehende Bedarf an Zirkulationsmitteln soll aus Gold (bzw. Kreditgeld, siehe unten) bestehen, damit dem Geldumlauf die wegen der Schwankungen der Warenzirkulation unentbehrliche Elastizität gewahrt bleibt.

Wird diese Bedingung erfüllt, dann ist Papiergeldausgabe nicht schädlich, sondern erspart im Gegenteil »faux frais« der Zirkulation.

---

78 David Ricardo: Grundsätze der Volkswirtschaft und Besteuerung. Herausgegeben von Heinrich Waentig. Jena ²1921, S. 370.
79 Vgl. ebd., S. 365.

[B)] Über Kreditgeld

Vorbemerkung

In dem zu Marxens Lebzeiten veröffentlichten Teil seiner Theorie ist nur wenig von Kreditgeld die Rede. Der Grund liegt darin, dass im ersten Band des *Kapital* ebenso wie in dessen Vorläufer *Zur Kritik der politischen Ökonomie* die Geldtheorie nur so weit entwickelt wird, wie das unter Zugrundelegung der »einfachen Warenzirkulation« möglich ist, während Kreditgeld »einer höheren Stufe des Produktionsprozesses« [MEW 13, S. 49] angehört. Doch lässt sich aus den in diesen Büchern eingestreuten Bemerkungen zusammen mit den in den folgenden Bänden des *Kapital* und in den *Theorien über den Mehrwert* aufbewahrten Bruchstücken ein ziemlich klares Bild der Marx'schen Kreditgeldtheorie gewinnen.[80]

Entstehung des Kreditgeldes

Das Kreditgeld wird von Marx abgeleitet aus der Funktion des Geldes als Zahlungsmittel. [MEW 23, S. 141.] Ware wird veräußert nicht gegen sofortige Hingabe von Geld, sondern gegen ein mündliches oder schriftliches Zahlungsversprechen. Erst nach einiger Zeit tritt in einem solchen Geschäft das Geld auf und bringt als Zahlungsmittel die zwischen Gläubiger und Schuldner eingegangenen Beziehungen zu endgültigem Abschluss.

Mit der Entwicklung des Handels und der ausschließlich für den Markt produzierenden kapitalistischen Produktionsweise tritt die Zirkulationsmittelfunktion des Geldes immer mehr zurück hinter derjenigen als Zahlungsmittel. Der Kaufmann, der Waren an weit-

---

80 Dem widerspricht nicht M[arx]' Bemerkung: »Die eingehende Analyse des Kreditwesens und der Instrumente, die es sich schafft (Kreditgeld usw.), liegt außerhalb unseres Planes.« [MEW 25, S. 413.] Die nicht »eingehende« Analyse ist immer noch sehr gründlich, wie die vorhandenen Teile beweisen.

entfernte Märkte, womöglich über See verschickt, kann den Gegenwert häufig erst nach Ankunft der Ware am Bestimmungsort erhalten oder noch viel später. Das zwingt ihn, selbst »auf Kredit« zu kaufen. [MEW 25, S. 626.] Ähnlich geht es dem Produzenten, dessen Rohstoff vielleicht einen recht langwierigen Verarbeitungsprozess durchlaufen muss, bis er marktreif geworden ist. In allen diesen Fällen fungiert das Geld als Zahlungsmittel, das heißt der Verkäufer begnügt sich zunächst mit einem, meist schriftlichen, Versprechen, dass er das Geld für seine Ware an einem späteren Termin erhalten werde.

Der Wechsel

Die wichtigste Form dieser Zahlungsversprechen ist der Wechsel. Unter bestimmten Bedingungen erhält er die Fähigkeit, Geld als Zahlungsmittel zu vertreten. Wechsel, ihrem Wesen nach in der Regel nichts anderes als Bestätigungen darüber, dass zwischen A und B ein Kreditgeschäft abgeschlossen worden ist, werden, wenn auch nur beschränkt, umlaufsfähig, »zirkulierender Kredit« und Stellvertreter des Geldes.

»Sie bilden das eigentliche Handelsgeld« [MEW 25, S. 413]. Besondere Einrichtungen werden getroffen, um die *vorläufige* Ersparnis an »Geld« zu einer *definitiven* zu machen, »am höchsten entwickelt im Clearing House, dem bloßen Austausch von fälligen Wechseln und der vorwiegenden Funktion des Geldes als Zahlungsmittel zur Ausgleichung bloßer Überschüsse« [MEW 25, S. 536].

Marx nennt derartige Zahlungsversprechen, die als Zahlungsmittel umlaufen, »Kreditgeld«. Sie sind ebenso wenig »Geld« wie das Papiergeld, aber sie sind auch nicht »Geldzeichen«, sondern »zirkulierende Kreditzeichen« [MEW 25, S. 417]. Marx sieht in der Tatsache, dass diese »zirkulierenden Kreditzeichen« Geld, und sei es auch nur in einzelnen Funktionen, ersetzen kann, eine neue Bestätigung seiner Theorie, »dass das Geld in der Tat nichts anderes ist als ein besonderer Ausdruck des gesellschaftlichen Charakters der Arbeit und ihrer Produkte« [MEW 25, S. 621]. Denn in dem Kreditgeld hat »das Geldzeichen der Ware ein nur gesellschaftliches Dasein« [MEW 25,

S. 606], der Prozess W–G wird abgeschlossen, ohne dass die Geldware persönlich in Aktion tritt, sofern dafür nur genügende technische Einrichtungen geschaffen sind.

Die Banknote

Das Umlaufsgebiet des Wechsels ist »die bloße Handelszirkulation«; ihre Grenzen kann er in der Regel nicht überschreiten, für Lohnzahlungen etwa ist er unbrauchbar. Der Verkehr hilft sich dadurch, dass an die Stelle des nur einem sehr beschränkten Personenkreis bekannten Schuldners eine Bank tritt. Die neue Form des Kreditgeldes, von Marx manchmal »eigentliches Kreditgeld« [MEW 25, S. 413] genannt, heißt Banknote.

»Die Banknote ist nichts als ein Wechsel auf den Bankier, zahlbar jederzeit an den Inhaber, und vom Bankier den Privatwechseln substituiert.« [MEW 25, S. 417.] Ihre Umlaufsfähigkeit steht in direktem Verhältnis zu dem Kredit der zur Zahlung verpflichteten Bank und erreicht ihren Höhepunkt in den von den staatlich privilegierten Notenbanken ausgegebenen Banknoten, hinter denen der »Nationalkredit« steht. Allerdings erhält die Banknote nach Marx niemals dieselbe Bedeutung wie der Wechsel, der das wichtigste Zirkulationsmittel für den Handel bleibt. [MEW 25, S. 555.]

Umlaufsgesetz

Die Banknote entwickelt sich aus dem Wechsel und ist ihrem Wesen nach ein Wechsel.[81] Das hindert nicht, dass sie ebenso wie Geld und Geldzeichen dem Gesetz über die umlaufende Geldmenge unterliegt. Unter seinem Zwange können sich nicht mehr Banknoten im

---

81 Es ist Marx gut bekannt, dass Banknoten auch auf Grund der Lombardierung von Wertpapieren und auf Depositen ausgegeben werden; der Vereinfachung halber sind diese Fälle hier nicht berücksichtigt. Vgl. [MEW 25, S. 416 ff, 465, 471 f.]

Umlauf halten als den Bedürfnissen des Verkehrs entspricht, »jede überflüssige Note wandert sofort zurück zu ihrem Ausgeber« [MEW 25, S. 540]. Während also überschüssiges Goldgeld in die Schätze abwandert und ein Überfluss an Geldzeichen dazu verdammt ist, im Umlauf zu bleiben und dort Unheil anzurichten, fließen die zu viel ausgegebenen Banknoten zu ihrem Ausgangspunkt zurück. Schon Steuart hat dieses Gesetz entdeckt [MEW 13, S. 141f], aus dem folgt, »dass es keineswegs in der Hand der notenausgebenden Banken steht, die Zahl der zirkulierenden Noten zu vermehren, solange diese Noten jederzeit gegen Geld austauschbar sind« [MEW 25, S. 539].[82]

Der entscheidende Gegensatz gegenüber dem Staatspapiergeld mit Zwangskurs liegt darin, dass das letztere in beliebigen Mengen in den Verkehr gepresst werden kann, Banknoten aber nicht. Mit der Einsicht in diesen fundamentalen Gegensatz fällt das Hauptargument, auf das die Peelsche Bankgesetzgebung sich stützt. Das ist der banking school wohl bekannt gewesen und Marxens Ansicht, warum ihre Meinung nicht durchgedrungen ist, lässt an Eindeutigkeit nichts zu wünschen übrig.[83]

Die Ricardo'sche Lehre vom Gelde, welche die theoretische Basis der Peelschen Akte bildet, wirft nach Marx Kreditgeld und bloße Geldzeichen zusammen [MEW 13, S. 143 ff], und sieht deshalb nicht den Unterschied in den Bestimmungsgründen ihres Wertes: der Wert des Papiergeldes ist allerdings abhängig von dessen Menge, während der Wert einlösbarer Banknoten zusammenfallen muss mit dem Wert des für sie erhältlichen Geldes.

82 Die gleiche Anschauung wird von Adam Smith vertreten. Vgl. Adam Smith: Über die Quellen des Volkswohlstands. Herausgegeben von C. W. Asher. Bd. II. Stuttgart 1861, S. 290 ff.

83 »...falsche Gesetzgebung, beruhend auf falschen Theorien von Geld, und der Nation aufgedrückt durch das Interesse der Geldhändler, der Overstone und Konsorten.« [MEW 25, S. 532.] »Der Zweck war, Geld teuer zu machen; ganz wie, abgesehen von der Currency-Theorie, die Trennung der beiden Bankdepartements und der Zwang für die schottischen und irischen Banken, für Notenausgabe über einen gewissen Satz hinaus [Gold] in Reserve zu halten.« [MEW 25, S. 574.]

Der Umlauf von Kreditgeld, also die Funktion von Zahlungsversprechen als Zirkulations- und Zahlungsmittel, bietet eine weitere interessante Seite.

Obwohl die Ware noch nicht in Geld verwandelt ist, läuft ihr Gegenwert schon um, ihre Verwandlung in Geld ist sozusagen vorweggenommen. Geschah das in Form eines Wechsels, so ist der weitere Verlauf sehr einfach; in dem Augenblick seiner Einlösung verschwindet der Wechsel aus dem Umlauf, und an seine Stelle tritt die wirkliche Geldform der Ware. Wie aber, wenn der Wechsel durch Banknoten ersetzt worden ist? Dann tritt scheinbar im Augenblick seiner Einlösung neben das erste Dasein der Ware ein zweites Gelddasein, aus dem Prozess W–G wird der Prozess W–G–G, eine Verdoppelung der Metamorphose der Ware, also eine Unmöglichkeit. Deshalb muss das eine Gelddasein der Ware verschwinden in dem Augenblick, wo das zweite erscheint. Sichtbar wird diese Notwendigkeit in dem Rückströmen der Banknoten zu der ausgebenden Bank. Denn dort liegt der Wechsel, auf Grund dessen die Banknoten ausgegeben wurden. Um ihn einzulösen muss der gleiche Betrag an die Bank gehen, sei es in Banknoten, sei es in Geld. Auf diese Weise können dieselben Banknoten als erstes und zweites Gelddasein der Ware fungieren. »Auf den Wechsel wurden z. B. einem Spinner Banknoten vorgeschossen. Er erhält den Wechsel vom Weber. Er zahlte mit den erhaltenen Noten Kohle, Baumwolle usw. Die verschiedenen Hände, durch die diese Noten zur Zahlung ihrer Waren laufen, legen sie zuletzt in Leinwand aus, und so kommen sie an den Weber, der am Verfalltag dem Spinner den Wechsel mit identischen Noten zahlt, der sie an die Bank zurückgibt. Es ist gar nicht nötig, dass die zweite, posthume, Verwandlung der Ware in Geld – nach ihrer antizipierten Verwandlung – in anderem Gelde geschieht als die erste.«[84]

84 [Karl Marx: Theorien über den Mehrwert. Bd. 1. Stuttgart ³1919, S. 106.]

Außer der bereits erwähnten größeren Umlaufsfähigkeit unterscheiden sich die Banknoten in noch einem wichtigen Punkt von den Wechseln. Diese sind in der Regel an einem vorher bestimmten Tag fällig, während der Aussteller von Banknoten sich verpflichtet, jederzeit Zahlung zu leisten. Es müssen deshalb Vorkehrungen getroffen werden, dass dieses Zahlungsversprechen jederzeit erfüllbar ist, kurz, dass die Einlösbarkeit praktisch garantiert ist. Denn hört diese auf, so bedeutet das für eine private Bank den Bankrott; die halbstaatlichen Notenbanken können dadurch gerettet werden, dass ihren Noten Zwangskurs verliehen wird, aber damit werden diese in bloße Geldzeichen verwandelt und deren Gesetzen unterworfen. [MEW 25, S. 557 f.] Hier zeigt sich deutlich, dass Kreditgeld als »Geld« nur insoweit angesprochen werden kann, als es »im Betrag seines Nominalwertes absolut das Geld vertritt« [MEW 25, S. 532].

Mit der Entwicklung des Kreditsystems erhält schließlich die Metallreserve der Zentralnotenbank diese Aufgabe, die Einlösbarkeit der Noten zu garantieren. Wir haben gesehen, dass dieser Schatz schon einige sehr wichtige Funktionen hat: er ist Reservefonds für die inländische Zirkulation und für Weltgeld. Es erschien bedenklich, alle diese Funktionen einem einzigen Schatz aufzubürden. Jetzt wird ihm ganz willkürlich eine weitere aufgeladen: »als Garantiefonds für die Konvertibilität von Banknoten zu dienen« [MEW 25, S. 471].

Gefahren des Kreditsystems

Das bedeutet eine neue Komplikation, die gefährlich werden kann, wenn die verschiedenen Funktionen in Konflikt miteinander geraten, eine Gefahr, die umso größer wird, je mehr mit entwickelter bürgerlicher Produktion die Schätze auf das »zu ihren spezifischen Funktionen erheischte Minimum« [MEW 23, S. 160] beschränkt werden.

Dazu kommt noch, dass die Geldmenge, die nicht »arbeitet«, mit der Entwicklung des Kreditsystems möglichst klein gehalten wird, sodass schließlich der Metallschatz der Zentralbank zum Angelpunkt des ganzen Kreditsystems wird. [MEW 25, S. 587 f.]

Da ist es nicht zu verwundern, dass alle diejenigen, deren geschäftliche Existenz unter Umständen von der Schlagfertigkeit dieser Reserve abhängt, das Abströmen von Edelmetall mit großer Besorgnis sehen. »Die Angst, die das moderne Banksystem vor dem Goldabfluss hat, übertrifft alles, was das Monetarsystem, dem Edelmetall der einzig wahre Reichtum ist, je erträumt hat.« [MEW 25, S. 469.]

Ein solches Abströmen des Goldes kann eintreten dadurch, dass der Metallschatz in seiner Eigenschaft als Reserve für Weltgeld in Anspruch genommen wird, also jedes Mal dann, wenn eine ungünstige Zahlungsbilanz vorliegt. Es droht dann die Gefahr, dass er unter das Minimum dessen sinkt, was für die Aufrechterhaltung der Noteneinlösbarkeit als unbedingt notwendig erachtet wird. So ist die Kollision zwischen zwei Funktionen des Schatzes da, die natürlich auch auf andere Weise auftreten kann.

Das wichtigste Mittel der Zentralbank, die Noteneinlösbarkeit zu sichern, ist die Erhöhung des Diskontes und andere Erschwerungen der Wechseldiskontierung [MEW 25, S. 532]. Viele Warenbesitzer können sich infolgedessen auf dem normalen Wege kein Geld beschaffen und müssen, um nicht zahlungsunfähig zu werden, ihre Waren zu jedem Preis losschlagen. Es zeigt sich, »dass die größten Opfer an realem Reichtum nötig sind, um im kritischen Moment die metallene Basis zu halten« [MEW 25, S. 588 f]. »Für ein paar Millionen Geld müssen daher viele Millionen Waren zum Opfer gebracht werden. Dies ist unvermeidlich in der kapitalistischen Produktion und bildet eine ihrer Schönheiten. [...] Solange der *gesellschaftliche* Charakter der Arbeit als das *Gelddasein* der Ware, und daher als ein *Ding* außer der wirklichen Produktion erscheint, sind Geldkrisen, unabhängig oder als Verschärfung wirklicher Krisen, unvermeidlich.« [MEW 25, S. 532 f.][85]

---

85 Sperrungen von Marx.

[C)] Die Wechselkurse

Bestimmungsgründe

Marx gibt drei Gruppen von Ursachen an, welche den Wechselkurs eines Landes A bestimmen können:
1) Die Zahlungsbilanz,
2) die Geldentwertung im Land A, und
3) eine Änderung in der Gold-Silberrelation, wenn es sich um den Kurs zwischen Silber- und Goldwährungsländern handelt.

Die Zahlungsbilanz

Die Zahlungsbilanz ist für Marx »eine in einer bestimmten Zeit fällige Handelsbilanz«. Jede Handelsbilanz muss sich schließlich ausgleichen, während die Zahlungsbilanz »für oder gegen eine Nation sein kann« [MEW 25, S. 533].[86]

Die Zahlungsbilanz, »die Bilanz der fälligen Zahlungen, die *sofort* liquidiert werden muss« [MEW 25, S. 508], kann durch die verschiedensten Momente passiv werden. Etwa weil die Einfuhr in ein Land größer ist [als] seine Ausfuhr plus Forderungen aller Art, oder weil es mehr Kredit gibt als es empfängt [MEW 25, S. 605]. Dann kann zwar die »allgemeine Handelsbilanz« aktiv sein und sich für die Zahlungsbilanz trotzdem häufig ein Passivsaldo ergeben [MEW 25, S. 508]. Oder es wird Kapital exportiert, wobei es ganz darauf ankommt, ob der Export in Geld- oder Warenform erfolgt. Kapitalausfuhr in Warenform wirkt überhaupt nicht unmittelbar auf die Handelsbilanz, da ja erst später Gegenleistungen erwartet werden. Anders, wenn das Kapital

---

86 Marx gebraucht die beiden Begriffe in anderem Sinn [als] wir es heute gewohnt sind; zu den Aktiven der Handelsbilanz zählt er auch die sogenannte »unsichtbare Ausfuhr«, also Kapitalanlagen im Ausland, Export »guter Verwaltung« (Motivierung der Indien durch England auferlegten Steuern) usw. [MEW 25, S. 605]. Wir gebrauchen im Folgenden die beiden Begriffe in der Marx'schen Bedeutung.

in Geldform exportiert wird, darüber gleich unten. Schließlich kann die Zahlungsbilanz noch durch Zahlung von Subsidien passiv werden.

Welches auch immer die Gründe der passiven Zahlungsbilanz sein mögen, die Wirkung muss immer eine Veränderung im Wechselkurs des betreffenden Landes sein und zwar natürlich zu seinen Ungunsten. Die Nachfrage nach ausländischen Wechseln ist dann größer als das Angebot und damit steigt auch ihr Preis. Von einem gewissen Punkt an lohnt es sich, statt Wechseln Edelmetall wegzuschicken: der gefürchtete Goldabfluss beginnt [vgl. MEW 25, S. 590].

In einem Goldwährungsland kann eine passive Zahlungsbilanz die Wechselkurse nur innerhalb sehr enger Grenzen bewegen (Goldpunkte). Wie die Verhältnisse bei passiver Zahlungsbilanz in einem Papierwährungsland liegen, hat Marx nicht mehr untersucht, doch ist anzunehmen, dass er hier das Verhältnis von Angebot und Nachfrage nach fremden Wechseln für entscheidend angesehen hat.

Es ist noch zu erklären, warum Kapitalexport in Geldform nach Marx auf die Wechselkurse wirkt. Dass er auf den Geldmarkt des exportierenden Landes einen Einfluss haben muss, indem er ihm Mittel entzieht, ist offenbar. Dagegen ist der Zusammenhang mit der Zahlungsbilanz weniger durchsichtig. Der Entschluss sei gefasst, den Kapitalexport in Geldform vorzunehmen, also etwa, um das Marx'sche Beispiel zu gebrauchen, statt Eisenbahnschienen Zahlungsmittel zum Ankauf von Eisenbahnschienen nach Indien zu schicken. Es handelt sich jetzt darum, diese Zahlungsmittel auf dem billigsten Weg nach Indien zu bringen. Ehe sie daran geht, Gold zu versenden, wird deshalb die exportierende Stelle versuchen, Wechsel auf Indien zu erhalten. Das wirkt auf die Zahlungsbilanz gerade so, als ob Schulden an Indien zu zahlen wären, also als Passivposten, der so erheblich sein kann, dass er die an sich aktive Zahlungsbilanz passiv macht [vgl. MEW 25, S. 592].

Geldentwertung als Bestimmungsgrund

Die Valuta eines Landes kann sich dadurch verändern, dass sein Geld entwertet wird, z. B. durch übermäßige Ausgabe von Papiergeld. Es wurde gezeigt, dass in einem solchen Fall die Rechnungseinheit der Name für ein geringeres Quantum Edelmetall wird als vorher. Auf dem Weltmarkt aber zählt nicht der Name, sondern nur das Gewicht, die innerliche Veränderung der betreffenden Landeswährung wird sichtbar an dem betreffenden Wechselkurs.

»Dies ist rein nominell. Wenn ein Pfund Sterling nur noch halb soviel Geld repräsentierte wie früher, würde es selbstredend zu 12½ Fr. statt 25 Fr. berechnet.« [MEW 25, S. 605.]

Änderung in der Gold-Silberrelation

Der dritte unter den Bestimmungsgründen der Wechselkurse ist eigentlich nur ein Spezialfall des zweiten. Verändert sich das Wertverhältnis des Silbers zum Gold, dann muss sich auch die Parität zwischen zwei Ländern ändern, wenn in dem einen Silber, in dem andern Gold das Währungsmetall ist. Denn die Parität beruht auf nichts anderem als dass x Rechnungseinheiten des einen Landes den gleichen Metallwert haben wie y Rechnungseinheiten des andern. Auch in dem vorliegenden Falle ist die Änderung des Wechselkurses nur nominell. Verschiebt sich beispielsweise die Gold-Silberrelation von 1:15 auf 1:30, dann ist die Rechnungseinheit im Silberwährungsland nur noch der Name für die halbe Goldmenge wie vorher, ein Umstand, der sich in seinem Wechselkurs ausdrücken muss.

Zusammenfassung

Es war Marx wohl bekannt, dass mehrere Faktoren zugleich auf die Wechselkurse einwirken können. Er gibt selbst ein Beispiel dafür: in den fünfziger Jahren des vorigen Jahrhunderts änderte sich vorübergehend die Goldsilberrelation zu Ungunsten des Goldes (1848 = 1:15, 85; 1859 = 1:15, 19).[87] Die Folge war, dass trotz größter Ausfuhr und offenbar aktiver Handelsbilanz (es fand kein Goldabfluss statt) die

87 Vgl. Helfferich: Das Geld, S. 604.

englische Valuta sich verschlechterte, da England damals das einzige Goldwährungsland war [vgl. MEW 25, S. 606].[88]

Die Marx'sche Valutatheorie lässt sich ungefähr dahin zusammenfassen, dass sie den Hauptbestimmungsgrund für die Wechselkurse in dem Stande der Zahlungsbilanz sieht, ohne damit behaupten zu wollen, dass nicht auch andere Gründe auf die Valuta einwirken.[89]

---

88 Marx hat diese Zusammenhänge im Einzelnen nicht mehr untersuchen können.
89 Über die Kritik Marxens an der Valutatheorie Ricardos vgl. [MEW 13, S. 148 ff].

Literaturverzeichnis

Vorbemerkung

Es werden nachstehend nur diejenigen Schriften aufgeführt, die entweder zitiert, oder unmittelbar für die vorstehende Arbeit benutzt worden sind.

Friedrich Bendixen: Das Wesen des Geldes. Zugleich ein Beitrag zur Reform der Reichsbankgesetzgebung. München, Leipzig [2]1918.

Louis B. Boudin: Das theoretische System von Karl Marx. Stuttgart 1909.

Eugen von Böhm-Bawerk: Kapital und Kapitalzins. Erste Abteilung: Geschichte und Theorie der Kapitalzins-Theorien. Innsbruck 1914.

Siegfried Budge: Vom theoretischen Nominalismus. In: Jahrbücher für Nationalökonomie und Statistik 58, 63 (1919), S. 481–509.

Siegfried Budge: Waren- oder Anweisungstheorie des Geldes. In: Archiv für Sozialwissenschaft und Sozialpolitik 46, [3](1919), S. 732–761.

Gustav Cassel: Das Geldproblem der Welt. München [2]1922.

Heinrich Cunow: Die Marx'sche Geschichts-, Gesellschafts- und Staatstheorie. 2 Bände. Berlin 1920/21.

Karl Diehl: Über Fragen des Geldwesens und der Valuta während des Krieges und nach dem Kriege. Jena [2]1921.

Karl Diehl, Paul Mombert (Hg.): Ausgewählte Lesestücke zum Studium der politischen Ökonomie. Bd. 1: Zur Lehre vom Geld. Karlsruhe [3]1920.

Karl Diehl, Paul Mombert (Hg.): Ausgewählte Lesestücke zum Studium der politischen Ökonomie. Bd. 10: Zur Lehre vom Geld II: Währungssysteme, Kredit-, Papiergeld- und Banknotenwesen. Karlsruhe 1914.

Herbert Döring: Die Geldtheorie seit Knapp. Ein dogmatischer Versuch. Greifswald [2]1922.

Friedrich Engels: Herrn Eugen Dührings Umwälzung der Wissenschaft. Stuttgart [10]1919 [MEW 20].

Friedrich Engels: Ludwig Feuerbach und der Ausgang der klassischen deutschen Philosophie. Stuttgart [7]1920 [MEW 21].

Friedrich Engels, Karl Marx: Briefwechsel 1844–1883. Vier Bände. Herausgegeben von August Bebel und Eduard Bernstein. Stuttgart 1919 [enthalten in: MEW 27–39].

Karl Helfferich: Geld und Banken. Bd. 1: Das Geld. Leipzig [5]1921.

Rudolf Hilferding: Das Finanzkapital. Eine Studie zur jüngsten Entwicklung des Kapitalismus. Wien [2]1920.

Friedrich Hoffmann: Kritische Dogmengeschichte der Geldwerttheorien. Leipzig 1907.

Karl Kautsky: Karl Marx' Ökonomische Lehren. Gemeinverständlich dargestellt und erläutert. Stuttgart [2]1922.

Karl Kautsky: Sozialdemokratische Bemerkungen zur Übergangswirtschaft. Leipzig 1918.

Karl Kautsky: Geld, Papier und Ware [in zwei Teilen erschienen]. In: Die Neue Zeit XXX 1, 24 (15. März 1912), S. 837–847; Die Neue Zeit XXX 1, 25 (22. März 1912), S. 886–893.

Karl Kautsky: Finanzkapital und Krisen [in vier Teilen erschienen]. In: Die Neue Zeit XXIX 1, 22 (3. März 1911), S. 764–772; Die Neue Zeit XXIX 1, 23 (10. März 1911), S. 797–804; Die Neue Zeit XXX 1, 24 (17. März 1911), S. 838–846; Die Neue Zeit XXIX 1, 25 (24. März 1911), S. 874–883.

Georg Friedrich Knapp: Staatliche Theorie des Geldes. München, Leipzig [3]1921.

Wilhelm Lexis: Papiergeld. In: Handwörterbuch der Staatswissenschaften. Herausgegeben von Johannes Conrad u. a. Bd. VI: Paasche–Syndikat. Jena [3]1910.

Robert Liefmann: Grundsätze der Volkswirtschaftslehre. Bd. 1: Grundlagen der Wirtschaft. Stuttgart, Berlin 1917.

Siegfried Marck: Hegelianismus und Marxismus. Berlin 1922.

Karl Marx[90]: Zur Kritik der politischen Ökonomie. Stuttgart ^{5}1919 [MEW 13].

Karl Marx: Das Kapital. Kritik der politischen Ökonomie. Bd. 1: Der Produktionsprocess des Kapitals. Hamburg ^{7}1914 [MEW 23].

Karl Marx: Das Kapital. Kritik der politischen Ökonomie. Bd. 2: Der Circulationsprocess des Kapitals. Hamburg ^{5}1919 [MEW 24].

Karl Marx: Das Kapital. Kritik der politischen Ökonomie. Bd. 3: Der Gesamtprocess der kapitalistischen Produktion. 2 Teilbände. Hamburg ^{4}1919 [MEW 25].

Karl Marx: Das Kapital. Kritik der politischen Ökonomie. Bd. 1: Der Produktionsprozess des Kapitals. Volksausgabe. Herausgegeben von Karl Kautsky. Stuttgart ^{2}1919 [Volksausgabe].

Karl Marx: Theorien über den Mehrwert. Herausgegeben von Karl Kautsky. Bd. 1–3. Stuttgart ^{3}1919 [MEW 26.1–26.3].

Karl Menger: Geld. In: Handwörterbuch der Staatswissenschaften. Herausgegeben von Johannes Conrad u. a. Bd. 4: Galiani – Justi. Jena ^{3}1909.

Ludwig von Mises: Theorie des Geldes und der Umlaufsmittel. München, Leipzig 1912.

Franz Petry: Der soziale Gehalt der Marxschen Werttheorie. Jena 1916.

Eugen von Philippovich: Grundriss der Politischen Ökonomie. Bd. 1: Allgemeine Wirtschaftslehre. Tübingen ^{14}1919.

David Ricardo: Grundsätze der Volkswirtschaft und Besteuerung. Herausgegeben von Heinrich Waentig. Jena ^{2}1921.

Josef Schumpeter: Das Wesen und der Hauptinhalt der theoretischen Nationalökonomie. Leipzig 1908.

Georg Simmel: Philosophie des Geldes. München, Leipzig ^{3}1920.

Adam Smith: Über die Quellen des Volkswohlstands. Herausgegeben von C. W. Asher. Bd. I und II. Stuttgart 1861.

Statistisches Jahrbuch für das Deutsche Reich 42 (1921/22). Berlin 1922.

90 Es sind nur die im Text zitierten Werke aufgeführt.

Statistisches Reichsamt (Hg.): Wirtschaft und Statistik. Jahrgang 1. Berlin 1921.

James Steuart: Untersuchung über die Grundsätze der Volkswirtschaftslehre. Bd. 1. Jena 1913.

Thomas Tooke, William Newmarch: Die Geschichte und Bestimmung der Preise während der Jahre 1793–1857. Deutsch von C. W. Asher. Dresden 1858/59.

Adolph Wagner: Sozialökonomische Theorie des Geldes und Geldwesens. Leipzig 1909.

Knut Wicksell: Geldzins und Güterpreise. Eine Studie über die den Tauschwert des Geldes bestimmenden Ursachen. Jena 1898.

Ludwig Woltmann: Der historische Materialismus. Darstellung und Kritik der marxistischen Weltanschauung. Düsseldorf 1900.

Zur Marxschen Geldtheorie [1928]

I.

Geldtheoretische Ausführungen spielen in allen sozial-ökonomischen Werken von Marx eine große Rolle. Die ersten 100 Seiten des *Kapital* ebenso wie dessen Vorläufer, die Schrift *Zur Kritik der politischen Ökonomie*, beschäftigen sich fast ausschließlich mit geldtheoretischen Problemen. Was aus den nachgelassenen Aufzeichnungen Marx' zum II. und III. Band des *Kapital* und zu den *Theorien über den Mehrwert* zusammengefügt worden ist, lässt – in Gemeinschaft mit den bereits erwähnten Werken den Grundriss eines umfassenden geldtheoretischen Lehrgebäudes erkennen, in dem schlechthin jedes Geldproblem von einiger Wichtigkeit seine Stelle hätte. Aber dieses weitläufige Gebäude ist von Marx nicht zu Ende geführt worden, ja sogar in manchen Teilen kaum über die ersten skizzenhaften Entwürfe hinausgediehen. Die Aufgabe, das Werk Marx' zu vollenden, d. h. auf Grund der in allen Teilen der Marxschen Schriften zerstreuten Abhandlungen und Randglossen die Idee des Ganzen, aus dem sie offenbar fließt, zu gewinnen und die Marxsche Geldtheorie systematisch nachzuschaffen, stößt auf große Schwierigkeiten. Denn bei Marx ist die Geldtheorie unlöslich mit seinem Gesamtsystem verknüpft, so dass ein derartiger Versuch einzig im Zusammenhang mit einer entsprechenden Leistung für die übrigen Teile des Systems einige Aussicht hätte, Brauchbares zustande zu bringen. In diesen Schwierigkeiten mag die Erklärung dafür liegen, dass bis heute eine zureichende, systematische und kritische Darstellung von Marx' Geldtheorie fehlt. Was von marxistischer Seite über dieses Thema geschrieben wurde, behandelt entweder Spezialprobleme (so z. B. die große Diskussion über Goldproduktion und Teuerung, die in *Die Neue Zeit* in den Jahren 1912 und 1918 geführt wurde) oder dient mehr der Popularisierung als der wissenschaftlichen Vertiefung. Hilferding[1]

---

1 [Rudolf Hilferding: Das Finanzkapital. Eine Studie zur jüngsten Entwicklung des Kapitalismus. Wien 1910.]

hat die geldtheoretischen ersten Kapitel seines *Finanzkapital* auf die Probleme seines Hauptthemas zugespitzt und weicht überdies in entscheidenden Punkten (Geldzeichentheorie, Verhältnis von Wert und Preis usw.) bewusst erheblich von Marx ab.[2]

Im nichtmarxistischen Lager wieder wurde die Bedeutung der Marxschen Geldtheorie bisher kaum gewürdigt. Was etwa Hoffmann in seiner *Kritischen Geschichte der Geldwerttheorien* (1907) darüber schreibt, haftet ganz an der Oberfläche.[3]

Neuerdings hat nun Herbert Block sich mit dem Problem befasst.[4] Er gibt eine kurze Darstellung der Marxschen Theorie über Geld und Kredit (Block, S. 1–30), der er dann eine ausführlichere Würdigung der Geldtheorie folgen lässt (Block, S. 31–46). Die Kritik will er einer künftigen Untersuchung vorbehalten.

Der untrennbaren Verbindung der Geldtheorie mit dem Gesamtsystem von Marx versucht Block dadurch Rechnung zu tragen, dass er verspricht, »ausführlich den Zusammenhang zwischen der Geldlehre und den übrigen Theorien Marxens, insbesondere der Werttheorie«, zu untersuchen (Block, S. 44). Die Bedeutung des Blockschen Buches liegt nun darin, dass es einen ersten Versuch gründlicher Analyse der Marxschen Geldtheorie darstellt. Hingegen scheint es als systematische Nachschöpfung der Marxschen Geld-Lehre, trotz mancher scharfsinniger Ausführungen über deren Problematik, im Ganzen misslungen. Denn Block gibt gerade vom Wesen dieser Lehre ein ganz unzureichendes, in vielen Punkten unzutreffendes Bild. Zur Begründung dieses Urteils ist es notwendig, auf das Wesen der Marxschen Geldtheorie näher einzugehen.

2   Vgl. hierzu Kautskys Kritik in *Die Neue Zeit* XXIX/1 und XXX/1. | [Karl Kautsky: Finanzkapital und Krisen. In: Die Neue Zeit, Nr. 29, Heft 1 (1911), S. 764–772 sowie Karl Kautsky: Gold, Papier und Ware. In: Die Neue Zeit, Nr. 30, Heft 1 (1912), S. 837–847, 886–893.]

3   [Friedrich Hoffmann: Kritische Dogmengeschichte der Geldwerttheorien. Leipzig 1907.]

4   Vgl. Herbert Block: Die Marxsche Geldtheorie. Jena 1926.

II.

»Alle Wissenschaft« – heißt es im *Kapital* [MEW 25, S. 825] – »wäre überflüssig, wenn die Erscheinungsform und das Wesen der Dinge unmittelbar zusammenfielen.« Wo immer eine Lehre von Karl Marx zur Debatte steht und die Bemühung um deren Verständnis zum Nachdenken über die Voraussetzungen Marxens Anlass gibt, ist es notwendig, sich diese Unterscheidung von Wesen und Erscheinung in ihrer ganzen Tragweite zu verdeutlichen. Denn sie gibt der »Kritik der politischen Ökonomie« den »vulgärökonomischen« Systemen gegenüber ihr Gepräge. Wenn die Vulgärökonomie dadurch charakterisiert sein soll, dass sie bloß »Erscheinungsformen« systematisiert [MEW 23, S. 94, Fußnote 32], dann haben wir uns klar zu machen und, wo von Marx die Rede ist, überall festzuhalten, was unter dem Begriff des »Wesens« ihm als Thema der politischen Ökonomie in Frage steht.

Marx geht davon aus, dass dem gesellschaftlichen Zusammenhang der Menschen eine Funktion zukommt, deren Ausübung die Voraussetzung für alle anderen gesellschaftlichen Akte ist: die »Produktion und Reproduktion des wirklichen Lebens«[5]. Diese unerlässliche Bedingung jedes gesellschaftlichen Seins macht von einer gewissen Stufe an die Teilung der Arbeit in immer größerem Umfange notwendig. Während aber unter der Herrschaft der vorbürgerlichen Produktionsweisen die Stellung der einzelnen Personen im arbeitsteiligen gesellschaftlichen Reproduktionsprozess sich eindeutig offenbart in ihrem Verhältnis zu den produzierten Gegenständen, wie überhaupt in ihren eigenen persönlichen Beziehungen, besteht in der bürgerlichen Produktionsweise jene Übereinstimmung nicht. In der warenproduzierenden Gesellschaft verschwinden die im Produktionsprozess bestehenden Verhältnisse unter gesellschaftlichen Formen, hinter denen sie erst eine eingehende Analyse wieder zu entdecken vermag. Einem römischen Sklaven erscheint seine Sklavenstellung im Produktionsprozess als das, was sie ist in allen persönlichen Angelegenheiten seines Sklavenlebens, und es bedarf keines Mar-

---

5   [Friedrich Engels: Brief an Joseph Bloch vom 21.9.1890. Abgedruckt in: MEW 37, S. 463.]

xisten, um ihn darüber aufzuklären. Ein moderner Unternehmer, mag er im Produktionsprozess die ausschlaggebendste Rolle spielen, ist »vor dem Gesetz« seinem Bürodiener gleich und kann über die gesellschaftliche Grundstruktur wie über den Sinn seiner eigenen Funktion die absurdesten Vorstellungen haben. »...Wenn es ein Werk der Wissenschaft ist, die sichtbare, bloß erscheinende Bewegung auf die innere wirkliche Bewegung zu reduzieren, so versteht es sich ganz von selbst, dass in den Köpfen der kapitalistischen Produktions- und Zirkulationsagenten sich Vorstellungen über die Produktionsgesetze bilden müssen, die von diesen Gesetzen ganz abweichen und nur der bewusste Ausdruck der scheinbaren Bewegung sind. Die Vorstellungen eines Kaufmanns, Börsenspekulanten, Bankiers sind notwendig ganz verkehrt. Die der Fabrikanten sind verfälscht...« [MEW 25, S. 324 f].

Es kann keinem Zweifel unterliegen, dass die Leistungen des arbeitenden Einzelnen im arbeitsteiligen bürgerlichen Produktionsprozess ihre faktische gesellschaftliche Bedeutung haben – sonst würde die Gesellschaft sehr bald zu existieren aufhören. Die dadurch bedingte Abhängigkeit des Einzelnen von der Gesellschaft wird verschleiert, durch die bürgerlichen Rechtsnormen, auf Grund deren sich die Menschen als freie, selbständige, voneinander unabhängige Subjekte gegenübertreten. Was dem Einzelnen sichtbar wird, sind die Phänomene der Konkurrenz, der »Kampf ums Dasein«, also wesentlich die Angelegenheiten der eigenen und anderer privater Wirtschaften. Einsicht in die Struktur des gesellschaftlichen Reproduktionsprozesses ist durch eine Beschreibung der juristischen Formen, unter denen er sich vollzieht, nicht zu gewinnen. Aber ebenso wenig kann nach Marx eine Systematisierung von Tatsachen des zwischen den einzelnen Personen sich vollziehenden Güteraustausches und seiner Einrichtung zum Ziel führen. Vielmehr ist davon auszugehen, dass unter den Kategorien der bürgerlichen Ökonomie die wirklichen Produktionsverhältnisse sich verstecken und erst durch eine gründliche Analyse darunter zu erkennen sind.

Was für Marx in der politischen Ökonomie Wesen und was Erscheinung ist, lässt sich daher so ausdrücken: als Wesen gelten immer die tatsächlichen, historisch bedingten gesellschaftlichen Verhältnisse des Produktionsprozesses; bloße Erscheinungsform dagegen sind die juristischen und sonstigen Kulturformen, unter denen der Produktionsprozess sich abspielt, insbesondere aber die scheinbar auf dingliche Tatbestände weisenden Kategorien, als da sind Ware, Wert, Geld, die erst durch Rückgang auf jene Verhältnisse wirklich zu klären sind. Als erste und gleichsam elementarste dieser Kategorien behandelt Marx den Begriff der Ware.

Was unterscheidet ein Sachgut schlechthin, etwa das selbstgefertigte Schuhwerk in einer geschlossenen Hauswirtschaft, vom Schuhwerk als Ware? Keine natürliche Eigenschaft. Beide können als Dinge vollständig gleich und daher beliebig vertauschbar sein. Die Betrachtung des Verhältnisses zwischen den Eigentümern des Gutes in einer beliebigen, auf Selbstbedarf gerichteten Produktionsweise und dem produzierten Ding einerseits, Warenbesitzer und Ware anderseits führt näher auf die in Frage stehende Eigentümlichkeit. Nicht in der eigenen Wirtschaft des Produzenten, nicht im Gebrauch seiner Familie oder seines Herrn stellt sich für ihn heraus, ob die Ware ihren gewollten Zweck erfüllt, sondern auf dem Markt: nämlich durch die Tatsache, ob und wie teuer er sie verkauft.

Die Entscheidung hierüber jedoch hängt ab vom gesamten gesellschaftlichen Austauschprozess, auf den er meist so gut wie keinen Einfluss besitzt und den er im Einzelnen gar nicht überblicken kann. Er erfährt nur, was er für die Ware eintauscht, ihr »Tauschwert« kommt ihm deutlich zu Gesicht; das Schicksal der Ware nach dem Tausch, die Erfüllung ihrer Bestimmung als Gebrauchswert vollzieht sich in einer anderen Sphäre.

Es erhebt sich die Frage, ob die Bestimmung des Tauschwertes etwa als blinde Resultante zahlloser freier Willensentscheidungen Einzelner erfolge, und damit der Markt als Inbegriff subjektiver Wertung, also letzten Endes als Gegenstand der Individual- oder der Massenpsychologie zu begreifen sei, oder ob sich trotz der Schwankungen der Entscheide, vielleicht den Wertenden unbewusst, ein Gesetz durchsetzt, das durch die scheinbar souveränen Bewegungen von Angebot und Nachfrage eher verdunkelt als offenbar wird? Die Antwort versucht Marx durch die Analyse des rein gefassten Tausches zu geben. Danach ist der Tauschwert der Ware prinzipiell nur der

Ausdruck des in ihr enthaltenen Wertes; das Maß des Wertes ist die gesellschaftlich notwendige Arbeitszeit. Dieser Sachverhalt liegt nach Marx letzten Endes den Tauschhandlungen insgesamt zugrunde. Individuelle Schätzungen, Angebot und Nachfrage, alle Tatsachen der Konkurrenz sind abgeleitete Phänomene, deren ausschließliche Beschreibung unseren Blick nie unter die Oberfläche würde dringen lassen.

Das Geheimnis der Warenwirtschaft liegt darin, dass der Beitrag des einzelnen Warenproduzenten zur Reproduktion des Lebens der Gesellschaft sich nicht bemisst an dem Nutzen, den das Produkt als solches ihm selbst gewährt, sondern nach der Höhe des Warenwertes, der im Tauschwert sich ausdrückt. Durch die Gleichung des Tauschwertes erfährt der Warenproduzent, was seine individuelle Arbeit der Gesellschaft wert ist. Aber wie geht das zu? Auch die Ware, die er im Tausch empfängt, ist doch ein Produkt individueller Arbeit. Wie ist es möglich, dass die individuelle Arbeit des Warenproduzenten entsprechend dessen Beitrag zum gesellschaftlichen Reproduktionsprozess gewertet und er auf diese Weise – trotz seiner scheinbaren Freiheit zu produzieren, was und wieviel er will – notwendig bestimmt wird, seine Arbeit nach den Erfordernissen jenes Prozesses zu gestalten? Dies ist die Grundfrage der Marxschen Wertlehre.

In anderen Produktionsweisen erhält sich die Gesellschaft dadurch, dass die Arbeit jedes Gesellschaftsgliedes unmittelbar bestimmt wird durch das gesellschaftliche Bedürfnis, das sie zu befriedigen berufen ist. Wie diese Selbsterhaltung in der warenproduzierenden Gesellschaft sich regeln soll, wo, dem Anschein nach, jeder nach freiem Ermessen produziert, geleitet weder durch das Gebot seiner eigenen Bedürfnisse noch durch den Befehl einer die gesellschaftlichen Bedürfnisse überschauenden, planmäßig disponierenden Gewalt, ist zunächst ein Rätsel. Das Problem dieser Regelung ist es, das Marx durch seine Wertlehre zu lösen sucht.

Sie ruht auf dem Gedanken, dass in jeder Art von Warenproduktion die Erhaltung des materiellen Lebens der Gesellschaft nur dadurch ermöglicht wird, dass die Menge der Güter, die der Produzent für sein Produkt eintauschen kann, sich bemisst nach dem Anteil, den die auf das zu verkaufende Gut aufgewandte Arbeit am gesellschaftlichen Reproduktionsprozess hat. Nur insofern dieses Gesetz, das Wertgesetz, sich durchsetzt, kann in einer Gesellschaft freier Warenproduzenten die Produktion trotz Mangels eines umfassenden Plans in der für die Existenz der Gesellschaft notwendigen Weise aufrecht erhalten werden. Nur dadurch kann sie im ungefähr richtigen Verhältnis auf die einzelnen Produktionszweige verteilt werden.[6] Nicht also der Umfang der vom Einzelnen geleisteten individuellen Arbeit ist ausschlaggebend dafür, was er als Resultat des Tauschprozesses zu erwarten hat, sondern das Maß dieses Resultats ist der soeben gezeigte Anteil. Dieser aber lässt sich allein messen durch denjenigen Teil der Gesamtarbeitszeit, den die Gesellschaft im Augenblick des Verkaufs innerhalb der durch die Notwendigkeit der Reproduktion ihres Lebens gegebenen Grenzen auf das betreffende Gut verwenden kann, d. h.: durch die gesellschaftlich notwendige Arbeitszeit, die auf das Gut entfällt.[7]

Im Begriff der gesellschaftlich notwendigen Arbeitszeit hat Marx zwei sich scheinbar widersprechende Bestimmungen, nämlich die der technisch erforderlichen Durchschnittsarbeit, sowie des gesellschaftlichen Bedürfnisses, dialektisch verschmolzen. Mit der Aufwendung gerade der bei einem bestimmten Stande der Technik notwendigen Durchschnittsarbeit ist erst *eine* Bedingung erfüllt, um die individuelle Privatarbeit zur gesellschaftlich notwendigen zu machen. Selbst wenn nämlich alle Einheiten einer Ware A technisch einwandfrei hergestellt wurden, mag es sich herausstellen, dass die auf dem Markt angebotene Gesamtmenge größer ist, als die Gesellschaft unter den gegebenen Verhältnissen aufzunehmen gewillt und imstande ist. In diesem Falle ist die *zweite* Bedingung nicht eingehalten, es wurde mehr Arbeit auf die Gesamtmasse der Ware A aufgewendet, als für die Gesellschaft »notwendig« ist, als dem »gesellschaftlichen Bedürfnis« entspricht, ein Teil von ihr ist da-

6 Die Gesetze der Konkurrenz sind nach Marx sekundär: mit ihrer Hilfe setzt sich das Wertgesetz in der Wirklichkeit durch.
7 [MEW 23, S. 121 f; MEW 25, S. 97; MEW 25, S. 150; MEW 25, S. 653–657; MEW 25, S. 841; MEW 25, S. 859.]

her verschwendet, bildet keinen Wert. Denn nur dann zählt die auf eine Ware verwendete Arbeit als gesellschaftlich notwendige, wenn »das Gesamtquantum gesellschaftlicher Arbeit, welches auf die Gesamtmasse dieser Warenart verwandt wird, dem Quantum des gesellschaftlichen Bedürfnisses für sie entspricht, d. h. des zahlungsfähigen gesellschaftlichen Bedürfnisses.« [MEW 25, S. 202.]

Die individuelle Arbeit des Einzelnen wird also gewertet nach der in ihrem Produkt steckenden gesellschaftlich notwendigen Arbeitszeit, d. h. als Produkt individueller Arbeit ist die Ware ein nützliches Ding und hat Gebrauchswert; insofern sie aber »Wert« verkörpert, der sich im Tauschverhältnis zu anderen Waren offenbart, hat sie Tauschwert und stellt den Anteil des Produzenten an der gesellschaftlichen Gesamtarbeit, also ein gesellschaftliches Verhältnis dar. Sie ist »unmittelbare Einheit von Gebrauchswert und Tauschwert« [MEW 13, S. 36], »ein sinnlich übersinnliches Ding« [MEW 13, S. 29].

Das Wesentliche an der den vorstehenden Ausführungen zugrunde liegenden Marxschen Analyse ist die Erkenntnis, dass und warum nicht etwa die individuelle, sondern die gesellschaftlich notwendige Arbeitszeit das Maß im Austauschprozess bildet. Die Unterscheidung dieser beiden Arten von Arbeit, die Feststellung des Doppelcharakters der Arbeit, hat Marx selbst – neben seinen grundsätzlichen Untersuchungen über den Mehrwert – als »das Beste« an seinem Buch bezeichnet, auf dem »alles Verständnis der Tatsachen« beruhe.[8]

Eine Betrachtung, welche die Waren, nur insofern sie nützliche Dinge sind, sowie deren Produktion und Austausch zum Gegenstand der Untersuchungen macht, also nur die »sinnliche«, nicht die »übersinnliche« Seite der Ware im Auge hat, wird mit dem Marxschen Ergebnis nichts anzufangen wissen. Dagegen würde Marx von ihr sagen, dass sie den eigentlichen Zweck der Wissenschaft, nämlich durch die Erscheinungsform hindurch das Wesen der Dinge zu sehen, nicht erfülle. Für ihn ist in der Lehre von der Ware die ganze Welt der Güter und was in ihr vorgeht, Erscheinungsform. Isoliert betrachtet ist dieser Bereich ein Komplex mechanischer Prozesse. Darin werden

8 [Karl Marx: Brief an Friedrich Engels, 24. 8. 1867. Abgedruckt in: MEW 31, S. 326.]

sichtbar Verausgabung von Arbeitsenergie und deren physiologische Erneuerung, Form- und Ortswechsel von greifbaren Dingen, gewisse Gesetzmäßigkeiten und die sachlichen Einrichtungen aller Art, die bei diesen Prozessen mitwirken. Allerdings setzt eine Erforschung der unter den Erscheinungen verborgenen gesellschaftlichen Verhältnisse eine Beschreibung und Systematisierung der sichtbaren Phänomene notwendig voraus. Dort aber, wo diese Voraussetzung schon für die Lösung der Aufgabe der politischen Ökonomie genommen wird, verfällt diese nach Marx dem gleichen Schein, in den der wirtschaftende Mensch als solcher notwendig eingesponnen bleibt, nämlich dem, was Marx »den Fetischcharakter der Ware« [MEW 23, S. 85] nennt. Dieser Ausdruck muss hier kurz erläutert werden.

Der Fetischismus verwandelt »den gesellschaftlichen ökonomischen Charakter, welchen Dinge im gesellschaftlichen Produktionsprozess aufgeprägt erhalten, in einen natürlichen, aus der stofflichen Natur dieser Dinge entspringenden Charakter« [MEW 24, S. 228]. Dass der gesellschaftliche Charakter der Leistung in der Warenproduktion nicht an der individuellen Arbeit sichtbar und allgemein bewusst wird, ist schon betont worden. Die Eigenart dieser Produktionsweise bringt es daher mit sich, dass der aus der Leistung erwachsende Anspruch auf einen entsprechenden Teil des Gesamtarbeitsproduktes der Gesellschaft unter einer anderen *Form* in Erscheinung tritt. Marx lehrt, dass es eben dieser *Inhalt* ist, durch den ein Gut den Charakter der Ware als eines Trägers von »Wert« erhält. Der Fetischismus liegt darin, den Ursprung des Wertes in den konkreten Eigenschaften des Dinges (Heizwert der Kohle usw.) zu suchen, statt in der gesellschaftlichen Relevanz der vom Produzenten geleisteten Arbeit, die sich in den Dingen gleichsam verkörpert. So scheinen die Proportionen, in denen sich gewisse Waren austauschen, aus ihrer Natur zu entspringen, während in diesen »Gleichungen« die fortwährende Reduktion der »allseitig voneinander abhängigen Privatarbeiten ... auf ihr gesellschaftlich proportionelles Maß« versteckt ist. [MEW 23, S. 89.]

Was hier in Beziehung auf die Ware gesagt wurde, gilt für alle Kategorien der Warenwirtschaft, insbesondere für Kapital und Geld. Überall handelt es sich darum, dass Naturdinge »mit sonderbar gesellschaftlichen Eigenschaften« nicht erkannt werden als das, was sie sind, nämlich als Darstellungen gesellschaftlicher Produktionsverhältnisse. Marx glaubt die Regelung des Austausches durch die gesellschaftlich notwendige Arbeitszeit als Voraussetzung für die Aufrechterhaltung der Warenwirtschaft erkannt zu haben. Nicht durch unmittelbare Angabe der Arbeitsstunden kann sich diese Regelung vollziehen, sondern nur durch die Relationen des Austauschprozesses. Die dialektische Entwicklung der Bestimmungen, die schon in der einfachsten einer solchen Relation sich vorfinden, führt zum Geld. Die Darlegung, »dass die Form: 20 Ellen Leinwand gleich 1 Rock nur die unentwickelte Basis von 20 Ellen Leinwand gleich 2 Pfund Sterling, dass also die einfachste Warenform, worin ihr Wert noch nicht als Verhältnis zu allen anderen Waren, sondern nur als unterschiedenes von ihrer eigenen Naturalform ausgedrückt ist, das ganze Geheimnis der Geldform und damit in nuce aller bürgerlichen Formen des Arbeitsproduktes enthält«[9], diese Darlegung hat die entscheidende systematische Aufgabe, das Geld als notwendig im Wesen der Warenwirtschaft begründet zu erweisen. Denn: wenn der Anteil der zur Produktion einer Ware aufgewandten individuellen Arbeit an der gesellschaftlichen Gesamtarbeit nur dadurch in Erscheinung treten kann, dass diese Ware in Beziehung tritt zu anderen, die relative Wertform annimmt, und aus dieser Notwendigkeit sich die Aussonderung einer bestimmten Ware als allgemeines Äquivalent zwingend ergibt, dann ist nach dem vorigen das Geld als eine conditio sine qua non der Warenwirtschaft deduziert. »Weil das Produkt nicht als unmittelbarer Gegenstand der Konsumption für die Produzenten produziert wird, sondern nur als Träger des Wertes, sozusagen als Anweisung auf bestimmtes Quantum aller Darstellungen der gesellschaftlichen Arbeit, sind alle Produkte gezwungen, als *Werte* sich eine von ihrem Dasein als Gebrauchswerte unterschiedene Daseinsform zu geben. Und es ist diese Entwicklung der in ihnen enthaltenen Arbeit als gesellschaftliche, es ist die Entwicklung ihres Wertes, die die Geldbildung bedingt, die Notwendigkeit der Ware, sich als Geld für einander darzustellen – was bloß heißt: als selbständige

9   [Karl Marx: Brief an Friedrich Engels, 22.6.1867. Abgedruckt in: MEW
      31, S. 306.]

Daseinsformen des Tauschwerts –, und sie können dies nur, indem sie eine Ware aus der Gesamtheit ausschließen, alle ihre Werte in dem Gebrauchswert dieser ausgeschlossenen Ware messen, die in dieser ausschließlichen Ware enthaltene Arbeit daher unmittelbar in *allgemeine gesellschaftliche* Arbeit verwandeln.« [MEW 26.3, S. 142.]

Nach der Marxschen Theorie kann eine entwickelte Warenwirtschaft ohne Geld weder faktisch existieren noch überhaupt gedacht werden. Weit entfernt, »ein pfiffig ausgedachtes Auskunftsmittel« [MEW 13, S. 36] zu sein zur Beseitigung gewisser Unbequemlichkeiten des Tauschverkehrs, gilt bei Marx das Geld als konstitutives Element jeder Produktionsweise, in der der Privatarbeit juristisch unabhängiger Produzenten die Reproduktion des »gesellschaftlichen Lebens« zugeschoben wird. Die Analyse der Ware, als des charakteristischen Elementes der warenproduzierenden Gesellschaft anders produzierenden Gesellschaftsformen gegenüber, führt zum Geld als der notwendigen Ergänzung der Ware.

Geld ist eine Ware und als solche ein »sinnlich-übersinnliches Ding«. *Sinnlich* ist ihre Naturalform, ihr Dasein als natürliches Ding und demzufolge auch ihre Eignung, irgendwelche Bedürfnisse zu befriedigen – ihr Gebrauchswert, der ihr abgesehen von allen Geldfunktionen zukommt. *Übersinnlich* ist sie als Ausdruck eines gesellschaftlichen Verhältnisses dadurch, dass sich in ihr ein bestimmter Anteil an der gesellschaftlich notwendigen Gesamtarbeit verkörpert.

Die Geldware unterscheidet sich von allen anderen Waren dadurch, dass sie als »allgemeines Äquivalent« regelmäßig den Anteil jeder Ware an der gesellschaftlichen Arbeit widerspiegelt, gleichsam »individuelle Inkarnation der gesellschaftlichen Arbeit« [MEW 23, S. 152] ist, oder, anders ausgedrückt: »die Ware, deren Naturalform zugleich unmittelbar gesellschaftliche Verwirklichungsform der menschlichen Arbeit in abstracto ist« [MEW 23, S. 156]. Ob und in welchem Verhältnis alle anderen Arbeitsprodukte faktisch gesellschaftliche Arbeit verkörpern, stellt sich nach dem Gesagten erst im Austausch heraus in dem Augenblick, wo sie die »Wertform« annehmen. Erst nach Vollzug des Austausches weiß der Warenbesitzer, ob seine Waren in einer faktischen Tauschrelation überhaupt vorkommen. Dagegen folgt aus der Funktion der Geldware als allgemeinen Äquivalentes, dass ihresgleichen in irgendeiner Form innerhalb der Warenwirtschaft Bestandteil jeder Tauschrelation sein muss. Die als Geld fungierende Ware ist deshalb die einzige, die regelmäßig und sicher der Bestimmung gerecht wird, um derentwillen Waren produziert werden, ihr Besitz allein verbürgt einen jederzeit realisierbaren »Anspruch auf ein entsprechendes Quantum des in der Gesellschaft vorhandenen Warenvorrates«. Zusammenfassend lässt sich etwa sagen, »dass das Geld in der Tat nichts anderes ist als ein besonderer Ausdruck des gesellschaftlichen Charakters der Arbeit und ihrer Produkte, der aber als im Gegensatz zu der Basis der Privatproduktion stets in letzter Instanz als ein Ding, als besondere Ware neben anderen Waren sich darstellen lässt« [MEW 25, S. 621].

Ebenso wie die Ware ist das Geld als Ding nicht fassbar, sein Wesen erschließt sich nach Marx nur dem, der es als »Produktionsverhältnis« erkannt hat. Schon seine Eigenschaft als Ware verleiht dem Geld diesen Charakter, und auch seine Sonderstellung gründet sich auf spezielle gesellschaftliche Beziehungen. Der Ausschluss einer Ware als allgemeinen Äquivalentes beruht auf gesellschaftlichem Übereinkommen und wirkt sich aus in »der eigentümlichen Stellung des Geldbesitzers allen Warenbesitzern gegenüber: in seinen Händen ist die »allgemeine Ware«, um deren Besitz jeder Eigentümer einer »besonderen« Ware sich abmüht; ihr Besitz bedeutet direkte Verfügungsmöglichkeit über jede ihrer Wertgröße entsprechende Menge beliebiger Produkte gesellschaftlicher Arbeit. Infolge der Eigentümlichkeit der Warenwirtschaft muss der Warenproduzent überdies an einer bestimmten Stelle des Produktionsprozesses jenen Punkt erreichen, an dem er entsprechend seiner, nach gesellschaftlichen Arbeitsstunden sich bemessenden individuellen Arbeit Verfügung über beliebige Produkte fremder Privatarbeit erhält, wenn der Reproduktionsprozess ungestört weiter verlaufen soll.

Von diesen Verhältnissen weiß der Warenproduzent in der Regel nichts. Er sieht ein Ding, das Geld, mit der besonderen Eigenschaft, dass alle Waren ihre Wette in ihm ausdrücken und gegen das jeder Warenbesitzer das Produkt seiner Arbeit herzugeben bereit ist. Weit entfernt davon, unter diesem Tatbestand gesellschaftliche Verhältnisse zu vermuten, ist er überzeugt, es hier mit Natureigenschaften der

Geldware zu tun zu haben; in Marxens Sprache heißt das, dass er das Geld zum Fetisch macht. Entsprechend charakterisiert sich der »Fetischismus« in der Theorie dadurch, dass in der Lehre vom Geld nicht etwa die Untersuchung derjenigen Eigentümlichkeiten des Produktionsprozesses in der Warenwirtschaft das Fundament bildet, als deren *äußeres* Zeichen die technischen Hindernisse eines regelmäßigen Warenaustausches ohne Geld erscheinen. An Stelle einer solchen Analyse schiebt sich vielmehr eine Beschreibung derjenigen natürlichen Eigenschaften der Geldware, die sie zur Überwindung jener Schwierigkeiten geeignet machen.

Der für die Beurteilung der Rolle des Geldes im Marxschen System entscheidende Gedankengang ist also dieser: Nur wenn die gesellschaftlich notwendige Arbeitszeit den Warenaustausch regelt, ist eine Gesellschaft von Warenproduzenten lebensfähig. Diese Regelung findet nicht auf rationalem Wege statt. Vielmehr wissen die austauschenden Menschen nichts und können nichts wissen von der Anzahl der auf ihr Produkt entfallenden gesellschaftlich notwendigen Arbeitsstunden. Es genügt, wenn der Anteil jedes Einzelnen an der gesellschaftlichen Gesamtarbeit und sein darauf sich gründender Anspruch auf gesellschaftliche Arbeitsprodukte sich dadurch geltend macht, dass er für das eigene ein äquivalentes Produkt eintauscht. Was jeweils seinem Produkt tatsächlich äquivalent ist, d. h. wieviel gesellschaftlich notwendige Arbeitszeit dieses enthält, ergibt sich aus der jeweiligen gesellschaftlichen Gesamtsituation, an der nicht nur seine eigene und die einzutauschende Ware, sondern der gesamte Waren- und Kräftevorrat der Gesellschaft mitspricht. Damit dieser Einfluss aller Waren zur Geltung komme, d. h. also damit der Produzent wirklich entsprechend seinem Anteil an der gesellschaftlichen Gesamtarbeit fremde Produkte erhalte, müssen nicht nur zwei, sondern alle Waren kommensurabel sein, eine Notwendigkeit, die sich der Gesellschaft als äußerer technischer Zwang aufdrängen mag. Es bedarf einer Ware, die als allgemeines Äquivalent von den übrigen Waren ausgeschlossen wird, des Geldes. Die Notwendigkeit des Geldes wurzelt also in den tiefsten Struktureigenschaften der warenproduzierenden Gesellschaft. Je weiter sich die Warenproduktion entfaltet, um so weitläufiger werden die Konsequenzen dieser Notwendigkeit, um so vielfältiger die

Funktionen, die das Geld zu erfüllen berufen ist. Das Verständnis aller Eigenschaften des Geldes, insbesondere seiner Formbestimmtheiten in der hochentwickelten kapitalistischen Wirtschaft, hängt ab von der Einsicht in die erwähnten grundlegenden Zusammenhänge.

III.

Den Zugang zum Verständnis der Geldtheorie Marxens hat sich nun Block von vorneherein durch völliges Missverständnis der für Marx fundamentalen Unterscheidung zwischen Wesen und Erscheinung verbaut. Seiner Meinung nach handelt es sich lediglich darum, »zwei Betrachtungsweisen zu unterscheiden, denen Marx die Gegenstände seiner Forschung unterwirft, die aber in seiner Darstellung regelmäßig ungetrennt durcheinander laufen...« (Block, S. 61): eine »sozialphilosophische« und eine »wirtschaftstheoretische«. Die erstere sehe z. B. im Gelde ein gesellschaftliches Verhältnis, und das sei ein Gedankengang, der mit Wirtschaftstheorie nichts zu tun habe. »Ein philosophischer Inhalt«, fährt Block fort, »lässt sich nicht in ökonomische Kategorien einordnen... Ich widme also den geldphilosophischen Betrachtungen Marxens einen besonderen Abschnitt[10] und beschäftige mich hier nur mit dem ökonomischen Begriff des Geldes. Unter Geld im ökonomischen Sinn versteht Marx eine Ware, die durch ihre natürliche Beschaffenheit befähigt ist, die Funktion eines allgemeinen Äquivalents allen anderen Waren gegenüber zu übernehmen« (Block, S. 62).

Block verwandelt also die Marxsche Unterscheidung von Wesen und Erscheinung in zwei grundsätzlich verschiedene Betrachtungsweisen, die bei Marx zu Unrecht durcheinanderlaufen und die man deshalb fein säuberlich auseinanderhalten müsse. Dazu ist zu sagen, dass es eine »wirtschaftstheoretische« Betrachtung im Blockschen

---

10 Dieser Abschnitt enthält zwar sehr anregende Ausführungen über das Verhältnis von Adam Müller und Simmel zu Marx, nach der Behandlung der eigentlichen »wirtschaftsphilosophischen« Probleme wird man darin aber vergebens suchen.

Sinne bei Marx gar nicht gibt, denn sie würde genau auf das hinauslaufen, was Marx an den Vulgärökonomen tadelt: auf eine Beschreibung und Systematisierung bloßer Erscheinungsformen ohne den Versuch, zu deren Wesen vorzudringen. Deutlich zeigt das eine Betrachtung der angeblichen »ökonomischen« Definition des Geldes durch Marx als einer Ware von besonders eigentümlicher natürlicher Beschaffenheit. Hiernach wäre Marx selbst dem oben charakterisierten »Fetischismus« zum Opfer gefallen. Betrachten wir diese sonderbare Definition etwas näher und besinnen uns darauf, was Marx unter einer »Ware« versteht, so stehen wir mitten in der »philosophischen« Betrachtungsweise, die doch in einen besonderen Abschnitt verwiesen werden sollte. Denn nach Marx besteht das Wesen der Ware eben darin, dass sie nur als »sinnlich-übersinnliches« Ding zu fassen ist, dass sie – wie alle anderen ökonomischen Kategorien – »nicht eine Sache ist, sondern ein durch Sachen vermitteltes gesellschaftliches Verhältnis zwischen Personen« [MEW 23, S. 793]. Diesen Grundgedanken des Marxschen Systems hat Block offenbar nicht verstanden und deshalb angenommen, es sei möglich, die ökonomischen Kategorien bei Marx als wesensgleich mit den gleichlautenden der klassischen Ökonomie anzusehen.[11]

»Was ist das eigentlich Marxistische an der Marxschen Geldtheorie?« fragt Block (Block, S. 44), und er antwortet: Nicht die einzelnen Theorien sind es, sondern die Art und Weise, wie Marx die verschiedenen Lehrsätze seiner Vorgänger untereinander verschmolzen und in sein System eingefügt hat.

Vergleicht man diese Antwort mit dem, was oben über den Gehalt der Marxschen Geldtheorie gesagt wurde, so zeigt sich deutlich, wie wenig ihr Wesen in dem Blockschen Buche erfasst ist. Die großartige Leistung Marxens, die Schöpfung einer »gesellschaftlichen Theorie

---

11 Dem scheint folgender Satz Blocks zu widersprechen: »Marx übernimmt von der klassischen Ökonomie den begrifflichen Apparat, aber er löst die einzelnen ökonomischen Kategorien ... in soziale Verhältnisse auf, Verhältnisse, die in verschiedenen Phasen der Entwicklung verschiedene Struktur aufweisen« (Block, S. 42). Damit will Block aber lediglich sagen, dass die Klassiker die fraglichen Begriffe als ewige Kategorien ansahen, während Marx ihre historische Bedingtheit betont habe.

des Geldes« aus seiner Grundkonzeption der warenproduzierenden Gesellschaft heraus, wird für Block zu einer »eigenartigen« Verbindung und Eingliederung verschiedenster Elemente, eine Synthese, der Block seine Anerkennung nicht versagen will. Im Übrigen glaubt er aber, feststellen zu müssen, dass Marx auf keinem Gebiet »derartig unselbständig gearbeitet habe« wie auf dem der Geldtheorie, und dass es ein leichtes sei, sie »in ein Stück Merkantilismus, ein Stück Produktionskostenlehre, Quantitätstheorie, banking principle und sofort zu zerschlagen ...« (Block, S. 83). Was Block hindert, trotz offenbar bester Absicht die eigentliche Leistung Marxens zu erkennen, ist seine unglückselige Scheidung wirtschaftstheoretischer und philosophischer Elemente in Marxens System. Die Theorien, die Marx von seinen Vorgängern (bewusst und unter genauester Angabe der Quellen) übernommen hat, betreffen durchweg die Welt der Erscheinung. Deren Beschreibung legte Marx seiner Darstellung zugrunde, häufig nicht ohne sie in fruchtbarer Weise verändert oder ergänzt zu haben. So z. B. die Quantitätstheorie, als deren Geltungsbereich er die Zirkulation von Staatspapiergeld mit Zwangskurs nachwies. Aber auf diese Beschreibung von Erscheinungsformen kam es Marx gar nicht an. Die Einfügung derartiger Theorien in sein System ist durchaus sekundär gegenüber seinem Versuch, den Geldschleier zu zerreißen und nachzuweisen, dass »das Rätsel des Geldfetisches« nichts anderes ist als »das sichtbar gewordene, die Augen blendende Rätsel des Warenfetischs« [MEW 23, S. 108].

Auf die Angriffe, die Block gegen die Marxsche dialektische Methode richtet, sei hier nicht näher eingegangen. Sie sind weder neu, noch zeugen sie von besonderer Sachkenntnis, noch sind sie von Belang für die Beurteilung der Marxschen Geldtheorie.[12]

12 Marx – heißt es bei Block (Block, S. 39 f) – »erniedrigte« (?), »verflacht« die Dialektik zur Naturgesetzlichkeit, sie wird durch ihn »deformiert« zu einer »völlig in der Luft schwebenden, geradezu sinnlos gewordenen Methode« (Block, S. 35) und verleitet ihn zu Beweisführungen mittels »taschenspielerhafter Auswechslung der Begriffe« (Block, S. 39). Im Gegensatz zur These von der dialektischen Flüssigkeit der Begriffe habe »Marx selbst sehr wohl die Notwendigkeit festumrissener Begriffe erkannt: ›In solcher allgemeinen Untersuchung wird überhaupt im-

Hingegen ist es notwendig, wenigstens zum Teil auf die Kritik einzugehen, die Block an dem im Marxschen System fundamentalen und für die Geldtheorie äußerst wichtigen Begriff der »gesellschaftlich notwendigen Arbeit« übt. Ihr Inhalt ist ungefähr folgender:

1. Gesellschaftlich notwendige Arbeit bedeutet bei Marx ursprünglich technisch durchschnittliche Arbeit. Da diese Fassung in der Durchführung auf Schwierigkeiten stößt, gab Marx dem Begriff »eine neue Wendung«; notwendig für den Bedarf der Gesellschaft (Block, S. 49).[13]

2. Gesellschaftlicher Bedarf lässt sich nicht in Arbeitsstunden ausdrücken, denn »das Bedürfnis ist keine objektiv feststehende Größe, sondern wird durch die Geldmittel bestimmt, über welche die Nachfrage verfügt und durch die Preise, die sie auf dem Markt vorfindet« (Block, S. 113, 51).[14]

mer vorausgesetzt, dass die wirklichen Verhältnisse ihrem Begriff entsprechen‹ ...« Man sieht auf den ersten Blick, dass es sich hier um ein ganz naives Missverständnis Blocks handelt. Die von ihm an dieser Stelle ausgeführten Zitate haben mit der Frage, ob Begriffe festumrissen oder flüssig sein sollen, gar nichts zu tun, sondern sind lediglich eine Beschreibung der sogenannten »Isoliermethode«. Der Irrtum Blocks ist um so unbegreiflicher, als er selbst in diesem Zusammenhang die klassischen Sätze von Engels [MEW 25, S. 20] über das Wesen der Begriffe bei Marx zitiert.

13 Unsere Interpretation des Begriffes »gesellschaftlich notwendige Arbeit« wurde oben (S. 197 f) skizziert. Blocks These von der »neuen Wendung« widerspricht der von ihm selbst erwähnten Tatsache, dass sich nicht nur, wie er sagt, »Ansätze«, sondern eindeutige Ausführungen über den Zusammenhang von Wert und gesellschaftlichem Bedarf sowohl in der *Kritik der politischen Ökonomie* [MEW 13, S. 18–29] als auch im *Kapital* [MEW 23, S. 87] finden.

14 Dass das gesellschaftliche Bedürfnis keine fixe Größe ist, wusste niemand besser als Marx: »Seine Fixität ist Schein. Wären die Lebensmittel wohlfeiler oder der Geldlohn höher, so würden die Arbeiter mehr davon kaufen, und es würde sich größeres ›gesellschaftliches Bedürfnis‹ für diese Warensorten zeigen, ganz abgesehen von den Paupers usw., deren ›Nachfrage‹ noch unter den Schranken ihres engsten physischen Bedürfnisses steht ... Die Grenzen, worin das auf dem *Markt* repräsentierte

3. Die »neue Wendung« führt geldtheoretisch zur Quantitätstheorie (Block, S. 51, 55, 96, 112); ferner

4. zur Bestimmung des Wertes durch die Konkurrenz, welche aber nur Abweichungen vom Wert erklären kann. »Würde also der Wert durch die Konkurrenz konstituiert, so würde eine Kraft, die nur Abweichungen von der Norm bewirken kann, die Norm selbst inhaltlich bestimmen« (Block, S. 53);[15]

5. zur Hineintragung subjektivistischer Elemente in die objektivistische Wertlehre (Block, S. 54, 58, 94);[16]

6. zur Theorie von der Bildung des Wertes durch die dispositive und spekulative Tätigkeit des Unternehmers (Block, S. 54);[17] und schließlich

Bedürfnis für Waren – die Nachfrage – quantitativ verschieden ist von dem *wirklichen gesellschaftlichen Bedürfnis*, ist natürlich für verschiedene Waren sehr verschieden ...« [MEW 25, S. 198]. – Für jeden bestimmten Zeitpunkt lässt sich sinnvoll das gesellschaftliche Bedürfnis als bestimmte Resultante einer Unzahl von Faktoren denken und sagen, dass zu seiner Befriedigung bei gegebenem Stand der Produktivkräfte eine bestimmte Menge von konkreten Arbeitsstunden (die sich in der marktlosen, zentral geleiteten Wirtschaft errechnen ließen), notwendig ist.

15 Der Wert wird bei Marx nicht durch die Konkurrenz »konstituiert«, sondern »nur vermittels der Entwertung oder Überwertung der Produkte werden die einzelnen Warenproduzenten mit der Nase darauf gestoßen, was und wieviel die Gesellschaft davon braucht oder nicht braucht« (Engels, von Block zitiert [MEW 21, S. 185]). Wenn Angebot und Nachfrage sich aufheben, so ist damit alle angebotene Ware als gesellschaftlich notwendig anerkannt. Überwiegt das Angebot, so zeigt das an, dass mehr Arbeit auf die betreffende Ware verwendet wurde, als dem zahlungsfähigen gesellschaftlichen Bedürfnis entspricht. Überwiegen der Nachfrage ist ein Anzeichen für das Gegenteil: die Gesellschaft ist bereit, ein größeres Quantum Arbeit auf eine Ware anzulegen, als darauf von dem isolierten Produzenten aufgewendet wurde. [MEW 25, S. 182–209.]

16 Die Argumente Blocks begründen zwar nicht seine These, sondern zeigen nur deutlich, dass sich die Marxsche Wertlehre nicht in das Schema »subjektive« oder »objektive« Werttheorie einspannen lässt.

17 Dieser Einwand wurde – nach Tatjana Grigorovici – von Heinrich von Sybel [Die Lehren des heutigen Socialismus und Communismus. Bonn

7. zu einem circulus vitiosus, da Marx die Verteilung aus der Produktion ableitet, während hier umgekehrt die Produktion auf die Nachfrage zurückgeführt werde (Block, S. 54).[18]

8. Mit der Marxschen Geldtheorie stimmt so die erste Fassung der gesellschaftlich notwendigen Arbeit als technologischer Durchschnitt überein und auch diese nur unter der absurden Voraussetzung, dass sich alle Waren zu ihrem Wert absetzen lassen (Block, S. 55).

1872] 1872 zum ersten Male geäußert. Wenn wir auch den Hauptergebnissen der Grigorovicischen Schrift nicht zustimmen können, so scheint sie uns doch gerade diesen Einwand als haltlos erwiesen zu haben. Vgl. die von Block öfters zitierte Schrift [von Grigorovici:] Die Wertlehre bei Marx und Lassalle. Beitrag zur Geschichte eines wissenschaftlichen Missverständnisses. Wien 1908, S. 6–16.

18 Dieser Einwand ist etwas sonderbar, nachdem Block im vorhergehenden Absatz einen Marxschen Satz zitiert, der die Antwort auf ihn bereits enthält: »Es sei hier ganz im Vorbeigehen bemerkt, dass das ›gesellschaftliche Bedürfnis‹, d. h. das, was das Prinzip der Nachfrage regelt, wesentlich bedingt ist durch das Verhältnis der verschiedenen Klassen zueinander und durch ihre respektive ökonomische Position, namentlich also erstens durch das Verhältnis des Gesamtmehrwertes zum Arbeitslohn und zweitens durch das Verhältnis der verschiedenen Teile, worin sich der Mehrwert spaltet ...; *und so zeigt sich auch hier wieder, wie absolut nichts aus dem Verhältnis von Nachfrage und Zufuhr erklärt werden kann, bevor die Basis entwickelt ist, worauf dies Verhältnis spielt.*« [MEW 25, S. 191; Hervorhebung durch Pollock.] Die letzten, von uns gesperrten Worte hat Block weggelassen, da sie ihm offenbar in diesem Zusammenhang belanglos erschienen. Aber gerade in ihnen kommt die Marxsche Auffassung am deutlichsten zum Ausdruck. Durch die Verteilung der Produktionsmittel ist nach Marx allerdings festgelegt, wieviel von dem Sozialprodukt auf Arbeitslöhne, Mehrwert und Erneuerung des Produktionsapparates unter gegebenen Verhältnissen entfällt, nicht aber, auf welche einzelnen Waren die Lohn-, Gehalt-, Renten- usw. Empfänger ihre Nachfrage richten. Die Einsicht in diesen einfachen Sachverhalt verbaut sich Block durch seinen dem Marxschen diametral entgegengesetzten Standpunkt; seiner Meinung nach ist »die Nachfrage stets der Ausfluss spontaner Akte und damit der gegebene Ausgangspunkt ökonomischer Systematik« (Block, S. 54).

9. Die Auslegung der gesellschaftlich notwendigen Arbeit im technologischen Sinn führt in Verbindung mit der Geldtheorie notwendig
zu einer Theorie der krisenlosen Wirtschaft (Block, S. 81, 103).

Aus den hier von Block aufgerollten Problemen gehen wir nur auf
diejenigen ein, die unmittelbare geldtheoretische Konsequenzen haben, und begnügen uns bei den übrigen Punkten jeweils mit den
kurzen Anmerkungen.

Wir beginnen mit Blocks häufig wiederholter Behauptung, dass die
»neue Wendung« geldtheoretisch zur Quantitätstheorie führen müsse.

James Steuart, so sagt Marx, war »der erste, der die Frage stellt:
ist die Quantität des umlaufenden Geldes durch die Warenpreise,
oder sind die Warenpreise durch die Quantität des umlaufenden
Geldes bestimmt?« [MEW 13, S. 140.] Die Lehrmeinungen, welche die
Geldquantität als bestimmendes Moment der Warenpreise betrachten,
werden unter dem Begriffe »Quantitätstheorie« zusammengefasst.
Marx lehnt die Quantitätstheorie ab und akzeptiert die Gegenthese.
Der Zirkulationsprozess, welcher nach der stofflichen Seite hin die
Reproduktion des gesellschaftlichen Lebens vermittelt, zeigt, isoliert
betrachtet, nichts als den eintönigen Prozess W–G–W, nichts als
Formveränderungen der Warenwerte. Die Aufgabe des als Zirkulationsmittel fungierenden Geldes erschöpft sich darin, den Warenwerten die Geldform zu geben. Es stellt »nur *reell* die in der Preissumme
der Waren bereits *ideell* ausgedrückte Goldsumme dar« [MEW 23,
S. 131]. Daraus folgt, dass in einem gegebenen Zeitabschnitt die Masse
des als *Zirkulationsmittel* fungierenden Geldes bestimmt ist durch
die zu realisierende Preissumme der Waren [MEW 23, S. 132]. Dieses
Gesetz, das sich notwendig ans dem Marxschen Zirkulationsbegriff
ergibt, erfährt im Laufe seiner Untersuchung verschiedene Ergänzungen. Es wird modifiziert durch die Umlaufsgeschwindigkeit des
Geldes [MEW 23, S. 134], durch die Funktion des Geldes als Zahlungsmittel [MEW 23, S. 148–156], sowie durch die Komplikationen,
denen es »in der kapitalistischen Zirkulation mit ihren komplizierten
Verkehrsvorgängen und ihren Geldsurrogaten verschiedenster Art
unterworfen ist«[19]. Die Grundstruktur des Gesetzes wird jedoch

19 Kapital II, 305. [Nicht identifiziert.]

durch keine dieser Modifikationen geändert, sie lässt sich immer durch die Formel ausdrücken: Preissumme der Waren = Summe des zirkulierenden Geldes.

Auf den ersten Blick scheint sich das Marxsche Gesetz von der Quantitätstheorie nur dadurch zu unterscheiden, dass bei Marx die linke Seite der Formel die rechte Seite bestimmt, während bei der Quantitätstheorie die linke als abhängige Variable gilt. Jedoch ist der Unterschied viel tiefer: die Quantitätstheorie betrachtet jeweils die gesamte in dem betreffenden Lande vorhandene Geldmenge und setzt sie gleich mit »zahlungsfähiger Nachfrage«. Von dieser Gleichsetzung ist aber bei Marx keine Rede, für ihn handelt es sich vielmehr um ein Gesetz, welches die Quantität des *zirkulierenden* Geldes betrifft. Er will damit nachweisen, dass in der Zirkulationssphäre nie mehr Geld vorhanden sein kann als dort gebraucht wird; ein etwaiger Überschuss wird beseitigt entweder durch Verlangsamung der Umlaufsgeschwindigkeit oder durch Abfließen in die hoards. Eine Einwirkung der Geldmenge auf das Preisniveau, wie es von der Quantitätstheorie behauptet wird, ist demnach für Marx bei Geld im eigentlichen Sinne ausgeschlossen. Papiergeld, d. h. Staatspapiergeld mit Zwangskurs, unterscheidet sich vom »Geld« gerade dadurch, dass es die Zirkulationssphäre nicht verlassen kann und deshalb preissteigernd wirkt, sobald es in einem größeren Nominalbetrag ausgegeben wird, als die für die Zirkulation erforderliche (Gold-)Geldmenge. Block begeht nun den elementaren Fehler, vorauszusetzen, bei Marx sei zirkulierende Geldmenge identisch mit der für den Einkauf der Waren verfügbaren Geldsumme, d. h. mit der gesamten zahlungsfähigen Nachfrage. Diese beiden Größen haben aber bei Marx unmittelbar gar nichts miteinander zu tun. Zahlungsfähige Nachfrage kommt zustande durch die Verausgabung gesellschaftlich notwendiger Arbeit, das Geld spielt dabei keine konstitutive, sondern lediglich eine deklaratorische Rolle. Wenn Block an anderer Stelle (Block, S. 103) sagt, der Marxschen Auffassung liege »im Grunde die Anschauung zugrunde, dass sich Waren gegen Waren tauschen«, so hat er damit völlig recht[20]. Nur dadurch,

---

20 Die weiteren Bemerkungen Blocks in diesem Zusammenhang, dass näm-
    lich die Waren sich derart tauschen müssten, »dass kein Rest bleibt«,

dass er diese Grundanschauung wieder vergessen hat, kann Block zur Behauptung kommen: bei einer Interpretierung der Werttheorie im Sinne des gesellschaftlichen Bedürfnisses wäre »die auf dem Markt vorhandene (soll heißen die zirkulierende) Geldmenge« nicht »von der ihr gegenüberstehenden Preissumme« (soll heißen Summe der zu realisierenden Warenpreise) abhängig, sondern der Geldbetrag, über den die Nachfrage verfüge, also eine gegebene Geldsumme, verteile sich auf die Waren, deren Preis ein aliquoter Teil der Geldmenge sei.

Der Nachweis dafür, dass die Marxsche Wertlehre in der »zweiten Fassung« »bei folgerichtiger Anwendung auf die Geldlehre die Quantitätstheorie in sich schließt«, ist Block misslungen.

Nicht viel besser steht es mit der These Blocks unter 5: nur unter der utopischen Voraussetzung, dass sich alle Waren zu ihrem Wert (im Sinne des technologischen Durchschnitts) absetzen lassen, stimmen Geld- und Werttheorie bei Marx zusammen. Denn sonst – so meint er – würden sich »ungleiche Wertquanten austauschen, z. B. würden zehn Werteinheiten in Warenform gegen neun Werteinheiten in Geld ausgetauscht werden und der Rest ließe sich nicht realisieren« (Block, S. 51). Nun sagt aber Block ausdrücklich, dass sich dieser Teil seiner Untersuchungen nur auf die »einfache Warenproduktion« beziehe (Block, S. 65), in der sich also nach Marx die Werte noch nicht in »Produktionspreise« verwandeln, sondern der Austausch aller Waren zu ihren Werten erfolgt. Das ist aber durchaus nicht identisch damit, dass nun auch alle Waren, die auf dem Markt erscheinen, tatsächlich abgesetzt werden. Erst nach dem Verkauf weiß der Warenbesitzer, ob und wieviel Wert seine Ware verkörperte. Allerdings gilt für die »einfache Warenproduktion« bei Marx das Gesetz, dass die Waren entweder zu ihren Werten oder überhaupt nicht Absatz finden. Man mag die Richtigkeit dieses Gesetzes bestreiten, was ja wahrlich oft genug geschehen ist, unterstellt man es aber als richtig, dann fällt der Blocksche Einwand in sich zusammen. Eine ganz andere Frage ist es, inwieweit die Verwandlung der Werte in »Produktionspreise« die

und dass Marx übersehe, »dass die Einheit W–W in die Phasen W–G und G–G zerfallen ist«, sind für jeden Kenner des Marxschen Systems einfach absurd.

Wertmaßfunktion des Geldes berührt, eine Frage, die sehr genauer Prüfung bedarf und auf die Marx keine ausdrückliche Antwort gibt. Der Lösungsversuch Blocks, an Stelle der wertbildenden Arbeit eine »produktionspreisbildende Arbeit« als Wertsubstanz anzunehmen (Block, S. 99), erscheint unvereinbar mit der Grundstruktur des Marxschen Systems.

Der letzte Versuch Blocks, im Zusammenhang mit dem Begriff der gesellschaftlich notwendigen Arbeit die Marxsche Geldtheorie ad absurdum zu führen, schließt sich an die Behauptung an, dass »jede Ware, soweit sie gesellschaftlich notwendige Arbeitszeit enthält, notwendig Absatz finden muss« (Block, S. 81). Hiergegen lässt sich nichts sagen, sofern man die gesellschaftlich notwendige Arbeit nicht fehlerhaft im technologischen Sinn auffasst. Block fährt aber fort: »Ja, sofern die gesellschaftlich notwendige Arbeit im technologischen Sinn ausgelegt wird, muss sich der Ablauf der Wirtschaft viel ruhevoller und harmonischer vollziehen, als es sich Say oder Ricardo je hätten träumen lassen ... Sie leugneten nicht jede Depression; denn gerade durch die Preissenkung sollte die Produktion auf den rechten Weg gewiesen und eine Krise vermieden werden. Auf Grund der Marxschen Geldtheorie ist dagegen die konjunkturlose Wirtschaft, die eine Reihe von Quantitätstheoretikern durch eine geschickte Geldpolitik verwirklicht sehen möchte, aus einer Forderung an die Wirtschaft ... zur Wirklichkeit gestempelt worden, zu einer Realität, die den Kassandrarufen der Marxschen Krisentheorie die Rechtfertigung entzieht« (Block, S. 81). Folgerichtig müsse also, so sagt Block an anderer Stelle (Block, S. 108), »die Marxsche Auffassung zur Leugnung der Krisen führen«.

In diesem Gedankengang steckt ein ganzes Knäuel von Missverständnissen, dessen restlose Entwirrung hier viel zu weit führen würde. Im wesentlichen beruht Blocks Beweisführung auf vier falschen Annahmen, die wir zum Teil schon kennen: dass »das für die Zirkulation erheischte Quantum Gold« gleich sei mit der zahlungsfähigen Nachfrage; dass alle angebotenen Güter deshalb Absatz finden müssten; dass gesellschaftlich notwendige gleich technologisch durchschnittliche Arbeit sei; dass schließlich Marx die aus methodologischen Gründen im I. Band des *Kapital* vorgenommene

Annahme, dass Angebot und Nachfrage sich decken, verabsolutiert habe. Die Sinnlosigkeit der letzten Annahme lässt sich leicht an den folgenden Sätzen zeigen, die gleichzeitig eine treffende Zusammenfassung der Marxschen Meinung über einige hier behandelte Probleme geben: »Damit eine Ware zu ihrem Marktwert verkauft wird, d. h. im Verhältnis zu der in ihr enthaltenen gesellschaftlich notwendigen Arbeit, muss das Gesamtquantum gesellschaftlicher Arbeit, welches auf die Gesamtmasse dieser Warenart verwandt wird, dem Quantum des gesellschaftlichen Bedürfnisses für sie entsprechen, d. h. des zahlungsfähigen gesellschaftlichen Bedürfnisses. Die Konkurrenz, die Schwankungen der Marktpreise, die den Schwankungen des Verhältnisses von Nachfrage und Zufuhr entsprechen, suchen beständig das Gesamtquantum der auf jede Warenart verwandten Arbeit auf dieses Maß zu reduzieren.« [MEW 25, S. 202.]

Die vorstehenden Ausführungen dürften erwiesen haben, dass die Blocksche Darstellung und Kritik der Marxschen Geldtheorie in keiner Weise gerecht geworden ist. Es erübrigt sich deshalb wohl, auf die vielen anderen Punkte einzugehen, durch deren Erörterung unsere These weiter erhärtet werden könnte. Hingegen soll nochmals betont werden, dass sich in der Blockschen Arbeit auch eine Anzahl interessanter Einzelheiten findet, wohl geeignet, zum Nachdenken über die geldtheoretischen Probleme bei Marx anzuregen. Wir verweisen auf Blocks Ausführungen über das Problem des Goldwertes (Block, S. 65 ff); über die Schwierigkeiten, die sich durch die Lehre von den Produktionspreisen für die Geldtheorie ergeben (Block, S. 98 ff); über die Problematik der Horttheorie (Block, S. 108 ff) u. a. So lässt sich abschließend sagen, dass Blocks Buch in gewissem Sinne auch einen Beitrag zu den Vorarbeiten der eingangs geforderten systematischen und kritischen Nachschöpfung der Marxschen Geldtheorie bildet.

BEIHEFTE ZUM ARCHIV
FÜR DIE GESCHICHTE DES SOZIALISMUS UND DER
ARBEITERBEWEGUNG
HERAUSGEGEBEN VON CARL GRÜNBERG / HEFT 3

Friedrich Pollock

Sombarts
„Widerlegung"
des Marxismus

VERLAG VON C. L. HIRSCHFELD
LEIPZIG 1926

Sombarts »Widerlegung« des Marxismus [1926]

»Nicht als glaubte ich, der Marxismus sei überhaupt einer Kritik nicht zugänglich. Ganz gewiss bietet er für eine solche Angriffspunkte genug. Freilich wird es meines Erachtens immer nur auf eine Weiterentwicklung, nicht auf eine ›Widerlegung‹ ankommen. Mit der mag sich der politische Streber befassen...«

Werner Sombart: Zur Kritik des ökonomischen Systems von Karl Marx (im Archiv für soziale Gesetzgebung und Statistik, 7. Band, Berlin 1894, S. 586 f).

Inhalt

Vorbemerkung

Die zehnte, neugearbeitete Auflage der Schrift *Sozialismus und soziale Bewegung*[1] stellt sich dem Leser vor in zwei großformatigen Bänden mit zusammen über tausend Seiten, von denen ein beträchtlicher Teil in kleinsten Buchstaben gedruckt ist. Das jedem Band beigefügte Namensverzeichnis nennt hunderte von Namen, ein fünfzig Seiten langer Anhang soll ein »Führer durch die sozialistische Literatur« sein. Das Werk zerfällt in zwei ungefähr gleichstarke Bücher: »Die Lehre« ist das erste betitelt, »Die Bewegung« das zweite. Das Ganze macht äußerlich den Eindruck einer großangelegten, mit allem erdenklichen wissenschaftlichen Apparat arbeitenden Monographie und erscheint durchaus geeignet, die Aufgabe zu lösen, die sich der Verfasser gestellt hat: den modernen Sozialismus »einem größeren Leserkreise zum Verständnis zu bringen« (I/23). Man nimmt es zur Hand in der Erwartung, hier die lang entbehrte wissenschaftliche Darstellung des Sozialismus und der sozialen Bewegung zu finden. Aber die Lektüre muss derartige Erwartungen gründlich enttäuschen. Von Wissenschaft ist in Sombarts Untersuchung wenig zu finden, und einmal des gelehrten Beiwerkes entkleidet, enthüllt sie sich als überaus prätentiöses, mit allen Mitteln der Demagogie arbeitendes, von einer romantisch-reaktionären Gesinnung getragenes politisches Pamphlet.

Es ist der Zweck der folgenden Seiten, die Berechtigung dieses Urteils zu erweisen. Wir bringen zunächst eine systematische Wiedergabe des Hauptinhaltes der beiden Bücher, vielfach mit Sombarts eigenen Worten und unter Vermeidung kritischer Bemerkungen. Wo die Sombartschen Ausführungen mehrdeutig sind, haben wir jeweils denjenigen Sinn referiert, der unserer Meinung nach dem Geiste des Sombartschen Werkes am meisten entspricht.

Diese ausführliche Inhaltsangabe erscheint uns aus zwei Gründen geboten. Es wird damit den Lesern einer früheren Auflage von Sombarts *Sozialismus und soziale Bewegung* gezeigt, wie gründlich diese

---

[1] Werner Sombart: Der Proletarische Sozialismus (»Marxismus«). 2 Bände. Jena 1924. Die beiden Bände werden hier zitiert als I/ bzw. II/.

zehnte Auflage »neugearbeitet« wurde, so, dass im Wesentlichen ein ganz neues Buch entstanden ist. Ferner ist ein kommentarloses Referat zunächst besonders geeignet, erkennen zu lassen, wes Geistes Kind Sombarts neues Werk ist. – Es folgt dann die eigentliche Kritik, in der an Hand einiger besonders charakteristischer Beispiele versucht wird, die eigenartige Struktur des Buches aufzuzeigen. Von vornherein sei gesagt, dass in der Regel darauf verzichtet wurde, den Sombart von heute mit dem der früheren Auflagen zu konfrontieren. Wir begnügen uns damit, festzustellen, dass Sombart seine früheren Ansichten von Grund auf verändert hat. Dabei sei ohne weiteres zugegeben, dass die geistige Entwicklung eines Denkers ihn von seinen ursprünglichen Anschauungen weg zu entgegengesetzten führen kann und dass es sein gutes Recht ist, die neue Meinung unbekümmert um früher Gesagtes zu vertreten. Die Art, wie sich ein solcher Gesinnungswandel dokumentiert, ist eine Frage des Taktes, und es ist bemerkenswert, wie –unbekümmert er bei Sombart auftritt. Es soll davon in den folgenden Ausführungen ebenso wenig die Rede sein wie von den »psychologischen, soziologischen und ideologischen« Wurzeln des Falles *Sombart*. –

Hier folgt eine Darstellung der beiden Bücher, die natürlich keineswegs den Anspruch erhebt, deren Inhalt zu erschöpfen.

I. Teil: Referat

Erstes Buch: Die Lehre

I. Der Problemkreis

Für das Verständnis des Sombartschen Werkes sind dessen erste Seiten von größter Bedeutung; denn hier wird sogleich die Methode angewendet, welche in dem ganzen Werk eine entscheidende Rolle spielt: die phänomenologische Methode der Wesensschau. »Die Idee des Sozialismus« bildet den Gegenstand des ersten Kapitels, und sie soll auf »*synthetische*« Weise gefunden, d. h. bei Sombart: »erschaut« werden. Denn auf andere Weise lassen sich allgemeine Begriffe (hier gleichbedeutend mit »Idee«) nicht finden. »Dass der allgemeine Begriff des Sozialismus nicht aus der Erfahrung gewonnen, nicht durch Analyse bestimmter Erscheinungen und durch Zusammenstellung von Merkmalen bestimmter beobachteter Tatsachengruppen gebildet werden kann, leuchtet ein« (I/3). Auf das konkrete Ergebnis der Sombartschen Wesensschau ist hier nicht näher einzugehen (vgl. unten 181 ff), denn Sombart erklärt am Ende des ersten Kapitels, dass er sich mit dem Problem des Sozialismus in seiner allgemeinsten Bedeutung nicht weiter beschäftigen werde. Gegenstand des Werkes sei vielmehr eine »besondere reale Spielart des Sozialismus«, nämlich der »moderne« oder »proletarische« Sozialismus. Dieser ist aber ein »*analytischer Begriff*« und zu definieren als der »geistige Niederschlag der modernen sozialen Bewegung« (I/19).

Bei der Buntheit der Lehren, die gemeinhin sozialistische genannt werden, bei der Heftigkeit, mit der »die Massenführer« sich untereinander befehden (I/24), muss man allerdings fragen, ob es so etwas gibt wie den »modernen« oder »proletarischen« Sozialismus. Sombart bejaht diese Frage mit großem Nachdruck. Von Proudhon bis Lenin, von Moses Hess bis Vandervelde sind ihm alle »Sozialisten« im Grunde eines Geistes. »Diese Einheit liegt selbstverständlich nur in der die einzelnen Äußerungen verbindenden Idee«, in bestimmten Prinzipien, und Sombart erachtet es als »den vornehmsten Teil« seiner Aufgabe, diese »aufzuweisen, und sie zu einer geistigen Einheit zu verbinden« (I/27). In dieser so gefassten geistigen Einheit wird dann das Marxsche System nur einen Teil darstellen, allerdings den Teil, der dem Ganzen den Stempel aufdrückt (I/23).

Zu diesem »noetischen Verstehen« soll sich das »genetische Verstehen« gesellen, d. h. Sombarts Werk will auch noch die psychologische, soziologische und ideologische Herkunft des »proletarischen« Sozialismus verstehen lehren, während das »kritische Verstehen«, d. h. »grundsätzliche Kritik« (wie sie Sombart etwa in seiner Stuttgarter Rede[2] geübt hat) »nicht im Bereich der Aufgaben liegt« (I/29).

II. Der Ursprung des proletarischen Sozialismus

Die »Ideen«, welche dem »modernen« Sozialismus zugrunde liegen, »kommen von irgendwo her; sie schlagen irgendwann einmal Wurzel in dem Hirn eines Menschen und verdanken ihren Eintritt in die Welt irgendwelchen Umständen [...] sehr mannigfaltiger Art« (I/28). Sie sind jetzt aufzuzeigen.

Soziologisch geht der moderne Sozialismus auf jenen »tragischen Auflösungsprozess« zurück, »in den die westeuropäische Gesellschaft seit dem Ausgange des Mittelalters eingetreten ist«: auf die allmähliche Verdrängung der feudalen Gesellschaft durch die kapitalistische. Die Verelendung der arbeitenden Klassen forderte die Kritik heraus, und diese musste um so heftiger werden in einer Zeit, wo es in allen europäischen Ländern gärte. Zu den soziologischen Wurzeln in etwas weiterem Sinne zählt schließlich noch »die Gestaltung des (überindividuellen) Volksgeistes« (I/41). »Der Wurzellosigkeit und dem Rationalismus des französischen Volksgeistes« ist es zuzuschreiben, dass französisches Denken an der Ausbildung der sozialistischen Lehren einen so großen Anteil haben konnte. Im vor-

2 [Werner Sombart:] Theorie des Klassenkampfes. In: Verhandlungen des Vereins für Sozialpolitik in Stuttgart 1924. München und Leipzig 1925, S. 5 ff ([im Folgenden zitiert] als R.). Gelegentlich werden wir der größeren Deutlichkeit halber diese Rede mit heranziehen. Wir sind dazu um so mehr berechtigt, als Sombart in ihr (S. 10, 82) mehrfach auf sein Buch verwiesen hat.

märzlichen Deutschland bereiten »zersetzende subjektive Kritik an allem Objektiven in Glaube, Wissenschaft und Staat«, verbunden mit einem »französenfreundlichen Antipatriotismus« (I/45), den Boden für die Rezeption und Weiterentwicklung französischer sozialistischer Ideen.

Wenn der *psychologische* Ursprung des modernen Sozialismus aufgewiesen werden soll, dann handelt es sich darum, sich mit jenen Persönlichkeiten zu befassen, welche »die ›Einfallstelle‹ der ewigen Ideen und notwendige Vermittlung zwischen Geist und Leben« (I/48) bilden.

Mittels der typologischen Methode versucht Sombart zunächst die identische »Wesenheit der sämtlichen sozialistischen Denker zur Darstellung zu bringen« (I/49). Sie sind alle »soziale« Menschen, weil für sie »alle gesellschaftlichen Werte obenan auf der Stufenleiter der Werte stehen« (I/53). Da Liebe asozial sei, gilt es für Sombart als »ein besonders markantes Kennzeichen fast aller sozialistischen Denker der Neuzeit, dass sie ohne Liebe waren« (I/54). Dass sie sich zu der sie umgebenden Gesellschaft negativ einstellen, beruht auf einem ihnen allen gemeinsamen Schicksal: von Saint-Simon bis Robert Michels sind sie alle »im Leben Gescheiterte, aus der Bahn Geschleuderte« (I/55). »Nur ganz wenige der einflussreichen Schriftsteller erster Ordnung stammen aus dem Proletariat und sind dann natürlich nichts als Interessenten. Die überwiegende Mehrzahl besteht aus deklassierten Bourgeois, denen in irgendeiner Weise die Karriere verdorben ist« (I/75). Die so vom Schicksal Getroffenen lassen ihr Unbehagen, ihren Ekel am Dasein, den »Unrat« ihrer Seele abfließen in bestimmte »Kloaken«: die Kritik an der Gesellschaft.

Diese Kritik gelangt häufig zu eigenartigen Konsequenzen; bei den einen zu blinder Zerstörungswut, wie wir sie im Revolutionismus noch kennen lernen, andere führt sie zum »Ressentiment«, das ist jene seelische Haltung, welche die Werttafeln fälscht und Unwerte an Stelle von Werten setzt. Das Ressentiment ist ein konstitutives Element der sozialistischen Weltanschauung. Von ihm aus flüchtet sich ein Teil der sozialistischen Denker »zur gedanklichen Konstruktion von ›besseren‹ Welten [...]; Menschen ohne Halt im Leben, ohne Halt in sich, disäquilibriert, uneinheitlich, suchen sie die ihnen fehlende natürliche Einheit des Wesens durch die künstliche Einheit eines rationalen Systems zu ersetzen« (I/56 f).

Seiner »überragend großen Persönlichkeit« wegen wird Karl Marx neben dieser typologischen Studie eine besondere Würdigung nach »biographischer Methode« zuteil, mit welcher wir uns noch eingehend zu beschäftigen haben werden. An dieser Stelle sei nur erwähnt, dass Sombart immer wieder hervorhebt: Marx habe »zu dem Bestande an eigentlich sozialistischen Ideen so gut wie gar nicht beigetragen« (I/174).

Zur Orientierung über den ideologischen Ursprung der sozialistischen Ideen gibt Sombart einen »geistigen Stammbaum des proletarischen Sozialismus«, als dessen tiefste Wurzeln »griechische Verfallphilosophie« und »jüdischer Geist« genannt werden, und in dem u. a. neben der englischen Philosophie des 17. und 18. sowie der französischen des 18. Jahrhunderts Jesuiten und Calvinismus figurieren (I/84).

Dieser »Stammbaum« illustriert am besten die »Grundauffassung« Sombarts, »dass die Ideenwelt des modernen, proletarischen Sozialismus das Gepräge des ›westlichen‹, also romanisch-angelsächsischen Geistes trägt und in ihrem innersten Wesen undeutsch ist« (I/84).

III. Der Proletismus

»Einheitliche Grundideen«, letzte »Prinzipien« des modernen Sozialismus aufzuweisen, hat Sombart als seine vornehmste Aufgabe angezeigt. Im dritten Abschnitt wird damit begonnen und »die Uridee des proletarischen Sozialismus [...] die Idee des Proletismus« (I/86) dargestellt, d. h. jene, aus der der übrige geistige Gehalt des proletarischen Sozialismus entspringt. Der Proletismus lässt sich auflösen in drei Bestandteile: den Grundwert und zwei ihm entsprechende Ideologien. Jener wird charakterisiert als »Massenlebenswert«: »Das ist die Überallesbewertung der Tatsache: dass es vielen (allen) Menschen wohlergehe und sie lange leben auf Erden« (I/87). Unter »Wohlergehen« ist hier in erster Linie zu verstehen »die Befriedigung der natürlichen Triebe, ›die Emanzipation des

Fleisches‹, wie es seit Enfantin heißt« (I/90). Dieser aus jüdischem und englischem Volksgeist geborene Grundwert verknüpft sich im Proletismus aufs engste mit zwei Ideologien, d. h. theoretisch oder idealistisch verkleideten praktischen Interessen (I/98): den Postulaten der »Freiheit« und der »Gleichheit«. Was sich im Proletismus hinter diesen Postulaten verbirgt, wird besonders im 8. und 9. Kapitel ausführlich dargelegt. Es wird erörtert, was die vieldeutigen Worte Freiheit und Gleichheit alles bedeutet haben und welche Begründungen für ihre Aufstellung als Postulate in der Geschichte gegeben wurden. Schließlich stellt sich heraus, dass im vorliegenden Fall die »Idee der Freiheit« nichts anderes darstellt als die »Ideologie des Hedonismus« (I/100) und so viel wie »Genussfreiheit« bedeutet. Sombart empfiehlt deshalb, statt von Freiheit von »Libertät« zu sprechen, wenn dieser »Ungebundenheitsindividualismus« gemeint ist (I/100, 105). Mit dem Postulat der Gleichheit ist es nicht besser bestellt. Es enthält »die Annahme bzw. Forderung, dass kein Individuum mehr sei, mehr könne, mehr gelte und mehr habe als das andere« (I/104), und wird am besten das »Egalitätsprinzip« genannt. Manchmal tritt es in Verkleidungen auf, die aber leicht durchschaubar sind. So schöne Worte wie Brüderlichkeit, Bruderliebe heißen nichts als: »Du bist auch nichts Besseres als ich, du bist eben nur mein Bruder« (I/252). Hochbewertung der Masse und Ressentiment haben aus den ursprünglichen Gleichheitsvorstellungen eine Gleichheitsforderung gemacht, welche entscheidend ist für das Bild des sozialistischen Zukunftsstaates.

So beschaffen ist nach Sombart der »Proletismus«, d. h. also »diejenige Idee, die alle übrigen in sich enthält, aus der alle übrigen folgen, mit der alle übrigen notwendig verbunden sind« (I/86) und deren Grundwerte heißen: »Wohlleben, Reichtum, Wissen, Technik, Libertät, Egalität, Masse« (I/221). Aus diesem Geiste des Proletismus baut sich nun eine dem »proletarischen Sozialismus« eigentümliche Weltanschauung auf (I/115), deren Darstellung der V., VI. und VII. Abschnitt (I/176–290) gewidmet sind. Zuvor wird jedoch das »Werk der Zerstörung« betrachtet, welches der Proletismus vollbringt:

IV. Die Auflösung der bisherigen Weltordnung

Das »Zerstörungswerk« des proletistischen Geistes beginnt mit der »Entgottung der Welt«, der Vernichtung des Gottesglaubens. »Dass der moderne Sozialismus ungläubig ist, ist sein erstes und wichtigstes, für sein ganzes Wesen grundbestimmendes Merkmal. Und seine ganze welthistorische Bedeutung liegt eingeschlossen in dieser seiner Ungläubigkeit. Alles andere ist Beiwerk« (I/116). Ein anfänglich im proletarischen Sozialismus vorhandener »Anflug von Religiosität« wird gänzlich vernichtet durch Marx. Auch hier ist Marx »nicht originell«, denn der »Prozess der Entgottung und Entgeistung« war lange vor ihm schon weit fortgeschritten. »Bürgerliche Denker westlichen Gepräges« und »Ludwig Feuerbach [...], in dessen Pubertätsphilosophie sich der Abfall der deutsch schreibenden ›Philosophen‹ von der deutschen Philosophie am dramatischsten vollzieht« (I/121), sind die Schöpfer der Waffen, mit denen Marx seinen Kampf gegen die Religion ausficht. Allerdings ist Marx über Feuerbach hinausgegangen, er hat den Revolutionismus (siehe unten) in die »kontemplative Philosophie« Feuerbachs hineinverarbeitet, und dieser »vermarxte Feuerbachianismus« verknüpft die Anschauung, dass das Geistige nichts ist als ein »Erzeugnis des Materiellen«, mit dem Gedanken, dass die Verschiedenheit des Geistigen bedingt sei durch die »Verschiedenheit der ökonomischen Technik« (I/126) – ein Gedanke, der »zu hunderten von Malen vor ihm geäußert worden« (I/126) war. Aus einer solchen Grundanschauung ergab sich dann als »entscheidend wichtige Konsequenz« ein »dezidierter Atheismus« (I/127). Warum hat nun der Proletismus diese Theorie übernommen? In erster Linie wegen ihres »ideologischen Charakters«, d. h. weil diese Theorie »nur dazu dient, um tiefer liegenden Werturteilen und Willenszielen als rationale Rechtfertigung zu dienen« (I/131). An Stelle der verdrängten echten Religion und echten Philosophie tritt »der ungläubige Materialismus, die ›wahre‹ Philosophie des Proletismus« (I/139). Daraus ergeben sich »für die Auffassung von Gesellschaft und Geschichte« (I/142) weittragende Folgen. Die »alten Ordnungen«

werden »zertrümmert«. Der »soziale Idealismus«[3], nach welchem die menschliche Gesellschaft und ihre Einrichtungen »eine Auswirkung transzendenter Ideen« sind (I/142), wird verdrängt durch den »sozialen Naturalismus«, in dem »alle Ideen aus letzten sozialen Elementen abgeleitet werden« (I/147). Das ist allerdings auch die Weltanschauung des Kapitalismus, aber die extremsten Ansichten werden erst aus der naturalistischen Grundauffassung herausentwickelt, »nachdem diese in den Dienst bestimmter Wertvorstellungen und Willensimpulse gestellt worden war« (I/155). Diese Ausartungen lassen sich charakterisieren als Ablehnung jeder Autorität und jeder Tradition. Dass der Proletismus dazu gelangt, »nachdem Gott und das Reich der Ideen beseitigt war«, ist kein Wunder.

Wenn der proletarische Geist solchermaßen sein Zerstörungswerk in den Köpfen der Menschen beendet hat, dann hat er »alles in Trümmer geschlagen, was Jahrtausende vor ihm aufgebaut hatten. Er sieht sich einem Ruinenfelde gegenüber. Was wird er beginnen?« (I/160). Zwei verschiedene Wege kann er dann gehen. Der eine bedeutet die Fortsetzung des Zerstörungswerkes für unbegrenzte Zeit, Vernichtung als Selbstzweck, »ewige Revolution«. Das ist die Lehre des »Revolutionismus«. Aus Gründen; die wir später kennen lernen werden, hat Marx, der geborene Revolutionist, einen anderen Weg eingeschlagen, »auf dem man irgendwie zu einem neuen Aufbau zu gelangen hoffen durfte. Das aber war der Weg des proletarischen Sozialismus« (I/173).

V. Die soziale Metaphysik
(= die Metaphysik der Sozialtheorien)

Ebenso wie die bisher dargestellte Weltanschauung des Proletismus »auf Schritt und Tritt durchsetzt (ist) mit metaphysischen Konstruktionen« (I/175), so ist auch die proletarische Geschichts- und Gesellschaftstheorie metaphysisch unterbaut. Diese »massiv-metaphysischen« Hilfskonstruktionen sollen wir jetzt im Zusammenhang

3   Siehe unten S. 190.

kennen lernen. Sie wurden nicht von den proletistischen Denkern geschaffen, sondern stammen aus dem Arsenal der bürgerlichen Aufklärung, sind also »denkbar primitiv« (I/176). Dem quellenmäßigen Nachweis dieser These sind große Teile des V. Abschnittes gewidmet (wie ja überhaupt in dem ganzen Werke auf den Nachweis literargeschichtlicher Zusammenhänge der größte Wert gelegt wird).

Nachdem der Proletismus den Gottesglauben abgetan, dient zur Begründung der proletarischen Ethik nicht mehr, wie ursprünglich, ein optimistischer Deismus, sondern das Dogma: »die Befolgung der Naturgesetze führt zum Glück« (I/178). Der Glückstheorie wird von dem proletarischen Sozialismus eine »Theorie des Unglücks« gegenübergestellt, die »natürlich« auch bürgerlichen Ursprungs ist: die Milieutheorie. Dass sie heute noch eine überragende Stellung im proletarischen Sozialismus einnimmt, erklärt sich leicht aus dem Umstande, dass »eine solche Theorie, die alle Verantwortung auf die ›äußeren Umstände‹ (in die der Mensch ohne sein Zutun hineingeboren ist) schob, den Absichten und Ansichten des proletarischen Sozialismus außerordentlich dienlich« (I/182) sein musste.

Der »ordre naturel« der Aufklärungsphilosophie findet sich wieder als metaphysisches Kernstück aller Gesellschaftstheorien des proletarischen Sozialismus (I/188). Bei Marx wird er aus »einer Metaphysik der Gesellschaft zu einer – Metaphysik der Geschichte« (I/195). Doch ist die so gewendete Theorie des »ordre naturel« nicht das einzige metaphysische Element der proletistischen Geschichtstheorie. Vielmehr ergibt sorgfältige Analyse, dass metaphysische Annahmen gerade in der Marxschen Geschichtstheorie besonders häufig sind und dass deren grundlegender Bestandteil, der historische Materialismus, auf nicht weniger als »drei metaphysischen Hilfskonstruktionen beruht« (I/196): den Lehren von der Gesetzmäßigkeit geschichtlichen Geschehens und den treibenden Kräften sowie der Verbindung der Idee der Gesetzmäßigkeit mit der des Fortschrittes.

VI. Der Religionsersatz

Der Proletismus hat den alten Glauben zerstört. Aber was er nicht zerstören konnte, war die Tatsache, dass Menschen »ohne Glauben nicht leben können, keinen Tag. Und dass die Menschen, wenn sie nicht an Gott glauben, sich irgendwelchen Götzen aufrichten, den sie vergotten. Wer nicht den Weg zum Absoluten findet, verabsolutiert irgendein Relatives. Wer keiner Religion fähig ist, muss sich mit Religionsersatz behelfen« (I/225). Als Religionsersatz aber dient dem Proletismus vor allem die verabsolutierte Wissenschaft. Sie ist aus vielerlei Gründen dem proletarischen Geist im Gegensatz zur Metaphysik besonders sympathisch (I/234), vor allem aber sollte sie »die Wege weisen zu der besten sozialen Ordnung« (I/235). Einen anderen Religionsersatz findet der proletarische Sozialismus in der »Religion« des »realen Humanismus«. Jedoch haben die »Nüchternen unter den proletarischen Sozialisten« eingesehen, dass diese Forderung auf schwachen Füßen steht. »Die Folge ihrer Überlegung war die: dass sie den ganzen Religionsersatz des ›Liebeskultus‹ preisgaben oder allenfalls für spätere Zeiten sich aufsparten und dass sie für die Gegenwart zunächst einmal sich dem Teufel verschrieben und an der Stelle der Liebe den Hass predigten« (I/251).

Soweit die Kategorien der »allgemeinen Menschenliebe« und das »Ideal der Humanität« im modernen Sozialismus noch eine Rolle spielen, so nur »in einem gleichen negativen Sinne: als Waffen im Kampfe« (I/252). Die Bruderliebe beruht nach den – von Sombart (I/252) gebilligten – Worten Friedrich Stahls »auf der wechselseitigen Vergötterung und der gemeinsamen Vergötterung der menschlichen Gattung«, die »allgemeine Menschenliebe« soll »den Wert kleinerer Gemeinschaften wie Familie, Volk, Vaterland herabsetzen«.

In noch höherem Maße als Wissenschaft und »realer Humanismus« soll ein dritter Ideenkomplex die religiösen Bedürfnisse des Proletariats befriedigen:

VII. Das Bild von der sozialistischen Gesellschaft

Nach der Herkunft des modernen Sozialismus und bei der Ethik des Proletariats, die nur »Annehmlichkeits- und Nützlichkeitswerte anerkennt« (I/224), ist es leicht erklärlich, dass das Hauptaugenmerk der sozialistischen Theoretiker der Frage gilt: wie kann das Wirtschaftsleben aus seiner heutigen beherrschenden Stellung in eine dienende versetzt, den »höheren Zwecken« des proletarischen Sozialismus: »Vielleben – Wohlleben – Libertät – Egalität« (I/255 ff) dienstbar gemacht werden? »Der Kommunismus wird zunächst um seiner selbst willen geliebt« (I/259), weil er dem Egalitätsprinzip entspricht und die »Ausbeutung« beseitigt. Aber außerdem soll er dazu verhelfen, »außerhalb seiner selbst liegende wichtige Zwecke zu verwirklichen« (I/261). Dazu gehören 1. die Steigerung des Reichtums infolge Steigerung der Produktivität der Arbeit; 2. die Lösung des Arbeitsproblems durch allgemeinen Arbeitszwang[4], die Herabsetzung des Arbeitstages auf ein Minimum und dadurch, dass die Arbeit ein Vergnügen wird; und schließlich 3. eine den Anforderungen des Proletarismus entsprechende Verteilung der Produkte. Bei der Verteilung bleibt immer die Hauptsache, »dass das Egalitätsprinzip gewahrt werde [...]. Vor allem muss in der Verteilung zum Ausdruck kommen, dass die Handarbeiter gleichviel wert sind als die geistigen Arbeiter. Diese Herabdrückung des gesamten gesellschaftlichen Niveaus auf das der untersten Schicht der Bevölkerung ist ja das überall wiederkehrende Leitmotiv alles proletarisch-sozialistischen Denkens« (I/269 f).

Analoge Grundsätze sollen für die Umgestaltung von Familie, Schule und Bildung gelten. Auflösung der Familie, Höchstbewertung von Erziehung und Bildung, wobei alle Maßnahmen von der Absicht

---

4 »Die Forderung der allgemeinen Arbeitspflicht entspringt also nicht etwa aus irgendwelchen sittlichen oder pädagogischen Erwägungen, nicht aus einer Hochbewertung der Arbeit als solcher«, sondern »ergibt sich aus dem allgemeinen Räsonnement des Proletismus: die Grundlage der neuen Gesellschaft muss so beschaffen sein, dass vor allem das Egalitätsprinzip voll gewahrt werde« (I/262 f).

getragen werden, »dass es den Individuen dabei wohl ergehe, und dass die Grundsätze der Libertät und der Egalität gewahrt bleiben« (I/272). Der proletistischen Weltanschauung ist »die Welt der Idee« fremd. Ebenso wenig wie eine transzendente Idee der Familie kennt sie eine Staatsidee (I/286). Vielmehr ist die Frage des Staates hier ein reines »Nützlichkeitsproblem« (I/286). Getreu seinem Grundsatz der *Libertät* fordert der proletarische Sozialismus »Anarchie in dem Sinne, dass er eine staatenlose Gesellschaft erstrebt« (I/285), aus dem *Egalitäts*prinzip folgt die Forderung der »Ochlokratie, d. h. ›Massenherrschaft‹« (I/287). Solange aber noch nicht die »erdrückende Mehrheit des ›werktätigen Volkes‹, d. h. also aller qualitätslosen Mitglieder der Gesellschaft [...] dem Prinzip des Kommunismus gewonnen« ist, soll dieses durch eine Minderheit gewaltsam durchgeführt werden (Diktatur des Proletariats) (I/287).

Besonders hoch bewerten die proletarischen Sozialisten [die Begründung des Sozialismus.]

VIII. Die Begründung des Sozialismus

Es gibt ihrer drei Möglichkeiten: die naturgesetzliche (wissenschaftliche), die ethische und die mythische Begründung. »Alle drei hat der proletarische Sozialismus sich zu eigen gemacht« (I/290).

Die Betrachtung der »wissenschaftlichen Begründung« des Sozialismus gibt Sombart Gelegenheit, »das Verhältnis des Marxismus zum Hegelschen Denken« klarzustellen. Eine oberflächliche Gemeinsamkeit besteht. Auch Hegel betrachtet »die Geschichte unter dem Gesichtspunkt eines sich über die Köpfe der handelnden Menschen hinweg vollziehenden ›Prozesses‹« (I/302). Daneben bestehen aber grundlegende Unterschiede (I/304). – Marx, »der mit allen Fasern seines Wesens ›utopistischer‹ Sozialist war« (I/305), hat geglaubt, auch da wissenschaftlich vorzugehen, wo er, genau wie die übrigen proletarischen Sozialisten, faktisch ethisch argumentiert hat. Dass die übrigen »proletarischen Sozialisten« einen besonders großen Wert auf die ethische Begründung des Sozialismus gelegt haben, ist bekannt. Allerdings fehlt selbst bei den wissenschaftlichen Sozialisten

»die wissenschaftliche Durcharbeit des ethischen Problems« (I/306). Was darin von der »proletarisch-sozialistischen Theoretik« bis jetzt geleistet wurde, ist »von einer Mitleid erregenden Armseligkeit« (I/306). – Eine dritte Art, den Sozialismus zu begründen, ist schwerer ad absurdum zu führen als die beiden bisherigen, weil sie auf dem Glauben beruht. Das ist die »mythische Begründung«, so geheißen, weil der Glaube an den Sozialismus sich einhüllt in den »Mythos vom verlorenen und wiederzugewinnenden Paradies« (I/317). Sie ist nichts anderes als »ein buntes Gewebe, aus allerhand metaphysischen Fäden zusammengewebt [...]: Glaube an die ursprüngliche Güte der Menschennatur, Glaube an die Möglichkeit des Glücks, Glaube an eine natürliche Ordnung, Glaube an die Allmacht der sozialen Ordnung, Glaube an den Fortschritt in der Geschichte« (I/330).

Auf einem anderen Blatt wie seine Begründung steht [die Verwirklichung des Sozialismus.]

IX. Die Verwirklichung des Sozialismus

Zwei Wege gibt es hierzu: »einen lichten, besonnten und einen düsteren, beschatteten« (I/333). Der lichte Weg hat nur noch historische Bedeutung, »sollte nur als lichte Folie dienen« (I/343); der, den die proletarische sozialistische Bewegung heute geht, ist der »Weg des Hasses und des Kampfes« (I/340). Die Bourgeoisie ist der Feind, und da man Bourgeoisie und Proletariat als Klassen bezeichnet, »so ist also das, was man predigt: Klassenkampf«. Dieser Kampf »wird schließlich Selbstzweck, hinter dem der Zweck zurücktritt: ›Das Endziel ist nichts, die Bewegung alles‹« (I/342).

Die in Sombarts Buch nun folgenden 80 Seiten bedeuten »einen ersten Versuch, das Wesen der Klassenkampftheorie zu erfassen« (I/343).

Aus drei Elementen setzt sich dàrnach die Klassenkampftheorie zusammen: dem Interessenprinzip, dem Klassenprinzip und dem Machtprinzip. Das *Interessenprinzip* besagt, »dass die entscheidenden Motive im geschichtlichen Geschehen die auf die Verwirklichung von Annehmlichkeits-, Nützlichkeits- und Vitalwerten gerichteten Antriebe seien« (I/346). Das *Klassenprinzip* kann allein entspringen auf dem Boden des »sozialen Naturalismus«, der in der Gesellschaft statt »idealistischer oder realistischer Verbände« nur »Interessenverbände« sieht. »Eine dieser Interessengruppen ist nun auch die soziale Klasse« (I/352). Seine besondere Bedeutung empfängt das Klassenprinzip durch die Verabsolutierung des Klassenbegriffes. Sie beruht auf einer Verbindung von Interessen- und Klassenprinzip und läuft darauf hinaus, dass die Gesellschaft im Grunde nur aus zwei feindlichen Klassen besteht, und dass das Klasseninteresse den Vorrang vor allen übrigen bekommt. Erst die Kombination des Interessen- und Klassenprinzips mit einem dritten, dem *Machtprinzip*, schließt die »Gedankenwelt der Klassenkampftheorie«: Gesellschaft und Geschichte erscheinen darnach als »gestaltet [...] durch die Macht der durch ihre Interessen geleiteten und in Klassen geschichteten Individuen« (I/358). Aber erst den »Demagogen des proletarischen Sozialismus« (I/365) war es beschieden, die von den »Männern der Wissenschaft« gefundenen Prinzipien der Klassenherrschaft und des Klassenkampfes zu verabsolutieren, d. h. ihn »zum einzigen Prinzip der Geschichte« zu erklären (I/365). Eine entscheidende Wendung erhielt die Klassenkampftheorie durch ihre »Verbindung mit den Ideen des Sozialismus« (I/366). In dieser Gestalt wurde sie dann von Marx übernommen (I/367), der rücksichtslos vorgegangen ist, um sie seinem politischen Zweck dienstbar zu machen. Nirgends in seinem System »sind in gleicher Weise die Tatsachen so missachtet und vergewaltigt worden, nirgends ist die Begriffsbildung so unbestimmt und so schwankend, nirgends feiert die ›Dialektik‹ solche Triumphe wie hier. Die Folge sind tausendfache Unklarheiten, Widersprüche, Unstimmigkeiten, Escobarderien« (I/369). Sein höchst problematischer Klassenbegriff, dessen »Verabsolutierung«, die »absurde« Fassung des Begriffes »Klasseninteresse«, die »abenteuerliche« Form der Lehre vom »Klassenstaat«, insbesondere aber die Lehre vom »Klassenkampf« im engeren Sinn sind Beispiele dafür, »dass Marx durch die Übersteigerung des Klassenprinzips die Klassenkampftheorie ad absurdum geführt« hat (I/382).

Also, sollte man meinen, hat Marx damit die Klassenkampftheorie eigentlich recht unschädlich gemacht? Dem ist nicht so. In »ihrer sinnvollen Geltung als theoretischer Ausdruck einer Gesellschaftsstruktur« (I/382) wurde sie durch Marx »vernichtet«, aber durch das »Ureigene«, was er »zu der überkommenen Form hinzutat« (I/382), hat er sie zu einem der wichtigsten »Glaubensartikel« des proletarischen Sozialismus gemacht. Dieses »Ureigene« bestand darin, dass Marx »aus dieser Theorie ein Gefäß« machte, »um in ihm ungeheure Massen *negativer Affekte aufzusammeln*«[5] (I/382), und dass er sie gleichzeitig »zu einem Bestandteil der proletarischen Mythologie ausgestaltete« (I/383). Dadurch erst erhielt dieses »kümmerliche rationale Mittel, mit den Flittern einer Pseudowissenschaft ausgestattet« (I/382), seine »wunderbare Kraft«. Der Klassenkampf, so wird prophezeit, wird schließlich die Klassen und damit sich selbst aufheben, er ist das Mittel, den Sozialismus herbeizuführen.

Die Klassenkampftheorie wird vom proletarischen Sozialismus heute in zwei verschiedenen Deutungen vertreten: »die opportunistische (reformistische) und die radikale (revolutionäre)« (I/384). Diesen beiden Deutungen entsprechen zwei verschiedene Spielarten des proletarischen Sozialismus.

Der »opportunistische Sozialismus« will seine Absichten möglichst auf »legalem Wege« (Parlament usw.) erreichen, die alten Machthaber stürzen, wenn sie am schwächsten sind, am besten nach einem unglücklichen Kriege (»so lag es von jeher im Plane dieser Opportunisten« [I/386]), und er ist pazifistisch und antimilitaristisch. »Mit Recht« beruft er sich auf Marx und Engels. Aber »mit mehr Recht« beruft sich auf Marx die andere Spielart des proletarischen Sozialismus: der »doktrinäre« oder »revolutionäre« Sozialismus (I/393), der eine grundsätzlich revolutionäre Taktik vertritt. Denn »dem Marxschen *politischen Willen*[6] entspricht einzig und allein eine extrem und konsequent revolutionäre Einstellung« (I/393).

Der »doktrinäre Sozialismus« ist in allen entscheidenden Fragen das Gegenstück des opportunistischen (Diktatur des Proletariats an Stelle einer Konstituante, nicht pazifistisch), aber er zerfällt selbst wieder in zwei Richtungen: »die politische und die a-politische, jene von den Bolschewisten (wie wir der Kürze halber jetzt sagen können), diese von den Syndikalisten vertreten« (I/394).

5   Von Sombart gesperrt.
6   Von Sombart gesperrt.

Zweites Buch: Die Bewegung

Der *zweite* Band des Sombartschen Werkes trägt den Untertitel:
»Die Bewegung«. Doch nicht die Arbeiterbewegung schlechthin soll
hier dargestellt werden, vielmehr »soll die Darstellung beschränkt
bleiben auf diejenigen Massenbewegungen der neueren Zeit, die sich
an den Idealen des proletarischen Sozialismus orientieren« (II/3).
Andererseits wird nicht allein die Geschichte der so abgegrenzten
Arbeiterbewegung erzählt, vielmehr wird der Stoff »chronikalisch«,
»typologisch« und »idiographisch« behandelt, so dass das Buch in drei
Teile zerfällt: *Chronik, Soziologie, Geschichte* der sozialen Bewegung.

I. Die Chronik

[Die Chronik] besteht in einer 90 Seiten füllenden synchronistischen
Aneinanderreihung wichtiger Tatsachen aus der Geschichte der Ar-
beiterbewegung. Sie ist der einzige Teil des Werkes, der bis auf einige
Ergänzungen unverändert aus den früheren Auflagen übernommen
wurde. Neu hingegen ist der zweite Teil, die über 200 Seiten starke
Soziologie.

II. Soziologie

Deren Aufgabe ist es, die »typischen Bestandteile« der modernen
sozialen Bewegung zu analysieren. Sie betrachtet zunächst (II/99) die
Träger der sozialen Bewegung.
    Soviel steht nach der Sombartschen Bestimmung des Begriffs
»Arbeiterbewegung« fest, dass hier nur Massenbewegungen in Frage
kommen, deren Träger auch nur Massen sein können, d. h. »die
zusammenhanglosen amorphen Bevölkerungshaufen namentlich in
den modernen Großstädten, die, aller innerer Gliederung bar, vom
Geist, das heißt von Gott verlassen, eine Menge von lauter Einsen

bilden, im Gegensatz etwa zu dem Volke oder irgendwelcher anderen Gemeinschaft« (II/99).[7]

Den wichtigsten Bestandteil der modernen »Masse« erblickt Sombart im Proletariat, »das heißt also: der modernen Lohnarbeiterschaft« (II/101). Um die Verwandtschaft zwischen deren Klassenlage und der »Idee des Sozialismus (immer in seiner heutigen Gestalt)« zu klären, wird der »Idealtypus« Proletariat konstruiert, ein Begriff, der »keiner Idee, weder einer Zweckidee, noch einer Grundidee« (II/104) entspricht. Aber die Bildung eines solchen Idealtypus ist dafür um so mehr geeignet, das Material zu liefern »zur Aufstellung eines von proletarischen Ideen erfüllten, subjektiv, d. h. willkürlich bestimmten Aktionsprogramms« (II/104). Die sozialistischen Lehrmeinungen sind geradezu »dem Idealtyp des Proletariers auf den Leib geschrieben« (II/113). Eine Betrachtung der empirischen Gestaltung des Proletariats zeigt jedoch, dass es trotz »vieler übereinstimmender Züge« als Ganzes »ein buntes Gemisch der verschiedenartigsten Bestandteile« bildet (II/109). Nation, Rasse, Berufstätigkeit, Arbeitsort, die Person selbst usw. gelten als Gründe Verschiedenheit, doch wird auch auf »Tendenzen zur Unifizierung und Steigerung des proletarischen Wesens in der Klassenlage« (II/110 f) hingewiesen. Es wäre nun aber falsch, anzunehmen, »dass das empirische Proletariat der empirische Träger der sozialistischen Bewegung ist« (II/113). Vielmehr sind sozialistische Parteien und Proletariat »zwei sich schneidende Kreise«. Es gibt ebenso zahlreiche »nicht-proletarische Sozialisten« (II/113) wie »nicht-sozialistische Proletarier« (II/116).

Der folgende Abschnitt beschreibt [das Gefüge der sozialen Bewegung], d. h. »den Mechanismus des Kampfes«, in welchem die »*Klassenkampfidee*« und die »dem Klassenkampf eigentümlichen Erscheinungen« durchgefochten werden (II/121).

Er beginnt mit den Triebkräften der sozialistischen Bewegung, deren »stärkste (wenn nicht einzige)« (II/123) nach marxistischer Theorie das proletarische Klasseninteresse sein soll. Das Ergebnis der

---

7   Diese Definition nennt Sombart den »soziologischen Massenbegriff«; er führt ihn als dritten unter vier verschiedenen Begriffsbestimmungen auf (II/99, 100).

Analyse ist die Feststellung, dass es ein eindeutiges, aus dem Proletariat spontan herausfließendes Klasseninteresse gar nicht gibt (II/132). Die Klassenlage des Proletariats bringt es allerdings mit sich, dass vage »Vorstellungskomplexe von Interessengleichheit« (II/132) sich herausbilden, die dann von der sozialistischen Demagogie geschickt benutzt werden. Aber außer dem proletarischen Klasseninteresse gibt es noch andere Triebkräfte der sozialen Bewegung, die »Beweggründe der nicht-proletarischen Sozialisten« (II/134). Unter diesen ist zu unterscheiden zwischen den »proletaroiden Elementen« (»Hungerleider und Habenichtse«) (II/134), bei denen das »materielle Interesse« ihren Anschluss an die sozialistische Bewegung zur Genüge erklärt, und den »Angehörigen der besitzenden Klassen«. Was letztere zu Sozialisten macht, sind die allerverschiedensten Motive, vom reinsten Idealismus bis zu bloßer Selbstsucht, zum Ressentiment (Beispiel für letzteres: Lassalle [II/142]), oder zur Zerstörungswut, »genährt von perversen Instinkten« (II/142).

Die Analyse ihrer Motive gibt einen Anhaltspunkt für die Feststellung der »Abfall- und Ausschussbestandteile der bürgerlichen Gesellschaft« (II/159), aus denen sich im Wesentlichen die bürgerlichen Anhänger des Sozialismus rekrutieren:

1. Die Jugendlichen[8];
2. die Degenerierten und Geisteskranken;
3. die Fremden[9];
4. die Deklassierten;
5. die »emanzipierten« Frauen;
6. die Juden, deren »innere Veranlagung« sie zum Sozialismus hinzieht (II/154).

Die Bedeutung der bürgerlichen Elemente für die soziale Bewegung sieht Sombart darin, dass sie den »Doktrinarismus« stärken, damit aber auch zur »Vereinheitlichung« der Bewegung beitragen.

8   Wer ein ordentlicher Kerl und ein nützliches Glied der menschlichen Gesellschaft werden will, muss mit 20 Jahren politisch radikal denken; ganz gleich, ob nach links oder nach rechts« (I/145).
9   Sombart zitiert, wie noch einmal später (II/312), allen Ernstes Heines Spottverse: »Ausländer, Fremde sind es meist...« (I/149).

Den Triebkräften der sozialen Bewegung stehen starke Gegenkräfte gegenüber. Das sind alle diejenigen Gründe, welche »Bestandteile des Proletariats, also derjenigen Gruppe, deren Interesse gemäß der Theorie des proletarischen Sozialismus ihren restlosen Anschluss an die sozialistische Bewegung fordert, dieser dennoch fernhalten« (II/160).

Die proletarische Theorie ist schon deshalb falsch, weil es ein »objektiv eindeutig bestimmbares Klasseninteresse« gar nicht gibt. Die Gewinnung großer Massen für den Sozialismus konnte nur durch »kunstvolle« Bearbeitung der Träger dieser Bewegung erreicht werden. Das Mittel dieser Bearbeitung ist eine »verwickelte Technik«, die Propaganda. Ihr Objekt sind die »großen Massen«. Auf deren *Psychologie* hat sie sich einzustellen, wenn es ihr gelingen soll, »die großen Massen zum Anschluss an die sozialistische Bewegung zu überreden« (II/169). Eine wichtige Rolle in der sozialistischen Propaganda spielt »die Erweckung der Leidenschaften« (II/197). Dieses Verfahren hat zum Fundament »die Begehrlichkeit der Massen« (II/198), der es »zunächst die Affektbetonung des Neides gibt« (II/199), um dann den »Zustand der Gehässigkeit« herbeizuführen. Der Einzelhass wird dann verallgemeinert, systematisiert und damit zu einem allerdings nach wie vor »höchst affektiven« Klassenhass gemacht.

Dafür, dass trotz zweifelhafter Methoden die sozialistische Propaganda so erfolgreich war, nennt Sombart drei Gründe (II/205): *Erstens* »die objektiven Gegebenheiten«, als da sind die »gottverlassene« kapitalistische Kultur mit ihren »infernalischen« Lebensbedingungen (II/206), der »Seelenzustand der Massen« (II/207) und der, »weil der Religion beraubt, nach Religionsersatz« greifende (II/208) »europäische Geist«; *zweitens* eine geschickte Anwendung der Suggestion (II/208 ff); *drittens* schließlich die »Kunst des Suggereurs«, d. h. die »Fähigkeit der Agitatoren« (II/215).

Mit Propaganda allein kann der proletarische Sozialismus seine Kämpfe nicht führen, er bedarf dazu einer »Rüstung« (»Organisation«), d. h. besonderer Verbände. An Betätigungsmöglichkeit fehlt es diesen »naturalistischen Interessenverbänden« nicht: »Alle sozialen Kämpfe der Gegenwart sind Interessengruppenkämpfe, und ein großer Teil der modernen Geschichte ist zwar nicht notwendig und durchgängig eine Geschichte von Klassenkämpfen, aber doch Gruppenkämpfen« (II/216).

Drei Arten »sozialistisch-proletarischer Kampfverbände« sind zu unterscheiden: Gewerkschaften, politische Verbände (»Sekte, Partei, Internationale«) und Betriebsräte.

Die Gewerkschaften sind »echt proletarische Gebilde« und »aus echt kapitalistischem Geiste, das heißt dem Geiste des sozialen Naturalismus geboren« (II/218). Im Gegensatz zu ihnen sind die politischen Verbände »ursprünglich proletarische Organisationen ohne notwendig proletarischen Gehalt« (II/217). »Die große Mode der letzten Jahre« endlich sind die Räte (II/220).

»Gewaltig« ist die Bedeutung der verschiedenen Kampfverbände für das Leben des einzelnen Proletariers ebenso wie für die proletarische Bewegung. Auf sie geht »jener ungeheuerliche Begriff der Klassenmoral« zurück, die den Kampf fordert »zwischen Angehörigen derselben staatlichen und völkischen Friedensgemeinschaft« (II/231). Zwei Arten des Kampfes führt der proletarische Sozialismus, den ökonomischen und den politischen. Beide gelten der Eroberung der politischen Gewalt[10], nur dass der ökonomische Kampf den Gegner durch Zufügung wirtschaftlicher Nachteile zum Rückgang bringen soll, im Gegensatz zum politischen, der unmittelbar auf Eroberung der Staatsgewalt gerichtet ist.

Der nächste Abschnitt [»Die Führer der sozialen Bewegung«] beginnt mit einer »Schau« der »Idee des Führers«. Von der Lichtgestalt des echten »Führers« hebt sich die düstere Silhouette des Demagogen um so schwärzer ab (vgl. unten Sombart 23 ff). Unter den »Anführern der sozialen Bewegung« sollen drei Typen unterschieden werden:

1. »Organisationsführer«, das sind die Gründer, Ausgestalter und Weiterführer der Parteien und Gewerkschaften, mit ihnen der große Tross der »Unterführer« (II/280 ff);
2. Organisationsbeamte (Bürokratie) (II/284);

---

10 »Ohne diese Intention gehören die (ökonomischen) Kämpfe überhaupt nicht in den Bereich der hier betrachteten ›sozialen‹, d. h. sozialistischen Bewegung« (II/234).

3. die Revolutionsführer, d. h. die Persönlichkeiten, die in Revolutionszeiten an die Spitze kommen, Menschen »ohne Bindung« und »ohne jedes Verantwortungsgefühl« (II/287), unter denen wieder drei Typen besonders häufig auftreten: die »Geschäftsleute«, die »Verbrecher« und die »Irren«. Als Beispiel für die letzteren nennt Sombart: Marat (II/288).

Wenden wir uns nun zum [dritten Teil: Geschichte,] so will dieser keine Geschichte der Arbeiterbewegung geben. Er beschränkt sich vielmehr darauf, »das Wirkungsfeld des marxistischen Sozialismus« darzustellen (II/306).

III. Geschichte

Das Eigenartige der Sombartschen Darstellung liegt darin, dass die Geschichte der sozialen Bewegung aufgefasst wird als Resultante des »Miteinander und Gegeneinander zweier Ströme«, als ein Ganzes, in dem »zwei ganz und gar verschiedene Geschichtsabläufe miteinander verbunden sind: die Emanzipationsbestrebungen einer sozialen Klasse, der Lohnarbeiterschaft, eine Art von Sklavenaufstand großen Stils, und die Wirksamkeit einer radikal-revolutionären Sekte: der Sozialisten« (II/306).

Das erste Kapitel schildert die »Anfänge der sozialen Bewegung« bis zum Erscheinen des Kommunistischen Manifests. Das *zweite* zeigt, wie seit 1847 »die Persönlichkeit Karl Marxens der sozialen Bewegung je mehr und mehr den Stempel« aufprägt (II/328). Das Kommunistische Manifest wird gewürdigt als das »unstreitig größte Meisterwerk der demagogischen Kunst aller Zeiten« (II/328), trotzdem es »keinen einzigen neuen Gedanken [...], keinen einzigen richtigen und eine Überfülle ganz falscher Gedanken« bringt. Der Aufbau der »proletarischen Revolutionslegende« wird analysiert und gezeigt, wie Marx mittels »allerlei Kunstgriffe« (II/339) jede »Emeute« in das »Schema des Klassenkampfes« einspannte (II/334). Man erfährt einiges über die Erste Internationale, so z. B., dass sie trotz ihrer kurzen Lebensdauer einen nachhaltigen Einfluss auf den weiteren Gang der proletarisch-sozialistischen Bewegung ausübte und zwar durch ihre Verbreitung der Marxschen Lehre.

Im *dritten Kapitel* wird von drei Haupttypen der sozialen Bewegung, dem »*deutschen, französischen* und *englischen* Typus« gehandelt (II/358). Der *deutschen* Sozialdemokratie, dieser »verbissenen, verbitterten, unfruchtbaren Partei von reichsverdrossenen Nörglern« (II/367) eigentümlich sind die Vorliebe für den Parlamentarismus, das renitente Verharren auf dem Boden des Klassenkampfes (»sie hat nie patriotische Anwandlungen gehabt« [II/368]), daneben aber auch die Tatsache, dass für sie »die Revolutionsidee immer Phrase geblieben« ist (II/362). Die *französische* sozialistische Bewegung kennzeichnen die Tendenz zur Sektenbildung, der »Glaube an die Wunder der Revolution« (II/372) und schließlich derjenige Zug, der ihr trotz aller »Neurasthenie« (II/374) eine gewisse Festigkeit verleiht: »sie ist in ihrem Grunde, von wenigen Ausnahmen abgesehen, immer patriotisch gewesen« (II/374). Der *englische* Typus des Sozialismus schließlich »stellt am reinsten den Proletarismus dar«. Er ist innenpolitisch extrem-opportunistisch, außenpolitisch aber »staatspolitisch« eingestellt (II/387); was ihn vor allem interessiert, ist die Frage: »how does it work out in £, sh. and d.?« (II/394).

Gegenstand des *vierten Kapitels* ist die Darstellung der »Blütezeit« des proletarischen Sozialismus in der Zeitspanne von 1889 bis 1914. Hier wie im folgenden Kapitel (»Der Zerfall«) soll das Gleichartige aufgewiesen werden, das die Entwicklung der verschiedenen Länder trotz der nationalen Verschiedenheiten aufweist. Von einer Blütezeit zu sprechen berechtigt das zahlenmäßige Anwachsen, die äußere und innere Einheit, endlich der feste Glauben aller Sozialisten an den sicheren Sieg des Sozialismus.

Der »Zerfall« des proletarischen Sozialismus wird im *fünften Kapitel* geschildert. Aus den verschiedensten Motiven haben die Sozialisten der kriegführenden Länder sich nicht vereinigt, sondern, »wie die Intransigenten sehr richtig sagten«, die Internationale verraten (II/414).

Die ersten Jahre nach dem Kriege erscheinen Sombart als Chaos, als Rebellion »alles Niederen gegen das Höhere, alles Unten gegen das Oben« (II/421). Dann hören wir von dem allmählichen Wiedererstarken der sozialistischen Parteien, der Gründung einer neuen Internationale mit der Grundeinstellung der Vorkriegsinternationale, sowie der Geschichte ihrer Todfeindin, der Kommunistischen Internationale (II/438). Was die letztere vertritt, »ist bis zum Babouvismus gesteigerter revolutionärer Marxismus« (II/441).

Die Vorgänge seit dem Kriege müssen aus zwei Gründen als ein »Zerfall« der alten Bewegung angesehen werden: weil heute *zwei* Internationalen bestehen, die sich bekriegen (II/446), und weil den opportunistischen Parteien »der allbeschwingende Glaube an die Sieghaftigkeit des sozialistischen Ideals« fehlt (II/446).

Das letzte, [*sechste*] *Kapitel* trägt den Titel: Russland. Auf 65 Seiten wird eine Geschichte Räterusslands gegeben, als deren Fazit die Worte gelten können: »Die Juden haben das System ausgedacht, die Tartaren haben es in die Tat umgesetzt und die Slaven haben es bis jetzt – ertragen« (II/517).

II. Teil: Kritik

Im ersten Teil wurde versucht, das Wesentliche aus Sombarts Lehrmeinungen wiederzugeben. Unser Urteil über sie ist schon in den einleitenden Sätzen ausgesprochen worden. Nun soll es begründet werden. Dazu aber ist es keineswegs erforderlich, auf alle die vielfältigen, von Sombart angeschlagenen Themen einzugehen. Es scheint mehr als genügend, wenn einige besonders kennzeichnende Beispiele herausgegriffen werden, um an ihnen den »wissenschaftlichen« Wert der neuesten, mit so außerordentlichen Ansprüchen auftretenden Darstellung des »proletarischen Sozialismus« zu illustrieren.

Da Sombart besonderen Wert darauf legt, dass sein Buch auf breiter, gesicherter »philosophischer« Grundlage ruhe, so soll diese Grundlage zuerst einer Betrachtung unterzogen werden. An diesen Abschnitt, der sich u. a. mit den Methoden Sombarts zu beschäftigen hat, schließt sich ein Exkurs über eine von Sombart mit besonders großer Virtuosität gehandhabte Methode an, nämlich über seine Art zu zitieren. Hierbei wird sich Gelegenheit finden, seine luftige Konstruktion des »Proletismus« näher zu betrachten. In den beiden folgenden Abschnitten soll ein Bild der Zuverlässigkeit Sombartscher Darstellungskunst geboten werden durch Erörterung ihrer Ergebnisse selbst. Der eine führt Sombart im Besonderen als Vermittler der Dialektik des Marxismus vor, der andere und letzte Sombart im Allgemeinen als Historiker.

1. Sombart als Philosoph

Troeltsch hat einmal von Sombart gesagt, dass er reich sei »an angeflogenen philosophischen Reflexionen«[11]. Diese Beobachtung hat

11 Ernst Troeltsch: Der Historismus und seine Probleme. Das logische Problem der Geschichtsphilosophie. In: Ders.: Gesammelte Schriften. Bd. 3. Tübingen 1922, S. 366.

durch Sombarts neuestes Werk wieder nachdrückliche Bestätigung gefunden. Die phänomenologische Methode der Wesensschau ist hier von Sombart übernommen worden als die selbstverständlichste und gesichertste Sache von der Welt, als eine »schlichte Einsicht« – ohne dass sich bei ihm auch nur eine Ahnung fände von ihrer Problematik, mit der sich die ernst zu nehmenden Phänomenologen abmühen.[12]

Im ganzen ersten Kapitel wird frisch darauf los »erschaut«, und auch in den übrigen Teilen des Werkes begegnen wir allenthalben den seltsamsten und unbefangensten »Schauungen«. Der Kritiker ist einem solchen Verfahren gegenüber in einer misslichen Lage. Denn allen seinen Einwänden kann entgegengehalten werden, dass ihm eben das Organ für die »Schau« fehle. Wir verzichten deshalb auf eine grundsätzliche Kritik der Methode, und das um so lieber, als sie ohne langwierige Ausführungen über eine Reihe spezieller philosophischer Probleme nicht durchzuführen wäre, und begnügen uns damit, einige von Sombarts Ergebnissen kritisch zu betrachten.

Den Weg, den er einschlägt, um die »Idee des Sozialismus in ihrer allgemeinsten Bedeutung zu erschauen« (I/13 f), führt ihn zunächst zu denjenigen »Ideen«, auf denen allein menschliche Gemeinschaft ruhen kann: Macht, Vernunft und Liebe (I/9). Wie nun, wenn einer aufträte und andere Grundkräfte der Gesellschaftsbildung erschaute? In einer jüngst erschienenen Schrift wird dem »Willen zur Macht« der

12 Beiläufig sei erwähnt, dass Sombart, der anderen Autoren so scharf auf die Finger sieht, ob sie sich nicht etwa eines Plagiates schuldig machen, nirgends ausdrücklich sagt, dass er seine neue Methode von Max Scheler übernommen hat. Vielmehr begnügt er sich damit, seine Dankesschuld an Scheler in dem »Führer durch die sozialistische Literatur« betitelten Anhang seines Buches nach der Nennung eines Schelerschen Werkes mit folgendem lakonischen Satze abzutragen: »Den Ideen dieses Philosophen verdankt auch das vorliegende Werk mannigfache Anregungen« (I/431). Freilich hat sich Sombart diese Methode in so grober und missverständlicher Form zu eigen gemacht, dass wir daran zweifeln, ob der Philosoph Max Scheler auf die Feststellung dieser Herkunft irgendwelchen Wert legt. Es sei übrigens besonders vermerkt, dass nichts von dem, was über die Methode Sombarts hier gesagt wird, Schelersche Gedanken selbst betreffen soll.

»Wille zur Beherrschung« als in seinem Wesen etwas ganz anderes gegenübergestellt.[13] Warum also nicht als vierte gesellschaftsbildende Kraft »das Herrschaftsprinzip« aufstellen, dem sich mit gleichem Recht – nämlich auf Grund freier Schauung – noch einige weitere an die Seite stellen ließen?

Gehen wir weiter. Da der Sozialismus nur als Gegensystem des Kapitalismus, ja geradezu als »Antikapitalismus« verstanden werden kann (I/10), ist für sein volles Erfassen die Frage wichtig, auf welchen Grundkräften der Kapitalismus als Gesellschaftssystem ruht. Auf allen dreien, antwortet Sombart, vornehmlich allerdings auf dem Machtprinzip.[14] Dagegen will sein Gegensystem, der Sozialismus, nur den Rationalismus als Gestaltungsprinzip gelten lassen, und die Worte Proudhons, »der die Idee des Sozialismus in der letzten Vergangenheit vielleicht am reinsten in seinen Lehren darstellt« (I/12), können nach Sombart als Leitspruch für alle sozialistischen Systeme gelten: »Wir haben aus dem Recht unser höchstes Ideal gemacht, und die Gerechtigkeit um der Gerechtigkeit willen ist unsere Maxime.«

Da Sombart diesen Sachverhalt erschaut hat, wird er jeden Versuch, empirisches Material entgegenzustellen, vornehm abweisen. Dem naheliegenden Einwand, dass man in Proudhon bis jetzt das Urbild des Anarchisten, also gerade keinen Sozialisten gesehen habe, würde er natürlich ebenfalls ablehnen. So bleibt auch hier für den Nachweis, auf welch brüchigen Boden sich Sombart begeben hat, nichts anderes als die Konfrontierung mit anderen, die das Gegenteil erschaut haben. So lehrt z. B. Spengler, dass der Sozialismus auf dem Machtprinzip beruhe. Denn das sei »die Idee des Sozialismus in seiner tiefsten Bedeutung: Wille zur Macht, Kampf um das Glück nicht des einzelnen, sondern des Ganzen. *Friedrich Wilhelm I.* und nicht *Marx* ist in diesem

13 Abraham Anton Grünbaum: Herrschen und Lieben als Grundmotive der philosophischen Weltanschauungen. Bonn 1925, S. 43.

14 »Aber auch der Liebe sind Teile des kapitalistischen Gesellschaftsgebäudes eingeräumt: sie schaltet frei in den kleinen Verbänden... Vor allem sind es die Kriege, die der Liebe einen breiten Betätigungsraum in unserer kapitalistischen Kultur gewähren« (I/11). Den Krieg unter diesem Gesichtspunkt zu betrachten, ist Sombart vorbehalten geblieben.

Sinne der erste bewusste Sozialist gewesen«[15]. Nun mag Sombart mit Spengler darüber rechten, wer von ihnen recht »geschaut« hat.

Auf dem Höhepunkt seiner Schauung gelangt Sombart zum Resultat, dass die »Idee des Sozialismus« immer folgende Bestandteile enthalten müsse:

1. das Wunschbild eines rationalen Gesellschaftszustandes, das dem historischen, irrationalen gegenübergestellt wird;
2. die Anerkenntnis der sittlichen Freiheit und den Glauben an die Möglichkeit, dieses Wunschbild zu verwirklichen, und
3. das aus Ideal und Freiheit geborene Streben nach seiner Verwirklichung (I/12 f).

Welches »Maß ordnender, systembildender Kraft« diesem Begriff des Sozialismus innewohnt, lässt sich leicht an zwei Beispielen zeigen. Als Sozialismus dürfen nach Sombart nicht bezeichnet werden »Anschauungen, die sich zu einer sozialistischen Gesellschaftsordnung bekennen, weil sie glauben, dass dadurch ihre Interessen gefördert werden« (I/17).[16] Das heißt aber mit einem schlichten Federstrich erklären, dass es innerhalb der Arbeiterschichten nur ausnahmsweise Sozialisten geben könne, da doch die Arbeiter, welche sich zum Sozialismus bekennen, in der Regel als Interessenten der neuen Gesellschaftsordnung angesehen werden müssen.

Ebenso überraschend ist eine andere Konsequenz dieser Wesensbestimmung des Sozialismus: auch der Marxismus ist kein Sozialismus. Wenn auch diese Folgerung ebenso wenig wie die vorhergehende von Sombart ausdrücklich gezogen wird, so ist sie doch nicht weniger schlüssig. Der Marxismus widerspricht ja der Sombartschen Idee des Sozialismus, weil er ihre drei wesensnotwendigen Bestandteile allesamt als utopisch ablehnt. Gegen derartige Einwände hat sich Sombart jedoch im Voraus zu sichern versucht. Die Idee des Sozialismus, erklärt er, wird »in ihrer Wesenheit nicht berührt, auch wenn Sozialisten sie fälschen« (I/13). Abweichungen beruhen entweder auf Selbsttäusch-

---

15 Oswald Spengler: Preußentum und Sozialismus. München 1925, S. 42.
16 Man beachte die Stilblüte! Sie ist nicht die einzige in Sombarts Werk: Anschauungen, die glauben, daß ihre Interessen gefördert werden.

ung der Bekenner oder auf Verrat an der Idee. Solchen Behauptungen gegenüber hört natürlich jede Diskussion auf.

Ein anderes charakteristisches Beispiel für das »schnurrige Verfahren«, welches Sombart Wesensschau nennt, ist seine Schau der »Idee des politischen Führers« und dessen Gegenbild, des »Massenführers« oder Demagogen. Es ist besonders lehrreich, die angeblichen Wesensmerkmale beider Typen in Stichworten gegenüberzustellen. Die Sombartsche Methode zeigt sich dann in ihrer ganzen Glorie: alles Hohe und Große wird als Merkmal des »Führers« erschaut, während das Bild des Demagogen nur niedere und gemeine Züge aufzuweisen hat. Es sind

Merkmale

des echten Führers:	des Massenführers (Demagogen):
1. Gläubigkeit. Verantwortlichkeit Gott gegenüber. Er fühlt sich als Gottgesandter, »der das Werk Gottes auf dieser Erde zu verrichten hat« (II/269). Beispiel: Lenin in den letzten Jahren seines Lebens (!).	1. Er ist »ohne jeden Bezug auf überweltliche Mächte« und fühlt sich niemandem verantwortlich (II/271).
2. Sein Handeln wird bestimmt durch »die lichtspendende Sonne einer lebengebenden, aufbauenden, gestaltenden, konkreten Idee«, die er schaut (II/271).	2. »Was sein Handeln bestimmt, sind gefühlsmäßige, triebhafte Wallungen oder sind abstrakte Grundsätze und Doktrinen... Er schaut nicht, sondern er denkt« (II/271).
3. Er ist ein Gestalter, »der das Ganze einer menschlichen Gemeinschaft vorweg erlebt« und es verwirklichen will (II/269).	3. »Er ist bereit, letzte Ziele, wenn er sie überhaupt hat, um des augenblicklichen Herrschaftserfolges willen zu opfern« (II/272). Sein Ziel »ist von ihm selbst willkürlich gewählt und der Masse, die ihm zustreben soll, zunächst fremd« (II/273).
4. Seine Gesinnung ist »national, völkisch, staatlich... ›staatserhaltend‹ oder – was dasselbe ist, gemeinschaftsbildend« (II/269).	4. Indifferentismus »gegenüber dem Nationalen, Völkischen, Staatlichen« (II/272).

5. Er baut seine Gemeinschaft auf auf den »Grundideen« der »Zucht, Autorität, Unterordnung, Pietät, Ehrfurcht, Dienstbereitschaft, Opferwilligkeit usw.« (II/269).

5. Er predigt »die Süchte des fessellosen Individuums – ›Freiheit und Gleichheit‹ – als die Grundlagen des Gemeinwesens« (II/271).

6. Sein politisches Talent äußert sich in der »geistigen Unbefangenheit gegenüber den Mitteln« und dem »Sinn für das unbedingt Wirksame« (II/270).

6. Untauglichkeit zum wahren Politiker, »so geschickt er als politischer Taktiker sein mag« (II/272).

7. Er ist ein Held, d. h. »sachergeben, opferbereit und kampfbereit..., nicht weichlich, nicht genusssüchtig, sondern stählern mit einem Zug zur Askese« (II/270).

7. Er ist »in jedem Betracht das genaue Gegenteil des Helden«, weil »all sein Tun sich letzten Endes durch seine persönlichen Interessen bestimmt«, weil er »häufig materiell am Erfolge interessiert« (oder »zumindestens ehrgeizig, oft sogar eitel«) ist, weil er »weder opferbereit noch im höchsten Sinne kampfbereit« ist und in der Stunde der Gefahr zuerst seine eigne Person in Sicherheit bringt (II/272).

8. »Die Gefolgschaft des echten Führers ist das Volk, sind die in Gemeinschaft verbundenen Menschen« (II/273).

8. »Die Gefolgschaft des Demagogen ist die Masse, sind die atomisierten Einzelnen« (II/273).

9. Er dient dem Volke (II/247).

9. Er zwingt die Masse in seinen Dienst (II/274).

10. Er »weckt die aufbauenden, positiven, gemeinschaftsbildenden Instinkte und Gefühle« (II/274).

10. Er »appelliert an die niedrigen Leidenschaften: an die Kanaille im Menschen, an Neid, Hass, Begehrlichkeit, Eigensucht...« (II/274).

In diesem Stil geht es durch zwölf Druckseiten (II/267–278). Will man die Tragweite der »Resultate« dieser »Wesensschau« beurteilen, so darf man nicht etwa meinen, Sombart mache hier bloß von dem Recht Gebrauch, zu sagen, dass die Worte Führer und Demagoge bei ihm eine ganz bestimmte näher umschriebene Bedeutung haben sollen. Er behauptet vielmehr, die »beiden Urtypen des politischen

Führers« dargestellt zu haben, die in der Wirklichkeit zwar nie in voller Reinheit auftreten, unter deren Spielarten aber alles, was »wir in der Geschichte als handelnde Personen antreffen«, eingereiht werden muss (II/278). Was Sombart erschaut zu haben vorgibt, sollen Ideen im platonischen Sinne sein, d. h. Ideen von metaphysischer Realität. Faktisch aber erspart er sich durch sein neues Verfahren die konkrete historische Untersuchung. Denn diese einfachen Kategorien reichen ja bei ihm zur Beurteilung der wirklichen Persönlichkeiten aus: sie werden einfach dem »Wesen« nach aufgeteilt in die zwei Kategorien von Führer und Demagoge, und die Wirklichkeit wird so im höchsten Maße simplifiziert. Um zu entscheiden, ob ein geschichtlicher Mensch im Wesen Teufel oder Heros sei, bedarf es keineswegs einer genauen Analyse seiner Persönlichkeit, keiner »empirischen« Untersuchung, ob auf ihn die vorausgesetzten Eigenschaften passen, sondern es genügt Sombart eine willkürliche und formale Zurechnung:

> »Nach dem, was wir über den Sinn der sozialistischen Bewegung in Erfahrung gebracht haben, kann es keinem Zweifel unterliegen, dass in ihr für den echten Führer kein Raum ist« (II/279).

Alle, die im sozialistischen Lager als Führer auftreten, auch wenn sie »Züge des echten Führers an sich tragen und [...] vielleicht unter anderen Umständen echte Führer geworden wären« (II/279), sind damit »ohne Werturteil« als Politiker, vielmehr als »politische Taktiker« charakterisiert, bei denen Niedertracht der Mittel wie der Motive sich würdig verbinden. So werden Begriffe und Methode der Wesensschau bei Sombart völlig pervertiert und zu allerhand demagogischen Kunstgriffen missbraucht. Eine große Rolle spielt hierbei, wie überhaupt in Sombarts Buch, der Begriff »Idee«.

Auch bei den ernst zu nehmenden Phänomenologen gehen die Meinungen darüber auseinander, welche Art von Sein der »Idee« im Sinne von Wesenheit zuzuschreiben sei. Manche meinen, es handle sich dabei um metaphysisches Sein in irgendwelcher übersinnlicher Sphäre, während andere darunter den bloßen logischen Gegenstand des Vermeintseins verstehen wollen. Von diesen und ähnlichen Schwierigkeiten scheint Sombart keine Ahnung zu haben. Denn er gebraucht das Wort Idee wahllos in allen denkbaren Bedeutungen, unter welchen natürlich auch die platonische nicht fehlt. So gelingt es Sombart, diejenigen Ideen, die er propagieren will, im Gegensatz zu den Prinzipien der Gegner hinzustellen als transzendente Ideen oder Wesenheiten, denen allein von allen Dingen der Welt Realität zukommt (I/151). Wer sie nicht sieht, ist nicht nur blind, sondern auch ungläubig und für das ewige Leben verloren.

Zur Lösung der Aufgaben, die Sombart in seinem Buche stellt, muss er sich darin mit Fragen der Weltanschauung eingehend beschäftigen. Erstaunlich ist es, mit welcher Selbstverständlichkeit Sombart sich nicht mit der Darstellung dessen begnügt, was er als die »*schlechte* Metaphysik« (I/175, R. 84) des Sozialismus ansieht, sondern ihr allenthalben seine eigene *gute* Metaphysik entgegenstellt. Noch erstaunlicher, dass er nicht, wie etwa in seiner Stuttgarter Rede, offen zugibt, hier »dem Aberglauben einen echten Glauben« entgegensetzen zu wollen (R. 24) und sich deshalb »außerhalb des Bereiches der Wissenschaft« (R. 21) begeben zu müssen. Ganz im Gegenteil! Überall soll der Eindruck erweckt werden, als ob Sombart die »wissenschaftliche Grundlage« nirgends verlasse.[17] Demgegenüber sei festgestellt, dass Sombart seine Weltanschauung, deren Wahrheitsgehalt sich allen wissenschaftlichen Kriterien entzieht, als nicht bezweifelbare Wahrheit bei jeder Gelegenheit mit der sozialistischen (oder dem, was er dafür ausgibt) konfrontiert, so dass sich deren ganze »Gemeinheit« desto düsterer abhebt vom »Goldgrunde« der Sombartschen Wahrheit.

Zwei Welten, so lehrt Sombart, stehen sich hier gegenüber, die sich unterscheiden wie Licht und Finsternis, Wahrheit und Lüge, »Gott und der Teufel« (I/120): Die Welt des Idealismus oder Realismus und die Welt des Nominalismus, Naturalismus oder Individualismus. Dementsprechend gibt es auch zwei »Gesellschafts- und Geschichtsauffassungen« (I/142), den »sozialen Idealismus« und den »sozialen Naturalismus«. Es gebe ein Reich transzendenter Ideen, »die dem empirischen Menschen gleichzeitig als Form- und als Normprinzipien gegenübertreten« und »deren Verwirklichung dem Menschen als ›Aufgabe‹ obliegt«. Solche Ideen seien abstrakte

17 Vgl. z. B. I/175.

(Gerechtigkeit usw.) und konkrete. Die letzteren seien Ideen des Gemeinschaftslebens: »Staat, Nation, Beruf, Familie.« Wer diese Lehre nicht anerkenne, der habe »eine unwahre Ansicht der Welt« zugleich (R. 21); denn indem er ihr widerspreche, widerspreche er zugleich den »Grundwahrheiten des menschlichen Geistes« (R. 16). Um Zugang zur Welt der Ideen zu erlangen, bedürfe der Mensch einer ganz bestimmten Haltung: er müsse gläubig sein. Nur »aus dem Glauben an Gott folgt der Glaube an die Ideen, die lieblichen Gedanken Gottes« (R. 24), »eine gottlose Welt ist auch eine ideenlose Welt« (I/120). So decke sich schließlich der Begriff des Gläubigen mit dem Begriff desjenigen, der die wahre Ansicht von der Welt hat. Der Glaube erscheine als eine höhere Form des Wissens.

> »Gläubig nenne ich denjenigen, der an eine ›andere‹ transzendente Welt glaubt, und dass diese hineinstrahle in unsere irdische Welt, die nur ›ein Gleichnis‹ ist; der an einen Weltsinn glaubt, in den er selbst eingeordnet ist, so dass seine irdische Laufbahn ihre Bedeutung in ihrer Zugehörigkeit zu jener Welt des Geistes findet, und dass sein Leben ein Ziel habe, das über alles Weltliche hinausführt...« (I/116 f)

Diese Weltanschauung bedingt eine ganze bestimmte Vorstellung von den gesellschaftlichen Verbänden aller Art. Ihr sind »Staat, Nation, Beruf, Familie« transzendente Ideen, dem Menschen zur Verwirklichung »aufgegeben«.

> »Was ihr Wesen ausmacht, ist dieses, dass sie durch eine Idee zusammengehalten werden, und dass sie *infolgedessen* ganze oder organische Teile von Ganzen sind (auf diese mit ihrer Idee hinweisen), dass sie nicht durch den Zusammenschluss einzelner entstehen, dass sie vielmehr *vor* den einzelnen da sind, die in sie eintreten oder hineingeboren werden. Die Rolle der einzelnen in all diesen Verbänden ist nur der Dienst an der Idee. Nicht um ihrer selbst willen, sondern um einer über alle individuellen Süchte und Zwecke erhabenen Idee willen stehen die Individuen in diesen Verbänden« (I/351).

Das ist die Anschauung des sozialen Idealismus oder »Realismus«. »Worin in aller Welt« –ruft Sombart aus – »sollten sich Realitäten nachweisen lassen, außer in den transzendenten Ideen?« (I/151). Einst hatten die Menschen ihre Aufgabe erfüllt und die transzendenten Ideen auf Erden verwirklicht: in Westeuropa während des Mittelalters (I/31). Damals war alles Leben von dem »Goldgrund der Transzendenz« durchleuchtet (I/120). Der einzelne war eingeschlossen in die »Gemeinschaftsverbände Kirche, Stadt, Dorf, Sippe, Familie, Beruf..., in denen er warm gehalten und beschützt war wie die Frucht in der Schale...« (I/31). »Der letzte und niedrigste Verband war... im Mittelalter erfüllt vom Gottesbewusstsein und nur *darum*... war er Gemeinschaft« (I/250). Doch jene ideenerfüllte Welt der westeuropäischen Gesellschaft verfällt seit dem Ausgang des Mittelalters einem »tragischen Auflösungsprozess«, der »die Welt des Glaubens zertrümmert und an ihre Stelle das Wissen setzt« (I/31). Und jenes »Auflösungszentrum des europäischen Geistes« – Renaissance, Reformation und Aufklärung – hat die »gottverlassene«, »ideenlose«, »liebeleere« Weltanschauung geschaffen, die von Sombart bezeichnet wird als naturalistische, individualistische oder nominalistische Weltanschauung. Diese ist nicht gläubig. Sie weiß daher auch nichts von transzendenten Ideen, aller Transzendentismus ist ihr vielmehr verdächtig, und »Auflehnung gegen einen höchsten Herrn ist die Losung« für sie (I/134, 135). Kurz, sie ist in allen Punkten das kontradiktorische Gegenteil der idealistischen Weltanschauung. Auf solcher »morschen metaphysischen Basis« ruht jene »unwahre Ansicht« der Gesellschaft, die bei Sombart »sozialer Naturalismus« heißt und die im Gegensatz zu ihm von transzendenten Ideen keinen Gebrauch macht. Der moderne Sozialismus *ist* ungläubig, *ist* sozialer Naturalismus und erweist schon dadurch seine Nichtigkeit.

Wahrlich, eine seltsame Wissenschaft, die Sombart hier als Wahrheit vorträgt, »die wir natürlich nur erschauen können, der gegenüber alles, was man Beweis nennt, versagt« (R. 21). In Wirklichkeit freilich deklamiert er nur gewisse Glaubenssätze ohne jede wissenschaftliche Fundierung. Nun soll hier gegen den Inhalt dieser zum großen Teil katholischer Tradition entstammenden theologischen Doktrinen nichts eingewendet werden. Entziehen sich ja

Glaubenssätze prinzipiell den Kriterien aus derjenigen Sphäre, in der einzig wissenschaftliche Diskussion möglich ist. Dort, wo diese Lehren autoritativ hingenommen werden, mag also die von Sombart überall zur Schau getragene Geringschätzung aller Empirie gelten. Im Rahmen einer sich wissenschaftlich gebärdenden Darstellung statt empirischer Forschung jene autoritativen Sätze vorzubringen und sie als Argumente einzuführen, dazu gehört eine souveräne Verachtung für die elementarsten Regeln wissenschaftlicher Arbeit.

Die spezielle Form, in der Sombart seine Anschauungen vorträgt, ist diejenige Welt-, Staats-und Gesellschaftsauffassung, die man gewöhnlich die romantische nennt.[18] Vor hundert Jahren hat sie als Waffe gedient gegen die Aufklärung, heute, in einer vielfach ähnlichen Situation, wird sie ins Feld geführt gegen deren »legitimen Erben« (I/223), den Sozialismus. Denn es ist heute »große Mode«, das Arsenal der romantischen Reaktion herbeizuholen, um »dem Unglauben einen echten Glauben entgegenzusetzen«. Bei Sombart findet sich im wesentlichen nur die Wiederholung der alten Thesen. Von den früheren Argumenten hat er zwar viele weggelassen, neue aber nicht beigebracht. Die Methode der Wesensschau dispensiert ihn eben von solcher Arbeit.

Bekanntlich ist Sombart nicht der erste, der die Zeichen der Zeit erkannt hat. Ihm ist z. B. Othmar Spann vorangegangen – der allerdings nicht behauptet, die romantischen Glaubenssätze persönlich erschaut zu haben, sondern sich damit begnügt, die Lehren Adam Müllers[19] als wissenschaftlich gesicherte Wahrheiten zu dozieren. Es unterliegt keinem Zweifel, dass der »Wahre Staat« Spanns, d. h. im wesentlichen eine Neuauflage des feudalen Ständestaates, die konsequente positive Folgerung aus der jetzigen Weltanschauung Sombarts darstellt. Eben-

---

18 Bezeichnenderweise findet sich bei Sombart auch die Lehre vom überindividuellen Volksgeist als einer metaphysischen Entität (I/41 ff, I/81 ff,
II/514). Auf die Problematik des Begriffes »Romantik« ist hier nicht näher
einzugehen. Vgl. hierzu Carl Schmitt: Politische Romantik. München 1925.
19 Was über die »unbedeutende und zweifelhafte Persönlichkeit« dieses
neuerdings als bahnbrechendes Genie gefeierten »Hochstaplers« zu
sagen ist, hat Carl Schmitt in seinem oben genannten glänzenden Buche
dargetan.

so wie Spann erhofft auch Sombart, die neoromantischen Lehren würden den politischen Erfolg haben, der Wirksamkeit des Marxismus ein Ende zu machen; die soziologisch-wissenschaftliche Form soll hierzu als Instrument dienen. Was beide hierin unterscheidet, ist lediglich der Grad ihrer Siegeszuversicht (vgl. R. 24).

Zusammenfassend ist zu sagen: Sombart hat in seinem neuesten Werke eine umstrittene Methode, die phänomenologische Wesensschau, übernommen. Er handhabt sie ebenso prätentiös wie dilettantisch. Mit ihr verquicken sich bei ihm theologische Doktrinen, auf Grund deren er wider alle wissenschaftlichen Gepflogenheiten die gegnerischen Thesen wertet und verdammt. Seine so pompös auftretende Wesensschau erweist sich aber, genau besehen – ganz im Gegensatz zu den Absichten ihrer philosophischen Urheber –, als Surrogat für ausreichende empirische Untersuchungen. An die Stelle sachlicher Argumente treten die Versicherung von der Verächtlichkeit des behandelten Gegenstandes und die bloße Aufstellung von Thesen, die den marxistischen entgegengesetzt sind.

2. Sombarts Zitierweise

Zitate spielen in Sombarts Arbeiten eine große Rolle. Sie sollen bekräftigen, dass er Recht hat mit seinem Urteil über den Marxismus und Recht behält gegen die Marxisten. Das Zitat soll sie überführen. Eine streng wissenschaftliche Darstellung verlangt in der Auswahl und Behandlung der Zitate von dem Autor ein gewisses Ausmaß wissenschaftlichen Taktes. Denn, für sich betrachtet, als isolierte Wiedergabe einer aus dem ursprünglichen Zusammenhang losgelösten Äußerung, ist jedes Zitat gröbstem Missverstehen ausgesetzt. Ganz unzulässig ist daher ein Verfahren, wie es Sombart auf den Seiten 197 bis 201 des ersten Bandes anwendet. Dort gibt er nicht weniger als dreißig aus Schriften und Briefen von Marx und Engels aneinandergereihte Zitate, um damit zu beweisen, wie »salopp« Marx den Begriff der Gesetzmäßigkeit behandelt habe. Eine Untersuchung darüber, ob auf diesem Gebiet bei Marx tatsächlich eine »heillose

Verwirrung« herrscht oder nicht, würde hier zu weit führen. In diesem Zusammenhang ist sie auch überflüssig, denn Sombarts Versuch, aus dieser »Blütenlese« verschiedene Auffassungen der Gesetzmäßigkeit herauszulesen und auf Grundtypen zurückzuführen (I/201), ist ein Versuch mit untauglichen Mitteln. Mit derart aus dem Zusammenhang gerissenen Äußerungen lässt sich um so weniger anfangen, als hier von Sombart zur gründlicheren Isolierung zusammengehörige Formulierungen auf verschiedene Nummern verteilt werden.[20] Bei Anwendung von Zitaten als Mittel des Beweises müssen gewisse elementare Mindestforderungen erfüllt werden: Zitate müssen geeignet sein, die Meinung des zitierten Autors auszudrücken, und dürfen nicht entstellt wiedergegeben werden. Ein Zitat ist dann nicht »geeignet« im obigen Sinn, wenn der Autor sich über dasselbe Thema in verschiedener widersprechender Weise geäußert hat, etwa in verschiedenen Epochen seines Lebens, oder wenn es sich nur um gelegentliche Bemerkungen handelt, die mit seinen übrigen Anschauungen nicht übereinstimmen, oder wenn das angeführte Zitat gar nicht von dem Gegenstande handelt, der gerade zur Diskussion steht, oder wenn es gar einem Schriftsteller entstammt, der ein Gegner des behandelten Autors ist und nun in dem isolierten Zitat als Kronzeuge für den letzteren fungieren soll. Der Tatbestand der Entstellung eines Zitates liegt nicht nur vor bei Verfälschung des Wortlautes, sondern – was häufig auf dasselbe herauskommt – auch bei Weglassung von Teilen, die für das adäquate Verständnis unentbehrlich sind. In dem Sombartschen Werk nun finden sich allenthalben Verstöße gegen die Regeln. Die letzte Art der Entstellung ist ein von Sombart häufig angewandtes Verfahren, um die herbeigezogenen Zitate für seine Zwecke beweiskräftig zu machen.

20 Karl Marx: Brief an Ludwig Kugelmann vom 11. Juli 1868 [MEW 32, S. 552–554]: Zitate 1, 2 und 15; Karl Marx: Das Kapital. Kritik der politischen Ökonomie. Bd. I: Der Produktionsprozess des Kapitals. Hamburg 1890, S. 546, 555 [MEW 23, S. 609, 618]: Zitate 16 a, 20, 28, 29; ebd., S. 271–280 [MEW 23, S. 325–334]: [Zitate] 3, 8, 27; Karl Marx: Das Kapital. Kritik der politischen Ökonomie. Bd. III: Der Gesamtprozess der kapitalistischen Produktion. Hamburg 1894, S. 167–169 [MEW 25, S. 197–199]: Zitat[e] 7, 14; usw.

An einem zusammenhängenden Gegenstand sei die Zitierweise Sombarts aufgezeigt, nämlich an seiner Lehre von der »Grundidee des proletarischen Sozialismus«, dem »Proletismus« und der Behauptung, dieser und Marxsches System seien eines Geistes.

Nach Sombart gilt dem Proletismus ein »rein sinnliches Genussideal«, der »Massenlebenswert« als oberster Wert (I/90). Mag dieses »Ideal« je nach dem geistigen Niveau des betreffenden Autors auch in allerhand Verkleidungen auftreten, mag es als Ideal des »Sich-Ausleben« des Individuums, seiner Teilnahme an den Kulturgütern, der »Entfaltung aller Anlagen« oder in ähnlichen wohlklingenden Formulierungen erscheinen: immer handelt es sich nach Sombart vorab um das, was Enfantin »die Emanzipation des Fleisches« genannt hat, also um Befriedigung rein sinnlicher Triebe (I/90). Es soll bewiesen werden, dass die »Süchte des fessellosen Individuums« (II/271), die gelegentlich aufgezählt werden als »Vielleben, Wohlleben, Libertät, Egalität«, die »Ideale« darstellen, für welche der proletarische Sozialismus in Wirklichkeit kämpft. Beim Nachweis der Richtigkeit solcher Behauptungen, »die vielen unbegründet erscheinen mögen« (I/91), in der Schau der »Uridee des proletarischen Sozialismus«, offenbart sich so recht die ganze Gehässigkeit Sombarts und seine durchaus unwissenschaftliche Haltung zum Sozialismus. Er will dem Leser einhämmern, was für verächtliche Gesellen die Sozialisten sind, trotz äußerlicher Verschiedenheiten im Grunde allesamt eines Geistes (I/24), Materialisten im Wald- und Wiesensinne, die nur für solche Werte Sinn haben, die der Mensch mit dem Tiere teilt (I/109 f); dass aller proletarische Sozialismus in einen Sumpf geraten (II/159) und mit den Lehren jenes entarteten Schülers von Saint-Simon auf eine Stufe zu stellen sei, jenes Enfantin, der die »Emanzipation des Fleisches« so weit trieb, dass er schließlich mit der Sittenpolizei in Konflikt geraten musste.

Bei seiner »Schau« der Idee des Sozialismus kam Sombart übrigens zu gerade entgegengesetzten Ergebnissen. Dort behauptet er nämlich, dass gerade das Auslebenlassen der Triebhaftigkeit wegen seiner Irrationalität von den Sozialisten verdammt werde, dass diese vielmehr vor allem lieblose Gerechtigkeitsfanatiker seien und dass ein Bekenntnis zum Sozialismus »einen Verzicht auf unbehinderte Entfaltung des Triebhaften, also vom Standpunkt des Individuums aus: Aufgabe, Opferung, Beschränkung des empirisch Individuellen« bedeute (I/13). Ein Widerspruch, der sich auch durch die Ausrede, die Proletisten übten eben Verrat am Sozialismus, nicht beseitigen lässt.

Wie steht es nun eigentlich mit diesem angeblichen »Grundwerte« der vormarxistischen Sozialisten? War für sie bei seiner Bestimmung die Frage wirklich so gestellt, dass sie zwischen Askese und Schlaraffenleben zu wählen hatten und letzterem den Vorzug gaben? Es bedarf schon der ganzen Verdrehungskunst Sombarts, um die Grundanschauung jener Männer derart zu verwischen, eine Anschauung, die sich mit den Worten eines »proletistischer« Gesinnung wenig verdächtigen Autors folgendermaßen ausdrücken ließen: »Der Mensch ist noch sehr wenig, wenn er warm wohnt und sich satt gegessen hat, aber er muss warm wohnen und satt zu essen haben, wenn sich die bessere Natur in ihm regen soll.«[21] Jenen Vormarxisten allen war gemeinsam, dass sie auf das tiefste erschüttert waren von den »Szenen des Schreckens und Grauens [...], die das Berufs- und Familienleben des Proletariers in bestimmten Lagen darstellt« (II/206)[22], dass sie sich gegen diese

21 Friedrich Schiller: Briefe. Herausgegeben von Fritz Jonas. Bd. III. Stuttgart [1893], S. 372.

22 Sombart bestreitet, dass diese Sozialisten aus Mitleid Wortführer der »Ärmsten« und »Zahlreichsten« geworden seien, denn »aus solchen Mitleidsvorgängen hätte niemals jene Wertbetonung des Miserabilismus folgen können, [...] noch weniger die Annahme, dass nur jene Schichten die einzigen Wertträger seien, und am allerwenigsten die Forderung, dass die Welt in einer Weise gestaltet werden müsse, die den Interessen jener Ärmsten angepasst sei« (I/111). Statt eines Beweises für diese absurden Behauptungen bringt Sombart ein halbes Dutzend Zitate, aus denen man sehen kann, dass die sozialistischen Bestrebungen »die moralische, intellektuelle und physische Verbesserung der zahlreichsten und ärmsten Klasse zum Zwecke haben« (aus dem Motto des *Globe*, von Sombart zitiert). Das ist, außer von Sombart und einigen ähnlich exakten Autoren, nach denen es dem Sozialismus lediglich auf eine physische Besserung ankommt, nie bestritten worden. – Wir verzichten darauf, auf Sombarts Lehre vom »Miserabilismus« näher einzugehen, so kennzeichnend sie auch für ihren Autor sein mag. Sie stellt einen Knäuel von Verdrehungen dar, dessen Entwirrung sich hier kaum lohnen würde. Vgl. I/111 f, I/246 ff.

»Infernalität der Lebensbedingungen« empörten und Pläne ausdachten, um die Lage des Proletariats zu verbessern, dabei auch häufig die Freuden der nach ihrem Plan geordneten Gesellschaft in sehr naiver Weise anpriesen. Sie predigten allerdings keine Askese. »Niemand, der einen Mitmenschen sterbend vor Hunger findet, denkt daran, ihm geistigen Trost zuzuführen, bis er seine dringendste Not gestillt hat. Dies auf die Massen angewandt, bedeutet, dass wir ihnen zunächst gesunde und nahrhafte Lebensmittel, Kleider und Wohnung, erfreuliche und ergiebige Arbeit, angenehme Zerstreuungen schulden, ehe wir versuchen, ihnen Geschmack für individuelle Verfeinerung oder die Neigung für die reinen Freuden der Moral und Tugend beizubringen.«[23] Bei Sombart aber ist derselbe Owen unter den Zeugen für die Richtigkeit der Schau vom proletistischen Grundwert angeführt, und zwar mit einigen nichtssagenden Zitaten. Diese sollen im Sombartschen Sinn ausgedeutet werden durch die Schlussbemerkung: Owens Ideal von »Glück« lasse sich in das von ihm geprägte Wort »rational comfort« zusammenfassen (I/91). Da es zu weit führen würde, sämtliche hierher gehörigen Zitate hier auf ihre Stichhaltigkeit zu prüfen, wenden wir uns sofort den sechs Zitaten zu, mit denen Sombart erweisen will, dass Marx und Engels auf diesem Gebiet die »spezifisch sozialistische Ideenwelt [...] so gut wie gar nicht bereichert« haben (I/91), sondern ebenso wie die anderen »Individualisten und Eudämonisten« seien (I/192), d. h. dem oben zur Genüge charakterisierten »Grundwert« des Proletismus anhängen.

Das erste Zitat entstammt der von Marx und Engels 1845 zur »Selbstverständigung« geschriebenen und dann der »nagenden Kritik der Mäuse« überlassenen grundsätzlichen Abrechnung mit den Jung-Hegelianern; beim Abdruck nimmt Sombart unzulässige Kürzungen vor, die von uns (hier und auch bei den anderen Zitaten) durch Kursivdruck hervorgehoben werden.

»*Machen z. B.* die Arbeiter in ihrer kommunistischen Propaganda geltend, es sei Beruf, Bestimmung, Aufgabe jedes Menschen, sich

23 Robert Owen: Parerga und Paralipomena. In: Robert Owen und der Sozialismus. Aus Owens Schriften ausgewählt und eingeleitet von Helene Simon. Berlin 1919, S. 125.

vielseitig, alle seine Anlagen zu entwickeln, *z. B. auch die Anlage des Denkens, so sieht Sankt Sancho hierin nur den Beruf zu einem Fremden [...], was hier unter der Form eines Berufs, einer Bestimmung geltend gemacht wird, ist eben – die Verneinung des durch die Teilung der Arbeit bisher praktisch erzeugten Berufs, des einzig wirklich existierenden Berufs – also die Verneinung des Berufs überhaupt.* Die allseitige Verwirklichung des Individuums wird erst dann aufhören, als Ideal, als Beruf usw. vorgestellt zu werden, wenn der Weltanstoß, der die Anlagen der Individuen zur wirklichen Entwickelung sollizitiert, unter die Kontrolle der Individuen genommen ist, wie dies die Kommunisten wollen.«[24]

Lässt man die polemischen, gegen einen Kritiker Max Stirners gerichteten und im vorliegenden Zusammenhang belanglosen Teile dieses Zitates beiseite, dann besagt es: Erst in der kommunistisch organisierten Gesellschaft können alle Anlagen des Menschen sich entfalten. Und welche »bloße Vermehrung der sinnlichen Lust« (I/90) damit gemeint ist, lehrt die von Sombart leider weggelassene Erläuterung: »z. B. *auch* die Anlage des Denkens«.

Das gleiche besagt das *zweite* Zitat aus dem Kommunistischen Manifest, wo erklärt wird, dass an Stelle der alten bürgerlichen Klassengesellschaft eine Assoziation tritt, »worin die freie Entwicklung eines jeden die Bedingung für die freie Entwicklung aller ist«. Nirgends im Kommunistischen Manifest findet sich der geringste Anhaltspunkt dafür, dass die »freie Entwicklung« so etwas wie »die Emanzipation des Fleisches« zu bedeuten habe. Vielmehr ist das ganze Manifest getragen von dem Gedanken, dass mit der Beseitigung der Klassengesellschaft die »Vorgeschichte der menschlichen Gesellschaft« mit allen ihren Greueln abschließt und der Mensch »aus tierischen

---

24 Karl Marx: Sankt Max. In: Eduard Bernstein (Hg.): Dokumente des Sozialismus. Hefte für Geschichte, Urkunden und Bibliographie des Sozialismus. Bd. IV. Stuttgart 1904, S. 370. [Als dritter Teil der 1845/46 geschriebenen Selbstverständigungsschrift *Die deutsche Ideologie. Kritik der neuesten deutschen Philosophie in ihren Repräsentanten Feuerbach, B. Bauer und Stirner und des deutschen Sozialismus in seinen verschiedenen Propheten* aufgenommen in MEW 3, hier S. 273.]

Daseinsbedingungen in wirklich menschliche« emporsteigt.[25] Das *dritte Zitat* Sombarts hat mit dem zu beweisenden Thema nichts zu tun. Es erhält seinen Sinn durch den ihm vorhergehenden und folgenden, von Sombart allerdings weggelassenen Satz:

> »*Alle bisherigen Bewegungen waren Bewegungen von Minoritäten oder im Interesse von Minoritäten.* Die proletarische Bewegung ist die selbständige Bewegung der ungeheuren Mehrzahl im Interesse der ungeheuren Mehrzahl. *Das Proletariat, die unterste Schicht der jetzigen Gesellschaft, kann sich nicht erheben, nicht aufrichten, ohne dass der ganze Überbau der Schichten, die die offizielle Gesellschaft bilden, in die Luft gesprengt wird.*«[26]

Zitat Nummer *vier* bringt ein Bruchstück aus der Überlegung, dass erst bei einer gewissen Entwicklung der gesellschaftlichen Produktivkräfte diejenigen materiellen Produktionsbedingungen geschaffen seien, »*welche allein die reale Basis einer höheren Gesellschaftsform bilden können, deren Grundprinzip* die volle und freie Entwicklung jedes Individuums ist.«[27]

Nichts anderes besagt die Briefstelle, die den Inhalt des *fünften* Zitates bildet:

> »In einem Briefe Marxens aus dem Jahre 1877 wird als die Wirkung des Kommunismus bezeichnet: ›Die höchste Entwicklung der Produktivkraft der Gesellschaft und die allseitige Entwicklung des Einzelnen‹.«[28]

---

25 Vgl. Friedrich Engels: Herrn Eugen Dühring's Umwälzung der Wissenschaft. Stuttgart [10]1919, S. 305 [MEW 20, S. 264].

26 Das Kommunistische Manifest. Mit Vorreden von Karl Marx und Friedrich Engels und einem Vorwort von Karl Kautsky. Berlin [8]1921, S. 36.

27 Marx: Das Kapital. Bd. I, S. 555 [MEW 23, S. 618]. Das hier kursiv Gedruckte fehlt bei Sombart.

28 Sombart gibt die Quelle für diesen Brief nicht an. In einem Brief, den Marx in den siebziger Jahren an einen anonymen Kritiker gerichtet hat, wird noch deutlicher von einer ökonomischen Ordnung gesprochen, »welche die höchste Entwicklung der Produktionskraft der Gesellschaft und die größtmögliche Ausbildung des Individuums garantiert«. Abgedruckt in: Der Sozialdemokrat (Zürich), 3. Juni 1887, unpaginiert [S. 2, Sp. 3].

Schließlich wird noch der junge Engels als Zeuge aufgeboten (*sechstes*, ebenfalls verstümmeltes Zitat). Was bei Engels sich wie Ziel und Weg verhält, sieht in der Sombartschen Wiedergabe aus wie gleichgeordnete Zwecke.[29]

> »*Die allgemeine Assoziation aller Gesellschaftsmitglieder zur gemeinsamen und planmäßigen Ausbeutung der Produktionskräfte, die Ausdehnung der Produktion in einem Grade, dass sie die Bedürfnisse aller befriedigen wird, das Aufhören des Zustands, in dem die Bedürfnisse der Einen auf Kosten der Anderen befriedigt werden, die gänzliche Vernichtung der Klassen und ihrer Gegensätze*, die allseitige Entwicklung der Fähigkeiten aller Gesellschaftsmitglieder *durch die Beseitigung der bisherigen Teilung der Arbeit, durch die industrielle Erziehung, durch den Wechsel der Tätigkeit,* durch die Teilnahme Aller an den durch alle erzeugten Genüssen, *durch die Verschmelzung von Stadt und Land – das sind die Hauptresultate der Abschaffung des Privateigentums.*«

Trotz aller dieser Verstümmelungen scheint Sombart nicht ganz von der Schlagkraft seiner Belege überzeugt zu sein, denn er meint: »Bei Marx klingt zuweilen etwas von dem Ideal eines Kaloskagathos an, doch bleibt es unbestimmt, welchen genauen Inhalt er seinem Individualismus geben möchte. Sicher bleibt aber seine Einstellung eine individualistisch-eudämonistische« (I/93). Wozu er noch das merkwürdige Argument anführt: »Die Späteren haben jedenfalls nichts anderes aus Marx und seinen Vorgängern herausgelesen...« (I/93).

Wir haben nicht darzustellen, wie Marx *tatsächlich* über ethische Fragen dachte. Sonst wäre hier der Ort, auszuführen, dass bei den Hauptvertretern des wissenschaftlichen Sozialismus systematische Ausführungen über Werte und Wertvorstellung ebenso wenig gesucht werden dürfen wie bei irgendeinem Naturwissenschaftler. Das ist im Begriff des wissenschaftlichen Sozialismus begründet. Immerhin steht es jedem frei, alles, was von Marx überliefert ist,

---

29 Friedrich Engels: Grundsätze des Kommunismus. Berlin 1914, S. 29 [MEW 4, S. 377].

auf dessen Stellungnahme zu den obersten Werten zu untersuchen. Im Zusammenhang damit mag man dann auch fragen, wie dieser geschworene Feind aller Utopien sich das Schicksal des Menschen in der kommunistischen Gesellschaft gedacht hat. Man wird dann allerdings finden, dass Marx keineswegs »den Wertakzent auf die Genügsamkeit oder gar die Askese legte«, sondern vielmehr ganz unchristlich erwartete, die künftige Gesellschaft werde jedem ein menschenwürdiges Dasein schon im Diesseits sichern. Man mag das ruhig Individualismus und Eudämonismus nennen und sogar an Hand der vorstehenden – vollständigen – Belege erläutern, dass Marx ein menschenwürdiges Dasein ganz im Hinblick auf das diesseitige Leben verstand und eine ausreichende, ja sogar reichliche Sicherung des materiellen Daseins bei möglichst kurzer Arbeitszeit als Grundlage für die höchste Entwicklung der geistigen und künstlerischen Anlagen jedes Menschen und damit auch der Gesellschaft ansah.[30] Sombart aber »beweist« mit denselben, allerdings zugerichteten Zitaten, der oberste Wert Marxens sei im Kern nichts anderes als der von Sombart entdeckte, aus jüdischem und englischem Volksgeist geborene Grundwert des proletarischen Sozialismus, der »Massenlebenswert«, d. h. möglichst ausgiebige Befriedigung von »Hunger und Durst, Geschlechtstrieb« und Streben »nach individuellem Glück

30 Vgl. z. B. Marx: Das Kapital. Bd. I, S. 493 [MEW 23, S. 552], wo Marx sagt, dass der durch die Verkürzung des Arbeitstages eroberte Zeitteil dienen soll für »freie, geistige und gesellschaftliche Betätigung der Individuen«. Oder die Sombart wohlbekannten und an anderer Stelle (I/390) zitierten Worte, dass durch die Entwicklung der Produktivkräfte zum ersten Mal in der menschlichen Geschichte die Möglichkeit gegeben sei, »bei verständiger Verteilung der Arbeit unter alle, nicht nur genug für die reichliche Konsumtion aller Gesellschaftsglieder und für einen ausgiebigen Reservefonds hervorzubringen, sondern auch jedem hinreichend Muße zu lassen, damit dasjenige, was aus der geschichtlich überkommenen Bildung – Wissenschaft, Kunst, Umgangsformen usw. – wirklich wert ist, erhalten zu werden, nicht nur erhalten, sondern aus einem Monopol der herrschenden Klasse in ein Gemeingut der ganzen Gesellschaft verwandelt und weiter fortgebildet werde.« [Friedrich Engels: Zur Wohnungsfrage. In: MEW 18, S. 221]

und Behagen« (I/190 f) »für eine bis ins unermessliche angewachsene Kaninchenherde« (II/397).

Mit diesem »Grundwert« findet Sombart, wie oben (S. 162) gezeigt, zwei ihm ebenbürtige Ideologien eng verknüpft, die »Ideale« der Libertät und der Egalität.

Derartige Libertäts- und Egalitätsideale kann man allerdings mit Recht verspotten und darüber etwa sagen: »Wer keine andere Freiheit als die Schrankenlosigkeit, keine andere Gleichheit als das Nivellement kennt, [...] der muss jeden Augenblick in sein Gegenteil umschlagen und zuletzt die Welt für verrückt erklären, weil er selbst verrückt geworden.« Diese Worte sind nun nicht etwa von Sombart, sondern von einem vormarxistischen Sozialisten, von Moses Hess.[31] Sein Wort wiegt hier um so schwerer, als er nach Sombart »einen besonders starken Einfluss auf Marx und Engels (neben Feuerbach) ausgeübt hat« (I/122) und obendrein zu »den deutschen Vätern des proletarischen Sozialismus« zählt (I/166). In demselben Aufsatz schreibt Hess:

> »Freiheit ist Sittlichkeit, Vollziehung des Gesetzes des Lebens überhaupt, der geistigen Tätigkeit, sowohl im engeren Sinne, wo die Tat Idee, wie im weiteren, wo die Idee Tat genannt wird, mit klarem Bewusstsein desselben, also nicht aus Naturnotwendigkeit oder Naturbestimmtheit, wie bisher in dem Leben aller Kreaturen geschehen ist, sondern aus Selbstbestimmung.«[32]

So sieht also die Genussfreiheit aus, die dieser »Vater des proletarischen Sozialismus« fordert. Derartige, seinem Bilde von der Struktur des Proletismus ins Gesicht schlagende Zitate finden sich allerdings nirgends in Sombarts reicher Zitatensammlung.

Im vorliegenden Falle sollen Morelly, eine anonyme kommunistische Schrift aus dem Jahre 1847, und besonders Weitling bezeugen, dass der Proletismus unter Freiheit nichts anderes versteht, »als die Befriedigung ihrer Begierden, die Entwicklung ihrer Fähigkeiten« oder

---

31 Aus dem berühmten Aufsatz *Philosophie der Tat*. In: Moses Hess: Sozialistische Aufsätze 1841–1847. Herausgegeben von Theodor Zlocisti. Berlin 1921, S. 57.
32 Ebd., S. 59.

»die Fähigkeit, alles genießen zu können, wonach es einen gelüstet, worauf man begierig ist«.[33]

Dies ist nach Sombart auch der Freiheitsbegriff bei Marx: »er vereinerlei Freiheit mit freier Zeit, mit Muße...« Das kann in Verbindung mit dem Vordersatz und in diesem Zusammenhang nichts anderes heißen als: Bei Marx nimmt das »Ideal« der »Libertät« die besondere Form eines Ideals des dolce far niente an (I/101).

Als Beweis soll eine Stelle aus dem dritten Bande des *Kapital* dienen:

»Das Reich der Freiheit beginnt in der Tat erst da, wo das Arbeiten, das durch Not und äußere Zweckmäßigkeit bestimmt ist, aufhört; es liegt also der Natur der Sache nach jenseits der Sphäre der eigentlichen materiellen Produktion. *Wie der Wilde mit der Natur ringen muss, um seine Bedürfnisse zu befriedigen, um sein Leben zu erhalten und zu reproduzieren, so muss es der Zivilisierte, und er muss es in allen Gesellschaftsformen und unter allen möglichen Produktionsweisen. Mit seiner Entwicklung erweitert sich dies Reich der Naturnotwendigkeit, weil die Bedürfnisse; aber zugleich erweitern sich die Produktivkräfte, die diese befriedigen.* Die Freiheit in diesem Gebiet kann nur darin bestehen, dass der vergesellschaftete Mensch, die assoziierten Produzenten, diesen ihren Stoffwechsel mit der Natur rationell regeln, *unter ihre gemeinschaftliche Kontrolle bringen,*

33 Die beiden Weitling-Zitate, die Sombart an dieser Stelle (I/101) bringt, sind ebenfalls ein Beispiel dafür, wie Sombart zitiert. Er darf bei seinem für »weiteste Kreise« geschriebenen Buche nicht voraussetzen, dass dem Leser die besondere Bedeutung bekannt ist, welche die Worte »Begierde« und »Fähigkeiten« in den Schriften Weitlings haben und die von dem allgemeinen Sprachgebrauch gänzlich abweicht. (Vgl. Wilhelm Weitling: Garantien der Harmonie und Freiheit [1842]. Jubiläums-Ausgabe. Herausgegeben und eingeleitet von Franz Mehring. Berlin 1908, S. 179 ff). Trotzdem findet sich kein Wort darüber bei Sombart. So muss der Leser, abgesehen von den wenigen, die Weitling studiert haben, den Eindruck gewinnen, der Gerechtigkeitsfanatiker Weitling, der sein Hauptwerk mit der Anrufung des Allmächtigen einleitet und die Regierung seiner Zukunftsgesellschaft »den größten Philosophen« übertragen will, sei ein wildgewordener Sybarit (ebd., S. 153).

statt von ihm als von einer blinden Macht beherrscht zu werden; ihn mit dem geringsten Kraftaufwand und unter den, ihrer menschlichen Natur würdigsten und adäquatesten Bedingungen vollziehen. Aber es bleibt dies immer ein Reich der Notwendigkeit. Jenseits desselben beginnt *die menschliche Kraftentwicklung, die sich als Selbstzweck gibt,* das wahre Reich der Freiheit, das aber nur auf jenem Reich der Notwendigkeit als seiner Basis aufblühen kann. Die Verkürzung des Arbeitstags ist die Grundbedingung.«[34]

Sombart hat aus unerfindlichen Gründen diese Stelle in umgekehrter Reihenfolge zitiert, nämlich den Anfangssatz an den Schluss gestellt, und außerdem so viel weggelassen,[35] dass der Rest zur Not in das Sombartsche Libertätsschema hineingezwängt werden kann (I/101). Ein Blick in das Original zeigt aber sofort, dass weder von »Genussfreiheit«, noch von Freiheit zum Faulenzen die Rede ist. Vielmehr handelt es sich um die Unterscheidung zwischen zwei dem »Libertätsideal« Sombarts wesensfremden Freiheitsbegriffen.

Freiheit besteht nach Marx innerhalb der Sphäre der Wirtschaft erst dann, wenn die Gesellschaft die Naturgesetze und die Gesetze der Produktion beherrscht, anstatt, wie in der kapitalistischen Gesellschaft, von den letzteren beherrscht zu werden. Das aber sei noch nicht die wahre Freiheit. Diese liege vielmehr außerhalb des Gebietes der materiellen Produktion in jenem Zeitteil, der durch die Verkürzung des Arbeitstages »erobert« wird. »Freiheit wozu?«, fragt Sombart (I/100). »Für freie, geistige und gesellschaftliche Betätigung der Individuen«, antwortet Marx.[36] Aber Sombart weiß es besser und macht mit einigen Kürzungen und Umstellungen aus diesen Marxschen Überlegungen eine Manifestation des »Ungebundenheits-Individualismus« (I/105).

Das Ideal der »Egalität« oder des »Du bist auch nichts Besseres« ist dasjenige Element, durch welches der Proletismus, also auch der Marxismus, »erst seine wahre Gestalt« findet (I/103). Aus der bloßen

---

34 Marx: Das Kapital. Bd. III/2, S. 355 [MEW 25, S. 828].
35 Alles hier kursiv Gedruckte!
36 Marx: Das Kapital. Bd. I, S. 493 [MEW 23, S. 552].

Feststellung als Tatsache werde die gattungsmäßige Gleichheit zu einem höchsten Wert, zum Ideal und damit zum Postulat erhoben.

Wie Marx und Engels in Wirklichkeit über das Postulat der Gleichheit dachten, darüber liegt u. a. folgende Äußerung vor:

»Die Gleichheitsforderung im Munde des Proletariats hat [...] eine doppelte Bedeutung. Entweder ist sie [...] die naturwüchsige Reaktion gegen die schreienden sozialen Ungleichheiten [...]; als solche ist sie einfach Ausdruck des revolutionären Instinkts und findet darin und auch nur darin ihre Rechtfertigung. Oder aber, sie ist entstanden aus der Reaktion gegen die bürgerliche Gleichheitsforderung, zieht mehr oder weniger richtige, weitergehende Forderungen aus dieser [...] und in diesem Fall steht und fällt sie mit der bürgerlichen Gleichheit selbst. In beiden Fällen ist der wirkliche Inhalt der proletarischen Gleichheitsforderung die Forderung der *Abschaffung der Klassen.* Jede Gleichheitsforderung, die darüber hinausgeht, verläuft notwendig ins Absurde.«[37]

Für Sombart, der alles und jedes auf Zitate aufbaut, müsste dieses Engels-Zitat besonders wichtig sein für die Bedeutung der Gleichheitsforderungen im Marxschen System, und zwar aus zwei Gründen: 1. weil Engels »die Abteilung ›Weltanschauung‹ in dem gemeinsamen Geschäft der beiden verwaltete« und 2. weil »bei Lebzeiten Marxens (in die bekanntlich der Anti-Dühring noch fällt) Engels nichts veröffentlichen durfte ohne das Approbatur des Freundes« (I/123). Erstaunlicherweise zieht es Sombart vor, als Beleg für die Stellung Marxens zum »Egalitäts-Ideal« statt dieser unzweideutigen Worte ein Zitat aus einer Marxschen Jugendschrift herbeizuholen, das ohne Kommentar für den Nicht-Spezialisten unverständlich bleiben muss, insofern aber – und nur insofern – für die Erhärtung der Sombartschen These geeignet sein mag. Es lautet im Original folgendermaßen:[38]

37 Engels: Herrn Eugen Dühring's Umwälzung, S. 104 [MEW 20, S. 99].
38 Wir zitieren wieder die ganze Stelle und kennzeichnen die von Sombart ausgelassenen Sätze durch kursive Schrift. Der erste Satz ist bei Sombart auf folgende Weise referiert: »Nach Marx ist die Gleichheit, ›das Egalitätsprinzip‹, das ›französische‹ Prinzip, das in der Sprache der Politik und

» Wenn Herr Edgar einen Augenblick die französische Gleichheit mit
dem deutschen Selbstbewusstsein vergleicht, wird er finden, dass das
letztere Prinzip deutsch, d. h. im abstrakten Denken ausdrückt, was
das erstere französisch, d. h. in der Sprache der Politik und der denken-
den Anschauung sagt. Das Selbstbewusstsein ist die Gleichheit des
Menschen mit sich selbst im reinen Denken. Die Gleichheit ist das
Bewusstsein des Menschen mit sich selbst im Element der Praxis,
d. h. also das Bewusstsein des Menschen vom andern Menschen
als dem ihm Gleichen und das Verhalten des Menschen zum andern Menschen als dem ihm Gleichen. Die Gleichheit ist der französische Ausdruck für die menschliche Wesenseinheit, für das
Gattungsbewusstsein und Gattungsverhalten des Menschen, für
die praktische Identität des Menschen mit dem Menschen, d. h. also
für die gesellschaftliche oder menschliche Beziehung des Menschen
zum Menschen. *Wie daher die destruktive Kritik in Deutschland,*
ehe sie in Feuerbach zur Anschauung des wirklichen Menschen
fortgegangen war, alles Bestimmte und Bestehende durch das Prinzip
des Selbstbewusstseins aufzulösen suchte, so die destruktive Kritik in
Frankreich durch das Prinzip der Gleichheit.«[39]

»Herr Edgar« ist Edgar Bauer, dessen Proudhon-Übersetzung und
-Kritik Marx glossiert. In der vorstehenden Stelle soll an einem Bei-
spiel gezeigt werden, welche Rolle das »Prinzip der Gleichheit« bei
der Kritik der gesellschaftlichen Zustände gespielt hat. Dazu erinnert
Marx Edgar Bauer an die Bedeutung des »Selbstbewusstseins« in den
Schriften Bruno Bauers und vergleicht dieses »Selbstbewusstsein«
Bauers mit der »Gleichheit« Proudhons. Beide Prinzipien dienen der
»destruktiven Kritik« an der bestehenden Gesellschaftsordnung, dem
Kampf gegen alle Vorrechte. In Deutschland als dem wirtschaftlich

der denkenden Anschauung dasselbe sagt, was das ›deutsche‹ Prinzip des
Selbstbewusstseins im abstrakten Denken ausdrückt« (I/107).

39   Karl Marx: Die Heilige Familie oder Kritik der kritischen Kritik. Gegen Bruno Bauer und Konsorten. In: Franz Mehring (Hg.): Aus dem literarischen Nachlass von Karl Marx, Friedrich Engels und Ferdinand Lassalle. Bd. II: Karl Marx und Friedrich Engels. Von Juli 1844 bis November
1947. Stuttgart 1923, S. 136 [MEW 2, S. 40 f].

und politisch rückständigeren Land wird dieser Kampf »im abstrakten Denken« auf rein philosophischem Boden geführt, während er in Frankreich die Formen des politischen Kampfes angenommen hat. Die Lehre des deutschen Idealismus von dem *einen* Selbstbewusstsein dient in Deutschland ebenso dazu, »alles Bestimmte und Bestehende« aufzulösen, wie in Frankreich das Prinzip der Gleichheit. Bei beiden »Prinzipien« kommt es auf die Wesensgleichheit der Menschen an: bei dem deutschen, indem es sie als Vernunftwesen gleichsetzt, bei dem französischen durch den Hinweis auf ihre »natürliche« Gleichheit. Marx enthält sich in diesen Ausführungen jeder Stellungnahme zum »Egalitätsprinzip«. Er versucht lediglich, ein Missverständnis Edgar Bauers gegenüber Proudhon aufzuklären. Sombart jedoch bringt es fertig, mit einem Bruchstück dieses Zitates zu »beweisen«, dass Marx jenes aus Massenvergottung und Ressentiment geborene Gleichheitsideal neben anderen, später unternommenen Begründungsversuchen, aus der gattungsmäßigen Gleichheit der Menschen »logisch« begründen wolle.

Auf so »streng wissenschaftliche« Weise »beweist« der »unbefangene und objektive Berichterstatter« – wie Sombart sich gelegentlich selbst belobt (I/369) –, dass es »die Süchte des fessellosen Individuums« (II/271) sind, für die Marx und der proletarische Sozialismus kämpfen. So löst Sombart den vornehmsten Teil der Aufgabe seines Buches, »die letzten Prinzipien« des proletarischen Sozialismus aufzudecken (I/27). Auch hier zeigt sich, dass er nicht wählerisch ist, wenn es gilt, sein thema probandum zu erhärten. Der Marxismus soll verächtlich gemacht werden, selbst wenn dabei alle Regeln des literarischen Anstandes preisgegeben werden müssen. Weiterer Belege für Sombarts Zitierweise bedarf es hier wohl nicht. Es wird sich übrigens noch später Gelegenheit bieten, sie zu charakterisieren.

3. Sombart und die Dialektik

Es ist ein seltsames Schauspiel, wie Sombart bemüht ist, dem »proletarischen Sozialismus« nachzuweisen, dessen Ausführungen seien

»auf Schritt und Tritt durchsetzt mit metaphysischen Konstruktionen« (I/174). Derselbe Sombart, in dessen Buch die kühnsten metaphysischen Thesen allenthalben in die Darstellung einbrechen, will den Gegner dadurch diskreditieren, dass er ihm vorwirft, mit seinen Methoden und seinen Ausführungen »alle Erfahrung« zu überschreiten. Allerdings besteht hier nach Sombarts Meinung ein wesentlicher Unterschied zwischen ihm und den Sozialisten. Was »das ungeschulte Denken der sozialistischen Theoretiker« (I/175), also z. B. Marxens, zustandebringt, ist eine schlechte Metaphysik, während das geschulte Denken Sombarts offenbar eine gute Metaphysik gewährleistet.

Zu der schlechten Metaphysik des Marxismus nun zählt Sombart die »materialistische Dialektik«. In der ihm eigenen Art schreibt er als Fazit seiner Ausführungen über diesen »charakteristischsten« Teil der angeblichen Marxschen Geschichtsmetaphysik:

> »[...] man mag die materialistische Dialektik für den Gipfel menschlicher Weisheit oder für eine unerhörte Mystifikation, eine gefährliche Spielerei, ja für kompletten Schwindel halten: das eine steht fest [...], dass wir in ihr abermals einen Bestandteil der proletarischen Geschichtsmetaphysik zu erblicken haben« (I/218).

Dieses »schnurrige Verfahren« habe immer nur »eine ungefähre Richtigkeit zum Ziele«, um in seinen Besitz zu gelangen, bedürfe es einer »spezifisch proletarischen Begabung« (I/214). Es sei eine »Geheimlehre« des Marxismus, die mit der Hegelschen Dialektik nichts gemein habe als den Namen, und »schierer Unsinn« sei es, mit Marx jene auf die empirische Welt anwenden zu wollen. Wir hören, es sei ein Wesensmerkmal der Marxschen Dialektik, dass für sie ein Begriff »zu jeder Zeit ebenso gut sein Gegenteil bedeuten« könne (I/215)[40] und dergleichen. Sombarts strenge Sachlichkeit und Werturteilsfreiheit illustrierende Urteile mehr.

40 Als Zeugen für die die Richtigkeit dieser überraschenden Behauptung zitiert Sombart die Worte von Engels, wonach bei Marx nicht »nach ein für allemal gültigen Definitionen« gesucht werden dürfe, da Marx »die Dinge und ihre gegenseitigen Beziehungen nicht als fixe, sondern als veränderliche auffasse, weshalb seine »Begriffe ebenfalls der Veränderung und Umbildung unterworfen« seien (I/215). Dieses Verfahren, »die

Es ist hier nicht der Ort, und der Verfasser hält sich durchaus nicht für berufen, eine systematische Darstellung der Dialektik zu geben. Im Folgenden soll lediglich einiges zu der Sombartschen Kritik der »materialistischen Dialektik« angemerkt werden, um zu zeigen, mit welcher – Unbefangenheit Sombart ihren Problemen gegenübersteht und wie zuverlässig der Leser auch auf diesem Gebiet von ihm unterrichtet wird.

Wir müssen uns zunächst darauf besinnen, dass die Dialektik weder von Hegel noch von Marx »erfunden« wurde, sondern vielmehr »in der Philosophie nichts Neues« ist.

»Unter den Alten wird Platon als der Erfinder der Dialektik genannt, und zwar insofern mit Recht, als in der platonischen Philosophie die Dialektik zuerst in freier wissenschaftlicher und damit zugleich objektiver Form vorkommt. [...] In der neueren Zeit ist es vornehmlich Kant gewesen, der die Dialektik wieder in Erinnerung gebracht und dieselbe aufs Neue ihre Würde eingesetzt hat [...]. Wie sehr nun auch der Verstand sich gegen die Dialektik zu sträuben pflegt, so ist dieselbe doch keineswegs als bloß für das philosophische Bewusstsein vorhanden zu betrachten, sondern es findet sich vielmehr dasjenige, um was es sich hierbei handelt, auch schon an allem sonstigen Bewusstsein und in der

Dinge und ihre gegenseitigen Beziehungen« als veränderlich aufzufassen, bezeichnet, wie wir sogleich sehen werden, das Wesen der dialektischen Methode. Ihre Eigenart, die Begriffe »in ihrem historischen resp. logischen Bildungsprozess« zu entwickeln (Marx: Das Kapital. Bd. III/1, S. XVI [MEW 25, S. 20]), glaubt Sombart dahin verdrehen zu dürfen, dass für sie ein Begriff zu jeder Zeit ebenso gut sein Gegenteil bedeuten könne. Denselben Einwand hat Dühring einmal so ausgedrückt, »dass für den Marxschen Standpunkt ›schließlich alles Eins ist‹« (Engels: Herrn Eugen Dühring's Umwälzung, S. 124 [MEW 20, S. 115]), worauf ihm Engels entgegnete: »Um die Möglichkeit solcher simplen Narrheit zu erklären, bleibt nur die Annahme, dass das bloße Wort Dialektik Herrn Dühring in einen Zustand von Unzurechnungsfähigkeit versetzt, in dem ihm, einer gewissen Miss- und Mischvorstellung zufolge, schließlich ›alles Eins‹ ist, was er sagt und tut.« (Ebd.)

allgemeinen Erfahrung. Alles, was uns umgibt, kann als ein Beispiel des Dialektischen betrachtet werden.«[41]

Aus diesen Worten Hegels geht mit aller wünschenswerten Deutlichkeit hervor, dass entgegen der Behauptung Sombarts die Dialektik nicht an ein bestimmtes philosophisches System gebunden ist. Ein Gedanke, den Engels folgendermaßen ausdrückt: »Die Menschen haben dialektisch gedacht, lange ehe sie wussten, was Dialektik war, ebenso wie sie schon Prosa sprachen, lange bevor der Ausdruck Prosa bestand.«[42]

Wenn also Sombart von einer »materialistischen Dialektik« spricht, um damit zu unterstellen, dass dem Marxismus eine besondere Art von Dialektik eigentümlich sei, so ist er dafür zumindest den Nachweis schuldig geblieben.[43]

Dialektik und Materialismus haben unmittelbar nichts miteinander zu tun, ihre Verbindung durch Marx und Engels besteht darin, dass diese als die einzigen »aus der deutschen idealistischen Philosophie die bewusste Dialektik in die materialistische Auffassung der Natur und Geschichte hinübergerettet haben«[44]. Aber gerade das macht ihnen Sombart ja zum Vorwurf: Mit großem Pathos erklärt er, es sei »ein ungeheuerlicher Gedanke, die Hegelsche Dialektik auf die empirische Welt anwenden zu wollen« (I/215). »Die Gleichsetzung der Hegelschen und der Marxschen Dialektik beruht ganz einfach auf der schülerhaften Verwechselung von Widerspruch und Gegensatz, von kontradiktorisch und konträr. Es ist schierer Unsinn, vom Standpunkt

41 Georg Wilhelm Friedrich Hegel: Encyklopädie der philosophischen Wissenschaften im Grundrisse. 1. Teil. Berlin ²1843, S. 154.
42 Engels: Herrn Eugen Dühring's Umwälzung, S. 146 [MEW 20, S. 133].
43 Insofern Marx (Vorrede zur 2. Auflage des *Kapital*, S. XVII [MEW 23, S. 27]) »seine« dialektische Methode »der Grundlage nach« als das direkte Gegenteil der Hegelschen bezeichnet, will er damit nur die »mystifizierende« Grundlage treffen. Darüber, dass Hegel »ihre allgemeinen Bewegungsformen zuerst in umfassender und bewusster Weise dargestellt hat« (ebd., S. XVIII [MEW 23, S. 27]), bestand bei Marx *kein* Zweifel.
44 Engels: Herrn Eugen Dühring's Umwälzung, Vorrede, S. XIV [MEW 20, S. 10].

der Hegelschen Dialektik aus beispielsweise das Proletariat einen ›Widerspruch‹ zur Bourgeoisie zu nennen, oder die Puppe einen ›Widerspruch‹ zur Raupe« (I/215).

Mit der »schülerhaften Verwechslung« zwischen kontradiktorisch und konträr hat es eine eigene Bewandtnis, denn Sombart schleudert damit einen Vorwurf gegen Marx, der schon seit bald hundert Jahren gegen Hegel erhoben worden ist.[45]

Einen Anstrich von Komik gewinnt es, wenn Sombart mit hochtönenden Worten die Hegelsche Dialektik gegen Hegel in Schutz nimmt. Dieser machte sich nämlich selbst des »ungeheuerlichen Gedankens« schuldig, die Dialektik auf die empirische Welt anzuwenden. Er erklärt, dass sich die Dialektik »in allen besonderen Gebieten und Gestaltungen der natürlichen und der geistigen Welt geltend« mache[46], so z. B. »in der Bewegung der Himmelskörper«, wie überhaupt in allen Naturprozessen. Dass »die Extreme der Anarchie und des Despotismus einander gegenseitig herbeizuführen pflegen« (ebd., S. 156), gilt für Hegel als Beispiel eines dialektischen Vorganges auf *politischem* Gebiet. An anderer Stelle spricht er davon, dass die Knospe durch die Blüte und diese durch die Frucht »widerlegt« werde[47], was nach Sombart als »schierer Unsinn« beurteilt werden muss. Wohlgemerkt: »schierer Unsinn vom Standpunkt der Hegelschen Dialektik aus [...].« (I/215). Nach alledem scheint es doch nicht so »erstaunlich«, »dass es immer noch Leute gibt«, welche die von Marx geübte Dialektik »in eine innere Beziehung zu der Hegelschen Dialektik bringen« (I/214).

45 »Diese Hegelschen Lehren (von der Dialektik) sind in Bezug auf konträre Gegensätze nicht ohne Wahrheit [...], ihre Übertragung aber auf das Verhältnis des kontradiktorischen Gegensatzes beruht auf einer Verwechslung der logischen Negation mit der realen Opposition, was namentlich Trendelenburg [...] mit [...] Evidenz dargetan hat [...]. Auch Chalybäus sagt: [...] Es muss zugegeben werden, dass es im Hegelschen System genauer anstatt Widerspruch überall heißen sollte: Gegensatz.« Friedrich Ueberweg: System der Logik und der Geschichte der logischen Lehren. Bonn [3]1868, S. 204.

46 Hegel: Encyklopädie. 1. Teil, S. 155.

47 Georg Wilhelm Friedrich Hegel: Phänomenologie des Geistes. Jubiläumsausgabe. Herausgegeben von Georg Lasson. Leipzig 1907, S. 4.

Unter den Belehrungen, die Sombart uns über die Dialektik bei Marx zuteil werden lässt, steht an erster Stelle: dass sie nicht etwa eine Forschungsmethode sei, wie Max Adler »unbegreiflicherweise« annehme, sondern Metaphysik. Dafür lägen unzweifelhafte, durch Marx approbierte Zeugnisse von Engels vor, der sich ausdrücklich gegen die Charakterisierung der Dialektik als bloße Methode verwahre und erkläre, dass sie »vielmehr den Keim einer umfassenderen Weltanschauung« enthalte (I/212). »Unbegreiflicherweise« steht aber an der von Sombart angezogenen Stelle des Antidühring, die Dialektik sei »in noch weit eminenterem Sinne« als die formelle Logik »vor allem Methode zur Auffindung neuer Resultate«.[48] Und wenn Engels dann weiterfährt, dass die Dialektik den »Keim einer umfassenderen Weltanschauung« enthalte, als sie innerhalb des engen Horizontes der formellen Logik möglich sei, so wird dadurch seine Charakterisierung der Dialektik als eine der formalen Logik überlegene Methode nicht im mindesten berührt. Hört die in der Renaissance einsetzende neue naturwissenschaftliche Methode des Experimentes deshalb auf, Methode zu sein, weil sie den Keim einer neuen Weltanschauung in sich trug?

In Sombarts Darstellung der Dialektik suchen wir vergeblich nach einer schlichten Wiedergabe ihres Inhaltes. Statt dessen sollen willkürlich aneinandergereihte und durch Kürzungen bis zur Unkenntlichkeit entstellte Zitate, gewürzt mit hämischen Bemerkungen, die Marxsche Methode als eine Art Hexeneinmaleins brandmarken (I/215).[49] Dabei bedarf es keinerlei Interpretationskünste, um aus den Äußerungen von Marx und Engels die Bedeutung der Dialektik im Marxschen System wenigstens in großen Zügen zweifelsfrei zu erkennen.

48 Engels: Herrn Eugen Dühring's Umwälzung, S. 136 f [MEW 20, S. 125].
49 Sombart hält es offenbar für besonders geistreich, zur Charakteristik der dialektischen Methode einige Verse der Hexe aus Goethes Faust anzuführen. Wir empfehlen die betreffenden Stellen der Aufmerksamkeit des Lesers (I/215 f). Sie ist besonders charakteristisch für die Sachlichkeit Sombartscher Darstellung.

Marx beschreibt die Dialektik als eine Methode, die

> »in dem positiven Verständnis des Bestehenden zugleich auch
> das Verständnis seiner Negation, seines notwendigen Untergangs
> einschließt, jede gewordene Form im Flusse der Bewegung, also
> auch nach ihrer vergänglichen Seite auffasst, sich durch nichts
> imponieren lässt, ihrem Wesen nach kritisch und revolutionär ist.«[50]

Die Dinge nicht »als ruhende und leblose, jedes für sich, neben- und
nacheinander, betrachten«[51], sondern sie »im Flusse der Bewegung«
auffassen, das ist der *Kern* der dialektischen Methode. Sie setzt voraus,
dass »alles, was existiert, alles, was auf der Erde und im Wasser lebt«, nur
existiert, nur lebt »vermittelst irgendwelcher Bewegung«[52], und dass diese
Bewegung einer bestimmten Gesetzmäßigkeit unterworfen ist. Nach
der Meinung von Marx (die er von Hegel übernommen hat) »braucht
man nur von jeder unterscheidenden Eigenschaft der verschiedenen
Bewegungen zu abstrahieren, um [...] zu der rein logischen Formel der
Bewegung zu gelangen«. Das Ergebnis dieser Abstraktion ist die Lehre,
dass jede Bewegung in »Widersprüchen« vor sich geht, und die »rein
logische Formel der Bewegung« heißt auf Griechisch: These, Antithese,
Synthese, und auf lateinisch: Affirmation, Negation, Negation der Negation. Wenn ich von irgendwelchen Prozessen sage, »sie sind Negation
der Negation, so fasse ich sie allesamt unter dies eine Bewegungsgesetz
zusammen und lasse ebendeswegen die Besonderheiten jedes einzelnen
Spezialprozesses unbeachtet«[53]. Über diese Besonderheiten kann die
Dialektik nichts aussagen, denn »sie ist weiter nichts als die Wissenschaft
von den *allgemeinen* Bewegungs- und Entwicklungsgesetzen der Natur,
der Menschengesellschaft und des Denkens«.[54]

50 Marx: Das Kapital. Bd. I, S. XVIII [MEW 23, S. 28].
51 Engels: Herrn Eugen Dühring's Umwälzung, S. 120 [MEW 20, S. 112].
52 [Karl Marx: Das Elend der Philosophie. Antwort auf Proudhons »Philo-
     sophie des Elends«. Übersetzt und herausgegeben von Karl Kautsky und
     Eduard Bernstein. Mit Vorwort und Noten von Friedrich Engels. Stuttgart
     41907, S. 88 [MEW 4, S. 127].
53 Engels: Herrn Eugen Dühring's Umwälzung, S. 144 [MEW 20, S. 131].
54 Ebd., Sperrung von uns. Man vergleiche, wie Sombart diesen Satz von
     Engels zitiert. Der zum Verständnis unentbehrliche Vordersatz, nach

Die Anwendung der dialektischen Methode besteht nach den obigen Worten Marxens darin, alles Seiende, z. B. ein Gesellschaftssystem, auf sein Werden und Vergehen zu untersuchen, wobei die »rein logische Formel der Bewegung« der Ariadnefaden sein soll, welcher dem Forscher erlaubt, in dem Labyrinth der »bloßen Tatsachen« sich zurechtzufinden. Was Sombart als »Geheimlehre« und »schnurriges Verfahren« verhöhnt, erweist sich als eine »Methode [...] zum Fortschreiten vom Bekannten zum Unbekannten«[55]. Wie man sich aber auch zu dieser Methode stellen mag, über ihre Resultate ist damit noch nichts ausgesagt, und man hat »die letzteren nicht im besonderen widerlegt, wenn man die erstere im allgemeinen herunterreißt«.[56] Umgekehrt ist für die Richtigkeit der Resultate damit noch gar nichts erwiesen, dass sie in das Schema der Dialektik eingeordnet sind. Wenn z. B. Marx einen Vorgang als »Negation der Negation bezeichnet, denkt er nicht daran, ihn dadurch beweisen zu wollen als einen geschichtlich notwendigen«. Vielmehr versucht er zuerst den Nachweis zu erbringen, dass der Vorgang ein geschichtlich notwendiger ist, und dann erst »bezeichnet er ihn zudem als einen Vorgang, der sich nach einem bestimmten dialektischen Gesetze vollzieht«. »Der Prozess ist ein geschichtlicher, und wenn er zugleich ein dialektischer ist, so ist das nicht die Schuld von Marx [...].«[57]

Es könnte nun eingewendet werden, dass die »Dialektik« von uns Sombarts Ausführungen gegenüber nachdrücklichst als *Methode* charakterisiert wurde, während häufig von einem »dialektischen Gesetz« die Rede war. Hierauf ist zu antworten: dass das Wort Dialektik beides bedeuten kann, sowohl eine bestimmte Gesetzmäßigkeit, als auch die Methode zu ihrer wissenschaftlichen Bewältigung. Das Verhältnis, in welchem die Gesetzmäßigkeit zur Methode steht, wird

welchem die Dialektik über den materiellen Gehalt eines Prozesses nichts aussagen könne, fehlt bei Sombart, dafür sind die beiden Worte »weiter nichts«, die sich auf diesen Vordersatz beziehen, mit zwei ironischen Ausrufezeichen angemerkt (I/212 f).

55 Engels: Herrn Eugen Dühring's Umwälzung, S. 136 f [MEW 20, S. 125], daneben auch als Methode der Darstellung vgl. Marx: Das Kapital. Bd. I, S. XVII [MEW 23, S. 27].
56 Engels: Herrn Eugen Dühring's Umwälzung, S. 124 [MEW 20, S. 115].
57 Ebd., S. 136 [MEW 20, S. 125].

je nach den philosophischen Grundanschauungen (idealistisch oder realistisch) in den Systemen verschieden gefasst werden. Marx und Engels waren der Meinung, alle Bewegung in Natur, Geschichte und Denken gehe auf dialektische Weise vor sich. Das Mittel, diese Einsicht für die wissenschaftliche Arbeit fruchtbar zu machen, ist eben die dialektische Methode, welche versucht, die als sicher vorausgesetzte dialektische Form der Bewegung gedanklich zu bewältigen. Ob diese Voraussetzung zutrifft, ist übrigens hier nicht entscheidend, weil sie, wie wir gesehen haben, nirgends als Beweis dienen soll.

Wir wiederholen, dass hier keine systematische Darstellung der dialektischen Methode Marxens gegeben werden soll. Sie ist hier um so leichter zu entbehren, als Sombarts Exkurs noch nicht einmal die Grundzüge der Dialektik erkennen lässt, geschweige denn zu ihren eigentlichen Problemen hinführt.[58] Es kommt hier lediglich darauf

---

58 Besonders charakteristisch für die wichtigtuerische Verständnislosigkeit, mit der Sombart die Dialektik abtut, ist folgende Stelle: »Es passiert aber den Meistern selbst gelegentlich das Malheur, dass sie einmal diesen Zustand, das andere Mal einen anderen als ›Negation‹ erklären, wodurch begreiflicherweise die Geltungskraft der dialektischen Gesetze einigermaßen Einbuße erleidet. So sahen wir oben, dass Engels die Trichotomie aus der Geschichte herausliest: Position = urwüchsiges Gemeineigentum; 1. Negation = Privateigentum; Negation der Negation = Kommunismus. Sein Freund Marx ist anderer Ansicht, wenn er schreibt (Kapital I, 728 [MEW 23, S. 791]): ›Die aus der kapitalistischen Produktionsweise hervorgehende kapitalistische Aneignungsweise, daher das kapitalistische Privateigentum, ist die erste Negation des individuellen, auf eigener Arbeit gegründeten Privateigentums. Aber die kapitalistische Produktion erzeugt mit der Notwendigkeit eines Naturgesetzes ihre eigene Negation. Es ist Negation der Negation‹ usw. Aber das sind so kleine Schönheitsfehler, die dieser Denkweise anhaften und die man nicht allzu scharf hervorheben muss – das widerspräche der dialektischen Logik, die immer nur eine Ungefähr-Richtigkeit zum Ziele hat«. (I/214). Welche Überlegenheit der Sprache! Welche Fülle des Wissens! Mit welcher Eleganz weist Sombart Marx und Engels nach, was für Stümper sie sind, dass ihnen ein solches »Malheur« passieren konnte. So ungefähr muss der Leser denken, der sich auf die Darstellung Sombarts verlässt. Nimmt er aber den Antidühring zur Hand und liest die betreffende Stelle im Zusammenhang nach, so wird er

---

an, aufzuzeigen, dass die Dialektik weder eine »Geheimlehre« ist, noch dass es »einer spezifisch proletarischen Begabung« bedarf, um in ihren Besitz zu gelangen (I/214), dass andererseits aber nicht sein »beschränkt bourgeoiser Standpunkt« (I/216), sondern sein Wunsch, den Marxismus zu diskreditieren, Sombart zu seiner seltsamen »Analyse« der Dialektik geführt hat.

sehr bald anderer Meinung werden. Zunächst wird er finden, dass Engels dort gar nicht von Gemeineigentum schlechthin spricht, sondern vielmehr von Eigentum an Grund und Boden. Dessen Geschichte soll als Beispiel für die dialektische Gesetzmäßigkeit in wenigen Strichen aufgezeichnet werden (Engels: Herrn Eugen Dühring's Umwälzung, S. 140 f [MEW 20, S. 128 f]). Bei Marx handelt es sich dagegen um Eigentum schlechthin und die Art seiner Aneignungsweise in verschiedenen Gesellschaftssystemen. Macht sich ferner der Leser die Mühe, im Antidühring ganze vier Seiten zurückzublättern, dann findet er (auf S. 136 [MEW 20, S. 125]) das von Sombart als Beweis für die Fragwürdigkeit der dialektischen Methode angeführte Beispiel aus dem *Kapital* wörtlich (sogar das usw. fehlt nicht) von Engels zitiert. Ja noch mehr: die von Sombart beanstandeten Äußerungen über das Gemeineigentum an Grund und Boden verwendet Engels zur Erläuterung der betreffenden Stelle aus dem *Kapital*. Sollten Engels und Marx (dessen »Approbatur« doch der Antidühring trägt) das Ansehen der von ihnen so hochgeschätzten Methode so leichtfertig aufs Spiel gesetzt haben, dass sie, selbst für das kürzeste Gedächtnis sichtbar, »einmal diesen Zustand, das andere Mal einen anderen als ›Negation‹ erklären?« Das haben sie tatsächlich getan, ohne dass dadurch »die Geltungskraft der dialektischen Gesetze« irgendwelche Einbuße leidet. Denn eine isolierte Tatsache ist weder Negation, noch Negation der Negation; erst in einem bestimmten Zusammenhang können jene Kategorien auf sie angewendet werden. Da nun ein und dieselbe Tatsache verschiedenen Entwicklungsreihen zugerechnet werden kann, ist es durchaus möglich, dass sie in der einen Reihe als Position, in einer anderen als Negation und in einer dritten vielleicht als Negation der Negation anzusehen ist. – Bis zu dieser einfachen Überlegung ist Sombart offenbar nicht gelangt. Aus dieser Tiefe des Verständnisses erklärt sich dann zwanglos seine überaus naive Bemerkung, dass die dialektische Logik »immer nur eine Ungefähr-Richtigkeit zum Ziele habe«. Auch hier, wie häufig in Sombarts Buch, gelangen wir beim Eingehen auf Einzelheiten sehr bald zu einem Punkt, wo jede weitere Diskussion unmöglich wird.

4. Sombart als Historiker

Nicht dass Sombart in seinem Buch allenthalben Werturteile ausgesprochen hat, soll ihm vorgeworfen werden, sondern dies stempelt
sein neues Werk zum Pamphlet, dass die Wertung willkürlich in
die Darstellung einbricht und den schlichten Tatbestand verfälscht.
Dass Sombart ein untreuer Berichterstatter ist, weil er nicht darstellt
und daraufhin wertet, sondern sich durch das thema probandum
schon den Bericht verderben lässt – das ist es, was unserer Kritik
überall den Anstoß gibt. Wie dem Leser, der im Vertrauen auf die
strenge Sachlichkeit deutscher Wissenschaft von diesem Buche Auskunft über den proletarischen Sozialismus erwartet, nicht die Lehre Marxens, sondern eine aus allen möglichen sozialistischen und
nichtsozialistischen Theorien »erschaute« Fiktion vorgesetzt wird,
so gibt Sombart auch als Historiker keine sachliche Darstellung,
sondern ungenaue, schlechte Berichte, in denen überall die Absicht
durchscheint. Darum ist das Buch nicht allein für den Anhänger des
Sozialismus, sondern ebenso für den Unparteiischen, insbesondere
aber für den sachlichen Gegner wertlos.

Wenn anders das Wort Rankes gilt, dass »die Historie durch ihr
Wesen Erdichtungen und leere Schattenbilder zu verschmähen ge-
nötigt ist und nichts als ganz Gewisses und Sicheres zulässt«, dann
haben die historischen Teile des Sombartschen Werkes keinen Anspruch auf diesen Namen.

Was allgemein gilt, soll hier zunächst Sombarts Darstellung des
Lebens und der Persönlichkeit von Karl Marx erweisen. Auch hier
hat nicht der Wille zur historischen Wahrheit Sombart die Feder
geführt, sondern jene Geisteshaltung, die Sombart selbst (I/113) als
»gefühlsmäßigen Negativismus« kennzeichnet, und die sich äußert
»in der feindseligen, gehässigen Einstellung zum Gegner: der Ver-
dächtigung seiner Beweggründe, der Entwertung seiner Persönlichkeit [...].« Cum ira et studio in des Wortes verwegenster Bedeutung
ist alles geschrieben, was Sombart in seinem Buche über Marxens
Persönlichkeit sagt. Kein Missverständnis ist zu abgeschmackt, keine Entstellung zu kühn, keine Verleumdung zu plump, als dass sie

Sombart sich nicht zu eigen machte. Es gelingt ihm, Marx zu schildern als einen Teufel in Menschengestalt, der alle betrogen hat, die ihm vertrauten, einen »zank- und streitsüchtigen Hasser« (I/114), »einen grundsätzlichen Verneiner« (I/69), mit einer »durch und durch zerfressenen Seele« (I/170), dessen Schaffen »bis in jede Einzelheit hinein hassdurchtränkt war« (I/74), dem es ganz unmöglich war, »jemals an edle Motive zu glauben« (I/71), und dessen »persönliche Herrschaft der Zweck all seines Treibens« war (I/74).

Eine ausführliche Besprechung der wichtigsten Punkte der Sombartschen »Würdigung« Marxens wird die Berechtigung unserer eigenen »Würdigung« dieses Marx-Biographen aufzeigen. Nur auf die charakteristischsten Punkte kommt es dabei an. Zahlreiche und nicht immer belanglose »Irrtümer« Sombarts müssen unberücksichtigt bleiben.[59]

* * *

»Marx ist von allen Sozialisten der wurzelloseste, widerspruchsvollste, unausgeglichenste, zerrissenste« (I/59). »Wie fast alle so-

---

59 Manchmal berichtigt sich Sombart auch selbst. Allerdings wohl unfreiwillig. So behauptet er zum Beispiel I/66: »Marx fehlt endlich die Fähigkeit, Menschen zu leiten und zu organisieren, d. h. ihren Willen auf ein bestimmtes gewolltes Ziel hinzulenken. Dass die Internationale Arbeiter-Assoziation so geringe Bedeutung erlangte und so rasch verpuffte, war ganz gewiss nicht zum wenigsten die Schuld dieser Mängel der Marxschen Begabung.« Dann aber begegnen wir, II/347, dem genauen Gegenteil dieser Behauptung: »Sieht man sich diese bunte, zusammengewürfelte Masse an, *so muss man die Regiekunst von Marx bewundern, der die Truppe wenigstens eine kurze Zeitlang zum Spielen brachte. Die Art, wie er die Gesellschaft leitete, ist sehr merkwürdig. Er ist, soviel ich weiß, auf keinem Kongress zu Lebzeiten der IAA persönlich erschienen (offenbar, weil er ein schlechter Redner war) [...].« »Marx blieb also tatsächlich für das gemeine Volk unsichtbar [...]. Man stelle sich vor: ein führendes Mitglied der Gesellschaft hat drei Jahre nach deren Gründung keine Ahnung von dem Manne, in dessen Hand die Fäden ruhten, an denen diese Marionetten tanzten [...].«* (Sperrungen von uns.)

zialistischen Denker ist er ein ›im Leben Gescheiterter‹, denn als Jude ist er schon durch die Geburt ›aus der Gesellschaft hinausgeworfen‹ (I/55). Dazu erleidet er bereits im Elternhaus ›einen seelischen Schiffbruch‹, er wächst auf ›im Hader mit seinem Vater‹« (I/55).

In Wirklichkeit ist Karl Marx eine der geschlossensten, konsequentesten Persönlichkeiten, welche die Geschichte aufweist. Mit 30 Jahren hatte er seine philosophischen, soziologischen und politischen Anschauungen so klar herausgearbeitet, dass er in allen wesentlichen Punkten bis zum Ende seines Lebens nichts zu widerrufen brauchte. Wenige Menschen wussten wie er, was es heißt, Treue zu halten bis zum Tode. Erst der Tod konnte den Bund, den der Achtzehnjährige mit Jenny von Westphalen geschlossen, lösen; 38 Jahre ungetrübtester, engster Freundschaft verbanden ihn mit Engels. Von seinem Eintritt in den Kommunistenbund im Jahre 1847 hat er, unbeirrt von allen Widerwärtigkeiten, unbeirrt dadurch, dass er selbst jahrelang in »grässlichstem Elend« (I/64) leben musste, unermüdlich für das Proletariat gekämpft, bis der Tod kam.

Wenn daher Sombart seine »biographische Betrachtung« damit beginnt, dass er Marx als den Wurzellosesten, Widerspruchsvollsten usw. von allen sozialistischen Denkern charakterisiert, tut er dies offenbar, um seinem Versprechen gemäß der Persönlichkeit dieses Mannes von vornherein vollauf gerecht zu werden.

Dass Marx durch seine jüdische Abstammung »aus der Gesellschaft hinausgeworfen« war, ist ebenso eine Erfindung Sombarts wie der angebliche »seelische Schiffbruch« Marxens im Vaterhaus. Die Familie des Justizrates Heinrich Marx war in solchem Grade gesellschaftlich geachtet, dass der Geheime Regierungsrat Ludwig von Westphalen dem Jüngling Karl Marx die Hand seiner einzigen Tochter gab.

Zur Frage des »seelischen Schiffbruches« im Elternhaus lese man den Brief, den der Student am 10. November (1837?) an den Vater schrieb.[60] Dass der Neunzehnjährige dem Vater so rückhaltlos offen schreiben konnte, zeigt, dass von einem Aufwachsen »im Hader mit

60 Abgedruckt in: Die Neue Zeit XVI, I, 1 (1897/1898), S. 6–12 [MEW 40, S. 3–12].

seinem Vater« gar keine Rede sein kann.[61] Übrigens besitzen wir zu dieser Frage folgende Mitteilung von Marxens Tochter Eleonor:

> »Marx hing innig an seinem Vater. Er wurde nie müde, von ihm zu erzählen, und trug immer eine Photographie von ihm bei sich, die von einem alten Daguerrotyp abgenommen war [...]. Als Karl Marx nach dem Tode seines Weibes die lange, traurige Reise zur Wiedererlangung der verlorenen Gesundheit antrat [...], da begleitete ihn diese Photographie seines Vaters, eine alte Photographie auf Glas (in einem Futteral) meiner Mutter und eine Photographie meiner Schwester Jenny überall hin; wir fanden sie nach seinem Tode in seiner Brusttasche. Engels legte sie in seinen Sarg.«[62]

* * *

Marx »scheiterte in der akademischen Laufbahn und wird, was man damals wurde, wenn man seinen ›Beruf verfehlt‹ hat: Journalist, Literat« (I/55). Dann verfällt Marx dem Schicksal des Emigranten, er wird »aus einem Mitglied der bürgerlichen Gesellschaft zu ihrem ›Auswurf‹« (I/56).

Dass Marx in der akademischen Laufbahn »gescheitert« sei, ist ein seltsamer Ausdruck für die Tatsache, dass Marx angesichts der unter dem Ministerium Eichhorn seit 1840 auf den preußischen Universitäten einsetzenden Reaktion freiwillig auf die Universitätslaufbahn verzichtet hat. Die Sätze von dem »verfehlten Beruf« und dem »Auswurf« der bürgerlichen Gesellschaft sind bloße Gehässigkeiten. Hätte Marx die Wandlungsfähigkeit der Ruge und Bauer besessen, dann hätte er ebenso »sich zum Vaterland zurückfinden« (I/69) können wie jene.

---

61 Die polternde Antwort des Vaters auf diese genialischen Bekenntnisse besagt gegen diese Tatsache gar nichts.
62 Eleanor Marx Aveling: Vorbemerkung. In: Die Neue Zeit XVI, I, 1 (1897/1898), S. 5.

* * *

Marx ist ausgestattet »mit einer verschwenderischen Fülle von Gaben«, aber seine Veranlagung ist »eine durchaus abstrakte, doktrinäre, unsinnliche« (I/61), und es fehlt ihm zeitlebens die »Kraft zur
Erzeugung fruchtbarer, praktischer Ideen« (I/73). Aber hier, wie in
vielen anderen Situationen (vgl. z. B. I/71 ff), kommt ihm sein Ressentiment zu Hilfe:[63]

»Mittels Ressentiment wurde nun wiederum dieser Defekt in einen
Wert umgebogen, die schöpferische Kraft selber aber entwertet.
Daher die Feindseligkeit, die Marx (und Engels, der noch viel
nüchterner war) allem ›Utopismus‹ entgegenbrachte, daher die
Hartnäckigkeit, mit der sie den Sozialismus auf ein reines Er-

---

63 Der Vorwurf des »Ressentiments« spielt bei Sombart überhaupt eine
große Rolle: »Die rabiatesten Sozialisten sind die Menschen mit dem
stärksten Ressentiment. Typisch: die blutrünstige, giftspritzende Rosa
Luxemburg, die – in Deutschland – mit einem vierfachen Ressentiment belastet war, als Frau, als Ausländerin, als Jüdin und als Krüp-
pel« (I/76). Zur Zeit, als Sombart noch großen Wert auf seine Autorität innerhalb der Arbeiterbewegung legte, hat Rosa Luxemburg seine
diesbezüglichen Versuche scharf angegriffen und ihn dabei folgendermaßen charakterisiert: »Er tritt in die Schranken, selbstbewusst, sicher,
ausgerüstet mit dem ganzen Wissen und allen Finessen des Jahrhunderts: er hat die sozialen Harmonien von Schulze-Delitzsch [...], die
historische Methode von Roscher, die englische Borniertheit von den
Webbs, die großen Gebärden von Lassalle, die Selbstüberhebung von
Julian Schmidt, einen Zitatensack aus allen Sprachen Dichtern und
Zeitaltern, einen Stil, geflochten aus urgroßväterlichen Archaismen,
professoralen Grandiloquenzen, Ulrich v. Huttenschen Kraftsprüchen
und selbstgefertigten, orakelhaften Abgeschmacktheiten, endlich, als
untrügliche psychologische Wirkungsmittel: Beschimpfung und Schmei-
chelei.« Rosa Luxemburg: Die »deutsche Wissenschaft« hinter den Arbeitern. In: Die Neue Zeit XVIII, II, 52 (1899/1900) S. 779. Ob Sombart in
Anbetracht dieses Tatbestandes gegenüber Rosa Luxemburg wohl ganz
frei von »Ressentiment« ist? Ein Kritiker seiner Art ließe sich die hier
vorliegende dankbare psychologische Aufgabe sicher nicht entgehen.

kenntnisproblem einzuschränken ihr ganzes Leben lang beflissen waren [...].« (I/73).[64]

Da es nicht angeht, von Marxens genialer Veranlagung ganz zu schweigen, soll sie möglichst entwertet werden. Deshalb bestreitet Sombart dem Manne, dessen Geist »die späteren Generationen beherrscht« (I/74), dem Organisator der ersten Internationale (deren »Bedeutung für den Gang der sozialistischproletarischen Bewegung« trotz ihrer Misserfolge »ein nachhaltiger« war [II/356]), die »schöpferische Kraft«. Dem Begründer der »Wissenschaft vom Kapitalismus« (I/304)[65] hält Sombart die Tauschbank Proudhons und die Phalanstere Fouriers als »fruchtbare, praktische Ideen« entgegen, zu deren Konzeption Marx unfähig gewesen sei. Und eben diese Unfähigkeit hat Marx zu einem Wert umbiegen wollen dadurch, dass er diese »fruchtbaren praktischen Ideen« – Sombart vergisst, uns zu sagen, wann und wo sie sich als fruchtbar erwiesen haben, die Geschichte berichtet bis jetzt nur das Gegenteil – als Utopien bekämpfte, ihre soziologischen und psychologischen Wurzeln analysierte und ihnen den wissenschaftlichen Sozialismus entgegenstellte. »Mangelndes Vertrauen in die eigene sittliche Schöpferkraft« und die eigenen politischen Fähigkeiten, sowie das Bewusstsein des Fehlens der »Kraft zur Erzeugung fruchtbarer praktischer Ideen« – das sind nach Sombart die beiden psychologischen Wurzeln des »wissenschaftlichen Sozialismus« (I/72f).

Man sollte meinen, dass der Grad von »Anerkennungsscheu« (I/113), wie er in dieser Beurteilung der Marxschen Arbeit erreicht wird, selbst von Sombart nicht mehr überboten werden kann, aber er belehrt uns noch eines Besseren.

---

64 Den Verfassern des Kommunistischen Manifestes nachzusagen, dass sie den Sozialismus auf ein »reines Erkenntnisproblem« einschränken wollten, hat einen ganz besonderen Reiz. Es liegt hier zumindest eine unerlaubt nachlässige Ausdrucksweise vor.

65 Sombart hält den wissenschaftlichen Sozialismus für einen »Unbegriff«, aber er meint, dass Marx im Gegensatz dazu die Wissenschaft vom Kapitalismus begründet habe (I/304).

* * *

Marx hat keinen festen Standpunkt und keine sicheren Instinkte. Daher vermag er niemals »eine unmittelbare Beziehung zum Leben« zu gewinnen. Seine »Zweifelsucht, vom Hasse befruchtet«, macht ihn zum »gewohnheitsmäßigen Kritiker, zum grundsätzlichen Verneiner« (I/69), seine fortwährenden Misserfolge zu einem »zank und streitsüchtigen Hasser« (I/114). Daneben entwickelt sich in ihm ein für die Seelenverfassung sozialistischer Denker typischer Zug zu besonderer Stärke: das Ressentiment, d. h. »eine Anerkennung von Unwerten als Werte« (I/56, 71). Die Flucht vor dem »seelischen Bankerott« sowohl als auch die Bewunderung, die seine Gefolgschaft für ihn hegt, bringen ihn zu einer maßlosen Selbstüberhebung. Der Fall der Pariser Kommune gibt ihm Gelegenheit, wenigstens seinem »persönlichen Ehrgeiz« Genüge zu tun durch Abfassung eines »giftsprühenden Pamphletes«. Diese Schrift *Der Bürgerkrieg in Frankreich* verlieh ihm eine »internationale Berühmtheit, ›Zeitungskerls und andere‹ überliefen ihn in seiner Wohnung in London, um das ›Monstre‹ zu sehen. Endlich, endlich hatte sein Wirken einen Widerhall gefunden. Wenigstens seinem persönlichen Ehrgeiz geschah endlich Genüge. Marx fühlte sich seit langer Zeit wieder froh und gleichsam am Ziel. Mit innerer Befriedigung schildert er seinen Zustand in Briefen an Kugelmann [...].« (II/354).

Aus dieser Zusammenstellung von Schmähungen und Verdächtigungen greifen wir die konkreteste heraus: die Motivierung der Streitschrift für die Kommune aus persönlichem Ehrgeiz. Sombart belegt diese These mit einigen Stellen aus zwei Briefen Marxens an Kugelmann, die im Original folgendermaßen lauten (die bei Sombart fehlenden Teile sind kursiv gedruckt):

Brief vom 18. Juni 1871[66]

»Du musst mein Schweigen entschuldigen. – Auch jetzt nur habe ich die Zeit, Dir wenige Zeilen zu schreiben.
Du weißt, dass ich während der ganzen Zeit der Pariser Revolution

---

66 [Karl Marx an Ludwig Kugelmann, 18. Juni 1871. In: MEW 33, S. 238.]

fortwährend als der ›grand chef de l'Internationale‹ von den Versailler Blättern (*Stieber mitwirkend*) und par répercussion von den hiesigen Journalen denunziert worden bin.

Nun noch die Adresse, *die Du erhalten haben wirst!* Sie macht einen Lärm vom Teufel, und ich habe die Ehre, at this moment the best calumniated and the most menaced man of London zu sein. Das tut einem wahrhaft wohl nach der langweiligen zwanzigjährigen Sumpfidylle. Das Regierungsblatt – der ›Observer‹ – droht mir mit gerichtlicher Verfolgung. ›Qu'ils osent! Je me moque bien de ces canailles-là!‹«

Brief vom 27. Juli 1871[67]

»Andererseits wäre es sehr töricht, wenn Du – nach einem alten: Aug' für Aug', Zahn für Zahn – mich in dieser Zeit für mein Nichtschreiben züchtigen wolltest. Bedenke, mon cher, dass, wenn der Tag 48 Stunden hätte, ich seit Monaten immer noch nicht mit meinem Tagwerk fertig geworden wäre.

Die Arbeit für die Internationale ist immens, dazu das Überlaufen Londons mit refugees, für die wir zu sorgen haben. Außerdem überlaufen mich andere Personen, Zeitungskerls und andere aller Art, um das ›monster‹ mit eigenen Augen zu sehen.«

Der Sachverhalt ist demnach folgender: Marx erklärt seinem Freunde Kugelmann, warum er jetzt nicht viel schreiben könne, und schildert seine Situation. Aber alle Schwierigkeiten kümmern ihn wenig, im Gegenteil: nach zwanzig Jahren Sumpfidylle, nach zwanzig Jahren Wanderns »in einem dunklen Walde, in dem das einzige Licht, das für ihn Licht bedeutete, das Licht der Revolution, erloschen war«[68], tut es gut, wieder mitten im Kampf zu stehen. Einst gab er in einem Fragespiel (auch von Sombart herangezogen, I/169) auf die Frage: Your idea of

---

67 [Karl Marx an Ludwig Kugelmann, 27. Juli 1871. In: MEW 33, S. 252.]
68 Dieses Bild stammt von Sombart, der also sehr gut weiß, dass »Sumpfidylle« bei Marx etwas anderes bedeutet als den Schmerz über das Ausbleiben persönlicher Berühmtheit (II/342).

happiness? die stolze Antwort: to fight.[69] Nun muss er seine Genossen und sich selbst gegen eine Meute von Feinden verteidigen, und dieser Kampf tut ihm »wahrhaft wohl« nach zwanzig Jahren Gelehrtenlebens.

Und diesen klaren Tatbestand dichtet Sombart in das Behagen eines ehrgeizigen Strebers um, dem es endlich gelungen ist, die allgemeine Aufmerksamkeit auf sich zu ziehen. Jene Schrift, die Marx, unbekümmert um die Folgen für die Internationale und sich selbst, im Namen des Generalrats veröffentlichte, um die niedergetretenen und bespienen Communards gegen die ganze Welt zu verteidigen, wird von Sombart charakterisiert als »das giftsprühende Pamphlet« eines Tropfes, der die Tragödie der Commune benützt, um sich eine »internationale Berühmtheit« zu verschaffen. Hat eine solche Darstellung überhaupt noch etwas mit Wissenschaft zu tun?

Bezeichnend ist die Art, wie Sombart die beiden als Beleg verwendeten Briefstellen kürzt und zusammenschiebt, um seine Thesen glaubhaft zu machen; folgende Sätze Marxens stehen bei ihm innerhalb derselben Anführungszeichen nebeneinander, ohne die geringste Andeutung, dass der letzte Satz in einem anderen Briefe steht wie die vorhergehenden und dass wesentliche und zum Verständnis unentbehrliche Stellen des ersten Briefes weggelassen wurden:

> »Nun noch die Adresse [...]! Sie macht einen Lärm vom Teufel, und ich habe die Ehre, at this moment the best calumniated and the most menaced man of London zu sein. Das tut einem wahrhaft wohl nach der langweiligen, zwanzigjährigen Sumpfidylle. Außerdem überlaufen mich andere Personen, Zeitungskerls und andere aller Art, um das ›monstre‹ mit eigenen Augen zu sehen« (II/354).

Das darf und muss man doch wohl als grobe Fälschung kennzeichnen, durch die der Leser notwendig den Eindruck bekommen muss, dass es Marx bei der Adresse hauptsächlich darauf ankam, möglichst viel Lärm um seine eigene Person zu machen, und dass sein Wohlbefinden auch eine Folge davon war, von neugierigen Personen überlaufen zu werden.

69 [Dawid Borissowitsch Rjasanow]: Marx' Bekenntnisse. In: Die Neue Zeit XXXI, I, 24 (1913), S. 856.

Wie Marx in Wirklichkeit über seinen persönlichen Ruhm dachte, darüber gibt allein schon folgende seiner Äußerungen in einem Brief an Wilhelm Blos unter dem 10. November 1877 Auskunft. Dort schreibt er auf Blosens Frage, ob er das Verhalten einer Anzahl Parteigenossen (die sich auf dem Gothaer Kongress für Dühring erklärt hatten) übel genommen habe:

»[...] Ich ›grolle nicht‹ (wie Heine sagt), und Engels ebensowenig. Wir beide geben keinen Pfifferling für Popularität. Beweis z. B., im Widerwillen gegen allen Personenkultus habe ich während der Zeit der Internationalen die zahlreichen Anerkennungsmanöver, womit ich von verschiedenen Ländern aus molestiert ward, nie in den Bereich der Publizität dringen lassen und habe auch nie darauf geantwortet, außer hier und da durch Rüffel. Der erste Eintritt von Engels und mir in die Geheime Communisten-Gesellschaft geschah nur unter der Bedingung, dass alles aus den Statuten entfernt würde, was dem Autoritätsaberglauben förderlich (Lassalle wirkte später gerade in der entgegengesetzten Richtung...).«[70]

* * *

»Ein besonders dunkles Kapitel im Marxschen Leben ist der grimmige Hass, mit dem er frühere Freunde verfolgte: so gut wie alle seine Freunde – außer Engels und vielleicht Wilhelm Wolff – wurden nach einiger Zeit seine erbitterten Feinde, und dann behandelte er sie wirklich in schamloser Weise [...]. Offenbar vereinigen sich hier mehrere seelische Defekte, um diese auffälligen Umschläge herbeizuführen. Es lohnt sich aber nicht, diesen Einzelheiten hier nachzugehen« (I/68).

Es lohnt vielleicht doch, den Einzelheiten nachzugehen, mit denen Sombart diese Beschuldigungen zu beweisen sucht. In zwei Gruppen lassen sich die von ihm aufgeführten, zu Feinden gewordenen Freunde

---

70 Der Wahre Jakob 565 (1908), S. 574; erneut abgedruckt in: Wilhelm Blos: Denkwürdigkeiten eines Sozialdemokraten. Bd. I. Stuttgart 1914, S. 285 ff.

teilen: die eine Gruppe umfasst Ruge, die Bauer, Proudhon, Hess, Grün und Weitling, also lauter ehemalige Kampfgenossen, die später zu politischen Gegnern wurden und die Marx in seinen Jugendschriften und schließlich im Kommunistischen Manifest, allerdings mit größter Schärfe, bekämpft. Dass es Marx (und Engels) dabei nicht um Personen, sondern um die Sache ging, darüber kann nur im Zweifel sein, wer grundsätzlich die Motive des Gegners schlecht zu machen sucht. – Die andere Gruppe besteht nur aus zwei Personen, Eccarius und Jung.

Die seelischen Defekte Marxens destilliert Sombart aus folgenden Briefstellen heraus (alles kursiv Gedruckte fehlt bei Sombart).

> »(unter uns. Eccarius *hat sich seit geraumer Zeit demoralisiert und* ist, jetzt reiner Lump – ja Canaille).«[71]
>
> »*Jungs Rede auf dem Kongress übertrifft alles an Albernheit und Infamie. Es ist ein altklatschweiberhaftes Gewebe an Lügen, Verdrehungen und Blödsinn.* Dieser eitle Bursche scheint an Gehirnerweichungen zu leiden. *Es geht nun einmal nicht anders; man muss sich daran gewöhnen; die Bewegung nutzt die Leute ab, und sobald sie fühlen, dass sie außerhalb derselben stehen, fallen sie in Gemeinheiten und suchen sich einzureden, es sei die Schuld von diesen oder jenen, dass sie Lumpen geworden sind.*«[72]

Der letzte Satz in Marxens Brief an Bolte zeigt, was es mit den »seelischen Defekten« Marxens in diesem Falle für eine Bewandtnis hat. Es spricht daraus die Resignation des politischen Führers, der alte Kameraden Verrat üben sieht, weil sie den tausend Versuchungen des politischen Kampfes nicht gewachsen waren. – Wie richtig Marx übrigens Eccarius beurteilt hat (er schreibt z. B. in dem erwähnten Brief vom 12. Februar 1873 über ihn: »seine Seele dürstet seit langem

---

71 Brief an [Friedrich August] Sorge vom 23. Mai 1872, abgedruckt in der von Sorge herausgegebenen Sammlung [Briefe und Auszüge aus Briefen von Johann Philipp Becker, Josef Dietzen, Friedrich Engels u. A. an F. A. Sorge und Andere. Stuttgart 1906], S. 57 [MEW 33, S. 470].

72 Brief an [Friedrich] Bolte vom 12. Februar 1873, ebd., S. 93 [MEW 33, S. 564 f].

nach Verkauf«), darüber kann man die Arbeit von Brügel nachlesen.[73] Mit einer an Sicherheit grenzenden Wahrscheinlichkeit führt Brügel den aktenmäßigen Nachweis, dass »Eccarius Unterstützungen von der hiesigen (Brüsseler) Polizei nicht verschmäht und dafür Mitteilungen macht, welche zur Kontrollierung der hiesigen Quellen verwertet werden«.[74]

Dass so gut wie alle Freunde Marxens – außer Engels und »vielleicht« Wilhelm Wolff – »nach einiger Zeit seine erbitterten Feinde« wurden, ist eine Erfindung des Herrn Sombart. Das »vielleicht« bei dem Namen Wilhelm Wolffs, mit dem Marx bis zu Wolffs Tode in herzlichstem Einvernehmen lebte, der Marx zu seinem Haupterben machte, und dem Marx sein wissenschaftliches Hauptwerk gewidmet hat, kennzeichnet besser als alles andere Sombarts Darstellungsweise. Man halte ihr gegenüber die Zueignung des *Kapital*: »Gewidmet meinem unvergesslichen Freunde, dem kühnen, treuen, edlen Vorkämpfer des Proletariats Wilhelm Wolff«.[75]

Die große Zahl von Männern außer Engels und Wolff, mit denen Marx befreundet war, ohne dass sie »nach einiger Zeit seine erbitterten Feinde wurden« (Sorge, Kugelmann, Schramm und viele andere, von seinen Schülern gar nicht zu reden), hat Sombart verschwiegen. Erklärlicherweise, denn sonst hätte sich seine These von den verschiedenen »seelischen Defekten« Marxens sofort als das herausgestellt, was sie wirklich ist: eine bloße Verleumdung.

Gleich verleumderisch ist das, was der famose Biograph noch weiter dem Charakter Marxens andichtet:

73 Ludwig Brügel: Georg Eccarius in den Polizeiakten. In: Der Kampf XVIII (1925), S. 64 ff.
74 Mitteilung des Brüsseler Chefs des Sicherheitswesens an den österreichischen Gesandten in Brüssel vom September 1871, zitiert nach Brügel: Eccarius, S. 67.
75 Vgl. auch Friedrich Engels, Karl Marx: Briefwechsel 1844–1883. Band III. Herausgegeben von August Bebel und Eduard Bernstein. Stuttgart 1919, S. 102.

Marx habe – meint Sombart – »zu dem Bestand an eigentlichen sozialistischen Ideen so gut wie gar nichts beigetragen« (I/174). Marxens »eigentliche Leistung« läge vielmehr darin, dass er den Proletismus mit einem neuen Geist, dem Geiste des »Revolutionismus«, »erfüllte bis zur Sättigung« (ebd.). Das ist eine »wahrhaft teuflische Gesinnung (ohne Werturteil!)« (I/163), welche Revolution gleichsetzt mit »Aufruhr, Auflehnung, Luziferismus« (I/163). Der Revolutionismus ist eine Geisteshaltung, in der die Revolution aufhört, Mittel zum Zweck zu sein, und Selbstzweck wird. »Was einmal Bernstein in seiner harmlosen Weise mit den Worten ausdrückte: ›Das Endziel ist nichts, die Bewegung alles‹, wird hier in einem unheimlich ernsten Sinne zur Wahrheit gemacht, indem nämlich ›Bewegung‹ mit ›Vernichtung‹ gleichgesetzt wird« (I/163).

Die wichtigste Wurzel des »Revolutionismus« sieht Sombart in einer ganz besonderen Veranlagung, in einer eigentümlichen seelischen Verfassung.

»Vor allem ist hier entscheidend das Zusammentreffen zweier Wesenszüge in einem und demselben Individuum: einer besonders starken Spannung zur Außenwelt und einer besonders ausgeprägten inneren Haltlosigkeit. Die Unfähigkeit, irgendeinen absoluten positiven Wert zu bejahen, und das krampfhafte Bemühen um einen irgendwelchen Halt im Leben, die Unfähigkeit, trotz reicher Begabung irgendetwas Positives zu schaffen, etwas ›aufzubauen‹, und das instinktive Bedürfnis, die eigene Nichtigkeit vor sich selbst zu verbergen oder gar zu rechtfertigen, führt diese Naturen dazu, die grundsätzliche Verneinung zu bejahen, *die Zerstörung aller Werte als einzigen Wert anzuerkennen.*« (I/168, Sperrungen von uns.)

Menschen mit einer derartigen seelischen Verfassung waren Bakunin und – Marx. Beide waren *daher* Revolutionisten, nur mit dem Unterschied, dass Bakunin Farbe bekannte, während es sich mit Marx nach Sombarts Darstellung folgendermaßen verhielt (I/171 bis 174): Marx war *seiner Natur nach* Revolutionist und ist es sein Leben lang geblieben. Aber sein Verstand hat ihn gezwungen, diese Gesinnung zu verbergen. Denn mit einer offenen Proklamierung des Revolutionismus kann man keine Massen gewinnen. Da aber Marx die Massen gewinnen wollte, musste er auf den *grundsätzlichen* Revolutionismus verzichten. Schwer genug ist ihm dieser Verzicht allerdings gefallen: »In dem steten Kampfe dieser beiden Gewalten in seinem Innern[76] vollzog sich der tragische Konflikt seines Lebens [...] Alles, was seine Liebe hatte, gehörte dem Revolutionismus an, nur pflichtgemäß (sic!) bekannte er sich zum Sozialismus.«

Die Folgen dieser Geisteshaltung zeigen sich nach Sombart darin, dass Marx »im Aufbau der proletarischen Theorie vielmehr als Revolutionist denn als Sozialist gewirkt« hat (I/174), und dass als Marxens »*historisch bedeutsame Leistung*« angesehen werden muss, »dass er zwar auf den Revolutionismus als Gewaltsystem, wie ihn Bakunin vertrat, verzichtete und sich zum Sozialismus bekannte, diesen aber mit revolutionistischem Geiste erfüllte bis zur Sättigung [...].« (I/174)

In diesen Ausführungen, das darf man ruhig sagen, ist nur Wahnsinn und gar keine Methode. Eine »Geisteshaltung«, wie sie von Sombart als »Revolutionismus« charakterisiert wird, mag sich im Irrenhaus finden. Weder Blanqui noch Bakunin, noch der Ultraradikale Netschajeff, noch irgendein anderer Revolutionär haben jemals daran gedacht, die Zerstörung um der Zerstörung willen zu fordern (was übrigens auch aus den von Sombart beigebrachten Belegen klar hervorgeht). Niederreißen ohne den Gedanken an Wiederaufbau braucht noch keineswegs Zerstörung um der Zerstörung willen zu bedeuten.

»[...] Es gibt eine Redensart, dass man nicht nur niederreißen, sondern auch wissen müsse aufzubauen, welche Phrase von gemütlichen und oberflächlichen Leuten allerwegs angebracht wird, wo ihnen eine sichtende Tätigkeit unbequem entgegentritt. Diese Redensart ist da am Platze, wo obenhin abgesprochen oder aus törichter Neigung verneint wird; sonst aber ist sie ohne Verstand. Denn man reißt nicht stets nieder, um wieder aufzubauen; im Gegenteil, man reißt recht mit Fleiß nieder, um freien Raum für Licht und Luft zu gewinnen, welche überall sich von selbst einfinden, wo ein sperrender Gegenstand weggenommen ist. Wenn

---

76 Nämlich des »Revolutionismus« und des Sozialismus.

man den Dingen ins Gesicht schaut und sie mit Aufrichtigkeit behandelt, so ist nichts negativ, sondern alles ist positiv, um diesen Pfefferkuchenausdruck zu gebrauchen.«[77]

Besonders beweiskräftig für seine Behauptung scheint Sombart, dass Engels »am offenen Grabe seines Freundes« sagte: »Marx war *vor allem* Revolutionär« (I/174). Das sagte Engels allerdings, er sagte noch viel mehr, er erklärte in dieser Grabrede ausführlich, was er darunter verstanden haben wollte:

> »Die Wissenschaft war für Marx eine geschichtlich bewegende, eine revolutionäre Tat. So reine Freude er haben konnte an einer neuen Entdeckung in irgendeiner theoretischen Wissenschaft, deren praktische Wirkung vielleicht noch gar nicht abzusehen, – eine ganz andere Freude empfand er, wenn es sich um eine Entdeckung handelte, die sofort revolutionär eingriff in die Industrie, in die geschichtliche Entwicklung überhaupt. So hat er die Entwicklung der Entdeckungen auf dem Gebiete der Elektrizität und zuletzt die noch von Marc Deprez genau verfolgt.
> Denn Marx war vor allem Revolutionär. Mitzuwirken, in dieser oder jener Weise, am Sturz der kapitalistischen Gesellschaft und der durch sie geschaffenen Staatseinrichtungen, mitzuwirken an der Befreiung des modernen Proletariats, dem er zuerst das Bewusstsein seiner eigenen Lage und seiner Bedürfnisse, das Bewusstsein der Bedingungen seiner Emanzipation gegeben hatte, – dies war sein wirklicher Lebensberuf.«[78]

Aus dem Zusammenhang dieser Rede reißt Sombart einen Satz und liest aus ihm ab, dass Marx die Revolution nicht als Mittel zum Zweck, sondern als Selbstzweck wollte und dass er die Zerstörung aller Werte als höchsten Wert ansah. Dazu gehört wahrlich, wie überhaupt zu der Erfindung dieser ganzen Lehre vom Revolutionismus, die »Geisteshaltung« Sombarts.

---

77 Gottfried Keller: Der grüne Heinrich. Band IV. Braunschweig 1855, S. [68 f].
78 Zitiert bei Franz Mehring: Karl Marx. Geschichte seines Lebens. Leipzig ²1919, S. 536.

Doch nun zum Kernstück der Sombartschen Marx-Biographie, der Enthüllung der Triebkräfte von Marxens Lebensarbeit.

* * *

Marx ist ein Machtmensch. Sein »übernormal starker Wille« (I/62) ist wesentlich gerichtet auf Herrschaft. Herrschsucht ist der Grundzug seines Wesens, ja nach dem Urteil eines »scharfen Beobachters« ist »seine persönliche Herrschaft der Zweck all seines Treibens« (I/74). Diesem Manne stellt sich nun eine Macht entgegen, »gegen die auch größere Politiker, als Marx es war, vergeblich in jener Zeit angekämpft haben würden: Preußen. So musste sich in seinem Bewusstsein mit Notwendigkeit die Vorstellung ausbilden, dass die ›verrottete Bourgeoiswirtschaft‹, vor allem aber, dass Preußen die Schuld trüge an allem seinem persönlichen Elend und an allen seinen Misserfolgen« (I/66). Der gescheiterte Privatdozent sinnt auf Rache. In »seiner grenzenlosen Ohnmacht« sieht er sich nach einem Bundesgenossen um, mit dessen Hilfe er »die verhassten Gegner zu Boden [...] schlagen« und »damit seine gequälte Seele von dem ungeheuren Drucke hilfloser Wut befreien kann« (I/368). In »den schlechten Trieben des Proletariats erblickte er die einzige Macht [...], die verhassten bestehenden Kräfte – vor allem das über alles gehasste Preußen – zu vernichten« (I/74). Das Mittel zur Gewinnung dieser Macht ist jene »gigantische Konstruktion«, die wir heute das Marxsche System nennen. Marx wird »Wissenschaftler zu Machtzwecken« (I/73). Selbst ohne jede schöpferische Kraft, wählt er aus der vorhandenen Literatur die Geistesgebilde aus, die ihm für seine Absichten geeignet scheinen, und verarbeitet sie, um sie »seinen Zwecken anzupassen«. Sein Gedankengang ist etwa folgender:

»Die bestehende Gesellschaft soll zertrümmert werden; das geschieht am radikalsten durch die Einführung des Kommunismus; um diesen zu verwirklichen, bedarf es einer Macht; diese Macht wird gebildet durch eine hinreichend starke Interessengruppe; diese Interessengruppe muss, um stark genug zu sein, ökonomisch bestimmt sein; diejenige Interessengruppe, die am ehesten zu einem Einbruch in die bestehende Gesellschaft aufzustacheln wäre, ist die verelendete Lohnarbeiterschaft, diese soll die Klasse des Proletariats heißen [...]« (I/370).

Und Marx wendet sich unbedenklich »an die niedrigsten Instinkte der Massen [...], um diese seinen Zwecken dienstbar zu machen« (ebd.). Er stellt dem Proletariat einen Gegenspieler gegenüber, die Bourgeoisie, und hat damit zwei wichtige Elemente für seine Klassenkampftheorie gewonnen. Auf diese Theorie kommt es Marx vor allem an. Sie soll ihm dazu dienen, »eine schlagkräftige Armee von rücksichtslosen Draufgängern zu sammeln und zum Angriff auf das feindliche Bollwerk aufzustacheln« (I/368 f).

Bei dieser Sachlage kann Marx natürlich selbst nicht an seine Lehren geglaubt haben.

> »Er lacht über die Narren, welche ihm seinen Proletarierkatechismus nachbeten, so gut wie über die Kommunisten à la Willich, so gut wie über die Bourgeois; die einzigen, die er achtet, sind ihm die Aristokraten, die reinen, und die es mit Bewusstsein sind.«[79]

Sein Hass gegen Preußen wurde schließlich »die größte Triebkraft seines Handelns« (ebd.). Seinen »übermenschlich großen Hass zu dem allgemeinen Welteninhalt, zum Geist der Geschichte zu machen«, dazu sollte das Marxsche System und vor allem die Klassenkampftheorie dienen. »Kümmerliches, rationales Mittel, mit den Flittern einer Pseudowissenschaft ausgestattet: was verschlug es, ob die Theorie vor jedem nüchternen Verstande als sinnlos und armselig erschien: wenn sie nur diese Funktion erfüllte, den Hass in der Welt zu verbreiten!« (I/382 f)

Nun sehen wir das Geheimnis enthüllt: Das Marxsche System ist eine private Angelegenheit von Karl Marx, von ihm ausgeheckt, um die Proletarier »zu einem Einbruch in die bestehende Gesellschaft aufzustacheln« und mit ihrer Hilfe die vermeintlichen Ursachen seiner fortwährenden Misserfolge, »vor allem das über alles gehasste

---

79 Leutnant Techow: Brief vom 26. August 1850, von Sombart I/72 zustimmend zitiert.

Preußen« zu vernichten. Und wenn er auch diesem Gegner nichts anhaben konnte, so befreite er wenigstens »seine gequälte Seele von dem ungeheuren Druck hilfloser Wut« durch den Nachweis, dass sein Gegner dem Untergang geweiht sei.

Womit beweist aber Sombart diese ungeheuerlichen Behauptungen? – Im Wesentlichen mit einem einzigen Zeugen, den er zugleich als einen »scharfen Beobachter« preist, »dem wir auch sonst wertvolle Aufschlüsse über Marx verdanken« (I/72), dem ehemaligen preußischen Leutnant Techow.[80] Techow war 1848 wegen Hochverrats zu 15 Jahren Festung verurteilt worden, nach kurzer Haft in die Schweiz entflohen, hatte von dort eine Reise nach London gemacht und Marx aufgesucht. Über seine Eindrücke berichtet er in einem sehr langen, »Zur Mitteilung an die Freunde« überschriebenen Brief an den ehemaligen Leutnant Schimmelpfennig, der ebenfalls in die Schweiz geflohen war. Dieser Brief, datiert vom 6. August 1850, geriet in die Hände von Karl Vogt, der ihn veröffentlichte.[81] Von den 20 Seiten, die der Brief in dem Vogtschen Abdruck umfasst, benutzt Sombart bloß folgende Stelle, und zwar unter Auslassung des hier kursiv Gedruckten:

---

80 Vgl. hierzu Karl Marx: Herr Vogt. London 1860, S. 32 ff [MEW 14, S. 435–458]; Wilhelm Blos: Die deutsche Revolution. Geschichte der Deutschen Bewegung von 1848 und 1849. Stuttgart 1893, S. 327 ff.

81 Karl Vogt: Mein Prozeß gegen die Allgemeine Zeitung. Genf 1859 (Titel und Jahreszahl sind bei Sombart falsch angegeben [I/67]), S. 142–161. In diesem Buch werden »Marx u. Comp.« als Leute bezeichnet, die »wissentliche Werkzeuge der Reaktion sind und im engsten Zusammenhange zu derselben stehen [...]. Jeder, der sich mit Marx und seinen Genossen in irgendeiner Weise in politische Umtriebe einlässt, fällt früher oder später der Polizei in die Hände; diese Umtriebe sind von Anfang an der geheimen Polizei verraten, bekannt und werden von dieser ausgebrütet, sobald es Zeit scheint. Die Anstifter Marx u. Comp. sitzen natürlich unerreichbar in London« (ebd., 166 f). Der Zeuge Vogt und der Zeuge Techow sind einander wert. Vielleicht finden wir in der nächsten Auflage des Sombartschen Werkes Enthüllungen über die Tätigkeit Marxens als Polizeiagent.

»*Er hat mir den Eindruck nicht nur einer seltenen geistigen Über-legenheit, sondern auch einer bedeutenden Persönlichkeit gemacht.* Hätte er ebensoviel Herz wie Verstand, ebensoviel Liebe wie Hass, dann würde ich für ihn durchs Feuer gehen, *trotzdem dass er mir seine vollständigste Geringachtung nicht nur verschiedentlich an-gedeutet, sondern zuletzt ganz unumwunden ausgesprochen hat. Er ist der erste und einzige unter uns allen, dem ich das Zeug zu-traue, zu herrschen, das Zeug, auch unter großen Verhältnissen sich nicht ins Kleine zu verlieren.* – Ich bedaure es um unseres Zieles willen, dass dieser Mensch nicht neben seinem eminenten Geist ein edles Herz zur Verfügung zu stellen hat. Aber ich habe die Überzeugung, dass der gefährlichste persönliche Ehrgeiz in ihm alles Gute zerfressen hat. Er lacht über die Narren, welche ihm seinen Proletarierkatechismus nachbeten, so gut wie über die Kommunisten à la Willich, so gut wie über die Bourgeois. Die einzigen, die er achtet, sind ihm die Aristokraten, die reinen, und die es mit Bewusstsein sind. Um sie von der Herrschaft zu verdrängen, braucht er eine Kraft, die er allein in den Proletariern findet, deshalb hat er sein System auf sie zugeschnitten. Trotz all seinen Versicherungen vom Gegenteil, vielleicht gerade durch sie, habe ich den Eindruck mitgenommen, dass seine persönliche Herrschaft der Zweck all seines Treibens ist. E [...] und all seine alten Socien sind trotz mancher hübscher ›Talente weit unter und hinter ihm, und wagen sie das einmal zu vergessen, so stuckst er sie in ihr Verhältnis zurück mit einer Unverschämtheit, die eines Napoleons würdig.«[82]

Der Kern der Sombartschen Enthüllungen stammt also offenbar von Techow; allerdings hat Herr Sombart aus wenigem viel gemacht, indem er diese Briefstelle in vier Zitate zerlegte und sie auf die Seiten 64–74 seines Buches verteilte.

Was uns hier vor allem interessiert, ist die Frage, welche Bedeutung Techow als Zeuge für die geheimsten Absichten Marxens hat. Seit wann kannte er Marx, und auf welche Erfahrungen stützt er seine Aussage? Darüber gibt uns Marx selbst Auskunft:

82 Ebd., S. 151 f.

»Einige Tage nach seiner Ankunft in London hatte er [Techow], des Abends späte, in einem Weinhause, wo Engels, Schramm und ich ihn bewirteten, ein längeres Rendezvous mit uns. Dies Rendezvous beschreibt er in seinem Brief an Schimmelpfennig vom 26. August 1850, ›zur Mitteilung an die Freunde‹. Ich hatte ihn früher nie gesehen und sah ihn später vielleicht noch zweimal, aber nur ganz flüchtig. Dennoch durchschaute er mir und meinen Freunden den Kopf, das Herz und die Nieren und beeilt sich, hinter unserm Rücken einen psychologischen Steckbrief in die Schweiz zu schicken [...].«[83]

Diese Angabe wird durch Techows Brief bestätigt. Die vier Revolutionäre saßen beim Wein, man trank viel (»zuerst Porto, dann Claret, d. h. roten Burgunder, dann Champagner«[84] und diskutierte über alles mögliche, über die Aussichten der Revolution und die Bünde der Emigranten, über die Rolle der Offiziere in der Revolution, über Organisationsfragen und andere Tagessorgen. Und im Laufe dieser offenbar recht angeregten Stunden ist es Techow gelungen, Marx und seinen Freunden »den Kopf, das Herz und die Nieren« zu durchschauen. Dabei kannte Techow, wie Marx bemerkt, die Marxschen Schriften nur vom Hörensagen,[85] was schließlich bei einem Berufsoffizier, den in der Revolution vor allem die militärischen Fragen interessierten, nichts Merkwürdiges ist. Ist also Sombart nicht vollkommen im Recht, wenn er Techow einen *scharfen* Beobachter nennt?

Die von Sombart benutzte Stelle des Techowschen Briefes bildet seit jeher das Hauptstück des Arsenals zur Bekämpfung Marxens. Das ist zu verstehen für politische Pamphlete wie etwa das *Handbuch für nichtsozialistische Wähler* zur Reichstagswahl am 25. Januar 1907, herausgegeben vom Reichsverband gegen die Sozialdemokratie, wo sich in dem Abschnitt »Gründer der Sozialdemokratie« neben einigen Sätzen aus den »Lebenserinnerungen« von Karl Schurz[86] auch die

83 Marx: Herr Vogt, S. 40 [MEW 14, S. 445].
84 Vogt : Mein Prozeß, S. 151.
85 Marx: Herr Vogt, S. 41 [MEW 14, S. 445].
86 Sombart hat nicht versäumt, auch Schurz als Zeugen gegen Marx anzurufen (I/67 f), obwohl Schurz Marx nur einmal gesehen (nicht ge-

Kernstellen aus Techows Brief abgedruckt finden.

Anderes darf man von einem Buche erwarten, das Anspruch erhebt, als wissenschaftliches Werk zu gelten. Wer in einem solchen wagt, die weinseligen Phantasien eines Techow dem Leser als bare Münze vorzusetzen, ja, sie mittels einiger Kniffe zu dem Kernstück seiner Marx-Biographie zu machen, handelt zumindest unerlaubt leichtfertig und kann nicht ernst genommen werden. Im vorliegenden Fall jedoch ist die Sache noch viel bedenklicher. Denn bei jedem anderen Autor konnte man annehmen, er habe weder das Buch von Vogt noch die Marxsche Gegenschrift gelesen, sondern seine Belege aus zweiter Hand bezogen und bona fide abgedruckt. Sombart aber muss wissen, was von dem Geschwätz Techows zu halten ist. Macht er ihn trotzdem zu seinem Kronzeugen, so hat er sich damit auf das Niveau des Demagogen begeben, dem jedes Mittel recht ist, um seine These zu beweisen.

Aber mit den Thesen Sombarts hat es seine eigene Bewandtnis. Er ist ja auch schon früher als Marx-Biograph aufgetreten, und damals sprach er in ganz anderen Tönen von Marx.[87] Es gab eine Zeit, wo Sombart Marx den »praeceptor Germaniae« genannt hat[88], wo er sich stolz zu denen zählte, die »ein gut Teil« ihres »Lebens hingegeben haben, um für Marx zu kämpfen«[89] und er von Marxens Werk sagte, es werde

> »in alle Ewigkeit groß und erhaben uns vor Augen stehen und seine Schönheiten uns zum Genusse bieten. Weil das, was es

sprochen) hat, und zwar bei einer Versammlung im Jahre 1848. Schurz war damals 19 Jahre alt und erzählt, fast sechzig Jahre später, dass er sich auf dieser Versammlung »sehr schüchtern und schweigsam verhielt« (Carl Schurz: Lebenserinnerungen. Bd. I: Bis zum Jahre 1852 [1905]. Berlin 1911, S. 142). Das alles hindert Sombart nicht, Schurz als Zeugen für die »schreckhafte Größe« der Marxschen »Gehässigkeit« zu zitieren.

87 Obwohl in der vorliegenden Besprechung im allgemeinen darauf verzichtet wird, den Sombart von ehedem mit dem »neuen Sombart« zu konfrontieren, sei hier eine Ausnahme gemacht.

88 [Maximilian] Hardens *Die Zukunft* XII, 66, 18 (30. Januar 1909).

89 Werner Sombart: Das Lebenswerk von Karl Marx. Jena 1909, S. 3.

groß macht, die einzigartige Äußerung einer über alles normale Maß hinausragenden Persönlichkeit ist, die eine hellseherische Schau mit einer gewaltigen Kraft der Darstellung und einer leidenschaftlichen Glut des Gemüts verband«.[90]

Diese Ewigkeit des Herrn Sombart hat gerade fünfzehn Jahre gedauert. Liest man aber seine heutigen Beschimpfungen gegen denselben Karl Marx, dem er vorher so pathetisch gehuldigt hat, dann »kann einem doch ein Grausen überkommen«, und man könnte in Sombarts eigener Manier (I/70) sagen: »C'est degoutant – nach Inhalt und Form.«

An der Marx-Biographie Sombarts ließ sich die Unsachlichkeit und Unzuverlässigkeit seines historischen Berichtes zeigen, ohne allzuweit auszuholen. Eine ausführliche kritische Würdigung des Teiles seines Buches, welcher die Geschichte der Arbeiterbewegung darstellen soll (II/358–517), würde zu ähnlichen Ergebnissen führen.

Einige wenige besonders charakteristische Beispiele mögen genügen. Zuvor jedoch soll die Geschichtsauffassung Sombarts flüchtig umrissen werden, da sonst sein Bild als Historiker eines wesentlichen Zuges ermangeln würde.

Die Geschichte ist nach seiner Meinung »ein Kampf zwischen dem Geistigen und dem Naturhaften [...]. (Dieses) findet in den dumpfen Massen seinen Ausdruck, und Geschichte heißt nichts anderes als ein unausgesetzter Versuch, dieses Naturhafte zu durchgeisten und es emporzuheben« (R. 21). In diesem Kampf spielt der Held die entscheidende Rolle. Heilige und Helden machen die Weltgeschichte (I/351), »aus der freien Initiative der Einzelnen, Starken fließen alle belangvollen historischen Ereignisse, soweit ihnen aufbauende Bedeutung zukommt« (II/275). Allerdings können die »Hetzer« und »Demagogen« auch Geschichte machen, wenn auch keine aufbauende. So erkläre sich die ungeheure Wirkung eines Marx, ja die ganze klassenkämpferische Einstellung der Arbeiterbewegung: »Die soziale Bewegung in ihrer marxistischen Gestalt [...] ist eine aus Freiheit geborene Erscheinung, das heißt: sie verdankt ihr Dasein einer sehr rationalen und sehr bewussten Zwecksetzung und der einer solchen

90 Ebd., S. 59.

Zwecksetzung entsprechenden, zielsicheren Handlungsweise einer Anzahl entschlossener Charaktere« (II/168).

Dieser Geschichtsauffassung entspricht es, dass man eine gründliche Analyse der wirtschaftlichen Verhältnisse, unter denen sich die Arbeiterbewegung in den verschiedenen Ländern abspielt, bei Sombart vergeblich suchen wird. Hinweise auf wirtschaftliche Umstände fehlen natürlich nicht. Aber Sombart legt kein großes Gewicht auf sie.

Eine weitaus größere Rolle teilt er Rasse, Volksgeist und Volkscharakter zu. In vollem Ernst bringt er z. B. vor, dass in den Sitzen des politischen Radikalismus in Deutschland (Freistaat Sachsen, Thüringen) »der wendisch-sorbische oder weiß Gott was sonst für ein unheimlicher Einschlag in das Germanenblut sich empfindlich fühlbar« mache (II/109); oder dass »nirgends so deutlich wie in Frankreich [...] Geschichte und gesellschaftlicher Aufbau eine Wirkung der ursprünglichen Blutsveranlagung [...]« seien (II/383). Für die merkwürdige Tatsache, dass die Arbeiterschaft Englands, eines »von Natur für den Sozialismus bestimmten Landes« (II/388), sich jahrzehntelang von sozialistischen Bestrebungen fernhielt, scheidet allerdings »die Deutung mit Hilfe des Volkscharakters« aus. Für sie will Sombart »nur historische Ereignisse [...] verantwortlich machen« (II/388). Der Bolschewismus wiederum ist »seinem inneren Wesen nach unrussisch, ja antirussisch« und sein Sieg in Russland zeigt, »dass die Geschichte eines Volkes einen Verlauf nehmen kann, die dem Geiste dieses Volkes stracks zuwiderläuft« (II/514). Aus diesem Dilemma hilft sich Sombart, indem er dem Volksgeist »als einer metaphysischen Entität« die »Volksseele« oder den »Volkscharakter« gegenüberstellt. Letztere sind bloß »empirische Wirklichkeit«, die der »metaphysischen Wesenheit« nicht zu entsprechen braucht. Über die logischen Schwierigkeiten, die aus solcher Doktrin entspringen, zerbricht sich Sombart nicht den Kopf. Er überlässt das dem Leser oder vielmehr er scheint darauf zu vertrauen, dass dieser sich auf Sombarts Autorität hin zufrieden gibt.

Ganz abgesehen von der Anwendung derartiger problematischer Kategorien ist die Darstellung häufig – wie Sombart sagen würde – unerlaubt oberflächlich. So heißt es von den deutschen Gewerkschaften, dass sie »bis kurz vor dem Kriege [...] nichts als ein Anhängsel der sozialdemokratischen Partei gebildet haben« (II/362), während sie in Wirklichkeit seit der Jahrhundertwende die Politik der S.P.D. entscheidend zu beeinflussen begannen und Ereignisse wie der faktische Sieg des Revisionismus oder die Haltung der deutschen Sozialdemokratie in den Augusttagen 1914 ohne Kenntnis dieser Verhältnisse gar nicht zu verstehen sind. Mit solchen Kleinigkeiten wie dem Verhältnis von Partei und Gewerkschaft in Deutschland vor dem Kriege, braucht sich Sombart weiter nicht abzugeben, denn er hat eine viel einfachere Erklärung für den Zusammenbruch der sozialistischen Bewegung bei Beginn des Weltkrieges: »sie musste zusammenbrechen, weil sich ihr Glaube an den Sozialismus als zu schwach erwies, dem Ansturm anderer, stärkerer Glaubensmächte standzuhalten« (II/413). Ebenso tiefgründig ist die Analyse für die sozialistische Politik während des Krieges. Die Motive seien bei den französischen und belgischen Sozialdemokraten »mehr die eines impulsiven Patriotismus, bei den Engländern mehr die eines rechnenden Geschäftsinteresses« (II/415). Die »doktrinäre, unpolitische Einstellung« der Deutschen und ähnliche Momente sollen erklären, warum diese es nur zu einem »schwächlichen Verhalten«, zu einem nur »scheinbar patriotischen Haltung« gebracht haben (II/420). In Wahrheit hat die deutsche Partei sich durch ihre ausgesprochen patriotische Haltung in allen wichtigen Fragen der Internationale (gegen antimilitaristische Propaganda und Militärstreik, Haltung im Marokkokonflikt 1906 usw.) schon lange vor dem Krieg bei den ausländischen Bruderparteien den Vorwurf des Chauvinismus zugezogen. Im Kriege gingen Partei und Gewerkschaftsführer in ihrer überwiegenden Mehrheit mit der Regierung so lange durch dick und dünn, bis ihnen die Massen die Gefolgschaft verweigerten.[91]

Besondere Erwähnung verdient die Rolle, welche Sombart den Revolutionen zuweist. Getreu seiner neu-romantischen Grundein-

91 Vgl. hierzu Robert Michels: Die deutsche Sozialdemokratie im internationalen Verbande. Eine kritische Untersuchung. In: Archiv für Sozialwissenschaften XXV, 1 (1907), S. 148–231; Charles Andler: Le socialisme impérialiste dans l'Allemagne contemporaire. Paris 1918; ders.: La décomposition politique du socialisme allemand. Paris 1919.

stellung ist in Übereinstimmung mit Friedrich Stahl für ihn die Revolution

> »der Ausbruch einer dämonischen Macht der Vernichtung, die unter den gottgegründeten Fundamenten der gesellschaftlichen Ordnung vulkanisch lauert und, wo die freventlich oder leichtfertig durchbrochen werden, ihre verheerenden Ströme hervorbrechen lässt«.[92]

Er würdigt zwar Marx als den »größten Revolutionstheoretiker des 19. Jahrhunderts« (II/257), hält aber seine Revolutionstheorie »im ganzen und in allen Einzelheiten« für dermaßen fehlerhaft, dass sie den Namen einer »Revolutionslegende« verdiene. Gegen diese Revolutionslegende stellt Sombart den Satz: »*alle Revolutionen sind zufällig*« (II/260).[93] Allerdings schränkt er diesen Kernsatz sofort wesentlich ein durch die Erklärung, dass »zufällig« hier »im soziologischen Sinne« gemeint sei und dass »historisch notwendig« und »soziologisch zufällig« sich nicht ausschließen (II/260 f). So soll sich z. B. aus der Klassenlage des Proletariats mit soziologischer Notwendigkeit eine Gegnerschaft zur Kapitalistenklasse ergeben. Auch dass sich aus dieser Gegnerschaft eine soziale Bewegung, ja sogar Streiks entwickeln, ist nicht »zufällig«, aber wenn es zu einer sozialen Revolution kommt, dann hört für Sombart die »soziologische Notwendigkeit« auf (II/261). Es ist nicht schwer, einzusehen, dass diese Abgrenzung des Notwendigen vom Zufälligen, bei der die historische Notwendigkeit von keiner soziologischen begleitet wird, durchaus willkürlich ist, und dass außerwissenschaftliche Erwägungen dabei eine Rolle gespielt haben. Sombart nimmt dort ein bloßes Nebeneinander an, wo zweifellos notwendige Zusammenhänge bestehen. Dass etwa ein ursprünglich rein gewerkschaftlicher Streik, wenn er einen größeren Umfang annimmt, politischen Charakter anzunehmen tendiert, lehren z. B. die Erfahrungen des sogenannten Generalstreiks in England Anfang Mai 1926.

92 Stahl, von Sombart zitiert I/262.
93 Bei Sombart gesperrt.

Nicht nur in Bezug auf die »Notwendigkeit« der Revolutionen soll sich Marx gründlich geirrt haben, sondern auch in Bezug auf ihre Wirkungen. – Und neuerdings stellt Sombart wieder fest,

> »dass die sogenannten ›bürgerlichen‹ Revolutionen nichts, aber auch rein gar nichts zu der Entfaltung des Kapitalismus beigetragen haben, dass sie aber auch für die Entwicklung der bürgerlichen Kultur und Gesittung ohne irgendwelche tiefere Bedeutung sind« (II/264).

Die französische Revolution habe nicht nur den französischen Kapitalismus nicht gefördert, sondern sei vielmehr eine der Ursachen, warum er »von nun an weit hinter den englischen« zurücktrat, »der sich bei einer halbzünftlerischen Gewerbeordnung maßlos zu entwickeln begann« (II/265). Beweis: »Der französische Kapitalismus hatte im Jahre 1789 eine höhere Stufe erreicht, als er 1814 oder gar 1795 (d. h. nach Jahren bzw. Jahrzehnten blutigster Kriege und Bürgerkriege! P.) innehatte.« Und das ruinierte Frankreich von 1789 muss nach Sombarts Darstellung einen – bis heute allerdings nur von ihm entdeckten – blühenden Kapitalismus besessen haben, dass er erst durch die Revolution dem mächtig entwickelten englischen Kapitalismus gegenüber ins Hintertreffen geriet. Letzterer bedurfte allerdings im 18. Jahrhundert keiner Revolution mehr, um sich die Voraussetzungen für seine Entfaltung zu schaffen, nachdem sich in England das Feudalsystem seit dem 15. Jahrhundert in Auflösung befand, seit der zweiten Hälfte des 16. Jahrhunderts faktisch für viele Gewerbe und große Teile Englands Gewerbefreiheit bestand, schon die Revolution von 1649 die Freiheit des Unternehmers proklamiert hatte, und seit der glorious revolution die politische Macht bei dem im wesentlichen kapitalfreundlichen Parlament lag. Alle diese Dinge sind unserem Autor natürlich bekannt; er muss auch wissen, dass erst die große Revolution dem französischen Kapitalisten diejenigen rechtlichen Grundlagen (und noch einige darüber hinaus) gewährte, die sein englischer Konkurrent schon seit hundert Jahren oder länger besaß – aber es bleibt dabei, dass 1789 dem französischen Kapitalismus mehr geschadet als genützt hat.

In dem geschichtlichen Teil von Sombarts Werk findet sich auch ein Versuch, die Geschichte und die Bedeutung der jüngsten russischen Revolution darzustellen. Ein solcher muss, wenn er eine objektive Darstellung zum Ziele hat, auf größte Schwierigkeiten stoßen. Parteilose Berichte gibt es bis jetzt erklärlicherweise keine, vielmehr ist alles pro oder contra geschrieben, was über die russischen Geschehnisse vorliegt. Diese Sachlage kennt Sombart natürlich sehr wohl (vgl. I/471 f), und sie müsste ihn zu größter Vorsicht mahnen – wenn er den Willen zu objektiver Darstellung hätte. Davon kann aber bei ihm gar keine Rede sein. Man beachte, mit welcher Sorgfalt er die russlandfeindlichen Berichte vorbringt und welch souveräne Verachtung er für alles hat, was von bolschewistischer Seite zur Richtigstellung oder Rechtfertigung angeführt wird. Noch nicht einmal der Versuch eines Abwägens wird von ihm gemacht. Und schließlich – wozu auch? Sombart hat hier, wie überall in seinem Buch, ein deutlich sichtbares thema probandum: der Bolschewismus ist nichts »als die Inkarnation der Ideen des proletarischen, das heißt also marxistischen Sozialismus« (II/513). Er ist zur Macht gekommen durch einen Aufstand unter der »außerordentlich geschickten Spielleitung« Lenins (II/457), der »die wilden Masseninstinkte zwangsläufig auf das Ziel der Machtergreifung durch ihn selbst« hinlenkte (II/457). Was Lenin und die anderen Führer der Russischen Kommunistischen Partei damit subjektiv bezweckten, »ob die Errichtung eines jüdischen Weltreiches« (II/464) oder irgendein anderes Ziel, sei für die Darstellung ihres Werkes gleichgültig. Jedenfalls haben sie aus Russland einen »Schweinestall« gemacht, »in moralischer und ästhetischer Hinsicht« (II/491), und die kommunistische Partei in Sowjetrussland ist nicht etwa da, um die kommunistische Gesellschaftsordnung zu verwirklichen, sondern letztere sollte nur verwirklicht werden, um die Herrschaft der ersteren, bzw. ihrer 25 Führer zu sichern (II/464, 474).

Es passt zu dieser Art Geschichtsschreibung, dass sie in aller Ausführlichkeit eine Statistik anführt, nach welcher die Tscheka während der ersten drei Jahre ihres Bestehens 1 755 818 Menschen der verschiedensten Kategorien hinrichten ließ. Sombart behauptet, diese Statistik stamme aus amtlicher Quelle, ohne diese Quelle angeben zu können, und er äußert selbst Zweifel an der Zuverlässigkeit dieser

Zahlen.[94] Dann aber – schreibt er weiter: »Immerhin. Auf ein paar hunderttausend mehr oder weniger kommt es in diesem Falle wirklich nicht an« (II/470). Worauf sich allerdings die Frage aufdrängt, aus welchen Motiven Sombart dann diese Statistik mit allen Einzelheiten zum Abdruck bringt.

Weit entfernt, dass diese und ähnliche Leichtfertigkeiten Sombarts die Richtigkeit seiner über den »Proletismus« aufgestellten Thesen beweisen könnten, wären sie selbst eines Beweises dringend bedürftig. Der Verfasser einer politischen Kampfschrift wird sich darum allerdings wenig kümmern und unbedenklich nach dem Grundsatz handeln, dass der Zweck die Mittel heilige. In der Tat bringt es Sombart darin zu solcher Meisterschaft, dass er seine frei erfundenen »Räsonnements« den russischen Bolschewiki in den Mund legt, und so tut, als ob er damit seiner Beweispflicht genügt habe.

»Es genügt festzustellen, dass es sich um das Werk einer Interessengruppe handelt, die im Bann einer bestimmten Ideologie steht oder zu stehen vorgibt [...]. Dass die Machthaber selber mit ihrem Werk zufrieden sind, darf uns nicht in Erstaunen setzen [...]. Aber auch die Masse der Gläubigen im kommunistischen Lager wird nicht zu überzeugen sein, dass der Bolschewismus Teufelswerk (sic!) sei [...]. Sagt man ihr: Russland sei unter der Kommunistenherrschaft ein Schweinestall geworden, in moralischer und ästhetischer Hinsicht [...], so wird sie antworten: *gerade* das haben wir ja gewollt. [!] [...] Alles, was im ›bürgerlichen‹ Sinne als heilig; edel, schön, vornehm galt, ist zerstört, es gibt nichts Großes und Hohes, es gibt kein Oben und Unten mehr: alles ist unten. So soll es sein, da wir an allem, was nicht in der Tiefe liegt, ja doch nicht teilnehmen konnten. Soll eben keiner teilnehmen können. Wir konnten nicht alle Gelehrte sein, also keine Wissenschaft; wir konnten nicht alle Grafen sein, also keine Grafen; wir konnten nicht alle in Schlössern wohnen, also keine Schlösser; wir könnten uns nicht alle rein halten, also sollen alle schmutzig sein [!]; wir konnten nicht an Gott glauben, sollen die andern auch nicht an ihn glauben. Wir kennen

---

94 Sombart entnimmt sie dem Buch eines gewissen Rézonow, offenbar einer der »vergrämten Emigranten«, vor denen er selbst warnt (I/472, 475).

diese Räsonnements aus unseren theoretischen Betrachtungen des proletarischen Sozialismus zur Genüge. Hier begegnen wir ihnen als wirkliche Seelenstimmungen, als lebendig wirksame Mächte.« (II/490 f)

Solchem historischen Stil gegenüber haben die Elaborate irgendwelcher politischen Propagandastellen bei aller Gleichheit des Niveaus den schätzbaren Vorzug, sich wenigstens nicht als werturteilsfreie wissenschaftliche Arbeiten anzupreisen.

Es ließe sich noch an zahlreichen anderen Beispielen zeigen, was es mit der »wissenschaftlichen Grundlage« für eine Bewandtnis hat, auf der Sombart die Diskussion zu führen vorgibt (R. 85). Seine Ausführungen über den Klassenkampf und seine Verschiebung der Probleme von dem soziologischen auf ein außerwissenschaftliches Gebiet sind bereits auf der Stuttgarter Tagung des Vereins für Sozialpolitik zurückgewiesen worden. Insbesondere hat dort Grünberg gezeigt, dass Sombart in seiner Rede über die Idee des Klassenkampfes nicht etwa bis zu den Grundlagen des Problems gelangt ist, sondern vielmehr von seinen recht problematischen »literargeschichtlichen Betrachtungen weg mit beiden Füßen in Weltanschauungsfragen und Auseinandersetzungen, und zwar natürlich in die Auseinandersetzung seiner Weltanschauung hineingesprungen ist«[95]. Dieses Urteil lässt sich ohne Einschränkung auf die Klassenkampfkapitel des Sombartschen Buches übertragen.

In seiner bescheidenen Art beginnt Sombart seine Ausführungen zu diesem Thema damit, dass er ankündigt, er werde einen »ersten Versuch« machen, das Wesen des Klassenkampfes zu erfassen, nachdem von marxistischer Seite noch nicht einmal der »leiseste Versuch« gemacht worden sei, »nachzuforschen, welchen Sinn dieses Schlagwort hat« (I/343). Und dann erfahren wir, dass eines der drei Elemente, aus denen sich die Klassenkampftheorie zusammensetze, das »Interessenprinzip« sei, d. h. die »Lehre vom kanaillesken Menschen« (I/346), nach welcher die Menschen im wesentlichen nur aus den niedersten Motiven handeln. Einige Kapitel vorher (im XIII. Kapitel)

95 Verhandlungen des Vereins für Sozialpolitik in Stuttgart 1924. München und Leipzig 1925, S. 30.

hat Sombart indessen gelehrt, dass zu dem metaphysischen Fundament des proletarischen Sozialismus in erster Linie die Annahme gehöre, »dass *der Mensch von Natur gut sei*, dass die Güte aber nicht etwa auf Erden durch den Sündenfall beseitigt oder eingeschränkt, dass sie höchstens [...] vorübergehend gemindert, aber jederzeit wieder herstellbar sei« (I/177). Diese Theorie werde dann durch die Milieutheorie mit den Tatsachen in Einklang gebracht. Welches ist nun faktisch die Meinung des »proletarischen Sozialismus«? Diejenige Auffassung, »dass die Menschen Kanaillen sind« (R. 12), oder die andere, dass ihre Laster nicht in ihrer Natur begründet (I/340), sondern »bloß das Resultat einer fehlerhaften Einrichtung der Gesellschaft« seien (I/183)?

Einer besonderen Abhandlung bedürfte es, um alle die ganz unentschuldbaren Nachlässigkeiten richtigzustellen, die Sombart bei seiner Wiedergabe der materialistischen Geschichtsauffassung – er nennt sie im Anschluss an Paul Barth »technologischökonomische« Geschichtstheorie – unterlaufen sind. Zwei Punkte lediglich seien daher hervorgehoben. Nach Sombart war diese Theorie »am Ende des 18. Jahrhunderts schon völlig ausgebildet« (I/208 f), so dass Marx nichts Wesentliches zufügen konnte. Selbst wenn dem tatsächlich so wäre, so würde das gegen Marx nichts aussagen.[96] Sombarts große Entdeckung stützt sich auf einen Autor des 18. Jahrhunderts, John Millar.[97] Dieser Millar kennt – nach H[einrich] Cunow – weder den Begriff der Gesellschaftsklasse, noch sieht er die ökonomischen

---

96 »Quiconque se plait à considérer l'esprit humain voit, dans chaque siècle, cinq ou six hommes d'esprit tourner autour de la découverte que fait l'homme de génie. Si l'honneur reste à ce dernier c'est que cette découverte est, entre ses mains, plus féconde que dans les mains de toute autre; c'est qu'il rend ses idées avec plus de force et de netteté; et qu'enfin on voit toujours, à la manière différente dont les hommes tirent parti d'un principe ou d'une découverte, à qui ce principe ou cette découverte appartient.« Helvétius: De l'esprit. Discours IV, chap. I, Œuvres complètes. London 1780, S. 203 f.

97 Werner Sombart: Die Anfänge der Soziologie. In: Melchior Palyi (Hg.): Hauptprobleme der Soziologie. Erinnerungsgabe für Max Weber. Bd. I. München, Leipzig 1923, S. 13 f.

Grundlagen der Klassenbildung. Wie es sich im einzelnen mit dem Verhältnis von Marx zu Millar und mit der »Entdeckung« Sombarts verhält, ist kürzlich von D[avid] Rjazanov ausgeführt worden.[98]

Eine bedeutsame Rolle in der materialistischen Geschichtsauffassung spielt die Lehre von den Produktivkräften. Sie gehört zu den umstrittensten Punkten der Marxschen Soziologie.[99] Sombart entscheidet die Diskussion auf sehr einfache Weise. Nach ihm ist unter Produktivkräften nichts anderes zu verstehen als »das technische Können, wie es sich z. B. in einer Maschine ausdrückt« (I/209). Dass Marx darunter nichts anderes verstanden haben wolle, dafür gebe es eine besonders deutliche Stelle in der *Misère de la Philosophie*, »deutlich genug selbst für den schlichtesten Verstand, wenn sein Träger französisch versteht« (I/209). Nun bedarf es aber gar nicht der Kenntnis der französischen Sprache, um das *Elend der Philosophie* zu lesen. In der deutschen Übersetzung findet sich – S. 11 der 7. Auflage – die von Sombart französisch zitierte Stelle ebenso wie die folgende, von ihm nicht zitierte: »Von allen Produktionsinstrumenten ist die größte Produktivkraft die revolutionäre Klasse selbst« (ebd., S. 163). Dieser Satz zeigt »deutlich genug für den schlichtesten Verstand, wenn«, ja wenn sein Träger den Willen zu einer sachlichen Beurteilung des Marxismus hat, dass Marx unter »Produktivkräften« etwas anderes verstanden wissen will als was Sombart ihm unterschiebt. Wenn Sombart es darauf abgesehen hätte, dem Leser seines Buches das Verständnis für den historischen Materialismus möglichst zu erschweren, dann hätte er dazu kein sichereres Mittel wählen können als diese und andere unzureichende Bestimmungen wichtiger Begriffe.

Eine systematische Darstellung des ökonomischen Systems von Marx vermisst man in Sombarts weitschweifigem Buch. Immerhin ein etwas befremdendes Manko für ein Werk, das den Untertitel

---

98 David Rjazanov (Hg.): Marx-Engels-Archiv. Zeitschrift des Marx-Engels-Instituts in Moskau. Bd. I. Frankfurt am Main 1926, S. 214 f. Daselbst ist auch die oben erwähnte Ansicht Cunows über Millar zitiert.

99 Vgl. hierzu: Alfred Seidel: Produktivkräfte und Klassenkampf. Heidelberger Dissertation 1921.

»Marxismus« trägt. Die Erklärung hierfür dürfte in der Grundeinstellung Sombarts liegen, nach welcher der Marxismus nicht etwa als Wissenschaft, sondern vielmehr »als ›Ideologie‹ der Handarbeiter« anzusehen ist (I/217). Soweit Sombart ökonomische Lehren von Marx erwähnt, kann man seine Formulierungen nur mit großen Vorbehalten gelten lassen. So behauptet Sombart z. B.: Marx sehe als Arbeit »im wesentlichen nur die mechanische Arbeit an« (I/263), wozu etwa folgendes zu sagen wäre:

> »Wer ist ›produktiv‹ im Sinne von Marx? [...] Eine embryonale Marxkritik meinte: der Handarbeiter. Das ist natürlich falsch; denn schon im ersten Buch wird ausdrücklich gesagt, dass nicht nur die Handarbeit, sondern auch die leitende, disponierende Arbeit produktiv sei (vgl. z. B. [*Kapital*] 14, 472, 473). Im dritten Bande erfahren wir Genaueres: Während der ›arme‹ handarbeitende Buchhalter und Kommis keine Werte schafft, also kein ›produktiver‹ Arbeiter ist, ist ein solcher eventuell der unter Umständen glänzend bezahlte Direktor einer Aktiengesellschaft, der ›manager‹, jene Leiter der Produktion, die von Marx geradezu als ›die Seele unseres Industriesystems‹ bezeichnet werden ([*Kapital*] III, 373) [...]. Produktiv = Werte schaffend ist diejenige Arbeit, die gesellschaftlich notwendig ist *zur Herstellung von Gebrauchswerten in der dem jeweiligen gesellschaftlichen Bedürfnis entsprechenden Menge*, die also nicht nur durch den eigenartigen historischen Charakter der kapitalistischen Produktionsweise bedingt ist.«

Das ist in wenigen Worten eine klare Wiedergabe dessen, was Marx unter produktiver Arbeit versteht. Sie stammt von Sombart. Allerdings sind über dreißig Jahre vergangen, seitdem Sombart die vorstehende Formulierung niedergeschrieben hat.[100] Heute zählt er selbst »im wesentlichen« zu jener »embryonalen« Marxkritik, über die er sich damals lustig machte.[101] Heute ist es Sombart lange nicht mehr um eine sachliche Kritik der Marxschen Wertlehre zu tun. Heute hat

---

100 Werner Sombart: Zur Kritik des ökonomischen Systems von Karl Marx.
   In: Archiv für soziale Gesetzgebung und Statistik VII (1894), S. 579.
101 Ebd., S. 588.

er nur das Ziel, ihre enge Verbindung mit dem »Egalitätsprinzip« nachzuweisen (I/263).

Nachwort

Unsere Kritik ist keine positive Kritik. Um das Thema, über das Sombart sich ausgelassen hat, positiv zu behandeln, bedürfte es eines Werkes, das dem Sombartschen an Umfang nicht nachstehen könnte. Eine kritische und allen Anforderungen der Wissenschaft genügende Darstellung des Marxismus und der vom Marxismus beeinflussten Arbeiterbewegung aller Länder gehört aber obendrein zu den Aufgaben, deren Durchführung bei der heutigen gesellschaftlichen und wissenschaftlichen Gesamtlage, wenn überhaupt möglich, die größten Schwierigkeiten mannigfachster Art zu bewältigen hätte. Sombart jedenfalls – und dafür dürfte unsere Kritik den Nachweis erbracht haben – ist die Lösung nicht gelungen. Schon an der ersten Schwierigkeit, der sachlichen Einstellung den vielfältigen Problemen des Marxismus gegenüber, ist er gescheitert. Gescheitert in einer Weise, die seine eigene wissenschaftliche Bankrotterklärung bedeutet. Nirgends in den beiden dicken Bänden findet sich auch nur ein ernsthafter Ansatz zu einer sachlichen Auseinandersetzung mit dem Gegner. Auf dem Titelblatt, wie über jeder Seite des Werkes könnte als Motto stehen: ceterum censeo Marxismum esse delendum. Dazu sind ihm alle Mittel recht, in diesen Dienst stellt Sombart seine ganze ungeheure Belesenheit, und alle Künste seiner glänzenden Feder.

Über die Berechtigung dieser Zielsetzung soll hier in keiner Weise ein Urteil gefällt werden. Die Diskussion darüber gehört weder in das Feld der Historie noch der Soziologie. Sehr wohl aber unterliegt das sachlich Geleistete, insofern es Anspruch auf Wahrheit macht, wissenschaftlicher Beleuchtung, und es ist die Absicht der vorliegenden Abhandlung, zu zeigen, dass Sombarts Werk ernster Kritik nicht standhält. Mag eine wissenschaftliche Unternehmung immerhin Mittel zu irgendwelchen Zwecken sein: wo diese Zwecke nicht nur den Ursprung und die Anlage, sondern das Resultat bestimmen, steht das Ganze außerhalb der Wissenschaft. In unserem Falle gehört es in den Bereich der politischen Ideologie. Es scheint uns, als ob die sachlichen Gegner des Marxismus es keineswegs prinzipiell nötig hätten, Sombart dahin zu folgen. Dieser hat ein riesiges Material zusammengetragen. Aber es ist so einseitig ausgewählt, so tendenziös ausgenützt, dass es mehr zur Verfälschung des Sachverhaltes als zu dessen Aufhellung beiträgt. Eine wissenschaftliche Untersuchung über den proletarischen Sozialismus hat Sombart versprochen. Was er in Wirklichkeit gibt, ist – um in seiner eigenen Sprache zu reden – ein mit den »Flittern einer Pseudowissenschaft« aufgeputztes »blutrünstiges und giftsprühendes« Pamphlet.

Sozialismus und Landwirtschaft [1932]

Die Diskussion über die vielfältige Problematik, die sich unter dem Schlagwort »Sozialismus und Landwirtschaft« verbirgt, ist im Großen und Ganzen recht unbefriedigend verlaufen. Man hat mit Recht bemängelt, viele hätten das Problem methodisch und sachlich zu sehr vereinfacht, indem sie es auf die »Betriebsgrößenfrage« reduzierten. Behauptung steht gegen Behauptung, jeder der streitet, versucht, seine Thesen mit Statistiken zu erhärten und schließlich stellen sich beim Lesen Zweifel darüber ein, ob nicht der Diskussionsgegenstand verschoben worden ist, ob es für die Möglichkeit einer sozialistischen Gesellschaft wirklich von so entscheidender Bedeutung ist, dass im Laufe der Entwicklung der landwirtschaftliche Kleinbetrieb mit naturgesetzlicher Notwendigkeit durch den überlegenen Großbetrieb verdrängt wird. Voraussetzung für eine Klärung ist eine nähere Bestimmung der »sozialistischen Gesellschaft«, von der man redet. Daran schließt sich als zweite Frage an, welche wirtschaftlichen und gesellschaftlichen Bedingungen in der Agrarproduktion erfüllt sein müssen, damit eine solche sozialistische Gesellschaft überhaupt möglich ist.

Wir verstehen hier unter Sozialismus eine klassenlose Gesellschaft, die im ausschließlichen Besitz der Produktionsmittel den wirtschaftlichen Gesamtprozess auf Grund eines Wirtschaftsplanes und ohne die Mittel des Marktes bewusst derart durchführt, dass die Versorgung der Gesellschaft bei geringerer Arbeitslast reichhaltiger und besser erfolgt als im Kapitalismus.

Die Gegner des Sozialismus haben von jeher erklärt, dass die Forderung einer solchen Gesellschaft utopisch sei. In Bezug auf die Landwirtschaft stehe ihrer Verwirklichung entgegen, dass die Produktivität der menschlichen Arbeit in der Urproduktion eng begrenzt sei, dass der alte Fluch der Bibel durch die Entdeckungen von Thomas Malthus auch seine wissenschaftliche Grundlage erhalten habe, und dass überdies der »antikollektivistische Bauernschädel« ein Hindernis sei, an dem die Sozialdemokratie »selbst nach der siegreichsten Revolution« zerschellen müsse.[1]

Immer wieder ist seit dem Auftreten sozialdemokratischer Parteien das Argument wiederholt worden, dass man seit der Römerzeit in der Landwirtschaft ernsthafte technische Fortschritte gar nicht gemacht habe, dass das Gesetz vom abnehmenden Bodenertrag eine ausreichende billige Versorgung der Menschen auf immer ausschließe, und dass demgegenüber alle Fortschritte der Produktivität der Arbeit in der Industrie von untergeordneter Bedeutung seien.[2] Noch vor wenigen Jahren hat Sombart nachdrücklich erklärt, dass unter dem Eindruck der technischen und organisatorischen Erfolge auf einigen Gebieten der Wirtschaft die sozialistischen Theoretiker die wesentlichsten Tatbestände nicht gesehen hätten,

»weil diese für ihre geblendeten Augen in Dunkel gehüllt waren. Sahen nicht, dass alle Steigerung des gesellschaftlichen Reichtums an die Steigerung der Produktivität in Landwirtschaft und Bergbau geknüpft ist, dass alle Vervollkommnungen der gewerblichen Produktion und des Gütertransportes nur von geringer Bedeutung sind, so dass trotz der gewaltigen technischen Revolution des 19. Jahrhunderts die Steigerung des gesamten gesellschaftlichen Reichtums der europäischen Länder allerhöchstens auf das Drei- bis Vierfache anzusetzen ist. Sahen nicht, dass selbst diese Steigerung einen episodalen Charakter trägt, dass sie ganz besonderen einmaligen Ereignissen (Raubbau in den neubesiedelten Ländern, Abbau der Bergwerke) ihr Dasein verdankt. Sahen nicht, dass die Steigerung der Produktivität durch eine kommunistische Wirtschaft (wenn wir einmal ihre Durchführbarkeit annehmen wollen) keine beträchtliche sein kann, da sie auf die wesentlichen Bedingungen der Produktivität gar keinen Einfluss hat. Und an-

---

1 A[lbert] Schäffle: Die Aussichtslosigkeit der Sozialdemokratie. Tübingen 1887, S. 26.
2 Julius Wolff: Sozialismus und kapitalistische Gesellschaftsordnung. Stuttgart 1892, S. 340 ff.

deres mehr, was eine nüchterne, wissenschaftliche Untersuchung einwandfrei feststellen kann[.]«[3]

Diese Einwände können gar nicht ernst genug geprüft werden. Sollten sie zutreffen, dann wäre eine sozialistische Gesellschaft im obigen Sinne nicht zu verwirklichen. Selbst nach der »siegreichsten Revolution« müsste ihr Aufbau daran scheitern, dass sie wegen des Weiterbestehens der Bauern weder klassenlos wäre, noch in ihr die Aufhebung des Privateigentums an den Produktionsmitteln durchgeführt werden könnte, dass die Existenz zahlreicher bäuerlicher Kleinbetriebe der Aufstellung und Durchführung eines Gesamtwirtschaftsplanes größte Schwierigkeiten bereiten müsste, dass überhaupt nicht abzusehen wäre, wie Millionen selbständiger Bauernwirtschaften von der zentralen Planstelle aus geleitet werden könnten, dass endlich auch die opferreichste geglückte Neuorganisation wegen der Sprödheit der Urproduktion keine beträchtliche Hebung des Wohlstandes der Gesellschaft brächte.

Der berechtigte und positive Kern dieser Einwände bedeutet, dass zur Verwirklichung einer sozialistischen Gesellschaft auf dem Gebiete der landwirtschaftlichen Produktion die Außerkraftsetzung des Malthus'schen Gesetzes und die ökonomische und gesellschaftliche Aufhebung der Bauernklasse geleistet werden muss. Lässt sich diese Forderung prinzipiell nicht erfüllen, dann wird der Sozialismus in unserem Sinne zu einer bloßen Wunschvorstellung. Erweisen sich aber die beiden Einwände als nichtig, dann ist damit die Möglichkeit einer sozialistischen Gesellschaft zwar noch nicht gesichert, da andere Einwände als stichhaltiger befunden werden könnten, aber jedenfalls bedeutend größer geworden.

Im Folgenden soll das Problem Sozialismus und Landwirtschaft im Hinblick auf diese beiden entscheidenden Fragen erörtert werden. Dabei können hier viele Einzelheiten, die eine ausführlichere Darstellung verdient hätten, nur angedeutet werden.[4]

3 Werner Sombart: Der proletarische Sozialismus (Marxismus). Jena 1924, S. 329.
4 Die Literatur zu unserem Thema ist außerordentlich groß, beschränkt sich allerdings meist auf die Betriebsgrößenfrage. Für die Geschichte des

II.

Soweit die deutsche und die österreichische Sozialdemokratie als städtische Arbeiterparteien überhaupt ein Interesse an unserem Problem zeigen, wurde zunächst die Marxsche Anschauung übernommen. Man war überzeugt davon, dass die von Marx entdeckten Gesetze der kapitalistischen Wirtschaft auch in der Landwirtschaft gelten, mit der einzigen Einschränkung, dass dort die Entwicklung langsamer vorangehe. Es bestand kein Zweifel darüber, dass sich bei einer geeigneten Organisation der Agrarproduktion die Produktivität der Arbeit entsprechend den Bedürfnissen steigern lasse, und dass die bäuerlichen Kleinbetriebe ebenso ökonomisch zum Untergang verurteilt seien wie die gewerblichen. Noch 1895 spricht Engels von der »absoluten Gewissheit, dass die kapitalistische Großproduktion über ihren (gemeint ist: bäuerlichen) machtlosen veralteten Kleinbetrieb hinweggehen wird, wie ein Eisenbahnzug über eine Schubkarre«.[5]

Aber in dem Maße, wie die Sozialdemokratie an Einfluss gewinnt, gerät diese Theorie mit den taktischen Bedürfnissen in Konflikt. Es wird sichtbar, dass das vor allem angestrebte politische Ziel, die Mehrheit im Parlament, in Ländern mit so starker Bauernbevölkerung wie Deutschland und Österreich nur mit Hilfe der Bauernstimmen erreicht werden kann. Engels hat diesen Konflikt deutlich gesehen und darauf hingewiesen, wie widersinnig es sei, im Interesse der Gewinnung der Bauernstimmen eine Bauernschutzpolitik zu propagieren, deren Aussichtslosigkeit theoretisch bereits feststehe. Man solle zwar den Bauern nicht dadurch zum offenen Feind der Sozialdemokratie machen, dass man seine Enteignung in das Programm schreibe, man solle

Problems sei auf die ausgezeichnete Arbeit von H[einz] Heinrichs: Die Stellung des Sozialismus zur Agrarfrage unter besonderer Berücksichtigung des Betriebsgrößenproblems, verwiesen. Leider ist nur ein kleiner Teildruck erschienen (Münster 1930), während uns das Gesamtmanuskript (Münster 1928) vorgelegen hat. Die nach 1928 erschienene, dem Vernehmen nach ziemlich umfangreiche einschlägige sowjetrussische Literatur konnte nicht benutzt werden.

5   F[riedrich] Engels: Die Bauernfrage in Frankreich und Deutschland. In: Die Neue Zeit, 10, 13 I (1894/95), S. 303. [MEW 22, S. 502.]

ihm den Übergang zum Großbetrieb in jeder Weise erleichtern, aber man dürfe der Sozialdemokratie nicht zumuten, das kleinbäuerliche Eigentum zu verewigen. Den Bauern, der das verlange, könne man ebenso wenig für die sozialdemokratischen Ziele gewinnen »wie den kleinen Handwerksmeister, der sich als Meister verewigen will. Diese Leute gehören zu den Antisemiten. Mögen sie zu diesen gehen, sich von diesen die Rettung ihres kleinen Betriebes versprechen lassen... «[6].

Das Charakteristische der Diskussion bis zum Kriegsausbruch ist die Zuspitzung des Streites auf das Betriebsgrößenproblem. Die Argumente der Streitenden sind so bekannt, dass es hier genügt, kurz daran zu erinnern. Nach David und seinen Freunden gelten die Gesetze des Kapitalismus nicht, da es sich hier um organische und nicht mechanische Produktion handle und der menschlichen Arbeit eine Sonderstellung zukomme; bäuerliche Kleinbetriebe, unter Umständen zu landwirtschaftlichen Produzentengenossenschaften zusammengefasst, seien ausnahmslos den landwirtschaftlichen Großbetrieben überlegen, deren Zerschlagung deshalb als erstrebenswertes Ziel aufzustellen sei.[7] Demgegenüber hält Kautsky an der gegenteiligen These fest, die er mit zahlreichen Argumenten zu stützen versucht.[8] Die landwirtschaftlichen Kleinbetriebe seien in der Regel nur existenzfähig auf Grund der Entbehrungen und der Überarbeit der bäuerlichen Familie, ihre Besitzer hielten sie trotzdem selbst unter größten Opfern, weil das eigene Land einen gewissen Schutz gegen Arbeitslosigkeit gewährte. Mit der Ausdehnung der Industrie stütze der industrielle Nebenerwerb die Weiterexistenz einer technisch rettungslos unterlegenen Betriebsform. Nur in ganz vereinzelten Fällen könne davon die Rede sein, dass der Kleinbetrieb dem Großbetrieb gegenüber Vorteile habe. Deshalb sei die Behauptung der »Revisionisten«, dass die faktische Entwicklung vom Großbetrieb weg zu einer weiteren Ausdehnung des Kleinbetriebes führe, unrichtig, selbst wenn die vorhandenen Statistiken ihnen scheinbar recht geben sollten. Denn die statistisch nachweisbare Widerstandskraft bzw. das Vordringen

6 Engels: Die Bauernfrage, S. 301.
7 E[duard] David: Sozialismus und Landwirtschaft. Leipzig 1922, S. 680 ff.
8 Karl Kautsky: Die Agrarfrage. Stuttgart 1899, S. 93 ff.

des Kleinbetriebs sei eben durch die erwähnten besonderen Momente verursacht, die auf die Dauer die Grundtendenz der Entwicklung zur technisch überlegenen Betriebsform nicht verhindern könnten. Unter der Masse des von beiden Parteien herbeigebrachten Beweismaterials wird das zentrale Problem immer undeutlicher, ob das Fortbestehen einer besonderen Bauernklasse mit einer sozialistischen Gesellschaft überhaupt vereinbar sei. Denn beide streitenden Parteien sind von der geschichtlichen Notwendigkeit des Sozialismus überzeugt, so dass der Nachweis der Lebensfähigkeit einer Betriebsform die Frage nach ihrer Vereinbarkeit mit der sozialistischen Gesellschaft von selbst beantwortet.[9]

In dem Maße, wie sich die sozialdemokratischen Parteien Deutschlands und Deutsch-Österreichs auf Grund der veränderten politischen Verhältnisse der Nachkriegszeit nicht mehr bloß als Vertreter von Arbeiter- und Angestellteninteressen, sondern als Hüter der Interessen des ganzen Volkes fühlten, musste das Bedürfnis nach einer klaren Stellung zu den agrarpolitischen Fragen immer dringender werden. Die deutsch-österreichische wie die deutsche Sozialdemokratie[10] haben im ersten Jahrzehnt nach dem Umsturz ein Agrarprogramm auf die Tagesordnung eines Parteitages gesetzt. 1925 wurde in Wien

9   [Michael] Hainisch: Die Landflucht, ihr Wesen und ihre Bekämpfung. Jena 1924, S. 74 und Otto Bauer: Zum Parteitag. In: Der Kampf 18 (1925), S. 405 haben darauf hingewiesen, dass in dem Streit um die Betriebsgrößenfrage gewöhnlich zwei ganz verschiedene Gesichtspunkte miteinander vermengt worden sind, nämlich, welche der beiden Betriebsformen die produktivere sei, und welche sich in der faktischen Entwicklung im freien Wettbewerb durchsetze. Es wurde ohne weiteres angenommen, dass die statistisch nachweisbare Widerstandsfähigkeit bzw. das Anwachsen einer Betriebsform ohne weiteres Ausdruck ihrer produktionstechnischen Überlegenheit sei. In theoretisch bedeutsamer Weise hat Wittfogel diese Fragen an einem in dieser Hinsicht noch kaum durchgearbeiteten Objekt ausführlich behandelt. Er zeigt auf Grund einer konkreten Analyse der chinesischen Landwirtschaft, dass das Verhältnis sehr kompliziert, ja sogar antagonistisch sein kann. Vgl. K[arl] A[ugust] Wittfogel: Wirtschaft und Gesellschaft Chinas. Leipzig 1931, S. 351, 381.

10 Im Folgenden abgekürzt: SPÖ und SPD.

der Programmentwurf Otto Bauers, 1927 in Kiel derjenige von Baade und Krüger angenommen.

Die Frage der tendenziellen Verknappung des Nahrungsmittelspielraums hatte vor dem Krieg in den innersozialistischen Debatten keine große Rolle gespielt. Aber unter dem Eindruck der Getreideteuerung der ersten Nachkriegsjahre wuchs doch die Sorge, dass sich die »Verknappung des Nahrungsmittelspielraums der Erde im Verhältnis zu den Fortschrittstendenzen des Proletariats und der industriellen Produktion durch den Krieg zweifellos wesentlich verschärft« habe. Noch 1927 erklärte Baade bei der Begründung des Agrarprogramms, »dass die Nahrungsmittelproduktion in Übersee heute durchaus nicht mehr mit billigeren Produktionskosten zu rechnen hat als die Nahrungsmittelproduktion in Europa«[11]. Dennoch sei es möglich, ohne Steigerung der Produktionskosten die landwirtschaftliche Produktion zu verdoppeln oder vielleicht zu verdreifachen. Man müsse lediglich von den Möglichkeiten der Intensivierung angemessenen Gebrauch machen, eine Aufgabe, die durch eine Verbesserung des ländlichen Schul- und Fachschulwesens, durch eine Erleichterung der Kreditgewährung an die Bauernbetriebe, endlich durch eine Stabilisierung der Preise für Agrarprodukte verhältnismäßig leicht erfüllt werden könne.[12]

Während beide Parteien ihre Stellung zum Problem der naturbedingten Grenzen einer besseren Versorgung wenig geändert haben, ist in der Beantwortung unserer zweiten Hauptfrage eine entscheidende Wendung eingetreten. Von beiden wird die Marxsche Konzentrationstheorie für die Landwirtschaft preisgegeben und ihre Bedeutung für das sozialistische Endziel bestritten. In Kiel erklärt einer der Hauptreferenten zum Agrarprogramm, dass der »Streit um die vorteilhafteste Betriebsgröße ... maßlos aufgebauscht worden

11 Sozialdemokratischer Parteitag 1927 in Kiel. Berlin 1927, S. 121 ff.
12 Vgl. hierzu und zum Folgenden die Protokolle der beiden Parteitage sowie die Erläuterungen zu den Agrarprogrammen: O[tto] Bauer: Sozialdemokratische Agrarpolitik. Wien 1926; H[ans] Krüger, F[ritz] Baade: Sozialdemokratische Agrarpolitik. Berlin 1927.

ist«[13] und bekennt sich zu dem scheinbar »etwas hausbackenen und banalen Standpunkt«, dass für die Sozialdemokratie »die Agrarfrage in allererster Linie eine Magenfrage« sei.[14] Den städtischen Massen komme es vor allem auf eine »reichliche und billige Ernährung« an, die je nach Lage der Verhältnisse in den verschiedenen Gegenden und Produktionszweigen einmal durch den Großbetrieb, ein anderes Mal durch den Kleinbetrieb gesichert werden könne. Überdies sei die alte Auffassung von dem Aufsaugen der klein- und mittelbäuerlichen Betriebe durch die landwirtschaftlichen Großbetriebe sowohl durch die theoretischen Untersuchungen Hilferdings als auch nach den Erfahrungen der letzten Jahrzehnte überholt, und es sei an der Zeit, mit solchen Anschauungen ganz entschieden zu brechen.[15] »Es gibt keine sozialistische Lehre, die uns zwingt, in der Landwirtschaft den Ersatz der Kleinbetriebe durch die Großbetriebe zu fordern, weil in der Industrie das Gesetz der Konzentration zwar gilt, nicht aber in der Landwirtschaft, und weil wir in der Landwirtschaft nicht die Erscheinung haben, dass die großen Betriebe die kleinen absorbieren.«[16]

Die Frage, ob das Weiterbestehen klein- und mittelbäuerlicher Betriebe als Grundlage der landwirtschaftlichen Produktion mit einer sozialistischen Gesellschaftsordnung überhaupt vereinbar sei, wird von hervorragenden sozialistischen Agrartheoretikern heute ohne weiteres bejaht. Es wird erklärt, »dass die sozialistische Gesellschaft den Bauern das Eigentum an Grund und Boden« zusichern müsse und könne.[17] Der Sozialismus bekämpfe nur das »Raubeigentum« der Herrenklassen, nicht das »Arbeitseigentum« der Bauern. Eine nähere theoretische Begründung für diese Haltung gibt Otto Bauer in dem von ihm entworfenen österreichischen Agrarprogramm, wo die bisher von der sozialdemokratischen Theorie schroff abgelehnte Lehre vom »ewigen Bauern« übernommen wird. »Der Bauer war vor der feuda-

13 Sozialdemokratischer Parteitag (Kiel), S. 117. Ähnlich spricht Otto Bauer von dem »lähmenden Bann der alten Streitfragen«, der es verhindert habe, ein Agrarprogramm zu formulieren. Bauer: Zum Parteitag, S. 403.
14 Sozialdemokratischer Parteitag (Kiel), S. 117 ff.
15 [Ebd.], S. 131.
16 [Ebd.], S. 136.
17 [Ebd.], S. 135.

len Gesellschaft da. Er hat in der feudalen Gesellschaft gelebt. Auch im Rahmen der sozialistischen Gesellschaft werden Bauern als freie Besitzer auf ihrer Scholle leben.«[18] Allerdings erfährt diese These eine Einschränkung insofern, als nach Bauer »sowohl die Rechtsverhältnisse, als auch die wirtschaftlichen Existenzbedingungen des bäuerlichen Grundbesitzes« durch die sozialistische Ordnung in analoger Weise umgestaltet werden, wie sie durch jede der vorhergehenden Gesellschaftsordnungen umgestaltet worden seien. Diese Umgestaltung, die es trotz des Weiterbestehens des bäuerlichen Grundeigentums erlauben soll, eine sozialistische Gesellschaft aufzubauen, erfolge durch die Einwirkung der sozialistischen Umwelt. Die Enteignung der Großindustrie, des Großgrundbesitzes, des Großhandels und der Banken stärke sofort nach der Begründung der sozialistischen Gesellschaft deren Macht über die bäuerliche Wirtschaft, die in jeder Hinsicht von ihr abhängig werde. Durch die Bestimmung der Preise sei einer sozialistischen Wirtschaftspolitik die Möglichkeit gegeben, das Realeinkommen des Bauern zu regeln, sie könne auf die Steigerung der Produktivität der bäuerlichen Arbeit einwirken und in Verbindung damit den Zusammenschluss der Bauernwirtschaften zu Genossenschaften erreichen, die selbst wieder ihren Aufgabenkreis immer mehr auf eine Eingliederung des bäuerlichen Betriebs in die sozialistische Wirtschaft ausdehnen. Andererseits werde durch die in der sozialistischen Gesellschaft jedem garantierte Sicherheit der Existenz und die besseren Lebensbedingungen in den Großbetrieben das Bedürfnis nach eigenem Landbesitz immer schwächer werden. »In einem langsamen, organischen, sich im Verlauf einer Geschichtsepoche vollziehenden Entwicklungsprozess« werde sich das individuelle Eigentum des Bauern durch allmählich fortschreitende Vergenossenschaftung den neuen Umweltbedingungen anpassen.[19]

Wenn also Otto Bauer auch nicht so weit geht, wie einer der Hauptreferenten für das Kieler Agrarprogramm, nach dessen Meinung Landarbeiter und Kleinbauern »wichtige Schichten in der klas-

18 Protokoll des Wiener Parteitags, S. 168.
19 Bauer: Zum Parteitag, S. 406 ff. Vgl. auch die Erläuterungen zum Agrarprogramm in: Protokoll des Wiener Parteitags, S. 178 ff.

senfreien sozialistischen Gesellschaft sein« werden,[20] so lässt er doch keinen Zweifel darüber, dass auch er eine vollsozialisierte Gesellschaft mit dem Privateigentum an einem der wichtigsten Produktionsmittel, dem Boden, für vereinbar hält.[21]

Die unzureichende theoretische Begründung des deutschen Agrarprogramms hat dazu geführt, dass gelegentlich Versuche gemacht werden, das in Kiel Versäumte nachzuholen. Ein interessanter Ansatz dazu findet sich in einer Abhandlung von Eduard Heimann über deutschen und russischen Sozialismus.[22] Der echte Sozialismus, so führt H[eimann] aus, fühle sich als Diener des werdenden Lebens, dem er »die sinnvolle Entfaltung sichern möchte«. Er müsse sich mit der Tatsache auseinandersetzen, dass die Entwicklung der landwirtschaftlichen Produktionsweise derjenigen in der Industrie entgegengesetzt sei und an dieser Tatsache das Bild der künftigen sozialistischen Ordnung orientieren. Diese Grundhaltung, nicht taktische Rücksichten hätten das deutsche und das österreichische sozialdemokratische Agrarprogramm gestaltet. Das Bild der künftigen sozialistischen Ordnung zeige zwei verschiedene, im lebendigen Austausch miteinander stehende Lebenskreise: »Individualeigentum auf der Grundlage der Individualarbeit in der Landwirtschaft, Kollektiveigentum auf Grund der Kollektivarbeit in der städtischen Wirtschaft«, deren struktureller Gegensatz durch genossenschaftliche Verknüpfungen ausgeglichen werden solle.[23]

20 Sozialdemokratischer Parteitag (Kiel), S. 131.
21 Heinrichs hat bereits darauf hingewiesen, dass hier ein ungelöster Widerspruch vorliegt. Es bleibt ganz im Dunkel, wie weit durch die veränderten Umweltbedingungen der Charakter des bäuerlichen Privateigentums verändert wird und was von ihm noch übrig bleibt, wenn die Genossenschaften ihren Aufgabenkreis immer mehr ausdehnen. Vgl. hierzu unten S. 410 f.
22 [Eduard Heimann: Deutscher und russischer Sozialismus. In: Neue Blätter für den Sozialismus 2, 5 (Mai 1931), S. 213 – 226.]
23 Ebd., S. 220 f.

III.

Der Verzicht auf eine gründliche Analyse der gesellschaftlichen und wirtschaftlichen Entwicklungstendenzen in der Landwirtschaft hat zur Folge, dass beide Programme die tatsächliche Entwicklung nicht erkannt haben. Auf Grund vorübergehender Erscheinungen wurde in beiden Programmen die Entwicklungslinie gezeichnet; dabei hat man übersehen, dass der bekannte Einwand Kautskys von der zeitlich begrenzten Kompensation der auf die Dauer entscheidenden Kräfte richtig war.

So konnte die Stellungnahme zu den Malthusianischen Ängsten nicht annähernd mit dem Nachdruck erfolgen, zu dem im Jahre 1925 die Analyse, in den darauf folgenden Jahren die Sprache der Tatsachen berechtigt hätte. Heute ist es für jeden, der sehen will, deutlich geworden, dass die gewaltige technische Revolution, die in den wichtigsten Agrarländern vor sich geht, eine Produktivitätssteigerung der landwirtschaftlichen Arbeit bewirkt, die alle Befürchtungen einer naturgesetzlichen notwendigen Verengung des Lebensspielraums für unabsehbare Zeit als gegenstandslos erscheinen lässt. Es muss diskutierbar sein, ob die von Baade propagierten Maßnahmen zur Intensivierung der landwirtschaftlichen Produktion nicht wenigstens zum Teil der Wirkung des Gesetzes vom abnehmenden Bodenertrag unterliegen, so dass sie eben nur mit steigenden Kosten durchführbar sind. Dagegen beweisen die Erfahrungen beim Übergang von der handwerklichen zur fabrikmäßigen Agrarproduktion, dass schon heute, am Anfang dieses Prozesses, mit den vorhandenen Hilfsmitteln praktisch unbegrenzte Nahrungs- und Rohstoffmengen mit sinkenden Kosten hergestellt werden können, ohne dass das Gesetz vom sinkenden Bodenertrag auf absehbare Zeit dieser Entwicklung ein Ende zu machen droht.

Der bereits angedeutete Haupteinwand, den wir gegen die Stellungnahme der beiden sozialdemokratischen Agrarprogramme zu unserem Problem zu machen haben, ist, dass die entscheidende Frage von ihnen überhaupt nicht ernsthaft diskutiert wird: ob nämlich das bäuerliche Eigentum mit einer sozialistischen Gesellschaft vorübergehend oder gar dauernd vereinbar sei. Sombart hat 1924 auf den

– wie er es nennt – »Verzweiflungsschrei« Marxens hingewiesen: »Je mehr ich … den Dreck treibe, um so mehr überzeuge ich mich, dass die Reform der Agrikultur, also auch der darauf basierten Eigentumssauerei das Alpha und Omega der kommenden Umwälzung ist. Ohne das behält Vater Malthus recht.«[24]

Insofern hat auch der Streit um die Betriebsgrößenfrage seinen guten Sinn: wenn man, wie Marx, davon ausgeht, dass eine sozialistische Gesellschaft nur auf Grundlage des Großbetriebes und des gesellschaftlichen Eigentums aller Produktionsmittel möglich ist, dann müsste die nach Meinung der siegreichen Davidschen Richtung in der faktischen Entwicklung sichtbar werdende Überlegenheit der Kleinbetriebe entweder den Verzicht auf eine sozialistische Gesellschaft oder den Verzicht auf die Entfaltung der vollen Produktivität in der Landwirtschaft bedeuten. Dieses Kernproblem spaltet sich wieder in ein technisches und ein gesellschaftliches. Es wäre denkbar, dass die technische Eingliederung der Bauernbetriebe in eine zentrale Verwaltungswirtschaft derart erfolgen kann, dass durch genossenschaftliche Organisationen, oder durch die von beiden sozialdemokratischen Parteien geforderte Preisstabilisierung der einzelne bäuerliche Wirt in seiner Eigenschaft als Privateigentümer seines Bodens allmählich funktionslos gemacht würde zugunsten einer kollektiv geregelten und durchgeführten Produktion und Verteilung.[25] Offenbar klingen

24 Sombart: Der proletarische Sozialismus, S. 330. Zitat aus: August Bebel, Eduard Bernstein (Hg.): Der Briefwechsel zwischen Friedrich Engels und Karl Marx 1844 bis 1883. Bd. 1. Stuttgart 1921, S. 226.
25 Grote macht auf diese Funktionslosmachung der bäuerlichen Eigentümer auf dem Wege über die Preisstabilisierung aufmerksam. »Preisstabilisierung durch Instanzen, die dem bäuerlichen Einzelbetriebe übergeordnet sind, bedeutet, dass dem Bauern auch bei der Produktion die Initiative aus der Hand gewunden wird. Die Festsetzung der Preise eines einzelnen und später aller Produkte bedeutet für den Einzelbetrieb gleichzeitig Zwang zu einer bestimmten Art von Produktion. Von einer vollkommenen Vergesellschaftung der landwirtschaftlichen Produktion unterscheidet sich der so geschaffene Zustand allerdings insofern, als der Bauer Eigentümer seines Betriebes bleibt. Er hat damit einige eng begrenzte Freiheiten, z. B. die Wahl zwischen zwei Kulturarten mit

bei Otto Bauer derartige Gedankengänge an. Aber neben der technischen organisatorischen Frage liegt in dem Problem auch noch eine gesellschaftliche: wie soll es möglich sein, eine ausgesprochen antikollektivistische, am Privateigentum hängende Bevölkerungsschicht in eine klassenlose Gesellschaft einzugliedern? Ist nicht Krügers Vorstellung von den Kleinbauern als wichtiger Schicht der klassenfreien sozialistischen Gesellschaft in sich selbst widerspruchsvoll?

Geht man diesen Gedankengängen etwas weiter nach, dann zeigt sich bald, dass die Stellung zur Landwirtschaft für den Sozialismus viel mehr ist als eine bloße Magenfrage. Es handelt sich um eine der entscheidendsten, vielleicht sogar um die Schicksalsfrage für eine sozialistische Gesellschaft. Die Dinge liegen nicht so, dass man unter mehreren landwirtschaftlichen Betriebsformen für die Organisation einer sozialistischen Gesellschaft die jeweils vorteilhafteste aussuchen kann, sondern der Sozialismus ist aus produktionstechnischen, organisatorischen und gesellschaftlichen Ursachen mit der dauernden Weiterexistenz des kleinbäuerlichen Betriebes und des bäuerlichen Eigentums an den landwirtschaftlichen Produktionsmitteln unvereinbar.

IV.

Lässt sich eine sozialistische Gesellschaft auf Grundlage des kleinbäuerlichen Besitzes und Betriebs verwirklichen, obgleich in ihnen »nicht die gesellschaftliche, sondern die isolierte Arbeit vorherrscht, ... daher der Reichtum und die Entwicklung der Reproduktion, sowohl ihrer materiellen wie geistigen Bedingungen, unter solchen Umständen ausgeschlossen ist, daher auch die Bedingungen einer rationellen Kultur«?[26]

gleichen Erträgen und Preisen. Aber im Großen und Ganzen bedeutet die Preisstabilisierung doch nicht nur ›Sozialisierung des Absatzes‹..., sondern eine weitgehendste Einflussnahme auch auf die Produktion.« E[rnst] Grote: Betrachtungen zum sozialdemokratischen Agrarprogramm des Kieler Parteitags (unveröffentlichte Dissertation). Berlin 1930.
26 Karl Marx: Das Kapital. Bd. 3 [= MEW 25], S. 821.

Unser Versuch einer summarischen Nachprüfung dieser ursprünglich von den meisten sozialistischen Schriftstellern verneinten Frage erfolgt unter zwei Gesichtspunkten: ist eine sozialistische Gesellschaft in unserem Sinn sowohl technisch und organisatorisch als auch gesellschaftlich mit klein- und mittelbäuerlichem Besitz und Betrieb dauernd vereinbar?[27]

Für die *technische* und *organisatorische* Unvereinbarkeit der bäuerlichen Produktionsweise mit einer sozialistischen Planwirtschaft lassen sich etwa folgende Gesichtspunkte anführen. Die Bauernwirtschaft ist für Massenproduktion technisch unzulänglich, die Qualität ihrer Produkte hängt in erster Linie von der Geschicklichkeit des Betriebsleiters ab, wissenschaftlichen Produktionsmethoden und der Anwendung von Maschinen ist sie nur schwer zugänglich. Wegen der Umständlichkeit des Produktionsprozesses wird ihr Produktionsergebnis entscheidend von den Zufälligkeiten der Witterung beeinflusst, die Ausdehnung ihrer Produktion ist relativ beschränkt und häufig nur mit steigenden Kosten pro Einheit möglich. Unter organisatorischen Gesichtspunkten erschwert sie technisch und psychologisch die Überführung einer Markt- in eine Planwirtschaft, die Betriebsführung von Millionen einzelner Landwirte ist zentral, wenn überhaupt, schwer und vermutlich nur mit großen Verlusten regulierbar, da die Zentralstelle die jeweiligen örtlichen Verhältnisse nicht genügend

---

27 Eine systematische Untersuchung hätte zunächst die Unterschiede zwischen Klein-, Mittel- und Großbauer möglichst genau zu bestimmen und dann die Untersuchung für diese drei Kategorien getrennt durchzuführen. Sowohl für die technisch-organisatorische als erst recht für die gesellschaftliche Seite des Problems ergeben sich aus der Berücksichtigung der Differenzierung innerhalb der Bauernschaft wichtige Gesichtspunkte. Hier mag es genügen, von dem großbäuerlichen Besitz und Betrieb ganz abzusehen, da seine dauernde Weiterexistenz innerhalb einer sozialistischen Gesellschaft ernsthaft nie gefordert worden ist. Unter dem Begriff der Klein- und Mittelbauern fassen wir diejenigen bäuerlichen Wirte zusammen, deren Besitz bzw. Betrieb nur ausnahmsweise mehr als eine volle Ackernahrung liefert, die keine oder wenig Lohnarbeiter beschäftigen, bei denen also das Schwergewicht der Arbeitsleistung bei dem Haushaltsvorstand und seinen Angehörigen liegt.

berücksichtigen kann, die unentbehrliche Kontrolle muss zu vielen Reibungen führen, die notwendige Anpassung an den Bedarf stößt auf große Schwierigkeiten, da der Kleinbetrieb spezialisiert ist und sich nur schwer auf andere Produkte umstellen lässt, die Produktionskosten der einzelnen Betriebe sind wegen der Verschiedenheit der angewandten Methoden und insbesondere der Qualifikation der Arbeitskräfte kaum zu ermitteln, ebenso wenig wie der auf die Grundrente entfallende Anteil des Erlöses einigermaßen zuverlässig ermittelt werden kann. Alle diese organisatorischen Schwierigkeiten vervielfachen sich in dem Augenblick, wo der Markt völlig beseitigt und an Stelle der alten Geldrechnung eine sozialistische Wirtschaftsrechnung gesetzt werden soll.[28]

Der Einwand, dass durch genossenschaftlichen Zusammenschluss der bäuerlichen Betriebe diese Schwierigkeiten beseitigt werden könnten, trifft nicht zu. Sofern sie verschwinden, handelt es sich für unser Problem nur um eine Scheinlösung. Denn ein Gelingen ist nur soweit möglich, als die Kleinbetriebe in ihrer Eigenschaft als Kleinbetriebe durch die genossenschaftliche Zusammenfassung sowohl technisch als auch organisatorisch aufgehoben und in Großbetriebe verwandelt werden. Damit aber ist die Frage der Vereinbarkeit klein- und mittelbäuerlicher Betriebe mit sozialistischer Wirtschaft nicht beantwortet, sondern gegenstandslos geworden, weil die problematische Betriebsform durch organisatorische Maßnahmen verschwunden und an ihre Stelle der landwirtschaftliche Großbetrieb getreten ist. Er kann in eine sozialistische Planwirtschaft mit den gleichen Mitteln eingeordnet werden wie die industriellen Großbetriebe. Dass es sich bei der genossenschaftlichen Lösung nur um eine Scheinlösung handelt, müssen

28 Unsere Überzeugung, dass eine sozialistische Wirtschaft, in der Markt, Geld, Kredit usw. erhalten bleiben, ein Widerspruch in sich selbst ist, kann hier nicht näher begründet werden. Allerdings muss eine Anschauung, die mit dem Weiterbestehen Millionen bäuerlicher und womöglich auch kleingewerblicher Betriebe in einer sozialistischen Ordnung rechnet, schließlich daran verzweifeln, dass eine marktlose Wirtschaft überhaupt möglich sei und sich auf die Utopie zurückziehen, dass man die guten Seiten des kapitalistischen Systems in den Sozialismus herübernimmt, während man die schlechten eliminiert.

alle diejenigen übersehen, welche die von Grünberg geforderte strenge begriffliche Scheidung zwischen Besitz und Betrieb nicht übernommen haben.[29] Durch die genossenschaftlichen Zusammenschlüsse wird zunächst nur an der *Betriebs*form etwas geändert, während der *Kleinbesitz* erhalten bleibt. Die sich aus seiner Konservierung ergebenen Schwierigkeiten können durch die Gesellschaftsform zwar auch beseitigt werden, aber nur durch seine Aufhebung.[30]

Es wäre denkbar, dass eine künftige Entwicklung die unter technischen Gesichtspunkten gemachten Einwände gegen die Möglichkeit des Aufbaus einer sozialistischen Wirtschaft auf der Grundlage bäuerlichen Besitzes und Betriebs entkräftigen könnte. Etwa durch die Konstruktion von Maschinen, die für Kleinbetriebe geeignet sind, durch eine so gründliche Schulung, dass die Arbeitsleistung in allen Bauernwirtschaften qualitativ ungefähr auf dieselbe Stufe gehoben wird, durch die Entdeckung bisher völlig unbekannter Methoden der Rechnungslegung und Regulierung, um nur einige Beispiele zu nennen. Dagegen lässt sich leicht zeigen, dass selbst bei Beseitigung der technischen Hindernisse im Sozialismus bäuerliche Produktionsweise und bäuerliches Eigentum aus gesellschaftlichen Gründen ausgeschlossen sind. Schon die Existenz einer zahlreichen Bauernklasse würde den Übergang zu einer sozialistischen Ordnung ungeheuer erschweren. Nicht umsonst haben Marx und Engels die Bauern das »Bollwerk« der alten Gesellschaft genannt und an ihrer Gegnerschaft gegenüber dieser Klasse, »die alle Rohheit primitiver Gesellschaftsformen mit allen Qualen und aller Misere zivilisierter Länder verbindet«[31], nie einen Zweifel gelassen. Aber selbst wenn, wie etwa in Russland, trotz seiner millionenköpfigen Bauernbevölkerung, infolge einer ganz speziellen Situation der Aufbau einer sozialistischen Wirtschaft versucht werden kann, dann werden sich, wie die russische

29 [C]arl Grünberg: Agrarverfassung. I. Begriffliches und Zuständliches. In: Max Weber u. a. (Hg.): Grundriss der Sozialökonomik. Abteilung VII. Tübingen 1922, S. 132 ff.
30 Vgl. hierzu unten S. 413 f.
31 Karl Marx: Das Kapital. Bd. 1 [= MEW 23], S. 752; Marx: Das Kapital. Bd. 3 [MEW 25], S. 821.

Erfahrung lehrt, die Bauern bald als ein Fremdkörper erweisen, der eine unausgesetzte Bedrohung des bereits Erreichten bedeutet, ja die Verwirklichung des Endzieles in Frage stellt.

Dieses Endziel der klassenlosen Gesellschaft wird ständig durch den »Eigentumsfanatismus« der bäuerlichen Grundbesitzer bedroht. Denn einmal ist, wie alle Erfahrungen lehren, mit dem Eigentum ein antikollektivistisches Bewusstsein verbunden, auch wenn dieses Eigentum, wie es die sozialdemokratischen Programme wünschen, »Arbeitseigentum« ist. Ferner führt das Privateigentum an den bäuerlichen Produktionsmitteln notwendig zu der Begründung zweier Klassen mit verschiedenen Interessen und verschiedenen Bewusstseinsformen: den bäuerlichen Eigentümern und den Nur-Arbeitern. Auch wird man folgende Konsequenz bei Belassung des selbständigen Bauernbetriebs nicht verhindern können: infolge der Verschiedenheit des Bodens, der Ausbildung, des Fleißes und infolge vieler Zufälle muss der Ertrag der Bauernwirtschaften ganz verschieden ausfallen; damit bildet sich eine erfolgreiche Schicht heraus, die ihren Betrieb ausdehnt und fremde Arbeitskräfte beschäftigt (nötigenfalls in versteckter Form, wie die russischen Erfahrungen lehren). Das ergibt in verhältnismäßig kurzer Zeit eine relativ schroffe Differenzierung: ein Teil der erfolglosen Bauern gerät in ökonomische Abhängigkeit von den »Tüchtigen« und damit unter ihre politische Führung. Auf diese Weise gestärkt, können die erfolgreichen allmählich zum Großbetrieb übergehenden Bauern ihre Interessen der Gesellschaft gegenüber nachhaltiger vertreten; das führt zu Konflikten mit der antikapitalistischen Staatsgewalt, die früher oder später entweder mit der Aufhebung des Privateigentums und des darauf ruhenden bäuerlichen Betriebes oder der Aufhebung der sozialistischen Ordnung enden müssen.

Das Nebeneinander von Privateigentum in Verbindung mit individueller Handarbeit in der Landwirtschaft auf der einen Seite, Kollektivarbeit und gesellschaftlichem Eigentum der Produktionsmittel in den anderen Wirtschaftszweigen muss zur Entstehung zweier Klassen führen, deren Interessen total entgegengesetzt sind, die einander überhaupt nicht verstehen und deren Konflikte schließlich den Sieg des einen oder des anderen Systems bringen. Diese Überlegungen ließen sich bis in alle Einzelheiten verfolgen, es wäre zu zeigen, wie die Gegensätze in allen Fragen des Lebens (man denke z. B. nur an die Stellung zur Familie, zum Erbrecht) dieselbe unüberbrückbare Kluft zwischen besitzenden »Handwerkern« und besitzlosen großbetrieblichen Nur-Arbeitern aufreißen wie heute. Die scheinbar so realitätsgerechte Vorstellung von dem Nebeneinanderbestehen des Bauernbetriebes und des industriellen Großbetriebes innerhalb einer sozialistischen Gesellschaft erweist sich als eine wirklichkeitsfremde Phantasie. Wie sollte eine klassenlose Gesellschaft möglich sein, in der die tiefsten Gegensätze verewigt werden: Stadt und Land, Kollektiveigentum und Privateigentum, Kollektivarbeiter und selbständiger Bauer, Zwangswirtschaft der zentralen Planstelle und Interessen der bäuerlichen Privateigentümer? Diese schweren Widersprüche, die sich in dem Maße verschärfen, in dem die vergesellschafteten Teile in Industrie, Verkehr usw. und die privaten in der Landwirtschaft an Macht gewinnen, müssen schließlich zu einem Entscheidungskampf führen, welches von beiden Wirtschaftsprinzipien allein herrschen soll.

»Ni pour le paysan, ni pour l'artisan, ni pour le commerçant au détail, la propriété ne peut être conservée dans la société collectiviste. Toute promesse à cet regard reste vaine par la force des choses; suivant la logique implacable du système, cette soi-disant propriété, respectée pendant une période transitoire, ne peut être qu'une formule creuse et une coquille vide. Quoi qu'on ne puisse dire, il n'est pas possible que l'avènement du collectivisme pur soit graduel et progressif; du jour où il triomphera, le proprietaire rural, le petit industriel et le boutiquier se trouveront fatalement soumis à la loi commune, conservant peut-être la possession, mais perdant à Coup sûr la propriété réelle, le revenu le profit, et jusqu'à la liberté d'exploitation.«[32]

Man wird auch hier den Einwand erheben, dass in den Genossenschaften ein Mittel vorhanden sei, um diesen Gefahren zu begeg-

32 M[aurice] Bourguin: Les systèmes socialistes et l'évolution économique. Paris 1925.

nen. Dabei übersieht man regelmäßig, dass die genossenschaftliche Organisation sich leicht zu einer Interessenorganisation gegen den kollektivistischen Staat verwandelt, die den in ihr vereinigten Bauern überhaupt erst die Macht gäbe, ihren Willen durchzusetzen, so etwa durch Anbau- oder Ablieferungsstreik, durch Widerstand gegen die Planmaßnahmen usw. Wird darauf geantwortet, dass die Genossenschaften zu Organen der Gesellschaft, zu staatlichen Zwangsgenossenschaften ausgebildet werden könnten, deren Leitung fest in der Hand des Staates läge, und die ausnahmslos den Interessen der einzelnen Wirte gegenüber die Interessen der Gesamtheit zu vertreten hätten, dann stehen wir wieder vor einer Scheinlösung. Es würde sich dann in Bezug auf die Rolle des Privateigentums derselbe Vorgang abspielen, den wir regelmäßig bei der Entwicklung eines Kartells einfachster Art zu stärkeren Bindungen und schließlich zur Vertrustung beobachten: der Eigentümer verliert allmählich jede Verfügungsgewalt über sein Eigentum, er wird als Eigentümer wirtschaftlich funktionslos, das Eigentum selbst zu einem bloßen Rententitel auf arbeitsloses Einkommen. Dass derartige Rententitel auf die Dauer in einer sozialistischen Gesellschaft nicht geduldet werden könnten, ist ernsthaft nie bestritten worden.

Ein verwandter Einwand, dass nämlich der bäuerliche Grundbesitz durch gesellschaftliche Kontrolle, etwa durch gesellschaftliches Obereigentum, seiner für eine sozialistische Gesellschaft verhängnisvollen Wirkungen entkleidet werden könnte, ist bereits früher von Grünberg in einer Kritik an David mit ähnlichen Argumenten widerlegt worden. Grünberg fragt, ob nicht der sozialistische Staat »als Obereigentümer auch Vormund der bäuerlichen Nutznießer sein (müsse); und zwar um so eher als er diesen gegenüber nicht wie einst Grund- und Gutsherr ein selbstisches, sondern das allgemeine Interesse an tadelloser Funktionierung der landwirtschaftlichen Produktion in der rationellsten Betriebsform wahrzunehmen hätte? Und wird die Gesetzgebung wohl, wenn das Obereigentum nur an den auf den Domänen und den enteigneten Privatgütern neugebildeten Wirtschaften bestehen soll, die alten anders behandeln als diese? Käme da nicht ein gefährlicher Riss in diese neue Ordnung und würde, bliebe das

Eigentum der alten Wirte respektiert, nicht am Ende der ›Eigentums-fanatismus‹ auch in den neuen Nutznießern wach?«[33]

Damit soll nicht gesagt werden, dass in einer Übergangswirtschaft Genossenschaften oder gesellschaftliches Obereigentum nicht außerordentlich wichtige Dienste bei der allmählichen Überführung der einzelbäuerlichen Betriebe in ein planwirtschaftliches System leisten könnten. Es erscheint uns aber als ausgeschlossen, dass bäuerliche Privateigentümer in einer sozialistischen Gesellschaft weiter bestehen können.

Daraus ergibt sich eine wichtige Folgerung: wenn es nicht möglich ist, die Agrarproduktion kollektiv und großbetrieblich durchzuführen, dann ist die sozialistische Gesellschaft eine Utopie.

V.

Noch in den ersten Jahren nach dem Weltkrieg sprachen viele Anzeichen dafür, dass sowohl die Frage der Steigerungsfähigkeit der landwirtschaftlichen Produktion als auch die der Gleichwertigkeit oder sogar Überlegenheit der landwirtschaftlichen Großbetriebe zuungunsten des Sozialismus entschieden seien. Inzwischen hat aber eine Entwicklung eingesetzt, deren Folgen für die Möglichkeit des Sozialismus ebenso wie für das Schicksal von Millionen Menschen in den nächsten Jahren nicht abzusehen sind: die technische Revolution in der Landwirtschaft. Die Umwälzung der Produktionsmethoden im Ackerbau und – wenn nicht alle Anzeichen trügen – auch in der Viehzucht ist ein Prozess, dessen welterschütternde Wirkung nur mit dem Siegeszug des industriellen Großbetriebs zu Beginn der industriellen Revolution verglichen werden kann, mit der Verdrängung des Handwebstuhls durch Dampfmaschine und mechanischen Webstuhl.

Die neue agrarische Revolution unterscheidet sich von ihrer industriellen Vorgängerin nicht durch die Weite und Tiefe ihrer Aus-

33 C[arl] Grünberg: Agrarpolitik. In: Die Entwicklung der deutschen Volks-wirtschaftslehre im 19. Jahrhundert. Gustav Schmoller zur siebenzigsten Wiederkehr seines Geburtstages. Bd. 2. Leipzig 1908, S. 66 f.

wirkungen, sondern durch das beispiellose Tempo, in dem sie sich vollzieht. Wer die Ereignisse in den wichtigsten Getreidestaaten in den Vereinigten Staaten, in Kanada oder in Südamerika in den letzten Jahren verfolgt hat, der weiß, dass die Berichterstattung weit hinter den Ereignissen zurückbleibt, dass die Daten über die Fortschritte der Mechanisierung, die Verdrängung der Kleinbetriebe, über neue Geräte und Methoden oder über die Gestehungskosten meist veraltet sind, wenn sie in unsere Hände kommen. Nur die Ziffern über die wachsenden Ernten, über die sich immer drohender anhäufenden Vorräte an pflanzlichen Nahrungsmitteln und Rohstoffen und die gleichsam ins Bodenlose absinkenden Preise reden eine eindringliche Sprache darüber, dass diese Entwicklung unaufhaltsam weiterschreitet.

Das zum großen Teil zufällige Zusammentreffen der Weltwirtschaftskrise mit dem technischen Revolutionsprozess in der Landwirtschaft hat den Blick für seine Tragweite vorläufig in der öffentlichen Meinung noch getrübt. Auch wenn die Wirtschaftskrise vollständig überwunden wird, kann kein Zweifel darüber bestehen, dass eine Rückkehr zu den Vorkriegsbedingungen in der landwirtschaftlichen Produktion nicht mehr möglich ist. Das vor wenigen Jahren noch für unmöglich gehaltene Ausmaß, in dem die Produktionskosten in den »Getreidefabriken« gesenkt worden sind, macht das Leben der meisten bäuerlichen Produzenten heute zur Qual. Wie Hohn lesen sich die idyllischen Vorstellungen, die man über die für »den in ihm arbeitenden Menschen gesündesten Lebensverhältnisse« im kleinbäuerlichen Betrieb hatte,[34] wenn wir die Feststellungen von Sachverständigen über die hoffnungslose Lage vieler bäuerlicher Familien, vor allem der Bauernfrau, entgegenhalten.[35]

34 Z. B. David: Sozialismus und Landwirtschaft, S. 690.
35 Vgl. z. B. folgende Ausführungen einer Denkschrift des RKTL [Reichskuratoriums für Technik in der Landwirtschaft] vom 8. [März 19]31 über die Förderung des technischen Unterrichts in der Landwirtschaft, die von den größten landwirtschaftlichen Organisationen mitgezeichnet ist und in denen es heißt:
»Der amerikanische Farmer ist Techniker im weitesten Sinne. Er versteht, seine Maschine mit großem betriebswirtschaftlichem Geschick einzusetzen, und weiß, wie der Erfolg seiner Wirtschaft von der richtigen Pflege

Dass das Schicksal des körnerbauenden Kleinbetriebs trotz aller Schutzmaßnahmen auf die Dauer besiegelt ist, wenn er auch unter schwersten Entbehrungen, insbesondere in Europa, noch verzweifelten Widerstand gegen die übermächtige Konkurrenz der Getreidefabrik leistet, darüber kann kein Zweifel mehr sein, die nordamerikanischen Zahlen sprechen eine allzu deutliche Sprache. Unter dem Druck der Konkurrenz der Großbetriebe sind von 1922 bis 1929 über 7 Millionen Menschen von den Farmen in die Städte gezogen, und nach Mitteilungen des amerikanischen Ackerbauamtes ist bei wesentlich größerer Getreidefläche die Farmbevölkerung 1930 kleiner als 1900 (und dies trotz aller Versuche, unter Opferung von vielen Milliarden Mark, die Preise der Agrarerzeugnisse hochzuhalten).

und Behandlung seiner Maschinen abhängt. *Der deutsche Bauer dagegen ist Arbeiter, der in den letzten Jahren in übermenschlichen körperlichen Anstrengungen, nicht kontrolliert durch technisches Denken, einen aussichtslosen Kampf mit einem überlegenen Konkurrenten aufnehmen musste.* Das gleiche gilt in vielleicht noch stärkerem Umfang von der Bauersfrau, deren Arbeitsüberlastung in Haus, Hof, Stall und im Feld, ohne gebührende Anerkennung zu finden, als unabwendbares Schicksal ertragen wird. Die Tragik dieser Entwicklung kommt in der erschreckenden geistigen und körperlichen Verfassung der Bauersfrau, besonders in den kleineren Betrieben, zum Ausdruck. Sie ist nicht mehr die Hausfrau, deren erste Sorge den Kindern (deren Zahl ständig zurückgeht) und dem Haushalt gilt, sondern sie ist die billigste und oft die erste und einzige Magd des Bauern. Schon in verhältnismäßig jungen Jahren ist sie verbraucht, zermürbt und Anregungen über Arbeitserleichterungen kaum noch zugänglich. Irgendwelche geistigen Interessen, die über die drückenden materiellen Sorgen des Haushalts hinausgehen, hat sie nicht und kann sie nicht haben. Ihr Beispiel wirkt abschreckend. Der weibliche Nachwuchs auf dem Lande zeigt eine bedenkliche Abneigung, in kleinere bäuerliche Betriebe zu heiraten.« (Sperrungen in der Denkschrift). – Ferner das Referat [Constantin] von Dietzes über *Die deutsche Wirtschaftsnot und die ländliche Familie* auf der Königsberger Tagung des Vereins für Sozialpolitik, abgedruckt in: Schriften des Vereins für Sozialpolitik, Band 182. München u. Leipzig 1931, S. 138 ff oder die Klagen auf dem Wiener Parteitag der S.P.Ö., Protokoll, S. 280 ff.

Ebenso wie mit der »Betriebsgrößenfrage« steht es mit dem Problem der Steigerungsfähigkeit der Produktivität der menschlichen Arbeit und der Erzeugung pflanzlicher und tierischer Rohstoffe und Nahrungsmittel. Man erinnert sich an die oben wiedergegebenen Ausführungen Sombarts, der dem durch die Erfahrung der industriellen Revolution geblendeten Sozialisten entgegenhält, »was eine nüchterne, wissenschaftliche Untersuchung einwandfrei feststellen kann«, und liest dann mit Staunen, was Agrarfachmänner heute zu diesen Feststellungen zu sagen haben:

»Sicherlich ist das Gesetz vom abnehmenden Bodenertrag in Geltung. Sicherlich sind in der Landwirtschaft bei der Bedeutung des Produktionsfaktors Boden die Steigerungsmöglichkeiten der Erzeugung nicht so groß wie in der Industrie. Aber schier unermessliche Möglichkeiten bestehen vorerst noch! Die Einflüsse des Kapitals zeigen sich, wenn man an das Gesetz vom Minimum denkt. Die vermehrte Anwendung von Kapital, jeder Fortschritt der Technik setzt nicht das Gesetz vom abnehmenden Bodenertrag außer Kraft, sondern bringt bis dahin latente Kräfte zur Auswirkung. Die künstliche Zufuhr von Wasser oder Stickstoff, die zweckmäßigere Bodenbearbeitung gibt anderen Produktionselementen, die sich bis dahin nach dem Gesetz vom Minimum nicht auswirken konnten, neue Geltungsmöglichkeiten. Ähnlich wie in der Industrie kann daher in absehbarer Zeit vielfach sogar auf eine relativ billigere Belieferung des Marktes mit Agrarprodukten gerechnet werden.«[36]

Derselbe Autor stellt fest, dass das Missverhältnis zwischen Bevölkerungswachstum und Steigerung der Nahrungsmittelproduktion, aus dem Malthus und seine Anhänger alles materielle Elend des kapitalistischen Systems erklären, sich möglicherweise in absehbarer Zeit umkehren, dass bei einer weiteren Verbreitung der Beschränkung der Geburtenhäufigkeit »die Gefahr der agraren Überproduktion als einer zeitweilig immer wieder auftretenden Erscheinung zu einer

36 K[urt] Ritter (Direktor des Instituts für Volkswirtschaft an der Landwirtschaftlichen Hochschule zu Berlin): Einflüsse des Kapitalismus auf Art und Größe der landwirtschaftlichen Produktion. Berlin 1929, S. 12.

dauernden werden« könnte.[37] Noch viel vorbehaltloser erklärt ein
anderer Sachverständiger: »das *quantitative* Problem der Erzeugung
von Nahrungsmitteln ist gelöst. Es gibt keine Grenzen für das Volu-
men der Produktion mehr, auch wenn die Menschen sich viel stärker
vermehren würden als in den letzten beiden Generationen«. Und in
seinen Darlegungen über das *qualitative* Problem kommt er zu dem
Ergebnis: die »vollendetste Anpassung an den Konsumenten ist nur
noch eine Frage der zusammenfassenden Organisation; die Grenzen
liegen also nicht mehr in einer widerstrebenden Natur oder einer
technischen Unmöglichkeit oder beim Gesetz vom abnehmenden
Bodenertrag, vielmehr nur in dem Maß, wie die Menschen zu ge-
meinsamer Organisation sich zusammenfinden.«[38]

Das Gegenstück zu Dampfmaschine und mechanischem Webstuhl
bilden in der agrarischen Revolution Traktor und Mähdrescher (Com-
bine). Wir müssen uns darauf beschränken, nur wenige Angaben
über ihre Wirkungen zu machen,[39] und geben zunächst einer agrar-
technischen Zeitschrift das Wort:

37 [Ebd., S. 35.]
38 F[ritz] Beckmann (Professor an der Landwirtschaftlichen Hochschule Bonn-Poppelsdorf): Bevölkerung und Nahrungsmittelspielraum. In:
Deutsche Wirtschaftszeitung vom 20.6.1930, S. 562, 564. – Es handelt
sich bei den Äußerungen Ritters und Beckmanns nicht um gelegentliche
Bemerkungen, sondern um eine Anschauung, die von den Agrarsachverständigen aller Länder heute mit großer Mehrheit vertreten wird, ganz
im Gegensatz zu vielen Nationalökonomen, die an den Malthusschen
Thesen weiter festhalten. – Die Begrenzung des Themas verbietet es,
darauf einzugehen, dass auch die den Bergbau betreffenden Ausführungen Sombarts durch die großen Fortschritte in der Verbesserung der
Förderung und Verarbeitung, ebenso wie durch die Entdeckung neuer
Lagerstätten von größter Ergiebigkeit in Russland und die von den Geo-
logen nachgewiesenen Bodenschätze Asiens als widerlegt gelten dürfen.
39 Die Literatur über die technischen Einzelheiten der »Weltagrarrevolution« ist begreiflicherweise in ständigem Wachsen. Bequeme Übersichten
für den vor allem ökonomisch Interessierten bieten die Ausführungen
Serings auf der Königsberger Tagung des Vereins für Sozialpolitik (Max
Sering: Die internationale Agrarkrise. In: Schriften des Vereins für Sozialpolitik. Bd. 182. München, Leipzig 1931, S. 82 ff), in denen der bekannte Ge-

274

»Der Mähdrescher, vom Schlepper gezogen! Er bestimmt das Bild der künftigen Landwirtschaft auf der ganzen Welt! Auch da, wo er nicht gebraucht wird... Der Mähdrescher ist ein Maschinenproblem, sicher, besonders natürlich für die Landwirte und zunächst für solche mit geeigneter Gutsgröße und Gutslage. Für alle ist der Mähdrescher aber ein Kulturproblem, dessen Wirkungen auch der kleinste Bauer einmal fühlen wird, das die Politik beeinflussen, teilweise auch den Geldverkehr umlenken wird«.[40]

Beide Maschinen haben den fabrikmäßigen Großbetrieb im Körnerbau ermöglicht und damit die Produktionskosten in einem bis dahin unvorstellbaren Umfang gesenkt. Nach amerikanischen Berechnungen beanspruchten die Bestellungs-, Ernte- und Drescharbeiten für 1 ha Getreide im Jahre 1919 noch zwischen 24,7 bis 34,6 Stunden; 1930 war bei Verwendung eines Zwölfscharpflugs, Traktors und Mähdreschers der Bedarf an menschlicher Arbeit auf 2 Stunden 13 Minuten gefallen. Entsprechend konnten die Produktionskosten für einen Doppelzentner Weizen in den mechanisierten Betrieben von RM. 15.40 auf RM. 5.40 gesenkt werden, ein Tiefpunkt, der heute wahrscheinlich schon erheblich unterschritten ist, während die durchschnittlichen Produktionskosten für einen Doppelzentner Weizen in Deutschland etwa RM. 24.- betragen.[41] Aber diese gewaltige Verminderung der Produktionskosten ist nicht die einzige, vielleicht sogar noch nicht einmal die wichtigste Wirkung der Mechanisierung des Körnerbaus. Viel bedeutsamer erscheinen uns zwei andere: zunächst ermöglicht die außerordentliche Beschleunigung aller für die Produktion notwendigen Arbeiten eine viel bessere Anpassung an die Witterung

lehrte die Ergebnisse einer amerikanischen Studienreise vorträgt, sowie die beiden Schriften von N[aum] Jasny: Die neuzeitliche Umstellung der überseeischen Getreideproduktion. Berlin 1930, und neuerdings: [Ders.:] Die Weltagrarkrise. In: Blätter für landwirtschaftliche Marktforschung (Mai 1931). In beiden Arbeiten Jasnys finden sich weitere Literaturangaben.
40 Technik in der Landwirtschaft. In: Zeitschrift des Reichskuratoriums für Technik in der Landwirtschaft (RKTL) 1 (1930).
41 Sering: Agrarkrise, S. 102; Jasny: Weltagrarkrise, S. 575.

als bisher. Dass das gemähte Getreide durch andauernden Regen auf den Feldern verdirbt, muss bei den neuen Produktionsmethoden nicht mehr vorkommen; ein langandauernder Winter verhindert nicht mehr die rechtzeitige Aussaat des Sommergetreides, weil die Bestellung, nötigenfalls in Tag- und Nachtschichten, in kürzester Zeit beendet ist.

Ferner haben die neuen landwirtschaftlichen Maschinen viele Millionen von Hektar für den Getreidebau erobert, z. B. in U.S.A. allein 16 Millionen Hektar, d. h. das 1 ½ fache der deutschen Getreidefläche. In den fünf Jahren 1925–1929 konnten davon in den Vereinigten Staaten, in Kanada, in Australien und Argentinien rund 8 Millionen Hektar, die bis dahin wegen ihrer Trockenheit für den Getreidebau nicht geeignet waren, neu angebaut werden. Die Größe der Gesamtfläche, die dank der Mechanisierung künftig auf der ganzen Welt dem Körnerbau neu erschlossen wird, lässt sich noch nicht annähernd bestimmen.

Aber dieser Zuwachs an Getreideland ist nicht der einzige, den die neuen Maschinen gebracht haben: da sie nicht mit Hafer, sondern mit dem im Überfluss vorhandenen Erdöl gespeist werden, machen sie mit der Zeit die vielen Millionen Hektar, die bisher für Fütterung des Zugviehs bebaut werden mussten, für die menschliche Ernährung frei. Dieser Prozess ist in den Vereinigten Staaten während der wenigen Jahre der »Traktorisierung« so rasch fortgeschritten, dass der Pferde- und Maultierbestand von 1919–1929 um 1 Millionen Stück (rund 30 %) zurückging: dadurch wurden etwa 6 Millionen Hektar neues Ernteland für die menschliche Ernährung gewonnen.[42]

Auch damit ist die Aufzählung der Wirkungen der Mechanisierung noch nicht beendet. Der Traktor selbst wird dauernd »besser, sicherer, länger verwendbar und billiger«. Man geht zum Bau von immer stärkeren Modellen über, die wiederum eine Umgestaltung der Anhänggeräte nach sich ziehen. Die Bedeutung dieses Prozesses begreift man, wenn man überlegt, dass er der Umwandlung der alten Werkzeuge des Handwerks in Maschinen gleichzusetzen ist. Pflug, Egge, Sense, die reinen Werkzeugcharakter haben, werden durch immer vollkomme-

---

42   Sering: Agrarkrise, S. 109; Jasny: Umstellung, S 13; Jasny: Weltagrarkrise, S. 579.

nere Maschinen ersetzt. Dadurch wird die Produktion gleichmäßiger und qualitativ wie auch quantitativ verbessert. Neuerdings scheint es geglückt zu sein, die modernen Maschinen den Bedingungen des Hackbaus und der Baumwollproduktion soweit anzupassen, dass auch dort die völlige Mechanisierung bereits in Angriff genommen wird.[43] Die Grenzen dieser Entwicklung lassen sich ebensowenig wie in der Industrie absehen, denn es darf als erwiesen gelten, dass sie in beiden Fällen denselben Bedingungen unterliegt. Und wer hätte etwa in den Anfängen des Automobilbaus seine Weiterentwicklung voraussagen können?

Endlich haben die neuen Maschinen eine Wirkung, die für unser Problem von größter Bedeutung ist: sie erzwingen den Übergang zum landwirtschaftlichen Großbetrieb, da ihre volle Leistungsfähigkeit nur von einer bestimmten Mindestfläche ab zur Entfaltung kommt. Es zeigt sich, »dass die Verwendung der neuen Maschinen so vorteilhaft ist, dass eine Anpassung der Maschinengrößen an die Betriebsgrößen nur begrenzt notwendig ist, dass im Gegenteil die *Anpassung der Betriebsgrößen an die optimalen* Maschinengrößen in vielen Fällen nicht *nur zweckmäßig, sondern unvermeidlich ist*«.[44] Erst der Großbetrieb aber erlaubt eine gründliche Rationalisierung, d. h. eine allseitige Anwendung wissenschaftlicher Methoden der Betriebsführung.[45]

Die Überzeugung, dass auf die Dauer der Körner- und teilweise der Hackbau rationell nur vom Großbetrieb durchgeführt werden kann, wird von der Mehrzahl der Agrarsachverständigen geteilt. Dagegen wollen weiteste Kreise der Agrarpolitiker die sogenannten intensiven Zweige der Landwirtschaft, also Gemüse- und Obstbau sowie die Viehzucht dem Bauernbetrieb vorbehalten wissen, da seine Überlegenheit in der intensiven Bewirtschaftung feststehe. Ganz abgesehen

43 Jasny: Weltagrarkrise, S. 577 ff.
44 [Ebd.], S. 579. Sperrungen von Jasny.
45 Vgl. hierzu die Ausführungen Kautskys in »Agrarfrage«. Hier, wie übrigens in vielen anderen Punkten, hat sich die Analyse Kautskys als richtig erwiesen. Er hat z. B. auch bereits im Jahre 1919 in seiner Schrift: »Sozialisierung der Landwirtschaft« darauf hingewiesen, welche riesigen Landflächen durch die Ersparnis der Pferde für die menschliche Ernährung freigemacht werden können (S. 83).

davon, dass nichts gegen eine fortschreitende Kapitalintensivierung des mechanisierten Großbetriebs durch Anwendung des immer billiger werdenden künstlichen Düngers, verbesserter Maschinen und entsprechender Steigerung der Hektarerträge spricht, erscheint nach den bisher bekannten Erfahrungen ebenso wie nach einer theoretischen Nachprüfung die Behauptung von der Überlegenheit des bäuerlichen Betriebes auf irgendeinem Gebiet der agrarischen Massenproduktion als ein (soziologisch allerdings recht begreifliches) Vorurteil. Obst und Gemüse wird in USA bereits seit Jahren erfolgreich in Großbetrieben angebaut, neue Versuche der künstlichen Beregnung, elektrischer Bodenheizung usw. eröffnen weite neue Perspektiven. Wir vermögen ferner nicht einzusehen, warum bei einem Stand der Produktivkräfte, wo die Veredlungswirtschaft zu angewandter Physiologie wird und ebenso nach wissenschaftlichen Grundsätzen betrieben werden kann, wie die Erzeugung künstlichen Düngers, die angeblich durch die Liebe zum Vieh und das Interesse am eigenen Besitz bedingte größere Sorgfalt des Bauern nicht durch die Methoden wissenschaftlicher Betriebsführung, z. B. rationeller Fütterung, zweckmäßiger Arbeitsteilung usw. ersetzbar sein sollte. Die Erfahrungen, die man mit den großen Geflügelfarmen (wo, wie etwa in Finow bei Berlin, die Eier gelegentlich buchstäblich – am laufenden Band gelegt werden), mit riesigen Schweinefarmen usw. gemacht hat, sind noch zu neu, als dass ihre Ergebnisse ohne weiteres verallgemeinert werden dürfen. Aber so viel lässt sich wohl heute schon sagen, dass – bei geeigneter Standortwahl – auch hier der Großbetrieb mindestens so leistungsfähig ist wie die bäuerliche Wirtschaft.

Wir haben bisher nur die Auswirkung der technischen Umwälzungen auf die Produktionsmethoden der Landwirtschaft betrachtet. Mindestens ebenso wichtig sind aber ihre mittelbaren und unmittelbaren gesellschaftlichen Folgen. Man darf hier in Abwandlung eines bekannten Marxschen Wortes sagen, dass Pferd und Pflug eine Gesellschaft von individualistischen, am Privateigentum festhaltenden »erdverbundenen« Bauern geschaffen haben, während unter der Herrschaft von Traktor und Mähdrescher und den allgemeinen Bedingungen des kapitalistischen Wirtschaftssystems dieselben Produktionsverhältnisse in der Agrarproduktion wie in der industriellen entstehen: eine scharfe Klassendifferenzierung zwingen den Eigentümern der Produktionsmittel und den »freien« Arbeitern. Auf Grund der amerikanischen Erfahrungen lässt sich voraussagen, dass auf die Dauer im Kapitalismus die Mehrzahl der Bauern ökonomisch zum Untergang verurteilt ist. Sie werden ins Proletariat gestoßen und erleiden dort dasselbe Schicksal wie die industriellen Proletarier; nur einer kleinen Schicht kann es gelingen, moderne agrarische Kapitalisten zu werden. Soweit Voraussagen auf ökonomischem Gebiet überhaupt zulässig sind, darf man annehmen, dass sich in der Landwirtschaft ein ähnlicher Prozess wiederholen wird wie bei der Verdrängung des Handwerks aus der industriellen Produktion und aus dem Verkehr. Voraussichtlich wird die Parallelität dieser beiden Vorgänge sehr weit gehen: der stürmischen Eroberung der Textilindustrie durch die Fabrik mag die Verdrängung des Bauern aus dem Körnerbau entsprechen, während er sich wie sein handwerklicher Schicksalsgenosse in anderen Zweigen der Produktion kürzer oder länger noch halten kann. Wahrscheinlich wird wie im Handwerk dieser langwierige und schmerzhafte Prozess der ökonomischen Vernichtung einer großen· und einst blühenden Gesellschaftsschicht vorübergehend durch wirtschaftspolitische Maßnahmen und vielleicht sogar durch begrenzte Anpassung an die neuen Produktionsbedingungen aufgehalten werden. Aber trotz allem, was heute von manchen Seiten über die Widerstandskraft des Handwerkes gesagt wird, scheint uns in beiden Fällen über die Aussichtslosigkeit aller Rettungs- und Anpassungsversuche kein Zweifel erlaubt zu sein.

Eine der gesellschaftlich wichtigsten Begleiterscheinungen dieses Proletarisierungsprozesses ist die Zersetzung der bäuerlichen Familie, die ebenso der Auflösung verfällt wie die des städtischen Proletariers. Damit verliert aber unsere heutige Gesellschaftsordnung eine ihrer wichtigsten Stützen. Allmählich wird sich der Typ des künftigen Landarbeiters (mag er auch vielleicht als Mitglied einer Produktionsgenossenschaft scheinbar noch selbständiger Bauer sein) dem des städtischen Arbeiters angleichen. Er wird verstehen müssen, Maschinen zu bedienen und instand zu halten und unter Aufsicht von agrarischen Werkmeistern und Ingenieuren, kontrolliert durch

Stoppuhr und analoge Methoden der industriellen Betriebskontrolle, ein bestimmtes Arbeitspensum zu verrichten.[46]

Bei dieser Veränderung des gesellschaftlichen Bildes der Landbevölkerung spielen noch einige andere Umstände mit, die nur zum Teil mit der Agrarrevolution zusammenhängen. Neben dem rasch zunehmenden Vordringen der kapitalistischen Produktionsweise und damit der Abhängigkeit vom Kreditgeber durch den immer größer werdenden Aufwand, den die Anschaffung von Maschinen und Düngemitteln verursachen, gehört hierher die Annäherung von Stadt und Land durch die verbesserten Verkehrsmittel, insbesondere durch die Automobilisierung, die weite Verbreitung von Telefon, Radio, Kino und Zeitung und endlich auch durch die in allen Industrieländern zu beobachtende Tendenz, Industriebetriebe aufs Land zu verlegen.[47]

Alles in allem ergibt sich schon aus diesen unsystematischen Hinweisen, dass die gesellschaftlichen Umwälzungen in der Agrarproduktion der technischen an Bedeutung gleichkommen.

46 Vgl. z. B. die Ansätze zu dieser Entwicklung bei Sering: Agrarkrise, S. 101 ff.
47 Vgl. hierzu ebenfalls Sering: Agrarkrise, S. 99 ff. und Ritter, der das Vordringen der kapitalistischen Produktionsweise auf dem Lande für den wichtigsten Vorgang des gegenwärtigen Umwälzungsprozesses hält: »Wir, die wir in der Gegenwart leben, sind Zeugen der *gewaltigsten Revolutionierung*, die je die Landwirtschaft unseres Planeten ergriffen hat. Nicht der Boden, nicht die Technik, keine Produktionsmittel sind die eigentlichen Träger eines solchen erschütternden Vorganges. Der Mensch selbst ist es! Der Landwirte Schaffen vollzieht sich immer mehr im Zeichen des Strebens nach größtmöglichem Gewinn. Das Unternehmertum hält in der Landwirtschaft seinen Einzug. Der agrare Produktionsprozess wird durch und durch auf außerhalb des Betriebs liegende Kräfte eingestellt. Der Kapitalismus siegt auf der ganzen Linie.« Ritter: Einflüsse des Kapitalismus, S. 4 f. Sperrungen von Ritter.

VI.

So ist es gekommen, dass das Problem Sozialismus und Landwirtschaft heute keine der Schwierigkeiten mehr bietet, die ihm bis zu dem Eintritt der »Weltagrarrevolution« eigentümlich waren. Eine sozialistische Gesellschaft braucht auf unabsehbare Zeit keine Nahrungs- und Rohstoffknappheit zu befürchten, sie kann vielmehr damit rechnen, dass dank ihrer besseren Organisation kein Weizen mehr verbrannt, kein Kaffee ins Meer geschüttet, keine Baumwolle vernichtet, keine Petroleumquellen unter militärischer Bewachung stillgelegt werden müssen, und dass alle diese Reichtümer den Menschen zugeleitet werden können. Die gesamte Produktion von agrarischen Massengütern wird in ihr unter Anwendung wissenschaftlicher Methoden der Betriebsführung ebenso großbetrieblich auf Grundlage des gesellschaftlichen Eigentums der Produktionsmittel durchgeführt werden können wie in der Industrie. Damit aber fallen alle besonderen Schwierigkeiten der organisatorischen Eingliederung der Agrarproduktion in eine sozialistische Planwirtschaft weg. Die Gefahr, dass der durch Witterungseinflüsse bedingte verschiedene Ausfall der Ernten den Wirtschaftsplan stören könnte, wird durch eine rationelle Politik der Reservebildung wie eine gewisse Elastizität der Pläne erheblich gemildert. In einem großen Wirtschaftsgebiet wird sie durch die Beschleunigung der Bestellungs- und Erntearbeiten in Verbindung mit einer besseren Wetterprognose ebenso wie die Anwendung geeigneten, witterungs- und schädlingsbeständigen Saatgutes und rationeller Methoden der Wasserspeicherung und der Entwässerung usw. vollends auf ein Mindestmaß verringert. Auch die gesellschaftlichen Widersprüche, die bisher von der Landbevölkerung aus den Bau einer sozialistischen Gesellschaft bedrohten, die Gegensätze zwischen industrieller Kollektivarbeit und landwirtschaftlicher individueller Arbeit, industriellem Kollektiveigentum und bäuerlichem Privateigentum, die Kluft, die auf allen materiellen und kulturellen Lebensgebieten zwischen Stadt und Land lag, verschwinden mit der neuen Produktionsweise, und erst damit wird der Weg zu einer klassenlosen Gesellschaft frei.

Auch die *wirtschaftspolitischen* Maßnahmen einer Übergangswirtschaft, welche die kapitalistische Wirtschaftsordnung bewusst in eine sozialistische überführen will, lassen sich heute in groben Umrissen verhältnismäßig leicht aufzeichnen.[48]

Sie hätten von dem jeweiligen Zustand der Landwirtschaft auszugehen. Es wurde gezeigt, dass sich innerhalb der kapitalistischen Wirtschaft schon an vielen Punkten Ansätze für eine sozialistische Landwirtschaft bilden, sei es nun der Übergang zum Großbetrieb und die Umformung des Bewusstseins der Landbevölkerung z. B. in den Weizen- und teilweise auch schon in den Baumwollgebieten der Vereinigten Staaten, sei es die weite Verbreitung genossenschaftlicher oder staatlicher Organisationen mit ihren Bemühungen zur Standardisierung der Produktion und Organisation des Absatzes. Insbesondere aber hätte eine solche Wirtschaftspolitik damit zu rechnen, dass in einer Übergangswirtschaft der Umbau des Marktsystems zu einer marktlosen Wirtschaft erst erfolgen muss und dass also zunächst auch in der Landwirtschaft wie auf allen anderen Gebieten die alten Einrichtungen, in erster Linie das Geld- und Kreditsystem, weiter benutzt werden müssen.

Eine sozialistische Agrarpolitik müsste in der Übergangswirtschaft neben der Sicherung der Nahrungsmittel- und Rohstoffversorgung bewusst dem Ziel der Eingliederung der Landwirtschaft in das sozialistische Gesamtsystem zusteuern. Dazu wäre eine energische Förderung der Nahrungs- und Rohstoff-»Fabriken«, d. h. der landwirtschaftlichen Großbetriebe notwendig. Dies könnte in zwei Formen erfolgen: durch besondere staatliche Großbetriebe und durch die Zusammenfassung der Bauernbetriebe in Produktiv- und Absatzgenossenschaften. Während die Staatsgüter den industriellen Staatsbetrieben organisatorisch und gesellschaftlich gleichgeartet sind, müssen die Produktivgenossenschaften den erwähnten Umwandlungsprozess durchmachen: sie verdrängen die Einzelarbeit durch Kollektivarbeit, und mit der Beseitigung der bäuerlichen Produktionsmethoden wird das bäuerliche Eigentum funktionslos. Diese Prozesse hätte eine Über-

---

48 Von allen im engeren Sinn *politischen* Maßnahmen wird hier überhaupt abgesehen.

gangswirtschaft mit allen Mitteln zu fördern. Wie stark der Zwang zum genossenschaftlichen Zusammenschluss sein muss, hängt davon ab, was der Staat den Genossenschaften an Krediten, Maschinen und gelernten Arbeitskräften zur Verfügung stellen kann. Je leichter und sicherer die Existenz im genossenschaftlichen Großbetrieb, um so größer wird seine »Attraktionskraft« auf die einzelnen Bauern sein.

VII.

Eine systematische Darstellung der Fragen, die mit dem Problem Sozialismus und Landwirtschaft zusammenhängen, wird bei einer Analyse der sowjetrussischen Agrarpolitik wichtiges Material zur Weiterbildung der Theorie finden. Allerdings ist dieses Material zunächst besonders spröde, da es aus einem historisch einzigartigen und ungemein verwickelten Tataachenkomplex gewonnen werden muss. Nur eine sehr sorgfältige Untersuchung wird in jedem Fall feststellen können, ob ein Erfolg oder Misserfolg den angewandten Methoden oder den besonderen russischen Verhältnissen oder dem Zusammentreffen von beiden zuzuschreiben ist.

Wir beschränken uns darauf, an die wichtigsten Etappen der russischen Agrarpolitik zu erinnern. In den ersten Jahren des Kampfes um die politische Macht sahen sich die Bolschewiki gezwungen, eine Agrarpolitik durchzuführen, die ihrem ursprünglichen Programm und ihren Zielen widersprach. »Statt die bestehenden Individualbetriebe zum Kommunismus zu bringen, vollenden sie die Umwandlung der altrussischen landwirtschaftlichen Kommunen in bäuerliche Individualbetriebe; statt aus Kleinbetrieben Großbetriebe zu machen, drücken sie ihr Siegel auf die Zerschlagung der modernen Großwirtschaften, die in einzelnen Teilen Russlands vorhanden waren.«[49] Der Versuch, diese Entwicklung durch ein politisches Bündnis mit der »Dorfarmut« zu verhindern, war an deren ökonomischer und politischer Rückständigkeit gescheitert. Aber es blieb nicht bei der Nivellierung der Betriebe, die in den ersten Revolutionsjahren erfolgt war. Bald

49 David: Sozialismus und Landwirtschaft, S. 666.

bildeten sich trotz des staatlichen Obereigentums am Boden wieder die Vorkriegstypen heraus, die ländliche Bevölkerung spaltete sich in arme Bauern, für die der Ertrag ihrer Arbeit nicht ausreichte, in Mittelbauern, die einen Teil ihrer Produkte an die Städte abgeben konnten, und in wohlhabende Wirte, sogenannte Kulaken, von deren Lieferungen die Ernährung der Städte entscheidend abhing. Um der Gefahr einer politischen Erstarkung des antikollektivistischen Teiles Herr zu werden, wurden diese Bauern an der Entfaltung ihrer wirtschaftlichen und politischen Macht durch strenge administrative Maßnahmen verhindert und die Maxime des »Bündnisses mit den Mittelbauern« verkündet. Aber dieser Zustand, der durch die Nöte der Nahrungs- und Rohstoffversorgung erzwungen war, ließ sich auf die Dauer nicht halten. Soweit die Mittelbauern erfolgreich wirtschafteten, wurden aus ihnen Kulaken, und das Ziel, ein wohlhabender Bauer zu werden, machte sie schon vor dieser Entwicklung zu Gegnern der kollektivistischen Staatsgewalt. Es gelingt zwar in den Jahren nach 1921, die Ernährung einigermaßen sicherzustellen, aber nur dadurch, dass man sich von dem Endziel der Sozialisierung der Landwirtschaft immer weiter entfernt. Das gilt in doppeltem Sinne: die antikollektivistisch eingestellten Bauernschichten erstarken dauernd, ihr Einfluss in der Armee und in der Verwaltung macht sich geltend und mündet schließlich in eine Bedrohung der Ernährung von Armee und städtischer Bevölkerung durch Lieferstreik ein; ferner wird infolge der Maßnahmen gegen die fortschrittlichsten Betriebe die Entwicklung der Produktivität der Landwirtschaft immer von neuem unterbunden. Da in diesen Jahren die Zusammenfassung der Bauernwirtschaften zu Produktivgenossenschaften und der Betrieb von Sowjetwirtschaften (Staatsgütern) wohl immer wieder propagiert wird, aber mangels genügender Mittel in den allerersten Anfängen steckenbleibt – der Anteil beider Formen der kollektiven Landwirtschaft betrug 1927 kaum ein Fünfzigstel der gesamten Saatfläche –, findet von dieser Seite keine Kompensation der Unterdrückungsmaßnahmen gegen die ökonomisch fortschrittlichsten Bauern statt. So kann die sowjetrussische Agrarpolitik von 1921–1927 als ein Beispiel für die Fesselung der Produktivkräfte durch die über sie hinausgeeilten Produktionsverhältnisse gelten.

Das Jahr 1928 bildet den Wendepunkt in dieser Entwicklung. Von diesem Jahr ab geht die russische Agrarpolitik rücksichtslos an die Aufgabe heran, in kürzester Zeit die Ernährung der Städte und die Sicherung der wichtigsten agrarischen Rohstoffe durch eine Kollektivisierung größten Stils und durch die systematische Errichtung riesiger Getreide- und Baumwoll-«Fabriken» unabhängig zu machen. Das überstürzte Tempo und die Härte, mit der diese Politik durchgeführt worden ist, haben es in den ersten Jahren sehr erschwert, über ihre Ergebnisse sachlich zu urteilen. Aber trotz aller Fehler und Umwege, trotz des anfänglichen Mangels an allem zur Durchführung des Programms Notwendigen, sowohl an Saatgut als an gelernten Agronomen, an Traktoren und anderen Maschinen, wie an Facharbeitern zu ihrer Bedienung, scheint dieser erste zielbewusste Versuch einer Sozialisierung der Landwirtschaft auf dem Gebiet pflanzlicher Nahrungsmittel und Rohstoffe bereits geglückt zu sein. Neuerdings scheint es auch allmählich zu gelingen, die Verheerung, welche die überstürzte Kollektivisierung in der Viehwirtschaft anrichtete, wieder gutzumachen und auch die Viehzucht erfolgreich im Großbetrieb durchzuführen. Im Sommer 1931 waren mehr als die Hälfte aller bäuerlichen Wirtschaften zu Produktionsgenossenschaften zusammengefasst, in den wichtigsten Überschussgebieten ist diese Form der Sozialisierung sogar fast 100 prozentig durchgeführt. Die 226 000 Kollektivwirtschaften und Sowjetgüter bestellten im Jahr 1931 rund 90 Millionen Hektar, d. h. $2/3$ der Saatfläche und hatten eine Durchschnittsgröße von 394 Hektar.[50] Der größte Teil der Landwirtschaft

50 Die Zahlen nach A[ron] Gaister: Planierung und Entwicklung der Landwirtschaft in der Sowjetunion, in: Die Volkswirtschaftliche Planierung in der UdSSR, Materialien zum Internationalen Volkswirtschaftskongress in Amsterdam am 23. August 1931. Wien 1931. Neben diesem sehr instruktiven Bericht, der über den neuesten Stand der sowjetrussischen Landwirtschaft berichtet, sei noch auf die beiden folgenden Veröffentlichungen verwiesen, die einen guten Überblick über die Geschichte der sowjetrussischen Agrarpolitik, insbesondere der uns hier interessierenden Fragen geben. B[oris] Brutzkus: Agrarentwicklung und Agrarrevolution in Russland. Berlin 1925; O[tto] Schiller: Die Kollektivbewegung in der Sowjetunion. Berlin 1931.

scheint heute schon in den Wirtschaftsplan erfolgreich einbezogen zu sein. Besser als alle Zahlen spricht vielleicht das nachfolgende, Ende Juli 1931 abgegebene Urteil »eines sehr bewährten kritischen und nüchternen Beobachters an Ort und Stelle« für den Umfang des Erreichten:

> »Die Landwirtschaft macht besonders im Wolgagebiet noch einen unordentlichen Eindruck. Das neue System funktioniert noch nicht ganz, aber es ist zu vermuten, dass es mit der allgemeinen Einführung der Akkordarbeit und der Ernteverteilung nach geleisteten Arbeitstagen besser werden wird. Ich habe den Eindruck, dass der kritische Punkt schon überwunden ist. Die Regierung bekommt die Landwirtschaft immer fester in die Hand. Die Bauern sind unzufrieden, aber sie haben sich mit ihrem Los abgefunden. Nach den großen seelischen und materiellen Erschütterungen, die der Übergang in die Kolchosy für sie mit sich brachte, genügt ihnen die Aussicht, im Kolchos ein Existenzminimum zu finden. Erstaunlich sind die großen Arbeitsleistungen, die man überall, in der Industrie wie in der Landwirtschaft, antreffen kann. Alles leistet ›freiwillige‹ Zusatzarbeit für den Fünfjahrplan, den man um jeden Preis durchbiegen will. Angestellte arbeiten nach ihren Bürostunden an Neubauten, Arbeiter ihren fünften Tag in Gemüsegärten, Schulkinder hacken die Kolchosfelder und Behörden helfen an der Wolga beim Ausladen der Frachtkähne. Eine trotz allem offenen oder versteckten Zwang imponierende nationale Kraftanstrengung. Außerdem wird fleißig gelernt. Die bäuerlichen Massen sind durch die Kollektivisierung in Fluss gekommen und beteiligen sich mit erstaunlichem Eifer an den unzähligen Kursen. Es sind ja auch durch den Zusammenschluss eine Unmenge neuer unterer Kommandostellen und damit neue Aufstiegsmöglichkeiten entstanden.«[51]

---

51 Berichtet von Prof. O[tto] Hoetzsch im Septemberheft 1931 der Zeitschrift *Osteuropa*, S. 721. Hoetzsch, der selbst einer der besten deutschen Sachverständigen für russische Wirtschaftspolitik ist, bezeichnet den Verfasser des oben wiedergegebenen Urteils als einen »Russlandkenner, auf

VIII.

Mit der Sicherheit des bahnbrechenden Forschers, der Zusammenhänge sieht, Entwicklungstendenzen aufdeckt, wo der Durchschnittsbetrachter nichts als eine Fülle verwirrender Einzelheiten oder Ansätze zu einer entgegengesetzten Entwicklung bemerkt, hat Marx die technische Agrarrevolution vorausgesagt. In einer Auseinandersetzung mit Rodbertus, die vor fast 70 Jahren niedergeschrieben worden ist, sagt er:

»In der Sturmperiode der kapitalistischen Produktion entwickelt sich die Produktivität der Industrie rasch gegen die Agrikultur [...]. Später geht die Produktivität in beiden voran, obgleich in ungleichem Schritt. Aber auf einem gewissen Höhepunkt der Industrie muss die Disproportion abnehmen, d. h. *die Produktivität der Agrikultur sich relativ rascher vermehren als die der Industrie.* Dazu gehört 1. Ersetzen des bärenhäuterischen Bauern durch den Geschäftsmann, den landwirtschaftlichen Kapitalisten, Verwandlung des Ackerbauers in einen Lohnarbeiter, Agrikultur auf größerer Stufenleiter, also mit konzentrierten Kapitalien. 2. Namentlich aber: die eigentlich wissenschaftliche Grundlage der großen Industrie (bildet) die Mechanik, die im 18. Jahrhundert gewissermaßen vollendet war. Erst im neunzehnten, speziell in den späteren Jahrzehnten entwickeln sich die Wissenschaften, die direkt in höherem Grade spezifische Grundlagen für die Agrikultur als für die Industrie sind, Chemie, Geologie und Physiologie.«[52]

Es gehört zu den Großtaten der sozialökonomischen Wissenschaft, dass hier auf Grund theoretischer Überlegungen und einer genauen Beobachtung der Empirie eine Entwicklung vorausgesagt werden konnte, die erst zwei Menschenalter später eingetreten ist. Für Marx

dessen Beobachtungsgabe und nüchternes Urteil ich ein sehr hohes Gewicht lege«.

52 Karl Marx: Theorien über den Mehrwert. Bd. 2. T. 1. Stuttgart 1921, S. 280 f. [Sperrungen von Pollock. Vgl. die leicht abweichende Fassung in: MEW 26.2, S. 103 f.]

war es eine feststehende Tatsache, dass in der agrarischen Produktion dieselben Gesetzmäßigkeiten wirken wie in der industriellen. Der Versuch seiner Gegner, die Gültigkeit der Konzentrations- und Zentralisationstheorie mit dem Hinweis auf die ganz anderen Verhältnisse in der Landwirtschaft zu bestreiten, endet damit, dass diese Theorien durch die Umwälzungen in der agrarischen Produktion eine erneute Bestätigung erfahren. Wie eine Beschreibung des gegenwärtigen Zustands der Landwirtschaft lesen sich die folgenden Sätze:

»In der Sphäre der Agrikultur wirkt die große Industrie insofern am revolutionärsten, als sie das Bollwerk der alten Gesellschaft vernichtet, den ›Bauer‹, und ihm den Lohnarbeiter unterschiebt. Die sozialen Umwälzungsbedürfnisse und Gegensätze des Landes werden so mit denen der Stadt ausgeglichen. An die Stelle des gewohnheitsfaulsten und irrationellsten Betriebs tritt bewusste, technologische Anwendung der Wissenschaft. Die Zerreißung des ursprünglichen Familienbandes von Agrikultur und Manufaktur, welches die kindlich unentwickelte Gestalt beider umschlang, wird durch die kapitalistische Produktionsweise vollendet. Sie schafft aber zugleich die materiellen Voraussetzungen einer neuen, höheren Synthese, des Vereins von Agrikultur und Industrie, auf Grundlage ihrer gegensätzlich ausgearbeiteten Gestalten«.[53]

53 Marx: Das Kapital, Bd. 1 [MEW 23], S. 528.

Rezensionen

Jürgen Kuczynski: Zurück zu Marx. Leipzig 1926. 217 Seiten (7,50 M).

[Aus: Archiv für die Geschichte des Sozialismus und der Arbeiterbewegung 13, 1 (1928), S. 349–353.]

»Antikritische Studien zur Theorie des Marxismus« nennt Kuczynski sein Buch, und im Vorwort erklärt er, es gelte die Voraussetzungen dafür zu schaffen, »das Heer der Marxkritiker entscheidend zu schlagen«, um dann auch »das Marxsche System als Weltanschauung und Lebensform erfassen« zu können. Ein Versuch in dieser Richtung sei in seinem Buche unternommen. »Zurück zu Marx ist die marxistische Formulierung des Humanistenrufes: ad fontes! ... Zurück zu Marx! ist ein Aufruf zum Fortschritt.« (S. III).

Mit Spannung wird man nach solch begeisterten Worten die Lektüre des Buches beginnen, um es darnach mit um so größerer Enttäuschung aus der Hand zu legen. Kuczynski hat viel gelesen, über manches nachgedacht und über alles geschrieben. Er erörtert Probleme der Wert und Mehrwerttheorie, der Theorien vom Geld und der Durchschnittsprofitrate, von der Akkumulation und der Verelendung, der Krise und der Bevölkerung, daneben finden sich eine »Kategorienlehre« des »Kapitals« (S. 88–96) und in zwei besonderen Teilen Bemerkungen über die Weltanschauung des Marxismus (S. 145–167), sowie eine Kritik am 1. Bande von Sombarts *Proletarischer Sozialismus* (S. 168–217).

Mit unbegreiflicher Leichtfertigkeit trägt Kuczynski seine antikritischen Bemerkungen vor; ohne jegliche Selbstkritik gibt er jeden Einfall zum Besten und bringt es auf diese Weise fertig, über die schwierigsten Probleme des Marxismus zu schreiben, ohne auch nur des marxistischen ABC mächtig zu sein. Es wirkt z. B. überaus lächerlich, wenn Kuczynski mehrfach betont, dass die Marxsche Geldtheorie in ihrer Bedeutung nicht erkannt worden sei (worin wir ihm gern zustimmen), und dann in seinen geldtheoretischen Ausführungen erklärt: »Marx ist vollkommen zum Nominalismus abgeschwenkt«, und das schon »40 Jahre vor Erscheinen der Staatlichen Theorie von Knapp« (S. 45). Dieser Versuch, Marx zu modernisieren, zeigt nur, dass Kuczynski von der Marxschen Geldtheorie überhaupt nichts begriffen hat, denn eine Theorie, nach der das Geld seinem Wesen nach eine Ware sein muss, kann jedenfalls keine nominalistische genannt werden.[1] Kuczynskis Behauptung von Marxens »vollkommener« Abschwenkung zum Nominalismus beruht auf der Unkenntnis der Marxschen Unterscheidung zwischen Geld und Staatspapiergeld mit Zwangskurs, das nur Geldsurrogat ist und wirkliches Geld nur in einigen seiner Funktionen vertreten kann (S. 44–45).

Dass eine Auseinandersetzung mit den Einzelheiten des Kuczynskischen Buches nicht der Mühe lohnt, soll noch an einem besonders drastischen Beispiel gezeigt werden, nämlich an dem »Exkurs zum Problem des relativen Mehrwerts« (S. 52 ff).

Die Theorie vom relativen Mehrwert führte, meint Kuczynski, bei ihrer rechnerischen Nachprüfung zu »Schwierigkeiten und Sonderlichkeiten, die [...] zu einem weiteren Ausbau dieses Problems auffordern« (S. 52). Den Versuch eines solchen Ausbaus unternimmt Kuczynski auf folgende Weise: »Beispiel: In einer Wurstfabrik werden täglich 10 000 Würste hergestellt. Die zu verbrauchenden Produkti-

---

1 Eine ganz andere Frage ist es, ob die Marxsche Geldtheorie überhaupt in das Schema Metallismus – Nominalismus eingeordnet werden kann. Eine solche Einordnung ist nämlich gar nicht möglich, da die Marxsche Theorie durch ihre ganze Struktur von allen übrigen Geldtheorien wesentlich sich unterscheidet. Übrigens lehrt ein Blick in die geldtheoretischen Schriften von Marx, dass dieser Metallisten und Nominalisten mit gleicher Heftigkeit bekämpft hat. (Karl Marx: Das Kapital. Kritik der politischen Ökonomie. Bd. I: Der Produktionsprocess des Kapitals. Herausgegeben von Friedrich Engels. Hamburg [4]1890, S. 57 ff [MEW 23, S. 106 ff]; Karl Marx: Zur Kritik der politischen Ökonomie. Herausgegeben von Karl Kautsky. Stuttgart [2]1903, S. 61 ff [MEW 13, S. 59 ff]; daselbst finden sich auf Seite 114 [MEW 13, S. 98] Ausführungen, die direkt gegen Knapp gerichtet sein könnten.)

onsmittel (Rohstoffe und Maschinen) haben einen Wert von 1 000 M. Die Arbeitskraft kostet den Kapitalisten 100 M. Sie reproduziert sich in einer Arbeitszeit von 6 Stunden, steht aber 12 Stunden im Dienst des Kapitalisten. Der Wert des Gesamtprodukts beträgt demnach 1 000 M (c) + 100 M (v) + 100 M (m) = 1 200 M. Die einzelne Wurst kostet 0,12 M.« (S. 52). Durch Verbesserung der Maschinerie wird die Produktivität gesteigert, es werden täglich bei gleichbleibender Arbeiterzahl 20 000 Würste hergestellt. Ceteris paribus beträgt dann der Wert des Gesamtprodukts 1 800 c + 100 v + 100 m = 2 000 M, der Wert einer Wurst also 0,10 M. Der Mehrwert bleibt demnach derselbe, und der Kapitalist kann seine der Produktivitätssteigerung zugrunde liegende Absicht, »sich neben dem absoluten einen relativen Mehrwert zu verschaffen«, nur dadurch verwirklichen, dass er seine Würste über ihrem Wert verkauft. Das nimmt aber ein Ende mit dem Augenblick, wo die neuen Produktionsmethoden von der Konkurrenz allgemein angewendet werden. »Verweilen wir noch einen Augenblick bei der Lage der Arbeiter. Ihre Situation ist eigenartig. Hypostasieren (sic!) wir, dass sie sich ausschließlich von Würsten nähren, so ist die zur Reproduktion ihrer Arbeitskraft notwendige Arbeitszeit wie auch der Preis der Lebensmittel, durch deren Konsum die Arbeitskraft reproduziert wird, gesunken. Sie erhalten aber den alten Lohn.« Sobald der Preis der Würste infolge der Konkurrenz auf ihren Wert herabgesetzt ist, würde der Lohn der sich ausschließlich von Würsten ernährenden Lohnarbeiter über den Reproduktionskosten der Arbeitskraft stehen, d. h. über dem Wert der Arbeitskraft. Es erfolgt eine Lohnsenkung. »Statt 100 M wird der Kapitalist in Zukunft nur noch 83,33 M zahlen. Das Gesamtprodukt setzt sich dann folgendermaßen zusammen: Produktionsmittel 1 800 M, variables Kapital 83,33 M, Mehrwert, da die Produktivität der Arbeit sich verdoppelt hat, die notwendige Arbeitszeit also von 6 auf 3 Stunden gesunken ist, 25 M, (3 × 83,33 M). Der Gesamtwert beträgt danach 1 800 M + 83,33 M + 250 M = 2 133,33 M [...]. Damit ist aber der Prozess nicht abgeschlossen, und hier muss die Betrachtung von Marx fortgesetzt werden. Betrachten wir den Wert des Einzelproduktes, so sehen wir, dass dieser seit der Lohnsenkung wieder gestiegen ist. Die einzelne Wurst kostet jetzt nämlich statt 10 Pfennig 10,67 Pfennig. Hier liegt eine sonderbare Schwierigkeit.

Verfolgen wir sie weiter. – Zunächst stellen wir fest, dass der Arbeiter mit seinem Lohn nicht die Arbeitskraft in vollem Maße reproduzieren kann. Der Kapitalist wird deshalb seinen Lohn entsprechend der Verteuerung der Einzelprodukte von 10 auf 10,67 Pfennig erhöhen müssen. Statt 83,33 M wird das variable Kapital dann 88,89 M betragen. Damit ändert sich die Wertzusammensetzung des Gesamtproduktes. Diese konstituiert sich dann aus 1 800 M (c) + 88,89 M (v) + 266,67 M (m) = 2 155,56 M. Der Mehrwert ist entsprechend der höheren Summe des variablen Kapitals gestiegen [...]. Das Einzelprodukt kostet aber jetzt statt 10,67 Pfennig 10,78 Pfennig. Damit ist die Notwendigkeit einer neuen Lohnsteigerung gegeben.« (S. 54)

An zwei Tabellen, die sich lediglich durch die Wahl des Grades der Produktivitätssteigerung unterscheiden, illustriert Kuczynski seine Ausführungen. Wir begnügen uns damit, die erste der Tabellen wiederzugeben:

Lau-fende Nr.	Kon-stantes Kapital M	Vari-ables Kapital M	Mehr-wert M	Zahl der Pro-dukte	Ge-samt-wert M	Einzel-wert M	Steiger-ung des Mehr-wertes %	Maß der Steiger-ungsin-tensität
1	1.000	100,00	100,00	10.000	1.200,00	0,12	–	–
2	1.800	100,00	100,00	20.000	2.000,00	0,10	–	–
3	1.800	83,33	250,00	20.000	2.133,33	0,1067	150,00	–
4	1.800	88,89	266,67	20.000	2.155,56	0,1078	6,67	22,5
5	1.800	89,82	269,46	20.000	2.159,28	0,1079	1,04	6,4
6	1.800	90,03	270,10	20.000	2.160,14	0,10801	0,24	4,3
7	1.800	90,07	270,22	20.000	2.160,29	0,10802	0,04	5,6

Als Ergebnis seiner Untersuchung stellt Kuczynski sein »Gesetz vom relativen Mehrwert« auf, nach welchem »bei einfacher Produktion des Kapitals [...] die Setzung relativen Mehrwertes, die Verstärkung der Produktivität der Arbeit, eine Lohnsenkung nach sich zieht, dass aber – und dies ist bei Marx nicht berücksichtigt – darauf eine Lohnsteigerung infolge der durch den gesteigerten Mehrwert gestiegenen Preise des Einzelproduktes folgen muss, die, da durch sie das variable Kapital gesteigert wird, bei gleichbleibender Größe des konstanten

Kapitals von neuem eine Steigerung des Preises des Einzelproduktes hervorruft, usw.« (S. 55 f) Wann dieser Prozess sein Ende erreicht, ob also, um bei dem Kuczynskischen Beispiel zu bleiben, der Wurstpreis trotz verbesserter Technik wieder auf 12 Pfennig oder gar darüber hinaus steigt, gibt Kuczynski nicht an. Dagegen folgert er aus seinem famosen Gesetz, es müsse »1. ein Lohn gezahlt werden, der höher ist als die Reproduktionskosten der Arbeitskraft, wenn nicht mit jeder technischen Verbesserung eine Lohnerhöhung erfolgen soll, 2. dieser Lohn, wenn er nicht mit jeder technischen Erhöhung gesteigert wird, mit der Zeit sinke und sich damit die relative und absolute Lebenshaltung des Arbeiters verschlechtere.« (S. 57)

Der Leser, soweit er auch nur oberflächlich mit der Marxschen Theorie vertraut ist, hat natürlich längst bemerkt, dass das ganze »Gesetz« lediglich auf Grund eines elementaren Schnitzers zustande gekommen ist. Wir verzichten darauf, im Einzelnen zu zeigen, mit welch undiskutierbarer Nachlässigkeit Kuczynski seinen Exkurs durchgeführt hat.[2]

2   Zum Beispiel legt er stillschweigend die ganzen methodologischen Voraussetzungen des 1. Bandes des *Kapital* zugrunde, ohne dann nachzuprüfen, welche Verhältnisse sich in der entfalteten kapitalistischen Wirtschaft aus der Tatsache der Durchschnittsprofitrate ergeben, überträgt das »Gesetz«, das bestenfalls nur für diejenigen Produktionszweige gelten könnte, die »Lebensmittel« für den Arbeiter produzieren, auf die ganze Industrie usw., weil er mit ihrer Hilfe allein nicht auf sein »Gesetz« hätte kommen können. Dazu bedurfte es noch eines sich Hinwegsetzens über die elementarsten Grundtatsachen der Marxschen Werttheorie. Wenn bei einem Arbeitstag von 12 Stunden die notwendige Arbeitszeit von 6 auf 3 Stunden sinkt, dann hat sich zwar die Produktivität der Arbeit verdoppelt, der Wert des Produktes des Arbeitstages ist aber *deshalb* um kein Jota größer geworden. War er vorher, in Gold ausgedrückt, 200 M, so ist er (bei gleichbleibendem Goldwert) es auch nach der Produktivitätssteigerung. Geändert hat sich lediglich die Verteilung des neu geschaffenen Wertes zwischen v und m. Auf v treffen jetzt, um bei dem Kuczynskischen Beispiel zu bleiben, nur noch 83,33 M, während auf m 116,66 M entfallen. Setzt man diese Zahlen in die Tabelle ein, so fallen die »Schwierigkeiten und Sonderlichkeiten«, von denen Kuczynski spricht, ohne weiteres weg.

Es soll nun nicht behauptet werden, dass das ganze Buch Kuczynskis auf dem Niveau dieses »Exkurses« stehe. In den beiden Teilen, die die Marxsche Theorie der ökonomischen Bewegung und die Kritik an Sombart enthalten (S. 98 ff, S. 168 ff), finden sich manche treffende Bemerkungen, die von der theoretischen Begabung des jungen Autors Zeugnis ablegen. Der 3. Teil hingegen, der die Weltanschauung des Marxismus zum Gegenstand hat (S. 145 ff), ist charakterisiert durch eine überaus anspruchsvoll auftretende Ahnungslosigkeit gegenüber den behandelten Problemen. Im Ganzen erfüllt Kuczynskis Buch keine der Aufgaben, die der Autor sich selbst gestellt hat. Es ist ein wohlgemeinter, von ehrlicher Begeisterung getragener, aber gänzlich misslungener Versuch. Wenn Kuczynski ernsthaft zur Vertiefung der Diskussion über die Probleme des Marxismus beitragen will, dann gibt es für ihn nur einen Weg: »Zurück zu Marx!«

Gustav Cassel: Sozialismus oder Fortschritt. Berlin 1929. 183 Seiten.

Georg Halm: Ist der Sozialismus wirtschaftlich möglich? Berlin 1929. 46 Seiten.

Georg Halm: Die Konkurrenz. München, Leipzig 1929. 182 Seiten.

Adolf Weber: Ende des Kapitalismus? München 1929. 103 Seiten. Buržuaznye učenye o zakate kapitalizma. Predislovije G. A. Sokolnikova (Bürgerliche Gelehrte über den Untergang des Kapitalismus. Mit einer Vorrede von G. Sokolnikov). Moskau 1929. 174 Seiten.

[Aus: Archiv für die Geschichte des Sozialismus und der Arbeiterbewegung 15, 3 (1930), S. 464–473.]

Mit der Herausgabe einer Anzahl in den Jahren 1921–1928 geschriebener, meist im *Svenska Dagbladet* veröffentlichter Aufsätze in einem *Sozialismus oder Fortschritt* betitelten Sammelband will Cassel zum Nachdenken darüber zwingen, dass die Arbeiterklasse zwischen dem einen oder dem anderen der beiden Ziele zu wählen habe. Es sei zwar möglich, eine sozialistische Gesellschaft »logisch und unwiderleglich« zu konstruieren, aber es sei »die größte Gaukelei unserer Zeit« (S. 106), zu behaupten, dass es in einer solchen Gesellschaft noch einen wirtschaftlichen Fortschritt geben könne. Der Sozialismus, dessen Wesen von Cassel als »Feindschaft gegen das Privatunternehmen und das Privateigentumsrecht« ohne einen eigenen haltbaren »positiven Standpunkt« charakterisiert wird (S. 172f) und der ein »Ausdruck einer völlig scharlatanmäßigen Auffassung der Volkswirtschaft« sei (S. 87), erweise sich bei näherer Untersuchung als »wesentliches Hindernis« für den wirtschaftlichen Fortschritt. »Untergrabt das Privateigentumsrecht, und die ganze Volkswirtschaft ist dazu verurteilt, in ein unbeschreibliches Chaos zu versinken« (S. 149).

Den Beweis für seine Behauptung versucht Cassel in dem vorliegenden Buch auf zwei Wegen zu führen. In erster Linie dadurch, dass er unermüdlich immer wieder dieselben Argumente aus dem Arsenal der Manchester-Schule wiederholt, nach denen das System der freien Konkurrenz jetzt und in aller Zukunft am besten den gesellschaftlichen Fortschritt garantiere. Nur Unverstand oder Neid könnten solche Einrichtungen wie das Privateigentum an den Produktionsmitteln und hohe Einkommen beseitigen wollen, wenn erwiesen sei, dass nur durch sie die reichlichste Versorgung der Gesellschaft mit Kapital und damit auch mit Konsumgütern möglich sei (S. 149 ff). Dass die Wirtschaft heute noch große Schäden aufweise, liege nicht etwa am System der freien Konkurrenz, sondern im Gegenteil an den von außen kommenden Störungen dieses Systems. Arbeitslosigkeit brauche es in ihm überhaupt keine zu geben, wenn die Arbeitslöhne der jeweiligen Marktlage angepasst würden (S. 99). Dass dies nicht geschähe, sei die Schuld der »monopolistischen Gewerkschaften«. Allerdings geht Cassel insofern über die Manchester-Lehre hinaus, als er eine Gewerkschaftspolitik billigt, »die in keiner Weise den Zustrom von Arbeitskraft zu begrenzen suchte, sondern sich nur darauf einstellte, das Lohnniveau in jedem Beruf auf der Höhe zu erhalten, die der Markt zulässt [...]« (S. 84). Aber die schwedischen Gewerkschaften, deren Kritik ein großer Teil der Casselschen Ausführungen dient, sind weit von diesem Ideal entfernt. Dadurch, dass sie die Unterstützung der durch ihre eigenen, nach Cassel wirtschaftlich nicht tragbaren Lohnforderungen arbeitslos gewordenen Arbeiter auf den Staat abwälzen, können sie das Lohnniveau auf Kosten der Konsumenten weit über den »natürlichen« Stand hinausschrauben (S. 102 f, 138, 137 ff). Damit betreiben sie »nicht nur Protektionismus, sondern sogar eine ungewöhnlich schlechte und besonders schädliche Art des Protektionismus«. Sie sind verantwortlich für die »wirkliche Aussaugung« der in den »ungeschützten« Gewerben Arbeitenden, vor allem für die »Deklassierung« der Landarbeiter (S. 139 ff). Und wenn die Gesellschaft allen Grund habe, jede Tendenz zum Monopolismus zu bekämpfen, so sei daran zu erinnern, dass »die bedenklichste Form des Monopolismus [...] nicht die der Unternehmer, sondern (die) der Gewerkschaften« sei (S. 162).

Die angeblich verhängnisvollen Folgen der Gewerkschaftspolitik gehören zu der zweiten Gruppe Casselscher Beweisführung gegen den Sozialismus; dieser soll an seiner eigenen bisherigen Praxis auf seine Leistungsfähigkeit geprüft werden. Vor allem geben nach Cassel »die Verhältnisse im heutigen Russland [...] eine Vorstellung davon, wohin der Sozialismus letzten Endes führt«. Offenbar könne sich Russland nicht selbst mit Kapital versorgen, und damit habe diese Gesellschaftsordnung »ihre grundsätzliche Unhaltbarkeit« erwiesen. Denn wer sollte Russland mit Kapital versorgen, wenn die ganze Welt seinem Beispiel gefolgt wäre? (S. 174). Aber auch in der eigenen schwedischen Volkswirtschaft habe man Gelegenheit, »die Tendenz des Sozialismus zu erproben«, und es zeige sich dabei regelmäßig, dass sie »im schroffen Gegensatz zum wirtschaftlichen Fortschritt steht« (S. 175). Als solche Prüfsteine nennt Cassel die Versuche, die Inflation durch Höchstpreise usw. zu bekämpfen, die Zwangsregelung der Miete, die Lohnpolitik der Gewerkschaften, den Widerstand gegen »Rationalisierung« und die Führung von Streiks, anstatt der Verwendung der dafür geopferten Gelder für eine bessere Ausbildung der Arbeiterhausfrauen in rationeller Ernährung und damit einer Hebung des Reallohnes (S. 175–181).

Es fällt schwer zu glauben, dass eine derartig oberflächliche Apologetik des Systems der freien Konkurrenz und die ebenso leichtfertigen Argumente gegen den Sozialismus aus der Feder eines der angesehensten Nationalökonomen der Gegenwart stammen und es lohnt sich kaum, auf die einzelnen Behauptungen einzugehen. Sie sind zumeist von Bastiat und seinen Zeitgenossen übernommen und es fehlt auch das Märchen nicht, dass die sozialistische Propaganda auf eine »Plünderung bereits angesammelten Vermögens« hinauslaufe, die dem einzelnen nicht viel nütze und deren Folgen die Kapitalversorgung der Gesellschaft in katastrophaler Weise untergraben müsse. Für die eigenen Zutaten Cassels mag die oben erwähnte Beweisführung gegen die Tragweite des sowjet-russischen Experimentes als typisch gelten. Es ist neuerdings üblich geworden, die bisherigen Ergebnisse der bolschewistischen Wirtschaftspolitik ohne nähere Prüfung als Argumente gegen den Sozialismus zu benutzen, aber eine so seltsame Beweisführung wie die Cassels ist uns bisher bei einem Gelehrten noch nicht begegnet. Folgende Sätze, die Cassel glaubt dem Sozialismus entgegenhalten zu müssen, treffen ihn selbst: »Sozialökonomische Entscheidungen [...] müssen durch wirkliche Einsicht in die Voraussetzungen eines wirksamen wirtschaftlichen Fortschritts bestimmt werden. Diese Einsicht kann nur durch eine ständige Beobachtung der Wirklichkeit und ihrer Lehren gewonnen werden. Sie wird aber in allerhöchstem Maße durch eine von vornherein dogmatische Stellungnahme und durch die Gebundenheit an primitive wirtschaftliche Vorstellungen [...] verhindert« (S. 181).

Halm kommt in seiner Schrift *Ist der Sozialismus wirtschaftlich möglich?* praktisch zu denselben Resultaten wie Cassel, nur dass er sie vorsichtiger formuliert.[3] Er erklärt, dass der Kapitalismus »gegenwärtig die relativ beste Wirtschaftsordnung« sei und dass der Übergang zum Sozialismus so lange als der Übergang zu einer schlechteren Ordnung angesehen werden müsse, bis von den Verfechtern der sozialistischen Wirtschaftsordnung der Beweis erbracht worden ist, dass die Probleme der Wirtschaftsrechnung im Sozialismus lösbar sind oder dass in der Gemeinwirtschaft eine solche Produktivitätssteigerung wird erreicht werden können, dass durch sie die Fehler in der Produktionsleitung einigermaßen kompensiert werden (S. 45).

Diese Formulierung könnte den Eindruck erwecken, als ob Halm sich damit begnüge, in seinem Buche die bekannten Mises'schen Einwände einfach zu wiederholen. Dem ist aber nicht so, er bezieht sich zwar auch auf »das bahnbrechende Werk von Ludwig Mises« (S. 18) und erklärt, dass eine »Wirtschaftsrechnung« im Sozialismus wegen der Unmöglichkeit, Produktionskosten und Produktionspreise zu vergleichen, nicht durchgeführt werden könne (S. 18), aber das ist nicht sein »ernstester Einwand« gegen die Gemeinwirtschaft. Dieser

3 Allerdings verhält er sich wesentlich kritischer als Cassel. So z. B. ist er der Meinung, dass die Arbeitslosigkeit unvermeidlich sei, beruhigt sich aber dann darüber, da wegen der schweren Beweglichkeit der Arbeitskraft und der notwendigen Veränderung von Produktion, Organisation und Technik »ein mehr oder minder großer Bruchteil der Arbeitskraft auch im Sozialismus jeweils brachliegen würde« (S. 8).

liege vielmehr darin, dass im Sozialismus die aus »*Gründen der Wirt-schaftlichkeit dringend notwendige Zinsrechnung nicht durchgeführt werden*« (S. 26, Sperrung von Halm) könne. Die Zinsrechnung sei aber die Voraussetzung dafür, dass die immer relativ seltenen Pro-duktionsmittel in wirtschaftlicher Weise verteilt werden könnten (S. 25). Infolge dieser wesensnotwendigen Unwirtschaftlichkeit einer sozialistischen Produktionsweise müsste in ihr die Produktivität stark nachlassen. Aber noch von einer anderen Seite wird sie durch eine »erhebliche Produktivitätseinbuße« bedroht: selbst bei »technisch vollkommenster Produktion« wäre es nicht möglich, diese dem Bedarf anzupassen, und damit ist dann nach Halm »nicht nur das Prinzip der gleichmäßigen Bedürfnisbefriedigung verletzt, sondern auch gleich-zeitig die Forderung nicht erfüllt worden, dass mit den gegebenen Mitteln möglichst viel erreicht werden solle« (S. 34). Die bisherigen Einwände von Halm treffen eine sozialistische Wirtschaft, deren Merkmale Freiheit des Konsums und der Arbeit bei Verstaatlichung der Kapitalgüter und des Bodens und zentraler Wirtschaftsführung durch den Staat (S. 13) sind. Eine solche Wirtschaftsverfassung, die für die Verteilung der Fertigfabrikate und der Arbeitskraft den Markt beibehält, kann unseres Erachtens nur als eine staatskapitalistische Übergangswirtschaft angesehen werden, die als solche nicht lebensfä-hig ist, weil zentrale Wirtschaftsleitung und Freiheit des Konsums und der Arbeitswahl nur unter Voraussetzung einer fantastischen Güter-fülle auf die Dauer mit einander vereinbar sind. Entweder gelingt es, eine solche Wirtschaft in eine marktlose Wirtschaft überzuführen, bei der nicht nur die Produktion, sondern auch die Verteilung planmäßig erfolgt. In diesem Fall ist es nicht einzusehen, warum die rationelle Verteilung der Kapitalgüter nicht auf Grund eines Planes ohne Zu-hilfenahme des Zinses durchführbar ist. Aber auch schon in einer Marktwirtschaft mit staatskapitalistisch geleiteter Produktion scheint die Bildung einer besonderen Prämie für Kapitalgüter überflüssig zu sein, da auch dort die Verteilung der verschiedenen Produktionsfak-toren auf Grund eines ausgearbeiteten Planes erfolgen muss. Nicht in der Unmöglichkeit, einen für die Leitung der Produktion angeblich unentbehrlichen Zins zu bilden, liegt die Schwäche einer derartigen Wirtschaftsverfassung, sondern in der Schwierigkeit der Anpassung der Produktion an den freien Bedarf. Allerdings verliert selbst in einem kapitalistischen System dieser letztere Einwand mit der Zeit an Gewicht, da in den hochkapitalistischen Ländern mit jedem Jahr der Bedarf von der Produktionsseite her stärker nivelliert wird und obendrein die Freiheit des Konsums, das angeblich »unabweisliche Grundbedürfnis des Menschen« (S. 13), ohnehin für die überwiegende Mehrzahl praktisch nicht existiert. Wir stimmen Marschak zu, wenn er erklärt, dass das Problem der Wirtschaftsrechnung (und damit auch der Verteilung der Kapitalgüter) eine Frage zweiter Ordnung ist, sobald es gelungen ist, die Wirtschaftsziele festzulegen; allerdings sehen wir im Gegensatz zu Marschak in einer derartigen Willensbildung keine unüberwindliche Schwierigkeit.[4]

Auch in der Halmschen Arbeit fehlt an einigen entscheidenden Stellen die Behauptung nicht, dass die sowjetrussischen Erfahrungen der beste Beweis für die wirtschaftliche Unmöglichkeit einer sozialistischen Gesellschaft seien, ohne dass auch nur Spuren einer ernsthaften Analyse dieser Erfahrungen zu finden wären. Endlich sollten aus der wissenschaftlichen Diskussion solche Argumente verschwinden, die theoretisch längst erledigt sind, wie etwa die Behauptung, dass »auch die Gemeinwirtschaft für die Bereitstellung von Kapitalgütern sorgen muss« und daher »von einer Verteilung des vollen Arbeitsertrages [...] keinesfalls die Rede sein« könne (S. 32 f, 36, 12). Es scheint nicht nur Halms gegenüber notwendig, wieder einmal daran zu erinnern, dass die Theorie von dem »Recht auf den vollen Arbeitsertrag« ihre schlagendste Widerlegung durch Marx selbst gefunden hat.[5]

In seinem Buch *Die Konkurrenz* gibt Halm in Anlehnung an Mises und Adolf Weber eine breitere Darstellung seiner Anschauungen. Hier steht jedoch nicht mehr die Frage der Unmöglichkeit einer soziali-

---

4   Vgl. J[akob] Marschak: Wirtschaftsrechnung und Gemeinwirtschaft. Zur Mises'schen These von der Unmöglichkeit sozialistischer Wirtschaftsrechnung. In: Archiv für Sozialwissenschaft und Sozialpolitik 51, 2 (1923), S. 501–520.

5   Karl Marx: Randglossen zum Programm der Deutschen Arbeiterpartei. Herausgegeben von Karl Korsch. Berlin, Leipzig 1922, S. 24 f. [MEW 19, S. 18 f.]

stischen Wirtschaftsordnung im Vordergrund, sondern die Behauptung, dass die freie kapitalistische Konkurrenzwirtschaft trotz aller Schwächen die beste aller möglichen Wirtschaftsverfassungen sei,[6] und dass von einem »Ende des laissez-faire« keine Rede sein könne. Mit der Klarheit, die das Buch Halms durchweg auszeichnet, wird bereits im Vorwort erklärt, es solle hier »nachgewiesen werden, dass die Konkurrenz als Ordnungsprinzip nicht zu entbehren, dass die sozialistische Wirtschaft auf die Dauer praktisch unmöglich ist und dass deshalb die Entwicklungstendenzen der modernen Wirtschaft nicht zum Sozialismus führen können, dass sie vielmehr nur eine Veränderung, nicht eine Aufhebung der Konkurrenz bedeuten.« Diesen Nachweis macht sich Halm dadurch allzu leicht, dass er ihn im Wesentlichen deduktiv zu führen versucht und die Kritik an der gegenwärtigen Wirtschaftsordnung mit dem Hinweis auf die Unmöglichkeit einer besseren beiseite schiebt. Anstatt die Wirtschaftsstruktur der letzten 60 Jahre auf die veränderte Wirksamkeit des Konkurrenzprinzips nachzuprüfen, stellt er einen neuen Begriff der Konkurrenz auf und behauptet, dass der Einzelne heute mindestens ebenso »frei« sei wie früher (S. 177).

In der ersten Hälfte des Buches legt Halm dar, dass – entgegen Cassels Theorie vom Idealpreisschema – ohne Erwerbsstreben und Konkurrenz ein Preisbildungsprozess unvorstellbar sei, dass der Sozialismus selbst in der verfeinerten von Cassel und Heimann vertretenen Form an der Unmöglichkeit der Wirtschaftsrechnung und der Ermittlung des Zinsfußes scheitern müsse und dass die von Oppenheimer geforderte »Synthese von Konkurrenzwirtschaft und Sozialismus« sich bei einer richtigen Einsicht in die »Seltenheit« der Kapitalgüter als unhaltbar erweise.

Die zweite Hälfte des Buches beschäftigt sich zunächst mit einigen Einwänden gegen die Konkurrenzwirtschaft, wendet sich dann gegen

---

6 »Um das Ergebnis vorwegzunehmen: nach dem heutigen Stand sozialökonomischer Erkenntnis muss man Mises durchaus zustimmen, wenn er sagt: ›Der Kapitalismus ist die einzig denkbare und mögliche Gestalt gesellschaftlicher Wirtschaft‹« (S. 30 f).

die These von einem Ende der freien Konkurrenz und gibt schließlich eine eigene Weiterbildung der Theorie der Konkurrenz.

Halms Kampf gegen die Kritiker am Konkurrenzsystem hat immer dasselbe Schema: eine gewisse Berechtigung der gegnerischen Einwände wird zugegeben, dann wird zu zeigen versucht, dass die Gegner die Tragweite der Schäden überschätzen, und schließlich erklärt, dass das, was an Übelständen nach diesen Einschränkungen noch übrig bleibe, notwendige Übel seien, die auch in einer Gemeinwirtschaft nicht beseitigt werden könnten und denen in der kapitalistischen Wirtschaft wenigstens die ungeheuren Vorteile dieser Wirtschaftsform gegenüberständen.[7] Dabei übernimmt Halm kritiklos die irrtümliche Anschauung, dass für die sozialistische Kritik der kapitalistischen Wirtschaftsordnung »das Verteilungsproblem schlechthin das Problem der Wirtschaft« sei (Mises, bei Halm S. 87 zustimmend zitiert) und verbaut sich dadurch das Verständnis für die entscheidenden Probleme. Die Argumente Halms gegen die neueren Lehren vom »Ende des Kapitalismus« decken sich mit denen seines Lehrers Adolf Weber, die weiter unten zu besprechen sind. Dagegen

7   Zur Erläuterung geben wir hier zwei Beispiele. Nach Halm ist die Ungleichheit der Bedürfnisbefriedigung ein schwerwiegender Nachteil unseres Wirtschaftssystems (S. 85), aber ein großer Teil der hohen Einkommen wird erspart, gegen ihn könne sich also die Kritik nicht richten (S. 87), ferner könnte eine gerechte Einkommensverteilung nur auf Kosten der Bildung von Sparkapital stattfinden (S. 89), die doch auch in einer sozialistischen Gesellschaft stattfinden müsste (S. 88), sodass man schließlich zu dem Ergebnis kommt, »dass sich an den gegenwärtigen Verhältnissen nichts grundsätzliches ändern lässt« (S. 90). Ein anderes Beispiel: Halm gibt zu, dass in unserer Wirtschaftsordnung regelmäßig eine Fehlleitung von Kapital stattfindet, und dass die wirtschaftlichen Depressionen darauf beruhen, dass regelmäßig mehr Kapitalgüter hergestellt werden als dem wirklichen Bedürfnis entspricht (S. 107), aber es handle sich bei diesen Fehlleitungen zum großen Teil um eine Anpassung an veränderte Technik (S. 108), derartige Anpassungsvorgänge müsse es immer geben, auch in einer Gemeinwirtschaft (S. 109), und endlich sei es auch gar nicht so, dass die Konkurrenzwirtschaft durch die Konjunkturbewegung allzu unwirtschaftlich würde. Vielleicht ist sogar das Gegenteil richtig« (S. 111).

ist seine Theorie der »Veränderungen der Konkurrenzformen« hier kurz zu erörtern.

Halm geht von der Überlegung aus, dass »freie« Konkurrenz nicht gleichzusetzen sei mit »atomisierter« Konkurrenz. Die letztere sei lediglich eine Fiktion und entstamme dem Streben, für die Theorie der Preisbildung »den Begriff der freien Konkurrenz, den Tatsächlichkeiten des Wirtschaftslebens zum Trotz, aufrecht zu erhalten« (S. 133). Insoweit durch die Bildung von Kartellen und Trusts und die Verbände der Arbeitnehmer und Arbeitgeber ein »Strukturwandel der Konkurrenzwirtschaft« eingetreten sei, handle es sich im Wesentlichen um nichts anderes als »eine Normalisierung des Konkurrenzverhältnisses zur Anpassung der Konkurrenz an technische Daten, die ihrerseits von der Wirtschaft nicht zu beeinflussen sind« (S. 132). Diese »technischen Daten« seien in den beiden oben erwähnten wichtigsten Fällen von Zusammenschlüssen die Entwicklung zur großbetrieblichen Produktionsweise, bei der über das einmal festgelegte Realkapital ohne schwere Verluste nicht mehr anderweitig verfügt werden könne, sowie die Tatsache, »dass die Konkurrenz der unorganisierten Arbeitskraft allzu zersplittert, allzu ›atomisiert‹ ist« (S. 156). Im ersten Fall führe die »geringe Fungibilität des festen Realkapitals« zu einer »ruinösen« Konkurrenz. Diese sei aber das Gegenteil dessen, was das Konkurrenzprinzip zu leisten habe, denn sie könne keinen Ausgleich zustande bringen, sie sei die Karikatur eines Ordnungsprinzips.

»Eine Konkurrenz ohne Ende und Ausweg ist keine freie Konkurrenz. Für den Begriff der freien Konkurrenz ist die Bewegungsmöglichkeit nach allen Seiten gleichermaßen wichtig. Freie Konkurrenz bedeutet nicht nur, dass man sich einer Produktion ungehindert zuwenden kann, sondern ebenso, dass man sich von der gleichen Produktion auch wieder ungehindert abzuwenden vermag [...]. Das Ende der freien Konkurrenz liegt nicht im Zusammenschluss der Unternehmungen, sondern die Unternehmer schließen sich zusammen, weil es keine freie Konkurrenz mehr gibt« (S. 142). Auf diese Weise begründet Halm, dass Kartelle und Trusts nichts anderes seien als »eine konsequente Weiterbildung der konkurrenzwirtschaftlichen Ordnungsprinzipien«. Gewiss hätten derartige Zusammenschlüsse monopolistische Tendenzen, aber aus den bekannten Gründen (Abhängigkeit von der

Nachfrage, Möglichkeit von Ersatzprodukten, Entstehung von Außenseitern usw.) würden diese Tendenzen in engen Grenzen gehalten, und letzten Endes handle es sich bei den Monopoltributen und ihren Folgen um »eine geringe Unwirtschaftlichkeit« im Vergleich mit der völligen Ziellosigkeit der sozialistischen Produktion. Wesentlich am Begriff der Konkurrenz sei nur ihre Funktion im Wirtschaftsleben, nicht dessen völlige Freiheit. »*Die Konkurrenzwirtschaft ist in ihrer heutigen Form eine reinere Verwirklichung des Konkurrenzprinzips als es irgend eine ›freie‹ Konkurrenzwirtschaft sein könnte*« (S. 155, Sperrungen von Halm). Auch der Zusammenschluss der Arbeiter habe dann, wenn er nicht zu monopolistischen Ausartungen führe, keine andere Folge als dass sich ein Arbeitslohn bilde, der den Seltenheitsverhältnissen wirklich entspricht (S. 159).

Es scheint uns, dass Halm in seinem Bestreben, die Konkurrenzwirtschaft zu verteidigen, weit über sein Ziel hinausgegangen ist. Betrachtet man seinen Begriff der »ruinösen« Konkurrenz näher, dann wird man den Einwand erheben müssen, dass Konkurrenzkämpfe immer für einen Teil der Betroffenen »ruinös« gewesen sind und dass seit der Anwendung von Maschinerie die Tatsache der »geringen Fungibilität des festen Realkapitals« bestanden hat. Insofern hat sich also seit den Anfängen des kapitalistischen Systems höchstens quantitativ etwas verändert, und Halm hat Unrecht, wenn er behauptet, dass die Unternehmer sich zusammenschließen, »weil es keine freie Konkurrenz mehr gibt«: nach seiner Begriffsbestimmung hat es eine freie Konkurrenz überhaupt nie gegeben, und dennoch waren noch vor 50 Jahren in den großen Industrieländern die Zusammenschlüsse die Ausnahme und keinem Verteidiger des Systems ist es damals in den Sinn gekommen, Kartelle und Trusts als Konsequenzen des liberalistischen Systems hinzustellen. Im Gegenteil, die liberalistische Theorie beruht doch offenbar auf der Vorstellung, dass alle gegen alle einen unerbittlichen, also »ruinösen« Kampf führen, und dass durch das Überleben der Tüchtigsten allein der wirkliche Fortschritt der Gesellschaft gewährleistet wird. Es ist also ganz konsequent, wenn Friedrich Engels unter dem Eindruck der ersten großen Zusammenschlüsse im Jahre 1894 geschrieben hat: »Die altgerühmte Freiheit der Konkurrenz ist am Ende ihres Lateins und muss ihren offenbaren skandalösen Bankrott selbst ansagen. Und zwar dadurch, dass in jedem Land die Großindustriellen eines bestimmten Zweigs sich zusammentun zu einem Kartell zur Regulierung der Produktion.«[8] Allerdings lässt sich die Frage, ob heute an die Stelle des Konkurrenzsystems ein System des Monopolkapitalismus getreten ist, weder durch derartige Zitate noch durch die Halmschen Distinktionen über das Wesen der Konkurrenz erledigen, sondern nur durch eine vorurteilslose Analyse der wirtschaftlichen Tatbestände von der zweiten Hälfte des vorigen Jahrhunderts bis zur Gegenwart. Dass es in dem Halmschen Buch auch an jedem Ansatz zu einer solchen Analyse fehlt und dass er rein begrifflichen Spekulationen die gesamte Beweislast für seine Behauptung aufbürdet, ist der schwerste Vorwurf gegen ein Buch, das verspricht, »Untersuchungen über die Ordnungsprinzipien und Entwicklungstendenzen der kapitalistischen Verkehrswirtschaft« zu leisten.

Die in jüngster Zeit häufig auch von nichtsozialistischer Seite erhobenen Zweifel an der ewigen Dauer des kapitalistischen Systems, vor allem die Verhandlungen des Vereins für Sozialpolitik in Zürich über die »Wandlungen des Kapitalismus« und die Ausführungen Schmalenbachs auf der Wiener Tagung der Betriebswissenschaftler (Juni 1928) über den »gefesselten Kapitalismus« haben Adolf Weber zum Widerspruch herausgefordert. In einer Reihe von Vorträgen, die unter dem Titel »Ende des Kapitalismus?« und dem Untertitel »Die Notwendigkeit freier Erwerbswirtschaft« erschienen sind, ruft er den Zweiflern ein »Vorsicht, Ihr Herrn Propheten!« zu. Zehn Artikel sollen den Nachweis erbringen, dass Sombarts und Schmalenbachs Prophezeiungen ebenso verfehlt seien wie die Forderungen der Anhänger

8   Karl Marx: Das Kapital. Kritik der politischen Ökonomie. Band III: Der Gesammtprocess der kapitalistischen Produktion. 1. Halbband. Herausgegeben von Friedrich Engels. Hamburg 21904, S. 425 [MEW 25, S. 453]. Vgl. z. B. auch Ad[olph] Wagner, der Kartelle und Trusts als »Rückschlag gegen die freie Konkurrenz« bezeichnet, als »ein Vorgehen, in welchem mit dem Konkurrenzprinzip als Regulator des Wirtschaftslebens gebrochen wird«. Adolph Wagner: Theoretische Sozialökonomik oder Allgemeine und theoretische Volkswirtschaftslehre. Bd. 1. Leipzig 1907, S. 271.

der Wirtschaftsdemokratie, dass die sozialistische Wirtschaftsordnung eine Unmöglichkeit sei und dass es lediglich darauf ankomme, die berechtigten Wünsche des Sozialismus mit den Mitteln des Kapitalismus, »dieses wundervollen Werkzeugs im Dienste des Erwerbs« (S. 102), zu erfüllen. Mit großem Nachdruck fordert Weber die Kapitalisten auf, »das: *ich will verdienen*, dem *ich will dienen*, unterzuordnen« (S. 108). Aufgabe der kapitalistischen Unternehmer sei es, die Führung bei der Lösung des »Königsproblems der Sozialökonomie und der ökonomischen Politik« zu ergreifen, nämlich »jedem Menschen, auch dem kleinsten und unbedeutendsten, ein ideell und materiell menschenwürdiges Dasein zu schaffen« (S. 103).

An die Spitze seiner Beweisführung gegen den Sozialismus stellt Weber Betrachtungen über das »bolschewistische Experiment« (S. 15 ff). Er findet, dass die Lehren dieses »hochinteressanten Experiments« fast noch wuchtiger gegen den Marxismus sprechen als die bisherigen wissenschaftlichen Untersuchungen oder die tatsächliche Entwicklung in den kapitalistischen Ländern: trotzdem in Russland für den Sozialismus günstige Vorbedingungen (sic!, P.) gewesen seien, habe man kläglich Schiffbruch erlitten, und es würde um den Rätestaat heute noch viel schlechter stehen, wenn man nicht »Krücken der kapitalistischen Vergangenheit« (»Gold, Edelsteine und kostbare Schätze der Kunst« aus Kirchen und Schlössern) und »Krücken der kapitalistischen Gegenwart« (»verhältnismäßig große« Kredite) zu Hilfe genommen hätte, um »wenigstens einigermaßen mühsam weiterzukommen« (S. 15). Weber gibt eine Reihe von Daten aus der Geschichte der russischen Revolution, unter denen auch der von den Bauern »in natura« verteilte wertvolle Wandspiegel eines Gutshauses nicht fehlt, und mit solchen aus dem historischen Zusammenhang gerissenen Einzelheiten glaubt er den Marxismus widerlegt zu haben. Steht Weber den sozialistischen Thesen ebenso wie den Vorgängen in Russland völlig verständnislos und, was für einen angesehenen Gelehrten schlimmer ist, offenbar ohne jede wirkliche Sachkenntnis gegenüber, so weiß er umso beredter die theoretische Bedeutung und die praktischen Leistungen des Konkurrenzsystems zu rühmen.

Angesichts der Leistungsfähigkeit des Kapitalismus, die sich nach dem Weltkrieg erneut gezeigt habe, und dem »Ergebnis des zehnjährigen Experimentierens im bolschewistischen Russland« erscheint es Weber unbegreiflich, dass man gegenwärtig statt von einem Ende des Sozialismus von einem Ende des Kapitalismus spreche (S. 37). Auf die Alarmrufe Schmalenbachs, dass das Konkurrenzsystem in raschem Tempo durch ein System der gebundenen Wirtschaft verdrängt werde, antwortet er mit demselben Argument, das wir oben bei seinem Schüler Halm schon kennen gelernt haben: es handle sich um eine Ersetzung der »ruinösen« durch die »geregelte« Konkurrenz (S. 40). Gegen Sombarts Theorie von einer Wandlung des kapitalistischen Systems infolge zunehmender »Normalisierung, Organisierung und Statisierung« führt er aus, dass alle von Sombart hervorgehobenen Erscheinungen jedenfalls nicht im Sinne eines Hineinwachsens in eine Planwirtschaft gedeutet werden dürften (S. 51 ff).

Gegen die öffentlichen Betriebe gebraucht Weber die bekannten Einwände, und das Kapitel »Lohnerhöhung als soziale und als unsoziale Tat« bedient sich durchweg der Casselschen Argumente.

Die Webersche Schrift ist deshalb besonders lesenswert, weil sie in gedrängter Form und der dem Verfasser eigenen temperamentvollen Sprache zeigt, mit welchen Argumenten ein hervorragender Vertreter der liberalistischen Theorie sich mit den »Wandlungen« des Kapitalismus auseinandersetzt.

Ein Gegenstück zu Webers Schrift bildet der von dem derzeitigen sowjetrussischen Botschafter in London, Sokolnikov, herausgegebene und eingeleitete Sammelband. In ihm sind die Diskussionen des Vereins für Sozialpolitik sowie die Auseinandersetzungen, die sich an den oben erwähnten Wiener Vortrag Schmalenbachs geknüpft haben, abgedruckt. In seinem Vorwort erklärt Sokolnikov, dass die bürgerliche Wissenschaft sich jetzt dazu bequemen müsse, den »Triumpf der Marxschen Theorie« anzuerkennen, was sie nicht hindere, aus dieser Theorie den Teil hinauszuwerfen, der den Untergang des kapitalistischen Systems voraussage. Ferner versucht Sokolnikov eine Art soziologischer Analyse der verschiedenen Einschätzungen der Zukunft des Kapitalismus. In Schmalenbach sieht er den Repräsentanten jener Schichten des deutschen Kapitalismus, die sich von Krieg und Inflation erholt haben und entschlossen sind, eine neue Offensive auf dem Weltmarkt zu unternehmen. Dieser Wille ist allerdings für das entwaffnete Deutschland besonders schwer zu verwirklichen, aber aus dieser Schwierigkeit erwächst die Notwendigkeit einer möglichst rationellen Organisation der deutschen kapitalistischen Industrie (S. 10). Wissenschaft und Ratio sollen die Waffen ersetzen. Sombart dagegen vertrete jene Kreise der Wirtschaft, die noch unter dem Eindruck der Depression leben und deshalb für die Entartung und die Alterserscheinungen des Kapitalismus einen geschärften Blick haben (S. 10). Die Ausführungen Sokolnikovs münden in die These, dass der alte freie Kapitalismus tot sei und der neue »gebundene« Kapitalismus die Basis herstelle, auf der sich eine organisierte sozialistische Wirtschaft erheben wird.

Wissenschaftliche Bedeutung kommt den Ausführungen Sokolnikovs nicht zu. Sie zeigen vielmehr aufs Neue, dass auch von marxistischer Seite eine gründliche Analyse der »Strukturwandlungen« des kapitalistischen Systems und eine Klärung der sich daraus ergebenden Folgen für die Theorie des Kapitalismus erst noch zu leisten sind.

Hans Bayer: Strukturwandlungen der österreichischen Volkswirtschaft nach dem Kriege. Ein Beitrag zur Theorie der Strukturwandlungen. Franz Deuticke Verlag. Leipzig und Wien 1929.
176 Seiten.

[Aus: Zeitschrift für die gesamte Staatswissenschaft 89, 3 (1930),
S. 642–644.]

Unter Strukturwandlungen will der Verfasser jene Änderungen von
Dauer verstanden wissen, welche die Proportionen und Beziehungen
zwischen den Sozialwirtschaftsgebilden und ihren Gruppen modifizieren. Ob sich solche Veränderungen durch die allgemeinen Sätze
der ökonomischen Theorie, denen die Annahme einer stationären
Wirtschaft zugrunde liegt, erfassen lassen, ist eine der theoretischen
Fragen, mit denen sich der erste Teil dieser Arbeit (S. 1–55) beschäftigt. Eine kurze, recht instruktive Diskussion der Fassungen der Statik
durch die Lausanner und die Österreichische Schule führt Bayer zum
Ergebnis, dass Strukturwandlungen in der Regel im Rahmen der Statik,
wie sie die Österreichische Schule begreift, verlaufen. Am Beispiel
des Preisgesetzes, das in der Formulierung Wiesers vorgetragen wird,
versucht Bayer zu zeigen, dass die Gesetze der Wirtschaftstheorie
auch durch die Strukturwandlungen der ökonomischen Macht nicht
entkräftet werden (S. 47 ff).

Im zweiten Teil seiner Arbeit (S. 56 ff) will Bayer die bisher ge-
wonnenen allgemeinen Ergebnisse am konkreten Fall der österreichischen Volkswirtschaft erläutern. Die durch theoretische Überlegung
im ersten Teil entwickelten Unterscheidungen erlauben ihm, systematisch an das Material heranzugehen. Er behandelt zunächst als
»Strukturwandlungen der Sozialwirtschaftsgebilde« Änderungen in
Unternehmungen und Haushalten. Hierher gehören alle die Prozesse,
durch die in Österreich kapitalistische Unternehmungen in nichtka-
pitalistische (gemeinwirtschaftliche) verwandelt und nichtkapitalisti-
sche durch Kommerzialisierung an kapitalistische angenähert wurden.
Änderungen in Betriebsorganisation und Technik (Rationalisierung)
werden nur insoweit berücksichtigt, als sich Auswirkungen auf die

Lohnhöhe feststellen lassen. Es zeigt sich dabei für die letzten Jahre eine Steigerung des Lohnes bei gleichzeitiger noch stärkerer Senkung des Lohnanteils an den Produktionskosten (S. 59/60). Auch gegenüber der Vorkriegszeit erweist das allerdings wenig gegliederte Material, das über diesen Gegenstand vorgelegt ist (S. 63/64), eine gewisse Lohnsteigerung. Die Angaben darüber fasst Bayer mit Berichten über andere Einkommensgruppen als Änderungen in den Haushalten zusammen. Die Analyse der Einkommensverschiebung ergibt einen Prozess allgemeiner Verarmung, der das städtische Kleinbürgertum, die Angestellten, ehemals besser bezahlte Arbeiterschichten und die Angehörigen der freien Berufe betrifft. Nur die Einkommen, die vor dem Krieg gerade das Existenzminimum deckten oder noch darunter lagen, haben nach Bayer eine Erhöhung erfahren, das Einkommen aus der Landwirtschaft ist ungefähr gleich geblieben.

Unter dem Kennwort »Strukturwandlungen der Organisation« wird dann die in allen Formen (Bildung von Kartellen, Genossenschaften usw.) vor sich gehende Zusammenschlussbewegung in der Produktion – Industrie und Landwirtschaft – und im Bankwesen behandelt und über die Änderungen in der Organisation des Arbeitsmarktes, Verbreiterung der Basis der Gewerkschaften, Übergang von Berufs zu Industrieverbänden, Schlichtungswesen usw. ausführlich berichtet (S. 66–88).

Dem Kapitel über »Änderungen in den Proportionen der Volkswirtschaft« (S. 88–170) ist als allgemeines Resultat die Ausgestaltung der Einheit der österreichischen Volkswirtschaft zu entnehmen, die nach dem Umsturz nur als Summe einzelner Wirtschaftszweige vorhanden war. Dieser Anpassungsprozess geschah nicht so sehr durch Verringerung überentwickelter Produktionszweige, sondern vor allem durch Verbesserung und Vermehrung der Produktion. Genaue Angaben über jeden Produktionszweig, den Ausbau der Wasserkräfte, die zunehmende Elektrifizierung, die Umstellung der Landwirtschaft auf Viehzucht (besonders Milchwirtschaft) usw. verleihen der Arbeit besonderen Wert.

Ob sich die theoretischen Vorentscheidungen, von denen die empirische Untersuchung ausgeht, immer halten lassen, ist freilich eine andere Frage. Wenn der Verfasser z. B. der Meinung ist (S. 18 ff), Änderungen in der Betriebsorganisation und Technik könnten bei einer Analyse der Strukturwandlungen außer Acht gelassen werden, weil wegen der Tendenz zum Ausgleich solche Neuerungen die Proportionen einer Volkswirtschaft nicht modifizieren, so ist demgegenüber zu bedenken, dass jedenfalls doch die mit solchen technischen Umstellungen Hand in Hand gehenden Änderungen in der Betriebsgröße und in der Schichtung der Arbeiterschaft (Verdrängung gelernter durch ungelernte Arbeit, von Männerarbeit durch Frauenarbeit usw.) die Proportionen einer Volkswirtschaft verschieben. Diese Prozesse zum mindesten, also die Betriebskonzentration, die weder mit Vermehrung der Produktion noch mit kartellartigen und anderen Zusammenschlüssen identisch ist, und die Wandlungen auf dem Gebiet der Arbeitskraft hätten gesondert behandelt werden müssen; sie sind bei Bayer nur gelegentlich erwähnt.

Es ist ferner sehr strittig, ob der Verfasser im Recht ist, wenn er Verschiebungen des Größenverhältnisses zwischen der Erzeugung mittelbarer und unmittelbarer Verbrauchsgüter als Resultat von Konjunkturschwankungen bezeichnet und deshalb aus der Untersuchung der Strukturwandlungen ausscheidet (S. 25).

Trotz solcher Bedenken bildet dieses theoretisch sehr anregende und außerordentlich instruktive Buch eine wertvolle Ergänzung zu dem bekannten Harms'schen Sammelwerk über die Strukturwandlungen der deutschen Volkswirtschaft.

Hans Wilbrandt: Das deutsche Agrarproblem. Verlag des Deutschen Volkswirt. Berlin 1933. 44 Seiten, RM 1.50.

Hans Wilbrandt: Die deutsche Landwirtschaft unter volks- und weltwirtschaftlichen Gesichtspunkten, dargestellt unter Verwertung und Ergänzung der Arbeiten des Ausschusses zur Untersuchung der Erzeugungs- und Absatzbedingungen der deutschen Wirtschaft von Max Sering u. a. Paul Parey. Berlin 1932 (II u. 954 S. ; RM. 56.-, geb. RM. 62.-).

Hans Wilbrandt: Deutsche Agrarpolitik im Rahmen der inneren und äußeren Wirtschaftspolitik. Im Namen des Vorstandes der Friedrich-List-Gesellschaft von Fritz Beckmann u. a. Teil I: Die Lage der deutschen Landwirtschaft und die Gestaltung der agrarpolitischen Einzelmaßnahmen (785 S.); Teil II: Die deutsche Agrarpolitik im Rahmen einer organisatorischen Förderung der deutschen Gesamtwirtschaft (733 S.); Ergänzungsteil: Landwirtschaft und Agrarpolitik im Ausland (384 S.). Reimar Hobbing. Berlin 1932 (RM. 60.-).

[Aus: Zeitschrift für Sozialforschung 2, 1 (1933), S. 152.]

Es ist nicht Aufgabe dieser Zeitschrift, agrarpolitische Werke ausführlich zu besprechen. Bei der fundamentalen Bedeutung, die die Interessen der Landwirtschaft und insbesondere des Großgrundbesitzes für die Gestaltung des gesellschaftlichen Lebens in Deutschland von der Reichsgründung bis in die jüngste Gegenwart haben, scheint es jedoch angebracht, auch auf diesen Seiten darauf hinzuweisen, dass im letzten Jahr zwei Standardwerke über die deutschen Agrarprobleme erschienen sind. Die beiden von Sering und der List-Gesellschaft herausgegebenen Sammelwerke geben eine ausführliche Darstellung der deutschen Agrarprobleme unter den verschiedensten Gesichtspunkten. Ihr Studium ist eine unentbehrliche Voraussetzung für die Erkenntnis der gesellschaftlichen Zustände Deutschlands.

Die kleine Schrift von Wilbrandt bietet eine bequeme Einführung in die drängendsten Gegenwartsprobleme der deutschen Landwirtschaft und insbesondere die Gegensätze des körnerbauenden ostelbischen Großgrundbesitzes und der bäuerlichen Veredelungswirtschaft.

Editorische Kommentare

Zur Geldtheorie von Karl Marx [1923]

26, *Die Hamburger Ausgabe des Marx'schen Kapital*: Hier wird um der besseren Nachprüfbarkeit willen die jeweilige Stelle nach der Marx-Engels-Werke-Ausgabe (MEW) angegeben. An Stellen, die von der Hamburger Ausgabe abweichen, wird nach dieser zitiert und als Vergleich die entsprechende Stelle in der MEW zusätzlich angeführt. Dies gilt auch für alle anderen hier zitierten Textstellen von Marx und Engels, die von Pollock nach den damals gängigen Ausgaben zitiert wurden (siehe dazu das Literaturverzeichnis).

26, *Briefwechsel zwischen Engels und Marx*: Pollock zitiert nach der folgenden Ausgabe: August Bebel, Eduard Bernstein (Hg.): Der Briefwechsel zwischen Karl Marx und Friedrich Engels. Vier Bände. Stuttgart 1919. Wo diese von der MEW-Ausgabe abweicht, wird dies vermerkt.

26, *Volksausgabe*: Karl Marx: Das Kapital. Kritik der politischen Ökonomie. Band I. Volksausgabe. Herausgegeben von Karl Kautsky. Stuttgart ²1919.

26, *Theorien über den Mehrwert*: Pollock verwendete die von Karl Kautsky herausgegebene Ausgabe von Theorien über den Mehrwert. Bd. 1–3. Stuttgart ³1919.

27, Fußnote 1: Karl Kautsky (1854–1938), marxistischer Philosoph, SPD-Politiker und Herausgeber der SPD-Theoriezeitschrift *Die Neue Zeit*.

   Rudolf Hilferding (1877–1941), marxistischer Theoretiker, SPD-Mitglied und zweimaliger Reichsfinanzminister in der Weimarer Republik. Sein Hauptwerk ist das 1910 erschienene Buch *Das Finanzkapital*, mit dem sich Pollock in den zwanziger Jahren kontinuierlich auseinandersetzte.

Louis B. Boudin (1874–1952), russisch-amerikanischer Marxist, Schriftsteller und sozialistischer Politiker.

Friedrich Hoffmann (1880–1963), deutscher Volkswirtschaftler und am Kieler Institut für Weltwirtschaft Kollege des als erster Direktor des Instituts vorgesehenen, aber früh verstorbenen Kurt Albert Gerlach (1886–1922). Pollock bezieht sich hier auf Hoffmanns 1907 an der Universität Kiel eingereichte Dissertation.

29, *Genesis des Geldes aus den Widersprüchen der Warenzirkulation*: Gemeint ist vermutlich das Kapitel I. 3 »Die Wertform oder Tauschwert« aus dem ersten Band des *Kapital*, das die Entwicklung von der Wertform zur Geldform logisch darstellt. Vgl. dazu Helmut Reichelt: Zur logischen Struktur des Kapitalbegriffs bei Karl Marx. Freiburg im Breisgau 2001. Zwar erläutert Pollock die zentralen Begriffe im ersten Kapitel durchaus, verzichtet aber auf eine systematische Rekonstruktion.

29, *Sinn der Marxistischen Dialektik*: Die Frage, ob Marx sich im *Kapital* einer historischen oder eine logischen Darstellungsweise bedient, und damit verbunden: ob die Entwicklungsgeschichte des Kapitals selbst dialektisch ist oder nur ihre gedankliche Rekonstruktion, wird in der Marxforschung noch immer breit diskutiert. Sie schließt an Marx' in der Einleitung zur *Kritik der politischen Ökonomie* formulierte Frage nach dem Verhältnis an, »das die wissenschaftliche Darstellung zur reellen Bewegung hat« (MEW 13, S. 618). Siehe etwa Helmut Brentel: Soziale Form und ökonomisches Subjekt. Studien zum Gegenstands- und Methodenverständnis der Kritik der politischen Ökonomie. Wiesbaden 1989, besonders S. 356–365.

29, *Siegfried Marck*: Siegfried Marck (1889–1957), deutscher Philosoph und SPD-Mitglied.

29, Fußnote 2: Zitatnachweis im Typoskript im Fließtext.

29, *»Gesamtprozesses der kapitalistischen Produktion«*: Dies ist der

Titel des dritten Bandes des *Kapitals*.

30, *Ricardoschen*: David Ricardo (1772–1823), Vertreter der klassischen Nationalökonomie, mit dessen 1817 erschienenem Hauptwerk *Principles of Political Economy and Taxation* sich Marx intensiv auseinandergesetzt hat.

30, Fußnote 3: Zitatnachweis im Typoskript im Fließtext.

30, *Dr. Siegfried Budge*: Siegfried Budge (1869–1941), Nationalökonom und Jurist, war Pollocks Doktorvater. Er war der Neffe des Bankiers Henry Budge, der einer der wichtigsten Mäzene der Frankfurter Stiftungsuniversität war, und habilitierte sich dort 1921. Vier Jahre später wurde er zum außerordentlichen Professor der Volkswirtschaftslehre berufen. Pollock belegte bei ihm mehrere Seminare über Geldtheorien, vor allem über David Ricardo. 1933 wurde ihm von den Nazis aufgrund seiner jüdischen Herkunft die Lehrerlaubnis entzogen und er starb nach langer Krankheit 1941 in Hamburg. Seine Frau Ella Henriette Adelheid Mayer wurde 1942 nach Theresienstadt deportiert und dort ermordet.

31, *(MEW 23, S. 95, Anm. 32)*: In der Anmerkung ist nicht wortwörtlich von »Erscheinungsformen« die Rede (auch nicht in der Pollock vorliegenden Hamburger Ausgabe), wohl aber vom »substanzlosen Schein« des Werts und des »scheinbaren Zusammenhangs« der bürgerlichen Produktionsweise, mit denen sich die Vulgärökonomie beschäftige.

33, *verfälscht*: Bei Marx geht der Satz noch weiter: »Die der Fabrikanten sind verfälscht durch die Zirkulationsakte, denen ihr Kapital unterworfen ist, und durch die Ausgleichung der allgemeinen Profitrate.« (MEW 25, S. 324 f.)

34, *»Kampf ums Dasein«*: Anspielung auf Charles Darwins Evolutionstheorie bzw. den Sozialdarwinismus, dessen Parole vom »Kampf ums Dasein« von Marxisten als Naturalisierung der Marktkonkurrenz interpretiert wurde.

36, *mutatis mutandis*: Lat., »mit den nötigen Abänderungen«.

36, *Bestimmung des Tauschwertes*: Pollock spielt hier auf die unterschiedlichen Erklärungsansätze der subjektiven bzw. objektiven Werttheorie an. Die wichtige Theoretiker der ersten Variante (»Grenznutzenschule«) waren Carl Menger (1840–1921), Eugen Böhm-Bawerk (1851–1914), Joseph Schumpeter (1883–1950), später auch die Vordenker des Neoliberalismus Ludwig von Mises (1881–1973) und Friedrich August von Hayek (1899–1992). Zur zweiten Variante, der objektiven Wertlehre, zählt vor allem die Arbeitswertlehre des Marxismus, vertreten etwa durch Karl Kautsky und Rudolf Hilferding.

37, *Kontroversen*: Wahrscheinlich spielt Pollock hier vor allem auf die Böhm-Bawerk/Hilferding-Kontroverse an, die um die Jahrhundertwende geführt wurde. Vgl. dazu die gute Zusammenfassung von Bernhard Rüther: Die Auseinandersetzung zwischen Böhm-Bawerk und Hilferding über Marx. Darstellung und Kritik. Köln 1926.

37, *Petry*: Franz Petry (1889–1915), im Ersten Weltkrieg als junger Mann gefallener Ökonom, der mit seiner oben genannten Dissertation eine der ersten systematischen Studien der Marxschen Werttheorie vorlegte.

38, *einfachen Warenproduktion*: In der Marxforschung gibt es eine Diskussion über die Frage, ob die sogenannte »einfache Warenproduktion« einem tatsächlichen geschichtlichen Stadium der Warenproduktion entspricht, wie Friedrich Engels unter anderem 1894 in seinem Vorwort zum dritten Band des *Kapitals* behauptet hat, oder ob diese von Marx lediglich als theoretische Konstruktion eingeführt wurde, um das Grundmodell des Warentausches zu verdeutlichen. Vgl. Nadja Rakowitz: Einfache Warenproduktion. Ideal und Ideologie. Freiburg im Breisgau 2003.

40, »*alles Verständnis der Tatsachen*«: Anders als in der von Pollock benutzten Briefausgabe heißt es in der MEW-Fassung »facts« statt »Tatsachen«.

41, Fußnote 10: Joseph Schumpeter (1883–1950), österreichischer Nationalökonom, der in seiner hier von Pollock zitierten Habilitationsschrift einen »methodologischen Individualismus« vertritt. Dies steht scheinbar im Widerspruch zu Pollocks Beobachtung einer »rein mechanischen Betrachtung«. Bei genauerer Betrachtung heißt es aber im selben Zitat, dass die Menschen die Veränderungen »tatsächlich bewirken«.

41, *Liefmann*: Robert Liefmann (1874–1941), Wirtschaftswissenschaftler und Professor für Nationalökonomie an der Universität Freiburg mit dem Schwerpunkt Kartellwesen.

42, *Mechanisten*: Pollock denkt hier vor allem an Jean-Baptiste Say (1767–1832), der in seinem *Traité d'économie politique* versuchte, ökonomische Naturgesetze ausfindig zu machen. Pollock bezieht sich an diesem Punkt positiv auf Franz Petrys Einwand, Marx habe zwei Verstehensebenen durcheinandergebracht: die Einsicht in den gesellschaftlichen Charakter der Produktion einerseits, die systematische Darstellung der empirisch-technischen Produktionsabläufe andererseits. Siehe den Verweis in der folgenden Fußnote.

44, *Ob eine derartige einfache Warenproduktion*: Laut Ingo Elbe, dem allerdings lediglich der Aufsatz *Zur Marxschen Geldtheorie* von 1928 vorlag, tendierte Pollock bezüglich der Frage der »einfachen Warenproduktion« zum Engels'schen Historizismus. Vgl. Ingo Elbe: Marx im Westen. Die neue Marx-Lektüre in der Bundesrepublik seit 1965. Berlin ²2010, S. 37, Fußnote 40. Zahlreiche Stellen in der vorliegenden Dissertationsschrift legen allerdings das Gegenteil nahe.

44, *nie festzusetzender Durchschnitt*: Sowohl in der Hamburger Ausgabe als auch in der MEW-Ausgabe heißt es »nie festzustellender Durchschnitt«.

44, *Der Wert der Dinge*: Pollock gibt das im *Kapital* angegebene Zitat Condillacs nicht vollständig wieder: »Es ist falsch, dass man im Warenaustausch gleichen Wert gegen gleichen Wert austauscht. Umgekehrt. Jeder der beiden Kontrahenten gibt immer einen kleineren für einen größeren Wert ... Tauschte man in der Tat immer gleiche Werte aus, so wäre kein Gewinn zu machen für irgendeinen Kontrahenten. Aber alle beide gewinnen oder sollten doch gewinnen. Warum? Der Wert der Dinge besteht bloß in ihrer Beziehung auf unsre Bedürfnisse. Was für den einen mehr, ist für den andren weniger, und umgekehrt ... Man setzt nicht voraus, dass wir für unsre Konsumtion unentbehrliche Dinge zum Verkauf ausbieten ... Wir wollen eine uns nutzlose Sache weggeben, um eine uns notwendige zu erhalten; wir wollen weniger für mehr geben ... Es war natürlich, zu urteilen, dass man im Austausch gleichen Wert für gleichen Wert gebe, sooft jedes der ausgetauschten Dinge an Wert demselben Quantum Geld gleich war ... Aber eine andre Betrachtung muss noch in die Rechnung eingehn; es fragt sich, ob wir beide einen Überfluss gegen etwas Notwendiges austauschen.«

45, *Condillacs*: Étienne Bonnot de Condillac (1714–1780), französischer Geistlicher und Philosoph, dessen 1776 erschienenes ökonomietheoretisches Werk *Le Commerce et le Gouvernement* im Wesentlichen physiokratische Positionen vertrat, aber auch die Kategorie des subjektiven Nutzens einführte, die für die bereits genannte Grenznutzentheorie bedeutsam werden sollte.

49, *conditio sine qua non*: Lat., »notwendige Bedingung«.

50, *zugeschoben wird*: So im Original.

50, Fußnote 15: Karl Theodor Helfferich (1872–1924), deutscher Wirtschaftswissenschaftler, Bankier und Politiker der rechtsradikalen DNVP.

50, »*Anspruch auf ein entsprechendes Quantum des in der Gesellschaft vorhandenen Warenvorrates*« *(siehe oben).*: Es handelt sich vermutlich um ein Selbstzitat.

52, *gesellschaftlichem Übereinkommen*: Die erkenntnistheoretisch bedeutsame Unterscheidung zwischen (unbewusster) Konvention und (bewusster) Übereinkunft fällt hier unter den Tisch. Bei Marx heißt es, die Äquivalentform verwachse »jetzt durch gesellschaftliche Gewohnheit endgültig mit der spezifischen Naturalform der Ware Gold« (MEW 23, S. 84). Das Moment der ›gesellschaftlichen Übereinkunft‹ im Sinne staatlicher Festlegung bezieht Marx nur auf die Einteilung des Geldmaßstabes: »Da der Geldmaßstab einerseits rein konventionell ist, andrerseits allgemeiner Gültigkeit bedarf, wird er zuletzt gesetzlich reguliert.« (MEW 23, S. 115) Siehe dazu auch das Pollock an dieser Stelle wahrscheinlich beeinflussende Buch *Das Finanzkapital* von Rudolf Hilferding (S. 14): »Das Geld entsteht so naturwüchsig aus dem Tauschverkehr und setzt nichts anderes voraus als diesen. Der Tauschverkehr macht diejenige Ware zu Geld, die dazu vermöge ihrer natürlichen Eigenschaften am besten geeignet ist. [...] Also weder den Geldcharakter noch auch den Geldstoff bestimmt der Staat oder die Rechtsordnung willkürlich. Der Staat oder die Rechtsordnung macht das Geld zunächst nur zur Münze. Er ändert nichts als die Einteilung der Goldquanta. Werden diese zuerst nach dem Gewicht eingeteilt oder gemessen, so jetzt nach einem anderen willkürlichen, also notwendigerweise auf bewusstem Übereinkommen beruhenden Maßstab. Da die warenproduzierende Gesellschaft ihre höchste bewusste Organisation im Staate hat, so muss der Staat dieses Übereinkommen sanktionieren, damit es allgemein gesellschaftliche Gültigkeit hat.«

52, *vermittelnden*: Sic. Vermutlich soll es heißen: »vermittelten«.

55, Fußnote 16: Es handelt sich nicht um ein wörtliches Zitat. Sinngemäß aber schreibt Marx im 3. Kapitel des ersten Bandes des *Kapital* ähnliches: »Man sah, daß der Austauschprozeß der Waren widersprechende und einander ausschließende Beziehungen einschließt. Die Entwicklung der Ware hebt diese Widersprüche nicht auf, schafft aber die Form, worin sie sich bewegen können.« (MEW 23, S. 118) Und in *Zur Kritik der politischen Ökonomie* heißt es: »Der Austauschprozeß der Waren muß sowohl die Entfaltung wie die Lösung dieser Widersprüche sein, die sich in ihm jedoch nicht in dieser einfachen Weise darstellen können.« (MEW 13, S. 30) Die Frage, ob die Widersprüche der Ware (bzw. der Warenform) innewohnen oder dem Austauschprozess, wird in der Marx-Forschung diskutiert. Vgl. Andreas Arndt: Dialektik und Reflexion. Zur Rekonstruktion des Vernunftbegriffs. Hamburg 1994, S. 301 f.

55, »*die gesellschaftliche Tat*«: Pollock lässt offen, was diese Formulierung genau bedeutet: ob sie etwa auf eine notwendige »Haupt- und Staatsaktion« hinweist, auf bewusste gesellschaftliche Einigung oder auf Konvention. Vgl. Philipp Lenhard: Abwesenheit des Staates. Über den Begriff der Geltung bei Helmut Reichelt. In: Prodomo 9 (2008), S. 38 f.

56, Fußnote 18: Quellenangabe im Manuskript im Fließtext.

57, *Adolf Wagners*: Adolph (auch: Adolf) Wagner (1835–1917), Wirtschafts- und Finanzwissenschaftler, der als einer der bedeutendsten Vertreter des »Staatssozialismus« der Bismarck-Zeit gilt. Er war Rektor der Berliner Friedrich-Wilhelms-Universität, Mitglied im *Verein für Socialpolitik* und arbeitete im *Conservativen Central-Comitee* eng mit dem antisemitischen Demagogen Adolf Stoecker zusammen. Marx hat sich 1879/1880 in seinen *Randglossen zu Adolph Wagners »Lehrbuch der politischen Ökonomie«* (MEW 19, S. 355–383) kritisch mit dessen Wirtschaftstheorie auseinandergesetzt.

58, »*Erscheinungsform der Arbeitszeit*«: Pollock gibt die Stelle aus dem *Kapital* (Hamburger Ausgabe, S. 59) nicht wörtlich wieder, wo es stattdessen heißt: »Geld als Werthmass ist nothwendige Erscheinungsform des immanenten Werthmasses der Waren, der Arbeitszeit.«

58, Fußnote 19: Quellenangabe im Typoskript im Fließtext.

58, *Simmels*: Georg Simmel (1858–1918), Philosoph und Soziologe, der in seiner 1900 veröffentlichten *Philosophie des Geldes* eine subjektive Wertlehre vertritt. Siehe dazu Hans-Georg Backhaus: Georg Simmels »Philosophie des Geldes«. In: sans phrase. Zeitschrift für Ideologiekritik 7 (2015), S. 105–108.

59, Fußnote 20: Quellenangabe im Typoskript im Fließtext. Pollock gibt fälschlich die Seite 115 an.

59, Fußnote 20: Quellenangabe im Typoskript im Fließtext.

59, »*seinem Begriff nach*«: Die Formulierung »seinem Begriff nach« ist in diesem Abschnitt des *Kapital* nicht zu finden, es handelt sich daher nicht um ein wörtliches Zitat. Siehe auch die folgende Fußnote.

61, *nominalistischen Theorien*: Damit sind Theorien gemeint, die die Geltung des Geldes – dessen soziale Akzeptanz – weder auf eine ihm innewohnende Wertsubstanz zurückführen (*Valoristen*) noch auf den Metallwert des Geldes (*Metallisten*), sondern auf staatliche Setzung (z. B. Georg Friedrich Knapp: Staatliche Theorie des Geldes. Leipzig [3]1921) oder gesellschaftliche Konvention (z. B. Adolph Wagner oder Ludwig von Mises). Vgl. dazu den Aufsatz von Pollocks Doktorvater Siegfried Budge: Vom theoretischen Nominalismus. In: Jahrbücher für Nationalökonomie und Statistik 58, 63 (1919), S. 481–509.

63, Fußnote 25: Mit einer solchen Theorie ist insbesondere der französische Ökonom Jean-Baptiste Say (1767–1832) gemeint, der vor allem durch das in seinem *Traité d'économie politique* (1803) vertretene »Saysche Theorem« bekannt geworden ist, wonach sich jedes Angebot auch eine Nachfrage schafft.

64, *Ablehnung jeder Theorie*: Auch dies bezieht sich vor allem auf Say (siehe den vorherigen Kommentar).

65, Fußnote 27: Marx schreibt, dass die Trennung zwischen Kauf und Verkauf die »allgemeine Möglichkeit der Handelskrisen« bedinge (MEW 13, S. 77) und rekurriert damit auf den Umstand, dass Krisen Ausdruck des gestörten Waren-Geld-Umlaufes sind, die »Einheit« von W–G–W also nicht mehr gegeben ist.

66, »*Goldhaut*«: Das Zitat befindet sich auf Seite 129 im ersten Band des *Kapital* (MEW 23).

66, £, s. usw.: Im Original heißt es: »... Pfd.St., sh. usw.«

67, »Nationaluniform«: Im Original heißt es: »In den verschiednen Nationaluniformen, die Gold und Silber als Münzen tragen, auf dem Weltmarkt aber wieder ausziehn, erscheint die Scheidung zwischen den innern oder nationalen Sphären der Warenzirkulation und ihrer allgemeinen Weltmarktssphäre.« MEW 23, S. 138f.

67, alchimistische: In der Hamburger Ausgabe heißt es »alchymistische«.

68: Fußnote 68: Friedrich Bendixen (1864–1920), deutsch-amerikanischer Nationalökonom und Vorstandsmitglied der Hypothekenbank in Hamburg. Bendixen war Vertreter der Schule des Chartalismus, die auf Georg Friedrich Knapp (siehe den Kommentar zu Seite 61) zurückgeht und in der der Geldwert mit einer positiven Setzung durch den Souverän erklärt wird.

69f: Die Fußnoten 29–36 sind im Typoskript im Fließtext.

70, Philippovich: Eugen Philippovich Freiherr von Philippsberg (1858–1917), auch: Eugen von Philippovich, liberaler österreichischer Nationalökonom. Philippovich war Vorgänger Max Webers als Lehrstuhlinhaber für Politische Ökonomie an der Albert-Friedrichs-Universität in Freiburg. Zu seinen Schülern zählten Joseph Schumpeter und Emil Lederer. Er war unter anderem einer der Mitgründer der Sozialpolitischen Partei und Mitglied im arbeiterfreundlichen Verein für Socialpolitik.

70, C[arl] Menger: Carl (auch: Karl) Menger (1840 – 1921), österreichischer Ökonom und Vertreter der Grenznutzenschule (siehe dazu en Kommentar zu Seite 36).

71, »allgemeines Zahlungsmittel«: An der angegebenen Stelle nicht nachgewiesen. In Kombination mit dem Zitat »letztes Wort« ist wohl MEW 13, S. 120 gemeint.

73, *Quantitätstheorie*: Die Quantitätstheorie wurde, ausgehend von Jean Bodin, zuerst von John Locke systematisch auf den Punkt gebracht und ist wichtig für die Frage der Möglichkeiten und Grenzen staatlicher Geldpolitik. Im 20. Jahrhundert war besonders Irving Fishers Werk *The Purchasing Power of Money. Its Determination and Relation to Credit, Interest and Crises* (New York 1911) einflussreich, da es die Grundlage für den neoliberalen Monetarismus eines Milton Friedman legen sollte.

74, Fußnote 37: Fußnote im Typoskript im Fließtext.

75, Fußnoten 39–42: Die Fußnoten 39–42 sind im Typoskript im Fließtext.

78, »...*ein Motiv seines Anfangs findet*«: Pollock gibt hier die falsche Seite an (131 statt 130 der Hamburger Ausgabe), zudem muss es statt »...seines Anfangs bildet« richtig »...seines Anfangs findet« heißen.

78, *ceteris paribus*: Lat. »unter sonst gleichen Bedingungen«.

79, *Gold und Silber als »konkrete Gebrauchswerte«, als Schmuck, Tafelgeräte usw. benutzen, heißt seinen Reichtum jedermann aufs Deutlichste zum Bewusstsein bringen*: Deutlicher wird die Aussage, wenn der Satzbau folgendermaßen umgestellt wird: »In einer Zeit, wo die Edelmetalle schon ›Dasein des abstrakten gesellschaftlichen Reichtums und materieller Repräsentant des stofflichen Reichtums‹ geworden sind, heißt Gold und Silber als ›konkrete Gebrauchswerte‹, als Schmuck, Tafelgeräte usw. benutzen, seinen Reichtum jedermann aufs Deutlichste zum Bewusstsein zu bringen.«

80, *alchimistisch*: In der Hamburger Ausgabe heißt es »alchymistisch«.

81, Fußnote 48: Es ist dem Typoskript nicht eindeutig zu entnehmen, an welcher Stelle in diesem Abschnitt die Fußnote gesetzt ist. Die Seite beginnt bei »...Kreditwesens eine immer stärkere Konzentration« und endet bei »Teil des Kapitalwertes bei seiner...«.

82, »*suspendierte Münze*«: Das Zitat stammt aus *Zur Kritik der Politischen Ökonomie* (MEW 13, S. 104). An der betreffenden Stelle im zweiten Band des *Kapital* ist nur davon die Rede, dass »G durch äußre Umstände, Lage des Markts etc., seine Funktion G–W suspendieren muss«. MEW 24, S. 82.

82, *ihn begleitendes, aber zugleich wesentlich von ihm unterschiedenes Moment*: Sowohl die Hamburger Ausgabe als auch die MEW-Ausgabe schreiben von Pollocks Zitat abweichend »einbegriffnes« und »unterschiednes«.

83, *allein treibende Motiv seiner Operationen*: Weil es hier um die genauere Bestimmung der Figur des Kapitalisten geht und die Auslassungen Pollocks auch für die Ideologiekritik der Kritischen Theorie bedeutsam sind, sei das Zitat vollständig wiedergegeben: »Als bewusster Träger dieser Bewegung wird der Geldbesitzer Kapitalist. Seine Person, oder vielmehr seine Tasche, ist der Ausgangspunkt und der Rückkehrpunkt des Geldes. Der objektive Inhalt jener Zirkulation – die Verwertung des Werts – ist sein subjektiver Zweck, und nur soweit wachsende Aneignung des abstrakten Reichtums das allein treibende Motiv seiner Operationen, funktioniert er als Kapitalist oder personifiziertes, mit Willen und Bewusstsein begabtes Kapital. Der Gebrauchswert ist also nie als unmittelbarer Zweck des Kapitalisten zu behandeln. Auch nicht der einzelne Gewinn, sondern nur die rastlose Bewegung des Gewinnes.« Marx zeichnet hier zum einen den Übergang der Formeln G–W–G zu G–W–G' nach, zum anderen entwirft er ein ideologiekritisches Bild des Kapitalisten, der als Personifizierung des Kapitals gezeichnet wird. Demzufolge ist das Kapital als gesellschaftliches Verhältnis das Subjekt der Ökonomie und nicht der einzelne Marktteilnehmer – dieser ist vielmehr ein notwendiges Exekutionsorgan eines ihm logisch vorgeordneten Zweckes.

83, »*rationelle Kapitalist*«: Als Gegenmodell zum »verrückten Kapitalisten« entwirft Marx den Kapitalisten als »der rationelle Schatzbildner« (MEW 23, S. 168) bzw. den »klügeren Kapitalisten« (ebd.).

83, *vorhandenes*: Die Hamburger Ausgabe und die MEW-Ausgabe schreiben beide »vorhandnes«.

83, *das in Schatzform untätig daliegende Geld zum »arbeiten« zu zwingen*: Das Wort »arbeiten« ist hier kein Zitat. Die Anführungszeichen drücken eine ironische Distanz zu der Vorstellung des »Geld heckenden Geldes« (MEW 24, S. 83 und dann entfaltet in MEW 25, S. 405) aus, die Marx als Ausdrucksform des Kapitalfetischs herausarbeitet. Der Begriff des Kapitalfetisch ist zentral für die Analyse des modernen Antisemitismus, wie zuletzt Stephan Grigat gezeigt hat: Der Marx'sche Fetischbegriff und seine Bedeutung für eine Kritik des Antisemitismus. In: Christina Antenhofer (Hg.): Fetisch als heuristische Kategorie. Geschichte – Rezeption – Interpretation. Bielefeld 2011, S. 275–292. Leider hat Pollock diesen Pfad, der hier nur angedeutet wird, nicht weiter verfolgt, was sich in der gesamten Antisemitismustheorie der Kritischen Theorie bemerkbar machen wird, wo die Frage des Kapitalfetischs weitgehend Leerstelle bleibt. In den »Elementen des Antisemitismus« wird dieser Aspekt mit der Formel »des Lohnes ohne Arbeit« nur am Rande gestreift. (Theodor W. Adorno, Max Horkheimer: Dialektik der Aufklärung. Philosophische Fragmente. Frankfurt am Main 1998, S. 225.)

84, *»potentielles Geldkapital«*: Die Angabe ist falsch, denn Marx schreibt im zweiten Band des *Kapital* abweichend von »latentem Geldkapital« (MEW 24, S. 82, 83, 89 und 90). Allerdings verwendet er den Ausdruck im dritten Band, siehe etwa MEW 25, S. 508 und 510.

85, *größere*: Hamburger Ausgabe und MEW-Ausgabe schreiben »größre«.

85, Fußnote 52: Siehe dazu bereits die Kommentare zu den Seiten 38 und 44.

86, *Kalifornien*: Anspielung auf den »Goldrausch« in Kalifornien in den Jahren 1848–54.

87, »*metallischen Leiblichkeit*«: Nicht ausgewiesenes Zitat aus MEW 13, S. 111.

87, *zählt hier nichts*: Pollock vertritt die These, dass der Tauschwert des Geldes im Inneren des Nationalstaates durch den Souverän garantiert wird, weshalb die Münze unabhängig von ihrem Metallwert zum »bloßen Geldzeichen« werden kann. Es gibt aber keinen Weltsouverän, daher zähle auf internationalem Parkett der Metallwert. Die Idee der internationalen Leitwährung, die, wie etwa der US-Dollar, militärisch abgestützt wird, findet hier keine Berücksichtigung.

87, *sozialistischen Staat*: Ob Marx an der angegeben Stelle wirklich vom »sozialistischen Staat« spricht, wenn er die Formulierung »wenn die inländische Produktion organisiert wäre« verwendet, ist eine offene Frage.

88, *Verwandlung der Werte in Produktionspreise*: Die Verwandlung der Werte in Produktions- und Kostpreise ist noch immer ein grundlegendes Problem der Marxschen Theorie, die auch am Institut für Sozialforschung bereits diskutiert wurde. Siehe insbesondere den Beitrag von Henryk Grossmann: Die Wert-Preis-Transformation bei Marx und das Krisenproblem. In: Zeitschrift für Sozialforschung I, 1/2 (1932), S. 55–84. Pollock bekannt war wahrscheinlich der Beitrag von Karl Diehl: Über das Verhältnis von Wert und Preis im ökonomischen System von Karl Marx. Jena 1898.

89, *Mehrwert heckender Wert*: Im Original ist diese Stelle mit einem klärenden Einschub versehen: »Mehrwert (in Gestalt von Waren) heckender Wert«.

89, Fußnote 55: Thomas Tooke (1774–1858), britischer Ökonom, der in seinem Werk *An Inquiry into the Currency Principle* (London 1844) die These vertreten hat, der Geldbedarf einer Volkswirtschaft regele sich von alleine und bedürfe keiner Steuerung. Der schottische Schriftsteller John Fullarton (ca. 1780–1849) hat Tookes These in seinem Buch *On the Regulation of Currencies* (London 1845) unter anderem gegen die Kritik David Ricardos verteidigt.

90, *kann schon eine Schiffsladung Geld Abhilfe bringen*: Dies ist nicht unbedingt Marx' Position, denn er zitiert hier lediglich den englischen Ökonomen und Bankier William Newmarch (1820–1882), der auch eng mit dem von Marx ausführlich kritisierten Thomas Tooke zusammenarbeitete.

92, *Sinn*: Im Original heißt es: »Sinne«.

92, *MEW 23, S. 104*: Es handelt sich um ein Selbstzitat Marx', das sich auf MEW 13, S. 131 bezieht.

93, *Quantitätstheorie*: Siehe dazu den Kommentar zu Seite 73.

93, *reell ... ideell*: Hervorhebung durch Pollock.

94, *die Geschwindigkeit ihres Formwechsels*: Pollock gibt hier fälschlich an, das Zitat sei aus der Schrift *Zur Kritik der politischen Ökonomie*.

96, *Wicksell*: Knut Wicksell (1851–1926), schwedischer Ökonom und einer der Vordenker der monetären Überinvestitionstheorie. In dem von Pollock zitierten Hauptwerk wurde der sogenannte »Wicksellsche Prozess« entwickelt, demzufolge sich Zinspolitik und Konjunktur in gegenseitiger Abhängigkeit befinden. Die Zentralbanken hätten laut Wicksell die Aufgabe, durch die weitgehende Übereinstimmung von natürlichem und Marktzins (bzw. Kapital- und Geldzins) eine Preisstabilität zu garantieren.

98, *die Virements im mittelaltrigen Lyon*: Bei Pollock heißt es abweichend »virementes im mittelalterlichen Lyon«. Gemeint sind die einwöchigen Wechselmessen, auf denen Geldüberweisungen (virements) in andere Währungen getätigt werden konnten. Lyon kam damit eine Scharnierfunktion für den Zahlungsverkehr zwischen Süd- und Nordwesteuropa zu. Vgl. Michael North: Von den Warenmessen zu den Wechselmessen. Grundlagen des europäischen Zahlungsverkehrs in Spätmittelalter und Früher Neuzeit. In: Peter Johanek, Heinz Stoob (Hg.): Europäische Messen und Märktesysteme in Mittelalter und Neuzeit. Köln u. a. 1996, S. 228.

98, *Clearing*: Mit »Clearing« ist im Zahlungsverkehr die Aufrechnung von gegenseitigen Forderungen und Verbindlichkeiten gemeint.

99, *?*: Unleserlich.

99, *Quantitätstheorie*: Siehe Kommentar zu Seite 73.

101, Fußnote 65: Im Typoskript in den Fließtext eingerückt.

102, *»Friedensschluss«*: Pollock setzt dieses Wort ohne ersichtlichen Grund in Anführungszeichen. Möglicherweise will er damit auf den zeitgenössischen Begriff des »Diktatfriedens« anspielen, der den Versailler Vertrag delegitimieren soll.

103, *Jene Sturmwelle der Preiserhöhung*: Wicksell meint damit die Preissteigerungen in Kalifornien und Australien zur Zeit des Goldrausches, die seine These bestätigen würden.

103, Fußnoten 66 und 68: Im Typoskript in den Fließtext eingerückt.

104, *Valuta*: Ital. für »Wert«, Bezeichnung für ausländische Währung.

107, *Inlandsmarkte*: Marx hebt – von Pollock nicht zitiert – hervor, dass die Fähigkeit des Staates, »mit der Magie seines Stempels Papier in Gold zu verwandeln«, nur Schein sei. Zwar verwandelten sich die Scheine, »von ihrem funktionellen Dasein getrennt, [...] in nichtswürdige Papierlappen«, zugleich aber falle das Papiergeld oder Wertzeichen, einmal von »der Zirkulation ergriffen, [...] ihren immanenten Gesetzen anheim«. MEW 13, S. 98.

109, *Chartalist*: Besonders Knapp und Schumpeter haben die Theorien des Geldes bzw. des Geldwertes in die zwei entgegengesetzten

Schulen des Metallismus und Chartalismus unterteilt. Erstere gehen davon aus, dass Geld sei als edles Metall aufgrund seiner natürlichen stofflichen Eigenschaften wertvoll. Daher kommen die Metallisten in argumentative Bedrängnis, wenn eine Volkswirtschaft vorwiegend Geldzeichen verwendet. Der Chartalismus wiederum erklärt dann, es gehe unabhängig vom stofflichen Gehalt nur um die soziale Akzeptanz des Geldes als Wertzeichen und sieht sich durch das Scheitern des Metallismus bestätigt.

112, *faux frais*: Frz. für falsche bzw. tote Kosten, die bei Marx für ausschließlich im Kapitalismus anfallende Kosten stehen, welche zwar für die Mehrwertproduktion notwendige Funktionen abdecken, selbst aber keinen Wert schöpfen. Darunter fällt etwa die Beaufsichtigung und Kontrolle der Arbeiter oder die sogenannten »Zirkulationskosten«, also der Formwandel von Geld in Produktionsmittel oder Ware. Vgl. Wolfgang Fritz Haug: Faux frais. In: Historisch-kritisches Wörterbuch des Marxismus, Bd. 4. Berlin 1999, Sp. 237–252.

»Faux frais« ist ein für Pollock ungemein wichtiges Konzept, mit dem er sich bis zu seinem Lebensende beschäftigt hat, da es die grundlegende Frage nach dem Unterschied von produktiver und unproduktiver Arbeit aufwirft. Paul A. Baran, der 1929 als wissenschaftliche Hilfskraft Pollocks am Institut tätig war, und Paul Sweezy haben die faux frais in ihrem Buch *Monopolkapitalismus* (Frankfurt am Main, 1973) später zum bestimmenden Faktor für den Charakter der spätkapitalistischen Gesellschaft erklärt. Insofern müssen die »faux frais« auch als grundlegender Begriff einer marxistischen Krisentheorie gelten.

114, *MEW 25, S. 626*: Dies scheint ein falscher Literaturverweis zu sein, denn an der entsprechenden Stelle geht es um Zins im Mittelalter.

115, »*die bloße Handelszirkulation*«: MEW 25, S. 417.

115, Fußnote 81: Unter »Lombardierung« versteht man die Gewährung eines Kredits durch die Beleihung von Wechseln, Wertpapieren oder Pfändern.

116, *Peelsche Bankgesetzgebung*: Robert Peel (1780–1855), britischer Regierungschef von 1834–35 und 1841–46, unter dem auch der Bank Charter Act beschlossen wurde. Siehe auch den Kommentar zu Seite 116.

116, *banking school*: Der »Banking School«, einer britischen Gruppe von Wirtschaftswissenshaftlern im 19. Jahrhundert, gehörten unter anderem die von Marx heftig befehdeten Thomas Tooke (siehe Anmerkung auf Seite 328), John Fullarton (siehe Anmerkung auf Seite 329), James Wilson (1805–1860) und James William Gilbart (1794–1863) an. Ihre Geldtheorie, die keinen funktionalen Unterschied zwischen Banknoten und Pfänden macht, steht im Gegensatz zur Currency-Theorie (siehe den folgenden Kommentar).

116: Fußnote 83: Samuel Jones-Lloyd, Baron Overstone (1796–1883), britischer Bankier und Politiker. Overstone hat den Bank Charter Act von 1844 unter der Regierung Robert Peels mit vorbereitet, dem gemäß nur noch die Bank of England Banknoten ausgeben durfte.

Die Currency-Theorie ist eine im Gegensatz zur Banking-Theorie stehende Geldtheorie, der zufolge nur Banknoten und Münzen Geld sind. Daran schließt sich die Forderung an, alle ausgegebenen Banknoten metallisch zu decken.

Bei Pollock heißt es fälschlich »über einen gewissen Satz hinaus voll in Reserve zu halten«.

117, *Auf den Wechsel wurden z. B. einem Spinner Banknoten vorgeschossen. Er erhält den Wechsel vom Weber. Er zahlte mit den erhaltenen Noten Kohle, Baumwolle usw.*: Die MEW-Version weicht von der Pollock vorliegenden Ausgabe der *Theorien über den Mehrwert* von 1919 ab: »Der Wechsel wurde z. B. einem Twistfabrikanten diskontiert. Er erhielt den Wechsel vom Weber. Er zahlte mit den 1000 *l.* Kohle, Baumwolle etc. Die verschiednen Hände, durch die diese Noten zur Zahlung ihrer Waren laufen, legen sie zuletzt in Leinwand aus, und so kommen die Noten an den Weber, der am Verfalltag den Spinner mit den identischen Noten zahlt, der sie auf die Bank zurückbringt. Es ist gar nicht nötig, daß die zweite (postume) Verwandlung der Ware in Geld – nach ihrer Antizipierten Verwandlung – in andrem Geld geschieht als die erste.« (MEW 26.1, S. 303 f.)

121, *Goldpunkte*: Unter »Goldpunkten« versteht man die Grenzen, zwischen denen sich Wechselkurse zweier Länder mit Goldwährung bewegen.

122, *ein Pfund Sterling*: In der MEW-Ausgabe heißt es »1.Pfd.St.«

124, *Literaturverzeichnis*: Die Titel der Bibliographie wurden vom Herausgeber vervollständigt und, wo eindeutig fehlerhaft, korrigiert. Zudem wurden die bibliographischen Angaben formal an die Schreibweise des restlichen Bandes angepasst. Siehe dazu auch die Erläuterungen in der Einleitung.

125, *Handwörterbuch der Staatswissenschaften*: Leider lag dem Herausgeber die 3. Auflage nicht vor, so dass hier die Seitenzahl nicht angegeben ist. In der 2. Auflage von 1901 (Jena) befindet sich der Wörterbuchbeitrag auf den Seiten 15–38.

126, *Handwörterbuch der Staatswissenschaften*: Leider lag dem Herausgeber die 3. Auflage nicht vor, so dass hier die Seitenzahl nicht angegeben ist. In der 2. Auflage von 1900 (Jena) befindet sich der Wörterbuchbeitrag auf den Seiten 60–106.

Zur Marxschen Geldtheorie [1928]

Bibliographische Anmerkung: Die von Pollock für diesen Aufsatz verwendeten Marx-Ausgaben sind identisch mit denen der Dissertation. Siehe dazu die Bibliographie auf den Seiten 124–127. Hier wird nur die jeweilige Stelle in der MEW-Ausgabe angegeben. Zudem sind analog zur Dissertationsschrift, auf der der vorliegende Aufsatz basiert, alle Zitate aus den ökonomiekritischen Schriften Marx' in den Fließtext eingearbeitet worden.

Der erste und der dritte Teil des Textes stellen eine Rezension bzw. eine vertiefte Auseinandersetzung mit der Publikation Herbert Blocks dar. Im Original sind alle Zitat aus Block nur mit der Seitenzahl in Klammern angegeben. Hier wird der Übersichtlichkeit halber der Name des Autors vorangestellt, also zum Beispiel (Block, S. 61).

130, *Herbert Block*: Herbert Block (1903–1988), deutsch-amerikanischer Ökonom und Wirtschaftsjournalist, dessen hier von Pollock näher besprochene Untersuchung zur *Marxschen Geldtheorie* 1926 als Dissertation an der rechts- und staatswissenschaftlichen Fakultät der Universität Freiburg angenommen wurde – drei Jahre nach der unveröffentlicht gebliebenen Dissertation Pollocks, die im vorliegenden Band erstmals abgedruckt wird.

Block arbeitete als Berater für den Völkerbund und als Redakteur der *Vossischen Zeitung*, bis diese 1934 von den Nationalsozialisten geschlossen wurde. Er emigrierte ins republikanische Spanien, wo er als Dozent an der Universität Madrid lehrte, 1936 ging er in die Schweiz und schließlich 1940 in die USA. Es ist sehr wahrscheinlich, dass sich Pollock und Block in den USA später auch persönlich begegnet sind, denn letzterer arbeitete vier Jahre lang an der *New School for Social Research* als direkter Kollege Adolf Löwes, mit dem Pollock eng befreundet war. 1944 begann Block für den militärischen Auslandsgeheimdienst OSS zu arbeiten, für den auch andere Institutsmitglieder wie Franz Neumann, Herbert Marcuse, Otto Kirchheimer und, in kleinerem Maße, auch Pollock tätig war.

131, *Erscheinungsformen*: Pollock zitiert hier nicht wörtlich, sondern sinngemäß.

136, *bildet keinen Wert*: Impliziter Verweis auf MEW 23, S. 55.

136, *sinnlich übersinnliches Ding*: Vgl. auch MEW 23, S. 85.

136, *Verständnis der Tatsachen*: Vgl. auch MEW 23, S. 56.

139, *sinnlich-übersinnliches Ding*: Unausgewiesenes Zitat aus MEW

13, S. 29 und MEW 23, S. 85.

139, *allgemeines Äquivalent*: Unausgewiesenes Zitat aus MEW 23, S. 82–85.

147, *circulus vitiosus*: Lat. »schädlicher Kreis«, umgangssprachliche Übersetzung »Teufelskreis«.

149, *hoards*: Hoard = Schatz; gemeint ist die Schatzbildung.

Sombarts »Widerlegung« des Marxismus [1926]

159, *phänomenologische Methode der Wesensschau*: Der Begriff der Wesensschau geht auf die Phänomenologie Edmund Husserls (1859–1938) zurück und bezeichnet ein Verfahren, durch systematische Analyse das Wesen eines Gegenstandes zu gewinnen.

159, *Proudhon*: Pierre-Joseph Proudhon (1809–1865), französischer Sozialist. Mit seinem Hauptwerk *Qu'est ce que la propriété? Ou recherches sur le principe du droit et du gouvernement* (1840) wurde er zu einem der einflussreichsten Begründer des Anarchismus. Marx, zunächst mit Proudhon sympathisierend, widmete ihm später mit der Schrift *Philosophie des Elends* eine eigene Polemik.

159, *Moses Hess*: Moses Hess (1812–1875) war sowohl einer der ersten Kommunisten als auch einer der ersten Zionisten in Deutschland und arbeitete zeitweise eng mit Marx und Engels im »Bund der Kommunisten« zusammen, bevor es zum Zerwürfnis kam. In der marxistischen Tradition wurde Hess später pejorativ zum »schwärmerischen« oder »utopischen Sozialisten« gemacht.

159, *Vandervelde*: Émile Vandervelde (1866–1938), belgischer Sozialdemokrat und vor dem Ersten Weltkrieg Vorsitzender der Zweiten Internationale. Vor und nach 1918 hatte er verschiedene Ministerposten in Belgien inne. Anschließend an Untersuchungen zur Agrarwirtschaft hat er sich besonders mit Fragen der Kolonisation beschäftigt, etwa mit der belgischen Kolonisierung des Kongo oder der jüdischen Besiedelung Palästinas.

160, *noetischen*: In der Philosophie Edmund Husserls meint Noetik die Phänomenologie der Vernunft.

161, *typologischen Methode*: Eigentlich aus der Archäologie stammender Begriff (siehe Oscar Montelius: Die älteren Kulturperioden im Orient und in Europa. Stockholm 1903), der hier aber analog zur phänomenologischen »Wesensschau« des Sozialismus zu verstehen ist.

161, *Saint-Simon*: Henri de Saint-Simon (1760–1825), französischer Soziologe und Frühsozialist. Infolge der Französischen Revolution war er als Angehöriger des zweiten Standes enteignet worden, gelangte aber durch geschäftliche Aktivitäten vorübergehend schnell wieder zu Wohlstand, den er seinem utopischen Projekt opferte. Seine auch politisch motivierte Ehe mit der begüterten Adeligen Alexandrine de Grandchamp wurde schnell wieder geschieden, woraufhin Saint-Simon verarmte.

161, *Robert Michels*: Robert Michels (1876–1936), deutsch-italienischer Linkssozialist und Syndikalist. 1928 trat Michels Mussolinis Partitio Nazionale Fascista bei. Hier ist die Anspielung auf Michels Liebesleben im Vergleich zu Saint-Simon unverständlich, denn aus seiner langjährigen Ehe mit Gisela Lindner gingen vier Kinder hervor. Auch beruflich war er– nach der aus politischen Gründen gescheiterten Habilitation in Deutschland – als Professor für Nationalökonomie und Statistik an der Universität Basel erfolgreich.

163, *Enfantin*: Barthélemy Prosper Enfantin (1796–1864), Hauptvertreter der sozialistisch-religiösen Bewegung des Saint-Simonismus nach dem Tod ihres Namensgebers. 1831 kam es zu einem bedeutenden Richtungsstreit in der Bewegung, die letztlich zum Bruch führte. Das eher philosophisch-politisch geprägte Lager um Saint-Amand Bazard trennte sich von dem »Mann des Fleisches« Enfantin ab, der offen die Emanzipation der Frau, die Abschaffung der Ehe und die freie Liebe propagierte.

164, *Ludwig Feuerbach*: Ludwig Feuerbach (1804–1872), deutscher Philosoph und Begründer des nachhegelschen »anthropologischen Materialismus« (Alfred Schmidt). Feuerbachs 1841 erschienene religionskritische Schrift *Das Wesen des Christentums*, in der Gott als Projektion menschlicher Sehnsüchte dargestellt wird, gilt als atheistisch.

166, *ordre naturel*: Frz., »natürliche Ordnung«. Der Begriff ist vor allem aus der physiokratischen Wirtschaftstheorie François Quesnays bekannt. Vgl. Marianne Fischmann: Le concept Quesnayen d'ordre naturel. In: Cahiers d'économie politique 32 (1998), S. 67–97.

167, *Friedrich Stahls*: Friedrich Julius Stahl (1802–1861), deutscher Rechtsphilosoph und Jurist, der im Vormärz als konservativer Politiker und Apologet des »christlichen Staates« auftrat.

170, *Machtprinzip*: Im Original nicht hervorgehoben.

171, *Escobarderien*: Nach dem spanischen Jesuiten Antonio Escobar y Mendoza (1589–1669) gebildetes Wort: Falschheit, Heuchelei.

173, *I. Die Chronik*: Aus Gründen der Übersichtlichkeit wurde die Nummerierung hier neu geordnet sowie drei Titel von Unterkapiteln in den Text eingegliedert. Im Original haben die Abschnitte »Die Chronik« und »Soziologie« keine Nummern, dafür aber »I. Die Träger der sozialen Bewegung«, »II. Das Gefüge der sozialen Bewegung«, »III. Die Führer der sozialen Bewegung« und, noch verwirrender, »III. Teil: Geschichte«.
Die Aufteilung in Chronik, Soziologie und Geschichte entspricht nun auch der des referierten Buches von Sombart.

175, *Lassalle*: Ferdinand Lassalle (1825–1864), Gründer des Allgemeinen Deutschen Arbeitervereins und Wortführer der deutschen

Sozialdemokratie.

175, *Kommentar zu »Heines Spottverse«*: Gemeint ist Heinrich Heines Gedicht *Erinnerung aus Krähwinkels Schreckenstagen* von 1853/54, in dem dieser sich über die bürgerlichen Gegner (»Wir Bürgermeister und Senat«) des Sozialismus lustig macht. Sombart entgeht offenbar die Ironie, so dass er sich die Argumente der Verspotteten zu eigen macht.

178, *Marat*: Jean Paul Marat (1743–1793), schweizerisch-französischer Schriftsteller und revolutionärer Politiker. Marat war Abgeordneter im Nationalkonvent und zeitweise Präsident des Klubs der Jakobiner. Als Herausgeber der Zeitschrift *Ami du Peuple* wurde er – bis zu seiner Ermordung – zum Sprachrohr der radikalen Sansculotten-Bewegung und zum Agitator der Terrorherrschaft.

180, *Babouvismus*: Politisches Programm, das auf den linksradikalen revolutionären Agitator François Noël »Gracchus« Babeuf (1760–1797) und den von ihm begründeten Geheimbund »Verschwörung der Gleichen« zurückgeht. Babouvismus steht damit für einen radikal-sozialistischen Gesellschaftsentwurf, der von einer verschworenen Minderheit auch gegen die Mehrheit durchgesetzt werden kann. In diesem Sinne setzt Sombart den Bolschewismus mit dem Babouvismus gleich.

181, *Troeltsch*: Ernst Troeltsch (1865–1923), deutscher protestantischer Theologe, Kulturphilosoph und liberaler Politiker.

181, Fußnote 11: Die Fußnotenzählung im Original beginnt hier wieder bei 1. Hier läuft die Zählung aus pragmatischen Gründen kontinuierlich weiter.

182, Fußnote 12: Max Scheler (1874–1928), Philosoph und Anthropologe, der stark vom Neukantianismus und Husserl, aber auch von der Lebensphilosophie Bergsons und der Kulturkritik Nietzsches geprägt war.

183, *Spengler*: Oswald Spengler (1880–1936), rechter Kulturkritiker und Geschichtsphilosoph. In seinem Hauptwerk *Der Untergang des Abendlandes* (1918/1922) vertritt Spengler eine geschichtsphilosophische Zyklentheorie und diagnostiziert eine Krise der westeuropäischen Kultur, die letztlich zu ihrem Untergang führe. Die 1919 in erster Auflage erschienene Streitschrift *Preußentum und Sozialismus* stellt eine Vorstudie zum Hauptwerk dar.

191, *Carl Schmitt*: Carl Schmitt (1888–1985), deutscher Jurist und Staatstheoretiker, der mit Hitlers Machtübernahme zum »Kronjurist des Dritten Reiches« werden sollte. Als rechtsradikaler, gleichwohl luzider Denker hatte er schon in der Weimarer Zeit spätere Mitglieder des Instituts für Sozialforschung beeinflusst, allen voran Franz Neumann und Otto Kirchheimer, deren Schriften er freilich auch selbst rezipierte. In seinem hier von Pollock gelobten Buch *Politische Romantik* kritisierte Schmitt die Romantik für ihre Wirklichkeitsverweigerung. Getreu dem Schmittschen Dezisionismus war der Ausdruck »politische Romantik« für ihn letztlich eine *contradictio in adiecto*.

Adam Müller wird von Schmitt für »seine Sucht, überall zu vermitteln«, seine »unmännliche Passivität« sowie »sein[en] gefühlsmäßig im Grunde immer mit allem einverstandene[n], alles gutheißende[n] Pantheismus« geschmäht. Carl Schmitt-Dorotić: Politische Romantik. München, Leipzig 1919, S. 112.

191, *Othmar Spann*: Othmar Spann (1878–1950), österreichischer Nationalökonom und Soziologe. Spann gehörte zu den Vordenkern des österreichischen Ständestaates (Austrofaschismus) und war ein Theoretiker des »wahren« oder »totalen Staates«. Als Vertreter eines staatszentrierten Faschismus geriet er in Widerspruch zur nationalsozialistischen Lehre und wurde innerhalb der Bewegung marginalisiert. 1938 wurde er in den Ruhestand versetzt und vorübergehend im KZ Dachau interniert.

In der *Zeitschrift für Sozialforschung* wird Pollock 1935 (IV. Jahrgang, Heft 1, S. 105–108) Werner Sombarts *Deutscher Sozialismus* (Charlottenburg 1934) und Othmar Spanns *Kämpfende Wissenschaft* (Jena 1934) in einer Sammelbesprechung gemeinsam als Äußerungen

eines »seltsamen Sozialismus« verspotten, der »ein an der mittelalterlichen Gesellschaftsordnung orientiertes Wunschbild, gezeichnet im
Geiste patriarchalisch und antikapitalistisch eingestellter Schichten
des preußischen Junkertums« sei. Sogar vom Nationalsozialismus
werde dieser Sozialismus »als reaktionär abgelehnt.«

Die Rezension wird im dritten Band der Gesammelten Schriften
wieder abgedruckt.

191, *Adam Müllers*: Adam Müller (1779–1829), deutscher Nationalökö-
nom und Staatstheoretiker, der stark antisemitische und reaktionäre
Ansichten vertrat. Spann war einer unter vielen, die Müller in den
zwanziger und dreißiger Jahren als großen Denker zu rehabilitieren
versuchten. Vgl. dazu auch den kritischen Essay von Hannah Arendt:
Adam-Müller-Renaissance? In: Kölnische Zeitung. Literaturbeilage
vom 13. und 17. September 1932.

195, Fußnote 22: Der *Globe* war von 1830–1832 das wichtigste Presse-
organ der saint-simonistischen Bewegung und spielte eine wichtige
Rolle in der Julirevolution.

196, *Owen*: Robert Owen (1771–1858), englischer Frühsozialist, Sozi-
alreformer und Unternehmer, der als Erfinder der Genossenschafts-
idee gilt. 1825 verkaufte er seinen Musterbetrieb und ging in die
Vereinigten Staaten, wo er in Indiana die sozialistische Kolonie »New
Harmony« gründete.

197, *Max Stirners*: Max Stirner, eigentlich Johann Caspar Schmidt
(1806–1856), junghegelianischer Philosoph und Vordenker des Indi-
vidualanarchismus, der Marx mit seiner 1844 veröffentlichten Schrift
Der Einzige und sein Eigentum zunächst stark beeindruckte, weil er
sich radikal gegen die Abstraktionen der nachhegelschen Geistesphi-
losophie richtete, der dann aber ebenfalls der Kritik der »deutschen
Ideologie« zum Opfer fiel.

199, *Kaloskagathos*: Von καλοκαγαθία, griechisches, zusammengesetz-
tes («schön« und »gut«) Substantiv, das im Sinne von »Nobelmann«,

»Adliger« gebraucht wird; zugleich ein platonisches Konzept, wonach sich die physischen, moralischen und geistigen Werte einer Person in einer Harmonie befinden.

201, *Morelly*: Étienne-Gabriel Morelly (1717–1778), französischer Philosoph der Aufklärung. Sein 1755 erschienener *Code de la Nature* verdammt das Privateigentum als Grundlage von Herrschaft und Ausbeutung.

201, *Weitling*: Wilhelm Weitling (1808–1871), deutscher Frühsozialist und Initiator des *Bundes der Gerechten*, der Vorläuferorganisation des von Marx geführten *Bundes der Kommunisten*. Sein Buch *Die Menschheit. Wie sie ist und wie sie sein sollte* (Paris 1838/39) gilt als das erste Werk des deutschen Kommunismus.

202, Fußnote 33: Ein Sybarit (auch: Sybaris) ist ein drachenähnliches Ungeheuer der griechischen Mythologie.

202, *dolce far niente*: Ital. »süßes Nichtstun«, »Müßiggang«.

205, *Edgar Bauer*: Edgar Bauer (1820–1886), linkshegelianischer Philosoph und demokratischer Aktivist. Er war der jüngere Bruder von Bruno Bauer.

205, *Bruno Bauers*: Bruno Bauer (1809–1882), junghegelianischer und religionskritischer Philosoph, der zunächst Marx' Mentor war. Nach dem philosophischen Zerwürfnis und der Hinwendung Marx' zu Feuerbach machte sich Marx in der zitierten Schrift lustig über Bauers Theorie der »Reinen Kritik«. Bauer rückte in Laufe der Jahre seines Schaffens politisch zunächst von rechts nach links , um am Ende seines Lebens wieder bei einer rechten, fanatisch-rassenantisemitischen Position zu landen.

206, *thema probandum*: Lat., »Beweisthema«.

209, Fußnote 43: Die Zitate stammen nicht aus dem Vor-, sondern aus dem *Nachwort* zur zweiten Auflage des ersten Bandes des *Kapital.*

211, *Max Adler:* Max Adler (1873–1937), Jurist, Politiker und neben Otto Bauer führender Theoretiker des Austro-Marxismus. Sombart spielt hier auf die Schrift *Der soziologische Sinn der Lehre von Karl Marx* (Leipzig 1914) an.

216, *Rankes:* Leopold von Ranke (1795–1886), deutscher Historiker und preußischer Beamter. Als Vertreter des Historismus war er einer der Begründer der modernen Geschichtswissenschaft. Das nachfolgende Zitat ist Rankes Antrittsrede *Über die Verwandtschaft und den Unterschied der Historie und der Politik* (1836) entnommen.

216, *Cum ira et studio:* Lat. »mit Zorn und Eifer«.

218, *Jenny von Westphalen:* Jenny von Westphalen (1814–1881), Marx' Ehefrau.

218, *Heinrich Marx:* Heinrich Marx (1777–1838), Marx' Vater.

218, *Ludwig von Westphalen:* Ludwig von Westphalen (1770–1842), Marx' Schwiegervater.

219, *Eleonor:* Eleanor Marx (1855–1898), Marx' Tochter.

219, *Jenny:* Jenny Caroline Longuet, geb. Marx (1844–1883), Marx' älteste Tochter.

219, *Ruge:* Arnold Ruge (1802–1880), Junghegelianer, Politiker und langjähriger Mitstreiter Marx', mit dem zusammen er auch die *Deutsch-Französischen Jahrbücher* herausgab. Im Unterschied zu Bruno Bauer, der sich tatsächlich im Laufe seines Lebens politisch wandlungsfähig zeigte, blieb sich Ruge im Grunde treu: Als linker Sozialdemokrat lehnte er den Kommunismus ab.

222, *Kugelmann:* Ludwig (oder: Louis) Kugelmann (1828–1902), deutscher Mediziner und Mitglied des »Bundes der Kommunisten«.

222, Fußnote 66: Es ist unklar, aus welcher Edition Pollock hier zitiert. Eventuell ist es die Abschrift, die in der *Neuen Zeit* XIX, II, 25 (1901/1902), S. 797 abgedruckt war.

222, *entschuldigen. – Auch*: In der MEW-Fassung heißt es: »...entschuldigen; auch jetzt habe ich nur...«

223, *par répercussion*: Frz., »weiterwirkend«.

223, *at this moment the best calumniated and the most menaced man of London*: Engl. »in diesem Moment der bestverleumdete und meistbedrohte Mann von London«.

223, *der ›Observer‹*: In der MEW-Fassung: »The Observer«.

223, *Qu'ils osent! Je me moque bien de ces canailles-là!*: Frz. »Mögen sie es wagen! Ich pfeife auf diese Kanaillen!«

223, *Zur Fußnote 67*: Es ist unklar, aus welcher Ausgabe Pollock hier zitiert. Die Abschrift aus der *Neuen Zeit* XIX, II, 25 (1901/1902), S. 798 ist identisch mit der MEW-Fassung.

223, *einem*: In der MEW-Fassung heißt es: »dem«.

223, *Zeit*: In der MEW-Fassung heißt es: »Weise«.

225, *Wilhelm Blos*: Wilhelm Blos (1849–1927), deutscher Journalist, Historiker und Politiker, der u. a. Redakteur der SDAP-Zeitung *Der Volksstaat* und der Satirezeitschrift *Der wahre Jakob* war.

225, *Wilhelm Wolff*: Wilhelm Wolff (1809–1864), genannt »Lupus«, enger Freund und Weggefährte Marx'. Mitbegründer des Bundes der Kommunisten und u. a. Redakteur der *Neuen Rheinischen Zeitung*.

226, *Grün*: Karl Grün (1817–1887), sozialistischer Journalist und Politiker, der ideologisch stark von Proudhon beeinflusst war.

226, *Eccarius*: Johann Georg Eccarius (1818–1889), Schneider, Politiker und führendes Mitglied des Bundes der Kommunisten. Als solcher stand er Wilhelm Weitling nahe, arbeitete später aber auch eng mit Marx zusammen.

226, *Jung*: Hermann Jung (1836–1901), schweizerischer Uhrmacher und Sozialist, der gemeinsam mit Marx im Leitungsgremium der *Internationalen Arbeiter-Assoziation* (IAA) saß.

226: Fußnote 71: Fälschlich gibt Pollock »Juli« statt »Mai« an.

226, *Bolte*: Friedrich Bolte (Geburts- und Sterbedatum unbekannt), Zigarrenmacher und Generalsekretär des Föderalrats der nordamerikanischen Sektionen der IAA.

227, *Brügel*: Ludwig Brügel (1866–1942), österreichsicher Journalist, Historiker und Sozialdemokrat. Als jüdischer Linker wurde Brügel 1942 ins Ghetto Theresienstadt deportiert, wo er kurz darauf an den Haftbedingungen verstarb.

227, *Sorge*: Friedrich Adolph Sorge (1828–1906), enger Freund und Mitstreiter Marx'. Sorge war nach seiner Auswanderung als »48er« einer der Führer der nordamerikanischen Arbeiterbewegung.

227, *Schramm*: Conrad Schramm (1822–1858), enger Freund und Mitstreiter Marx', der als »48er« nach der Haft nach Großbritannien auswanderte.

227, *Bernstein*: Eduard Bernstein (1850–1932), Vertreter des sogenannten Revisionismus innerhalb der SPD.

228, *Bakunin*: Michail Bakunin (1814–1876), russischer Anarchist und in der IAA Gegenspieler Marx'.

229, *Blanqui*: Louis-Auguste Blanqui (1805–1881), vom Frühsozialismus Babeufs und Fouriers geprägter sozialistischer Theoretiker und Revolutionär, der Mitglied der Pariser Kommune war.

229, *Netschajeff*: Sergei Netschajew (1847–1882), russischer Revolutionär aus dem Umfeld Bakunins.

230, *Marc Deprez*: Marc (auch: Marcelle oder Marcel) Deprez (1843–1918), französischer Elektrotechniker und Ingenieur, dessen Forschungen zur elektrischen Kraftübertragung wichtig für die Entwicklung des Automobils wurden.

232, *Willich*: August Willich (1810–1878), Führer der Badenser Revolution von 1848/49, wo Engels sein Adjutant war. Im Londoner Exil schloss sich Willich dem Bund der Kommunisten an, es kam aber bald zum Bruch mit Marx. Nach seiner Auswanderung nach Nordamerika wurde Willich General der Unionsarmee in den Sezessionskriegen.

233, *Techow*: Gustav Adolph Techow (1813–1890), preußischer Offizier und Revolutionär, später Turnpädagoge. Zu Techows Brief an Schimmelpfennig vgl. Marx' Darstellung in seiner Polemik *Herr Vogt* (MEW 14, S. 381–686), insbesondere S. 435–458.

233, *Karl Vogt*: Carl Vogt (1817–1895), deutsch-schweizerischer Naturwissenschaftler und demokratischer Politiker, den Marx verdächtigte, ein konterrevolutionärer Agent Napoleon III. zu sein.

235, *Karl Schurz*: Carl Schurz (1829–1906), deutsch-amerikanischer radikaldemokratischer Politiker und von 1877–1881 US-Innenminister.

236, *praeceptor Germaniae*: Lat., »Lehrmeister Deutschlands«.

242, *Tscheka*: Sowjetische Staatssicherheitsdienste, Abkürzung für »Außerordentliche Allrussische Kommission zur Bekämpfung von Konterrevolution, Spekulation und Sabotage«.

243, Fußnote 94: Es handelt sich um die Schrift von A. Rézonow: L'idéologie du communisme. Paris 1923.

245, *Paul Barth*: Paul Barth (1858–1922), deutscher Philosoph und Pädagoge, dessen Schwerpunkt die hegelianische und nachhegelianische Geschichtsphilosophie war. Sombart bezieht sich auf sein Werk *Die Philosophie der Geschichte als Soziologie. Teil 1: Einleitung und kritische Übersicht* (Leipzig 1897).

245, *John Millar*: John Millar (1735–1801), schottischer Philosoph und Historiker, dessen Theorie der Ständegesellschaft (*The Origin of the Distinction of Ranks, Or, An Inquiry Into the Circumstances which Give Rise to Influence and Authority, in the Different Members of Society*, 1778) Sombart hoch schätzte.

245, *H. Cunow* : Heinrich Cunow (1862–1936), deutscher Sozialdemokrat und langjähriger Redakteur der *Neuen Zeit*. Pollock spielt auf das zweibändige Werk *Die Marxsche Geschichts-, Gesellschafts- und Staatstheorie. Grundzüge der Marxschen Soziologie* (Berlin 1920/1921) an.

246, *D. Rjazanov*: Dawid Rjazanow (1870–1938), menschewikischer Politiker und Marx-Experte, der als Leiter des Moskauer Marx-Engels-Instituts mit Pollock und Felix Weil zusammenarbeitete.

246, *Misère de la Philosophie*: *Das Elend der Philosophie* ist Marx' Kritik an Proudhon aus dem Jahr 1847.

249, *ceterum censeo Marxismum esse delendum*: Lat., »Im Übrigen bin ich der Meinung, dass der Marxismus zerstört werden muss«, ironische Anspielung auf den berühmten Ausspruch Catos.

Sozialismus und Landwirtschaft [1932]

251, *Betriebsgrößenfrage*: Anspielung auf eine zeitgenössische politische Debatte, die beispielsweise in den *Sozialistischen Monatsheften* ausgetragen wurde. Ein wichtiger Beitrag war Karl Kautskys Buch *Die Sozialisierung der Landwirtschaft.* Berlin 1921 sowie vom selben Autor *Die Agrarfrage.* Stuttgart 1899 (vgl. Fußnote 8). Vgl. außerdem die in den Fußnoten 4 und 7 genannten Titel. Darüber hinaus gab es auch eine eher wirtschaftswissenschaftlich geprägte Debatte über die industrielle Revolution in der Landwirtschaft. Vgl. etwa Werner Henkelmann: Zur Frage der optimalen Betriebsgröße in der Rheinprovinz. Bonn 1928; Alfons Haase: Die pflanzliche Produktion in den einzelnen Betriebsgrößenklassen. Ein Beitrag zur Betriebsgrößenfrage. In: Landwirtschaftliche Jahrbücher 73 (1931), S. 726–761. Pollock bezieht sich hier vermutlich aber auch auf den dritten Band (Halbband II: Das Wirtschaftsleben im Zeitalter des Hochkapitalismus) von Werner Sombarts *Der moderne Kapitalismus,* der 1927 bei Duncker & Humblot in München und Leipzig erschienen war. Sombart unterscheidet hier (S. 539–547) die Betriebsgröße nach »personalen«, »realen« und »kapitalen« Merkmalen, wobei unter der ersten Kategorie die Anzahl der Arbeitskräfte, unter der zweiten die Quantität an Arbeitsmitteln, Rohstoffen und Böden, und unter der dritten die aufgewendete Kapitalmenge verstanden wird. Karl Marx hatte diese Aufteilung der vermeintlich produktiven Faktoren als »trinitarische Formel« verspottet – in Wahrheit sei nur die Arbeitskraft mehrwertbildend. Vgl. MEW 25, S. 822-839.

251, *Thomas Malthus*: Thomas Robert Malthus (1766–1834), englischer Nationalökonom, der 1798 die berühmt gewordene These aufstellte, dass die Bevölkerungszahl exponentiell, die Nahrungsmittelproduktion aber nur linear steige, weshalb es notwendig Hunger und Armut geben müsse. Malthus sah sein »Bevölkerungsgesetz« selbst als Naturgesetz an. Vgl. Thomas Robert Malthus: An Essay on the Principle of Population. Or a View of its Past and Present Effects on Human Happiness, with Remarks on the Speculations of Mr. Godwin, M. Condorcet, and other Writers. London 1798.

252, *Sombart*: Werner Sombart (1863–1941), Soziologe und Wirtschaftswissenschaftler, der anfänglich der Sozialdemokratie nahe stand, aber nach und nach ins antisemitische und reaktionäre Lager rückte. Siehe dazu auch Pollocks Polemiken in diesem Band.

255, *Antisemiten*: Siehe dazu auch Friedrich Engels: Über den Antisemitismus. In: MEW 22, S. 49–51.

255, *David*: Eduard Heinrich Rudolph David (1863–1930), SPD-Politiker auf dem revisionistischen Bernstein-Flügel.

257, *Otto Bauers*: Otto Bauer (1881–1938), austromarxistischer Theoretiker und von 1918 bis 1934 stellvertretender Parteivorsitzender der Sozialdemokratischen Arbeiterpartei (SDAP), dem Vorläufer der späteren SPÖ. 1918/19 war er zudem Außenminister der Republik Österreich.

257, *Baade*: Fritz Baade (1893–1974), Wirtschaftswissenschaftler und USPD-Mitglied, ab 1922 in der SPD.

257, *Krüger*: Hans Krüger (1884–1945), Verwaltungsjurist und SPD-Politiker.

260, *Eduard Heimann*: Eduard Magnus Mortier Heimann (1889–1967), Wirtschafts- und Sozialwissenschaftler aus dem Umkreis von Paul Tillichs religiösen Sozialisten. 1933 als Jude und Linker ins Exil gezwungen, arbeitete er drei Jahrzehnte an der *New School for Social Research* in New York und kehrte 1963 in die Bundesrepublik zurück.

261, *Gesetz vom sinkenden Bodenertrag*: Auf Anne Robert Jacques Turgot (1727–1781) zurückgehendes Modell, das besagt, dass der Ertrag auf einem Stück Boden erst ansteigt, dann gleich bleibt und dann sogar abnimmt, wenn sukzessive der Arbeitseinsatz erhöht wird.

266, *Grünberg*: Carl (oder: Karl) Grünberg (1861–1940), austromarxistischer Soziologe und Jurist. Er war von 1923 bis 1929 Gründungsdirektor des Instituts für Sozialforschung.

267, *Eigentumsfanatismus*: Unausgewiesenes Zitat von Karl Marx: Die Klassenkämpfe in Frankreich, 1848–1850. In: MEW 7, S. 35. Siehe auch: Wladimir Iljitsch Lenin: Der Kapitalismus in der Landwirtschaft [1899]. In: Ders.: Werke. Bd. 4. Berlin 1955, S. 112.

268, *Ni pour le paysan, ... liberté d'exploitation.*«: In der deutschen Ausgabe heißt es: »Weder dem Bauern noch dem Handwerker oder dem Kleinhändler kann das Eigentum in der kollektivistischen Gesellschaft erhalten bleiben. Jedes dahin zielende Versprechen wird durch die Gewalt der Tatsachen vereitelt. Gegenüber der unversöhnlichen Logik des Systems erscheint dieses sogenannte Eigentum, das während einer Übergangsperiode bestehen soll, als eine nichtssagende und leere Formel. Trotz aller Behauptungen wird es eine allmählich fortschreitende Verwirklichung des Kollektivismus nicht geben können; von dem Augenblick an, in dem er zur Herrschaft gelangt, werden der Bauer, der Kleinmeister und der Kleinhändler unabänderlich dem gemeinsamen Gesetz unterworfen werden, und sie werden, wenn sie auch vielleicht den Besitz behalten, mit Sicherheit das faktische Eigentum, das Einkommen, den Gewinn und sogar die Freiheit der Wirtschaftsführung aufgeben müssen.« Maurice Bourguin: Die sozialistischen Systeme und die wirtschaftliche Entwickelung. Mit Genehmigung des Verfassers nach der zweiten verbesserten und erweiterten Auflage des Originalwerks ins Deutsche übertragen von Dr. Louis Katzenstein. Tübingen 1906, S. 66.

268, Fußnote 32: Maurice Bourguin (1856–1910), wirtschaftsliberaler Rechtswissenschaftler, dessen hier zitiertes Hauptwerk eine Kritik des Sozialismus liefert.

273, *Gesetz vom Minimum*: Das sogenannte »Minimumgesetz« geht auf den deutschen Agrarwissenschaftler Philipp Carl Sprengel (1787–1859) und den Chemiker Justus von Liebig (1803–1873) zurück. Es besagt, dass das Pflanzenwachstum durch die relativ gesehen knappste Ressource beschränkt wird, also durch einen Mangel an Wasser, Licht, Nährstoffen usw. Der entsprechende Mangel kann laut dem Gesetz nicht durch erhöhten Zusatz anderer Ressourcen ausgeglichen werden. Dies ist insbesondere für Fragen der Düngung wichtig.

273, *K[urt] Ritter*: Kurt Ritter (1894–1984), Agrarwissenschaftler.

274, *F[ritz] Beckmann*: Friedrich Fritz Beckmann (1888–1954), Wirtschaftswissenschaftler.

274, *Serlings*: Max Sering (1857-1939), deutscher Nationalökonom mit dem Forschungsschwerpunkt Agrarwirtschaft; Naum Jasny (1883-1967), russischer (heute: ukrainischer) Ökonom, der nach der Oktoberrevolution für einige Jahre als Berater für Ernährungsfragen der sowjetischen Regierung tätig war und nach seiner Emigration in die USA für das dortige Landwirtschaftsministerium arbeitete.

277, Fußnote 45: Die genannten Schriften von Kautsky wurden im Kommentar zu Seite 251 oben bereits genannt.

286, *O[tto] Hoetzsch*: Otto Hoetzsch (1876–1946), Historiker, Publizist und völkisch-nationalistischer Politiker der DNVP. Als Inhaber des Berliner Lehrstuhls für Osteuropäische Geschichte gilt er als einer der Begründer der sogenannten deutschen Ostforschung. Hoetzsch wurde von seinen Gegnern der Russophilie bezichtigt.

287, *Rodbertus*: Karl Johann Rodbertus (1805–1875), deutscher Nationalökonom, der sich besonders mit der Frage der Grundrente beschäftigte und politisch einen nicht-revolutionären Staatssozialismus vertrat.

Rezensionen

289, *Jürgen Kuczynski*: Jürgen Kuczynski (1904–1997), deutscher Wirtschaftshistoriker, der in Westdeutschland vor allem durch seine fünfbändige *Geschichte des Alltags des deutschen Volkes* bekannt geworden ist. Aus einer wohlhabenden jüdischen Familie stammend, ging Kuczynski 1926 nach dem Studium der Philosophie, Statistik und Politischen Ökonomie zunächst in die USA, kehrte aber drei Jahre später nach Berlin zurück, wo er 1930 der KPD beitrat. Er war Redakteur der *Roten Fahne* und emigrierte 1936 über England in die USA, wo er für den militärischen Auslandsgeheimdienst OSS arbeitete. 1946 kehrte er bewusst in die Sowjetische Besatzungszone zurück, die spätere DDR, und wurde SED-Mitglied. In der DDR begann seine eigentliche wissenschaftliche Karriere, wenngleich er zugleich auch politisch aktiv blieb (1949 bis 1958 Mitglied der Volkskammer) und Reden für seinen Freund Erich Honecker verfasste.

289, *Kuczynski*: Im Original »K.«. Im Folgenden werden alle Nachnamen ausgeschrieben.

289, *Sombarts Proletarischer Sozialismus*: Siehe Pollocks Polemik gegen Werner Sombart in diesem Band.

290, *Staatlichen Theorie von Knapp*: Siehe Pollocks Ausführungen zu Georg Friedrich Knapp auf den Seiten 109 f.

295, *Gustav Cassel*: Gustav Cassel (1866–1945), schwedischer Ökonom und zusammen mit Knut Wicksell (vgl. Pollocks Auseinandersetzung mit Wicksell auf den Seiten 96 und 103) und David Davidson Begründer der »Stockholmer Schule«. Cassel gilt als Begründer der Kaufkraftparitätentheorie, die etwa auf Keynes großen Einfluss ausübte.

295, *Georg Halm*: Georg Halm (1901–1984), in den USA George Nikolaus Halm genannt, war ein deutscher Wirtschaftswissenschaftler, der sich als Professor an der Universität Würzburg besonders mit der Geldtheorie beschäftigte. Als Ehemann einer jüdischen Frau wurde er unter den Nationalsozialisten diskriminiert und emigrierte deshalb 1936 in die USA.

295, *Adolf Weber*: Adolf Weber (1876–1963) war ein deutscher Nationalökonom, der von 1921 bis 1948 Volkswirtschaftslehre an der Universität München lehrte. Gegenüber Nationalsozialismus und

Sowjetkommunismus verteidigte er die freie Marktwirtschaft, vertrat aber auch stark sozialstaatliche und wirtschaftstechnokratische Ansichten.

295, *G. Sokolnikov*: Grigori Jakowlewitsch Sokolnikov (1888–1939), russisch-jüdischer Bolschewik der ersten Stunde, der als enger Vertrauter Trotzkis 1922 zum Volkskommissar für Finanzen ernannt wurde. 1926 wechselte er als stellvertretender Vorsitzender in das für Pollocks Studien besonders interessante Komitee für Wirtschaftsplanung. 1929 wurde er als Botschafter nach London entsandt, bevor er 1936 den Moskauer Prozessen zum Opfer fiel und zu zehn Jahren Gefängnis verurteilt wurde. Dort wurde er 1939 von einem NKWD-Agenten ermordet.

296, *Manchester-Schule*: Gemeint ist die Freihandelsbewegung, die im 19. Jahrhundert unter der Führung Richard Cobdens (1804–1865) und John Brights (1811–1889) in Manchester entstand.

297, *Bastiat*: Frédéric Bastiat (1801–1850), französischer Politiker und Vertreter der klassischen Nationalökonomie. Als Liberaler, der von der Manchester-Schule nachhaltig beeinflusst wurde, war Bastiat ein Anhänger des Freihandels und glaubte an die sich automatisch herstellende Harmonie im freien Spiel der Marktkräfte.

298, *Mises*: Ludwig von Mises (1881–1973), österreichisch-amerikanischer Wirtschaftswissenschaftler und maßgeblicher Theoretiker des klassischen Liberalismus der sogenannten »Österreichischen Schule«. In seinem 1922 veröffentlichten Buch *Die Gemeinwirtschaft*, auf das sich Pollock hier wahrscheinlich bezieht, setzte sich Mises erstmals kritisch mit dem Sozialismus auseinander und versuchte zu beweisen, dass eine Planwirtschaft nicht funktionieren könne. Im Nachfolgewerk *Liberalismus* von 1927 lobte Mises den Faschismus für seine guten Absichten, da er eine Reaktion auf den Bolschewismus sei.

300, *Marschak*: Jakob Marschak (1898–1977), russisch-amerikanischer Ökonom, der vor allem als Vordenker der »Teamtheorie« bekannt wurde. Als Menschewik war er 1918 vorübergehend Arbeitsminister der kurzlebigen kaukasischen Sowjetrepublik Terek, ging aber kurze Zeit später nach Berlin und Heidelberg, um bei Emil Lederer, Alfred Weber und Karl Jaspers zu studieren. In den zwanziger Jahren arbeitete er als Wirtschaftsjournalist für die *Frankfurter Zeitung*, bevor er 1928 ans Kieler *Institut für Seeverkehr und Weltwirtschaft* ging. 1933 floh Marschak als jüdischer Sozialist nach Wien und erhielt kurze Zeit später einen Ruf nach Oxford. 1938 zog er in die USA, wo er einen Lehrstuhl an der *New School for Social Research* innehatte.

300, Fußnote 5: Pollock gibt fälschlich den Titel *Randglossen zum Gothaer Programm* an.

301, *Oppenheimer*: Franz Oppenheimer (1864–1943), deutscher Nationalökonom, Soziologe und aktiver Zionist. Von 1919 bis 1929 hatte er den ersten Lehrstuhl für Soziologie an der Frankfurter Universität inne und Pollock besuchte als Student seine Vorlesungen. Mit der Gründung des *Instituts für Sozialforschung* hatte Oppenheimer ein Arbeitszimmer im Institutsgebäude. 1934 und 1935 lehrte Oppenheimer an der Hebräischen Universität in Jerusalem und ging danach nach Japan. Um einer drohenden Auslieferung zu entgehen, emigrierte er weiter nach Shanghai, und von dort aus in die USA. Politisch sozialistisch (aber nicht marxistisch) eingestellt, vertrat Oppenheimer auch wissenschaftlich linksliberale Positionen, die staatskritisch grundiert waren.

305, *Schmalenbachs*: Eugen Schmalenbach (1873–1955), Begründer der Betriebswirtschaftslehre als universitäre Disziplin. Auf der von Pollock genannten Tagung löste er mit seinem Vortrag *Die Betriebswirtschaftslehre an der Schwelle der neuen Wirtschaftsverfassung* (In: Zeitschrift für handelswissenschaftliche Forschung 22 (1928), S. 241–251) die »Schmalenbachkontroverse« aus, weil er aufgrund der gestiegenen Fixkosten folgerte, dass nur noch staatliche Intervention die deutsche Wirtschaft retten könne.

309, *Hans Bayer*: Hans Bayer (1903–1965), österreichischer Wirtschafts-

und Sozialwissenschaftler, der in den dreißiger Jahren als Anhänger des Ständestaates für einen »berufsständischen Aufbau Österreichs« eintrat. Nach 1945 sollte er sich durch seinen dezidiert soziologischen Ansatz der Wirtschaftswissenschaft einen Namen machen.

309, *Lausanner und die Österreichische Schule*: Zur »Österreichischen Schule« vgl. oben die Anmerkung zu Ludwig von Mises sowie diejenigen zu Carl Menger und Eugen von Böhm-Bawerk. Die »Lausanner Schule«, die auf Léon Walras (1834–1910) und Vilfredo Pareto (1848–1923) zurückgeht, vertritt ebenfalls die Grenznutzentheorie.

309, *Wiesers*: Friedrich von Wieser (1851–1926), österreichischer Vertreter der klassischen Grenznutzenlehre und wie Menger und Böhm-Bawerk Repräsentant der »Österreichischen Schule«.

311, *Harms'schen*: Bernhard Harms (Hg.): Strukturwandlungen der deutschen Volkswirtschaft. Zwei Bände. Berlin 1928. Harms (1876–1939) war Begründer des Kieler *Instituts für Weltwissenschaft*.

312, *Hans Wilbrandt*: Hans Wilbrandt (1903–1988), deutscher Agrarwissenschaftler, der bereits 1930 eine Monographie (*Agrarkrise und Rationalisierung*) zum Thema verfasst hatte. Wilbrandt wurde als Jude und Linker von den Nazis verfolgt und emigrierte 1934 nach Istanbul. 1953 kehrte er in die Bundesrepublik zurück.

312, *Sering*: Max Sering (Hg.): Die deutsche Landwirtschaft unter volks- und weltwirtschaftlichen Gesichtspunkten. Dargestellt unter Verwertung und Ergebnissen der Arbeiten des Ausschusses zur Untersuchung der Erzeugungs- und Absatzbedingungen der deutschen Wirtschaft. Berlin 1932.

312, *List-Gesellschaft*: Fritz Beckmann u. a. (Hg.): Deutsche Agrarpolitik im Rahmen der inneren und äußeren Wirtschaftspolitik. Im Auftrage des Vorstandes der Friedrich List-Gesellschaft e. V. herausgegeben. Berlin 1932.

Danksagung

Dieser Band wäre ohne die Mithilfe zahlreicher Personen nicht mög-lich gewesen, denen ich hiermit herzlich danken will. Mathias Jehn, Oliver Kleppel und Stephen Roeper vom Archivzentrum der Univer-sitäts- und Stadtbibliothek Frankfurt am Main, in dem sich Pollocks Nachlass befindet, haben mich in meiner Arbeit stets unterstützt. Die Mitglieder des Wissenschaftlichen Beirates – John Abromeit, Dirk Braunstein, Jack Jacobs, Martin Jay und Eva-Maria Ziege – standen mir immer mit Rat und Tat zur Seite, wenn editorische Fragen auf-tauchten. Maximilian Lobenhofer hat das Typoskript von Pollocks Dissertation transkribiert. Last, but certainly not least möchte ich mich beim Verlag und ganz besonders bei David Hellbrück bedanken, dessen Engagement und Unterstützung nicht selbstverständlich, dafür aber unverzichtbar und äußerst wertvoll ist.

Philipp Lenhard

Personenregister

Kursiv gesetzte Seitenzahlen verweisen auf die Erwähnungen in den Kommentaren des Herausgebers und die Einleitung durch denselben.